经济犯罪案件
立案、定罪、量刑标准
解读与适用

肖 琼 著

JINGJI FANZUI ANJIAN
LIAN DINGZUI LIANGXING BIAOZHUN
JIEDU YU SHIYONG

法律出版社 LAW PRESS · CHINA
北京

前　　言

近年来,我国经济犯罪呈现易发高发态势,严重影响经济秩序和社会稳定。对此,公安机关有针对性地组织开展了打击整治发票犯罪、银行卡犯罪、非法证券业务犯罪、非法集资犯罪、商业贿赂犯罪、传销犯罪、侵犯知识产权犯罪、制售伪劣商品犯罪以及利用离岸公司和地下钱庄转移赃款等专项行动,取得了突出成效。为了积极适应打击经济犯罪的形势需要,最高人民检察院、公安部修订发布了《关于公安机关办理经济犯罪案件的若干规定》;最高人民法院、最高人民检察院制定、修订出台了《关于办理妨害信用卡管理刑事案件具体应用法律若干问题的解释》、《关于办理非法从事资金支付结算业务、非法买卖外汇刑事案件适用法律若干问题的解释》及最高人民法院、最高人民检察院、公安部发布的《关于办理非法集资刑事案件若干问题的意见》等文件,为公检法依法严惩经济犯罪提供了操作性强的执法标准。为方便执法司法人员全面准确把握每类经济犯罪案件的立案标准、定罪标准和量刑标准,正确区别罪与非罪、此罪与彼罪、一罪与数罪的界限,确保客观公正地行使刑罚裁量权,努力使每一起经济犯罪案件的办理都能够体现公平正义的精神,专门撰写此书以适应新形势下司法实践和理论研究的需要。

本书的特点是立足于公检法办理经济犯罪案件的实际需要,根据最新的法律、立法解释、司法解释和相关规定、意见,紧密结合执法司法实践活动,对《刑法》分则第三章"破坏社会主义市场经济秩序罪"和第五章"侵犯财产罪"中的职务侵占罪、挪用资金罪、挪用特定款物罪的立案标准、定罪标准与量刑标准进行了全面、系统、准确地阐释,具有较强的针对性、实用性和可操作性。主要体现在以下几个方面:

一是严格准确把握经济犯罪案件的立案标准。公安部《关于改革完善受案立案制度的意见》提出,要完善刑事案件立案标准,各级公安机关应当按照刑事案件立案标准与人民检察院、人民法院的追诉、定罪标准相协调的原则,严格执行和不断完善最高人民检察院、公安部联合下发的有关刑事案件立案追诉标准。本书的立案追诉标准，就是根据公安部与最高人民检察院就公安机关管辖的经济犯罪案件联合制定下发的立案追诉标准及相关补充规定、最新司法解释确定的。

二是严格准确把握经济犯罪案件的定罪标准。经济犯罪案件定罪是一个复杂的分析判断过程，其根本目的在于准确惩罚经济犯罪和保障无罪的人不受刑事追究。公安机关围绕经济犯罪案件定罪收集证据，在侦查终结时，根据已经收集的证据来认定犯罪嫌疑人的行为是否构成经济犯罪；如果不构成犯罪或者符合不追究刑事责任的法定情形，要依法撤销案件；如果构成犯罪并且需要追究刑事责任的，则以起诉意见书的形式向检察机关提出起诉意见。检察机关受理案件后，也要作出有罪或者无罪的判断，对于无罪或者虽然有罪但不需要追究刑事责任的，依法作出不起诉决定；对于有罪需要追究刑事责任的，则以起诉书的形式向人民法院提起公诉，请求人民法院依法定罪量刑。应当注意的是，只有人民法院对定罪才有最终决定权，任何人未经人民法院判决，不得被确定为有罪。本书系统阐释了每类经济犯罪的犯罪构成、罪与非罪、此罪与彼罪、一罪与数罪的认定标准，方便刑事司法人员结合具体案件进行准确判断。

三是严格准确把握经济犯罪案件的量刑标准。量刑是人民法院根据刑法、立法解释、司法解释和相关规定，结合每起经济犯罪案件的事实、性质、情节和对社会的危害程度，对被告人裁量决定刑罚的活动，核心在于人民法院依法客观公正地行使刑罚裁量权，实现量刑的公正与均衡，确保判决的每一起案件都能够经得起历史、事实和法律的检验。本书系统阐释了每类经济犯罪案件的量刑标准和量刑中应当注意的问题，方便司法人员准确把握量刑的尺度，确保依法量刑、罪责刑相适应、宽严相济和量刑均衡，不断提升量刑工作规范化与科学化水平。

编者谨识

2019 年 11 月于北京

目　录

第一章　经济犯罪案件立案、定罪、量刑标准概述

第一节　经济犯罪案件的立案标准

一、立案的概念

立案，是指公安机关、人民检察院发现犯罪事实或者犯罪嫌疑人，或者公安机关、人民检察院、人民法院对报案、举报、控告、自首等材料进行审查后，认为有犯罪事实存在并且依法需要追究刑事责任，决定作为一个刑事案件进行侦查或者审判的诉讼活动。刑事诉讼的立案包括对有关立案材料的接受、审查和决定等三个环节。这三个环节互相衔接、有机联系，构成立案程序的完整体系。立案作为一种诉讼活动，具有以下几个主要特征：

（一）立案是国家赋予公安机关、人民检察院或者人民法院的一项职权，其他任何单位和个人均无权行使

《刑事诉讼法》第112条规定："人民法院、人民检察院或者公安机关对于报案、控告、举报和自首的材料，应当按照管辖范围，迅速进行审查，认为有犯罪事实需要追究刑事责任的时候，应当立案；认为有没有犯罪事实，或者犯罪事实显著轻微，不需要追究刑事责任的时候，不予立案，并且将不立案的原因通知控告人。控告人如果不服，可以申请复议。"根据以上法律规定，只有公安机关、人民检察院和人民法院才有权决定立案与否。国家安全机关依法行使公安机关的侦查权，对其管辖范围内的案件也有决定是否立案的权力。

（二）立案是刑事诉讼活动的开端，是刑事案件的必经程序

诉讼活动必须按先后次序严格进行，只有前一诉讼阶段任务完成之后，才能进

行下一阶段的诉讼活动。也就是说，公、检、法机关对任何犯罪行为进行追究，都必须首先依法立案。只有经过立案这一法定程序，案件才能纳入刑事诉讼的轨道，侦查、起诉和审判等诉讼行为才具有合法依据。司法实践中存在的“先破后立”“不破不立”的做法，是违背法律规定的办案程序的。这样做不仅会使侦查等活动失去法律上的依据和保障，而且会掩盖发案的真实情况，严重影响及时、有效地同犯罪行为作斗争。

（三）立案是刑事诉讼中独立的诉讼阶段，不隶属于其他任何诉讼阶段，与侦查、起诉、审判等诉讼程序相并列，具有相对的独立性

这种相对独立性主要表现在：一是立案有专门的法律依据。《刑事诉讼法》第二编第一章对立案作了具体详尽的规定。二是立案阶段有特定的任务。主要是接受控告、举报或犯罪分子自首的材料后，根据事实和法律，正确认定有无依法需要追究刑事责任的犯罪事实，决定应否将其交付侦查或者审判。

二、立案条件

立案条件，是指刑事案件成立必须具备的要件，是判明立案决定是否正确的依据。准确地掌握立案条件，可以避免在司法实践中出现该立案的没有立案，不该立案的却被立了案的情况。根据《刑事诉讼法》第 112 条的规定，人民法院、人民检察院或者公安机关对于报案、控告、举报和自首的材料，应当按照管辖的范围，迅速进行审查，认为有犯罪事实需要追究刑事责任的时候，应当立案。由此可见，立案必须同时具备两个条件：

（一）有犯罪事实存在

这是立案的事实条件。所谓有犯罪事实，即有可靠材料证明客观上确有危害社会的犯罪行为发生。具体地说，“有犯罪事实”，必须是指有危害社会的行为已经发生，该行为已触犯刑事法律，并且该事实有一定的证据予以证明。立案是同犯罪发生时间最接近的诉讼阶段，是刑事诉讼的开始，所以，尚不能要求证据达到确实、充分的程度，不要求查清包括犯罪嫌疑人在内的犯罪事实，只要能够初步确定是犯罪行为，而不是一般的违法行为或者民事侵权行为即可。

（二）需要追究刑事责任

这是立案的法律条件。所谓需要追究责任，是指根据刑事法律的规定，对行为人需要追究刑事责任。具体地说，表现为所追究的行为在法律上已构成犯罪，且追究行为人的刑事责任确有必要。该条件要求立案追究刑事责任的行为是具有社会

危害性并依法应受到刑罚处罚的行为。这是因为，立案以追究刑事责任为直接目的，法律规定不追究刑事责任的，就是缺少立案的法律条件，就不应当立案。

不追究刑事责任的情形，归纳概括起来主要有三类：一是犯罪嫌疑人、被告人具有危害社会的行为，但情节显著轻微，危害不大，根据《刑法》第 13 条“但书”的规定，不认为是犯罪的情形。二是犯罪嫌疑人、被告人的行为虽然构成了犯罪，但是依法不予追究刑事责任的。包括犯罪已过追诉时效期限的；经特赦令免除刑罚的；依照刑法告诉才处理的犯罪，没有告诉或者撤回告诉的和其他法律规定免予追究刑事责任的情形。三是犯罪嫌疑人、被告人死亡的情形。

立案的两个条件相互联系，缺一不可。犯罪事实或者犯罪嫌疑人存在，是立案的首要条件。没有这一条，就根本谈不到刑事处罚问题，但并非所有的犯罪事实或者犯罪嫌疑人存在都需要追究刑事责任。也就是说，仅有犯罪事实或犯罪嫌疑人存在这一条件，不能立案，还必须根据法律确定其是否需要追究刑事责任，才能立案。因此，在司法实践中，一定要准确掌握立案的条件，划清罪与非罪的界限。即使属于犯罪行为，也要根据法律加以评断是否需要追究刑事责任。

应当注意的是，如果是直接向人民法院提起的自诉案件，除应当具备上述两个条件外，还应当具备下列条件：(1)案件属于自诉案件范围。(2)案件归该人民法院管辖。(3)由被害人或者符合条件的其他人提起，即如果被害人死亡、丧失行为能力或者因受强制、威吓等无法告诉，或者是限制行为能力人以及因年老、患病、盲、聋、哑等不能亲自告诉，其法定代理人、近亲属告诉或者代为告诉的，人民法院应当依法受理；被害人的法定代理人、近亲属告诉或者代为告诉的，应当提供与被害人关系的证明和被害人不能亲自告诉的原因的证明。(4)有明确的被告人、具体的诉讼请求和证明被告人犯罪事实的证据。

三、立案标准

(一)立案标准的概念

广义的立案标准应当包括立案所应当具备的一切事实和法律的标准，是立案条件的具体化。狭义的立案标准，是指构成犯罪客观方面所要求达到的数额、情节或者结果的界限。司法实践中通常所称的“立案标准”就是指狭义的立案标准。本书也是在狭义的层面上使用“立案标准”这一概念。

(二)立案标准与立案条件的关系

狭义的立案标准与立案条件是两个既有联系又有区别的概念。两者的联系在于立案条件包含了立案标准的要求,凡是未达到立案标准的,就肯定不具备立案的条件,司法机关只能作出不予立案的决定。两者的区别在于,立案标准是某一行为在客观方面是否达到立案所要求的度,主要是解决犯罪客观方面的标准;而立案条件,既要考察犯罪的客观方面是否达到规定的犯罪数额、是否具备相应的犯罪情节和结果,又要考察犯罪的主体及主观方面的内容,以及是否属于不予追究刑事责任等情形。

(三)立案标准的种类

通常来说,立案标准主要包括以下几种主要类型:

1. 数额标准

数额标准,即以犯罪行为涉及的犯罪数额、数量的大小、多少来确定是否达到立案标准,通常称之为"数额犯"。例如,《刑法》第 193 条规定的贷款诈骗罪,就是以"数额较大"为起刑点。根据最高人民检察院、公安部《关于公安机关管辖的刑事案件立案追诉标准的规定(二)》的规定,以非法占有为目的,诈骗银行或者其他金融机构的贷款,数额在 2 万元以上的,应当立案追诉,即 2 万元以上就属于"数额较大"。刑法中关于经济犯罪的规定绝大多数都要求达到一定的数额标准,有不少条文直接规定"数额较大"是构成犯罪的标准。

2. 情节标准

情节标准,即以是否达到"情节严重"的程度作为立案标准,通常称之为"情节犯"。例如,《刑法》第 188 条规定的违规出具金额票证罪,对"情节严重"的,要依法追究刑事责任。所谓情节严重,根据最高人民检察院、公安部《关于公安机关管辖的刑事案件立案追诉标准的规定(二)》的规定,是指银行或者其他金融机构及其工作人员违反规定,为他人出具信用证或者其他保函、票据、存单、资信证明,涉嫌下列情形之一的,应予立案:(1)违反规定为他人出具信用证或者其他保函、票据、存单、资信证明,数额在 100 万元以上的;(2)违反规定为他人出具信用证或者其他保函、票据、存单、资信证明,造成直接经济损失数额在 20 万元以上的;(3)多次违规出具信用证或者其他保函、票据、存单、资信证明的;(4)接受贿赂违规出具信用证或者其他保函、票据、存单、资信证明的;(5)其他情节严重的情形。

3. 行为标准

行为标准,即以行为人是否实施某种行为来确定是否达到立案标准,通常称之为"行为犯"。只要行为人实施了刑法规定的某种行为,不论是否造成严重后果,原则上就构成犯罪,应当依法追究刑事责任。如《刑法》第 141 条规定的生产、销售假药罪就属于行为犯，只要行为人实施了生产、销售假药的行为，就构成犯罪既遂，并不需要造成实际的危害结果。如果行为人生产、销售假药对人体造成严重危害的，构成结果加重犯，应当判处更重的刑罚。但笔者认为，对于行为标准，还是应当结合案件情况，进行综合考量是否构成犯罪，是否需要依法追究刑事责任。对于情节显著轻微危害不大的，应当依照《刑法》第13条关于"但书"的规定，不以犯罪论处，不予立案。

4. 结果标准

结果标准，即以"造成严重后果"作为立案标准，通常称为"结果犯"。对于未造成严重后果的，不以犯罪论处，不予立案追究。例如，《刑法》第142条规定的生产、销售劣药罪，要求达到"对人体健康造成严重危害"的标准。根据最高人民法院、最高人民检察院《关于办理危害药品安全刑事案件适用法律若干问题的解释》（法释〔2014〕14号）第2条、第5条规定，生产、销售劣药，具有下列情形之一，应当认定为"对人体健康造成严重危害"：(1)造成轻伤或者重伤的；(2)造成轻度残疾或者中度残疾的；(3)造成器官组织损伤导致一般功能障碍或者严重功能障碍的；(4)其他对人体健康造成严重危害的情形。

5. 危险标准

危险标准，即以行为人实施了某种行为，"足以造成某种危害"作为立案标准，通常称之为"危险犯"。例如，《刑法》第143条规定的生产、销售不符合安全标准的食品罪，只要生产者、销售者明知生产、销售的食品不符合安全标准而进行生产、销售，足以造成严重食物中毒事故或者其他严重食源性疾病的行为，就应当立案追诉。

根据最高人民检察院、公安部《关于公安机关管辖的刑事案件立案追诉标准的规定（一）的补充规定》，生产、销售不符合食品安全标准的食品，涉嫌下列情形之一的，就应当认定为足以造成严重食物中毒事故或者其他严重食源性疾病，应予立案追诉：(1)食品含有严重超出标准限量的致病性微生物、农药残留、兽药残留、重金属、污染物质以及其他危害人体健康的物质的；(2)属于病死、死因不明或者检验检疫不合格的畜、禽、兽、水产动物及其肉类、肉类制品的；(3)属于国家为防控疾病等特殊需要明令禁止生产、销售的食品的；(4)婴幼儿食品中生长发育所需营养成分严重不符合食品安全标准的；(5)其他足以造成严重食物中毒事故或者严重食源性疾病的情形。

应当注意，上述标准只是一种相对的划分，有的标准之间存在着交叉现象。因此，实践中，对于是否达到立案标准需要结合案件情况进行具体分析研究。例如，

《刑法》第179条规定的擅自发行股票、公司、企业债券罪,以“数额巨大、后果严重或者有其他严重情节”作为本罪的构成要件。由此可见,本罪的立案标准必然涉及“数额”“后果”“情节”三个方面的标准。对于达到其中任何一项标准,都应当立案追究。根据最高人民检察院、公安部《关于公安机关管辖的刑事案件立案追诉标准的规定(二)》的规定,未经国家有关主管部门批准,擅自发行股票或者公司、企业债券,涉嫌下列情形之一的,应予立案追诉:(1)发行数额在50万元以上的;(2)虽未达到上述数额标准,但擅自发行致使30人以上的投资者购买了股票或者公司、企业债券的;(3)不能及时清偿或者清退的;(4)其他后果严重或者有其他严重情节的情形。

四、追诉标准

追诉标准,是司法实践中创造出来的一个新词汇。所谓“追诉”,源于刑法中关于“追诉时效”的规定,原意是指司法机关依照法律的规定追究犯罪嫌疑人、被告人刑事责任的活动,对于根据实体法的规定已经构成犯罪但是超过追诉时效期限的,也不能再追究刑事责任,已经追究的,应当撤销案件、不起诉或者终止审理。最高人民检察院、公安部2001年4月18日联合发布的《关于经济犯罪案件追诉标准的规定》,第一次正式使用“追诉标准”一词。根据《关于经济犯罪案件追诉标准的规定》中“附则”的解释,这里的“追诉”,是有特定含义的,是专指公安机关立案侦查、检察机关审查批捕、审查起诉的活动。最高人民检察院、公安部联合发布的《关于公安机关管辖的刑事案件立案追诉标准的规定(一)》《关于公安机关管辖的刑事案件立案追诉标准的规定(二)》《关于公安机关管辖的刑事案件立案追诉标准的规定(三)》沿用了“追诉”一词。可见,“追诉标准”对公安机关而言,就是公安机关查办刑事、经济犯罪案件的立案标准;对于检察机关而言,则是审查批捕、审查起诉的标准。对于符合“追诉标准”的案件,是否要决定立案、是否对犯罪嫌疑人采取逮捕措施、是否提起公诉,还要从立案、批捕、审查起诉所要求具备的其他要件进行综合考察。因此,既不能把追诉标准与立案标准、批捕标准、审查起诉标准割裂开来,又不能完全等同起来或者混为一谈。

五、经济犯罪案件立案应当注意的问题

针对群众反映强烈的报案不接、接案后不受案不立案、违法受案立案等突出问题,2015年11月4日,公安部出台了《关于改革完善受案立案制度的意见》,明确提出“三个当场”要求,即对群众上门报案的,公安机关应当当场进行报案登记,当场接

受证据材料，当场出具接报案回执并告知查询案件进展情况的方式和途径。最高人民检察院、公安部《关于公安机关办理经济犯罪案件的若干规定》对受立案改革的相关要求予以细化完善，公安机关在经济犯罪案件立案过程中，还应当注意以下问题：

（一）关于接报案

公安机关对涉嫌经济犯罪线索的报案、控告、举报、自动投案，不论是否有管辖权，都应当接受并登记，由最初受理的公安机关依照法定程序办理，不得以管辖权为由推诿或者拒绝。经审查，认为有犯罪事实，但不属于其管辖的案件，应当及时移送有管辖权的机关处理。对于不属于其管辖又必须采取紧急措施的，应当先采取紧急措施，再移送主管机关。

公安机关接报案件后，报案人、控告人、举报人、被害人及其法定代理人、近亲属查询立案情况的，应当在3日以内告知立案情况并记录在案。对已经立案的，应当告知立案时间、涉嫌罪名、办案单位等情况。

（二）关于立案审查期限和审批程序

公安机关接受涉嫌经济犯罪线索的报案、控告、举报、自动投案后，应当立即进行审查，并在7日以内决定是否立案；重大、疑难、复杂线索，经县级以上公安机关负责人批准，立案审查期限可以延长至30日；特别重大、疑难、复杂或者跨区域性的线索，经上一级公安机关负责人批准，立案审查期限可以再延长30日。上级公安机关指定管辖或者书面通知立案的，应当在指定期限以内立案侦查。人民检察院通知立案的，应当在15日以内立案侦查。

公安机关接受行政执法机关移送的涉嫌经济犯罪案件后，移送材料符合相关规定的，应当在3日以内进行审查并决定是否立案，最迟应当在10日以内作出决定。案情重大、疑难、复杂或者跨区域性的，经县级以上公安机关负责人批准，应当在30日以内决定是否立案。情况特殊的，经上一级公安机关负责人批准，可以再延长30日作出决定。

（三）关于经济犯罪案件的立案条件

公安机关经立案审查，同时符合下列条件的，应当立案：(1)认为有犯罪事实；(2)涉嫌犯罪数额、结果或者其他情节符合经济犯罪案件的立案追诉标准，需要追究刑事责任；(3)属于该公安机关管辖。

（四）关于采取调查性侦查措施

公安机关办理经济犯罪案件，应当严格依照法定程序进行，规范使用调查性侦查措施，准确适用限制人身、财产权利的强制性措施。在立案审查中，发现案件事实或者线索不明的，经公安机关办案部门负责人批准，可以依照有关规定采取询问、查询、勘验、鉴定和调取证据材料等不限制被调查对象人身、财产权利的措施。经审查，认为有犯罪事实，需要追究刑事责任的，经县级以上公安机关负责人批准，予以立案。公安机关立案后，应当采取调查性侦查措施，但是一般不得采取限制人身、财产权利的强制性措施。确有必要采取的，必须严格依照法律规定的条件和程序。严禁在没有证据的情况下，查封、扣押、冻结涉案财物或者拘留、逮捕犯罪嫌疑人。

（五）关于不予立案的告知

对有控告人的案件，经审查决定不予立案的，应当在立案审查的期限内制作不予立案通知书，并在3日以内送达控告人。

（六）关于刑民交叉案件的处理

涉嫌经济犯罪的案件与人民法院正在审理或者作出生效裁判文书的民事案件，属于同一法律事实或者有牵连关系，符合下列条件之一的，应当立案：（1）人民法院在审理民事案件或者执行过程中，发现有经济犯罪嫌疑，裁定不予受理、驳回起诉、中止诉讼、判决驳回诉讼请求或者中止执行生效裁判文书，并将有关材料移送公安机关的；（2）人民检察院依法通知公安机关立案的；（3）公安机关认为有证据证明有犯罪事实，需要追究刑事责任，经省级以上公安机关负责人批准的。有上述第（2）项、第（3）项情形的，公安机关立案后，应当严格依照法律规定的条件和程序采取强制措施和侦查措施，并将立案决定书等法律文书及相关案件材料复印件抄送正在审理或者作出生效裁判文书的人民法院并说明立案理由，同时通报与办理民事案件的人民法院同级的人民检察院，必要时可以报告上级公安机关。在侦查过程中，不得妨碍人民法院民事诉讼活动的正常进行。

公安机关在侦查过程中、人民检察院在审查起诉过程中，发现具有下列情形之一的，应当将立案决定书、起诉意见书等法律文书及相关案件材料复印件抄送正在审理或者作出生效裁判文书的人民法院，由人民法院依法处理：（1）侦查、审查起诉的经济犯罪案件与人民法院正在审理或者作出生效裁判文书的民事案件属于同一法律事实或者有牵连关系的；（2）涉案财物已被有关当事人申请执行的。有上述规定情形的，公安机关、人民检察院应当同时将有关情况通报与办理民事案件的人民法院同级的人民检察院。公安机关将相关法律文书及案件材料复印件抄送人民法院后1个月以内未收到回复的，必要时，可以报告上级公安机关。立案侦查、审查起诉的经济犯罪案件与仲裁机构作出仲裁裁决的民事案件属于同一法律事实或者有牵连关系，且人民法院已经受理与该仲裁裁决相关申请的，依照有关规定办理。

（七）关于人民法院移送涉嫌经济犯罪案件的处理

涉嫌经济犯罪的案件与人民法院正在审理或者作出生效裁判文书以及仲裁机构作出裁决的民事案件有关联但不属同一法律事实的，公安机关可以立案侦查，但是不得以刑事立案为由要求人民法院移送案件、裁定驳回起诉、中止诉讼、判决驳回诉讼请求、中止执行或者撤销判决、裁定，或者要求人民法院撤销仲裁裁决。人民法院在办理民事案件过程中，认为该案件不属于民事纠纷而有经济犯罪嫌疑需要追究刑事责任，并将涉嫌经济犯罪的线索、材料移送公安机关的，接受案件的公安机关应当立即审查，并在10日以内决定是否立案。公安机关不立案的，应当及时告知人民法院。

人民法院在办理民事案件过程中，发现与民事纠纷虽然不是同一事实但是有关联的经济犯罪线索、材料，并将涉嫌经济犯罪的线索、材料移送公安机关的，接受案件的公安机关应当立即审查，并在10日以内决定是否立案。公安机关不立案的，应当及时告知人民法院。

（八）关于撤销案件或者终止侦查

公安机关立案后，在30日以内经积极侦查，仍然无法收集到证明有犯罪事实需要对犯罪嫌疑人追究刑事责任的充分证据的，应当立即撤销案件或者终止侦查。重大、疑难、复杂案件，经上一级公安机关负责人批准，可以再延长30日。上级公安机关认为不应当立案，责令限期纠正的，或者人民检察院认为不应当立案，通知撤销案件的，公安机关应当及时撤销案件。

在侦查过程中，公安机关发现具有下列情形之一的，应当及时撤销案件：(1)对犯罪嫌疑人解除强制措施之日起12个月以内，仍然不能移送审查起诉或者依法作其他处理的；(2)对犯罪嫌疑人未采取强制措施，自立案之日起2年以内，仍然不能移送审查起诉或者依法作其他处理的；(3)人民检察院通知撤销案件的；(4)其他符合法律规定的撤销案件情形的。有上述第(1)项、第(2)项情形，但是有证据证明有犯罪事实需要进一步侦查的，经省级以上公安机关负责人批准，可以不撤销案件，继续侦查。撤销案件后，公安机关应当立即停止侦查活动，并解除相关的侦查措施和强制措施。撤销案件后，又发现新的事实或者证据，依法需要追究刑事责任的，公安机关应当重新立案侦查。

应当注意，报经省级以上公安机关负责人批准立案侦查或者继续侦查的案件，撤销案件时应当经原审批的省级以上公安机关负责人批准。人民检察院通知撤销案件的，应当立即撤销案件，并报告原审批的省级以上公安机关。

(九)关于立案监督

对报案、控告、举报、移送的经济犯罪案件,公安机关作出不予立案决定、撤销案件决定或者逾期未作出是否立案决定有异议的,报案人、控告人、举报人可以申请人民检察院进行立案监督,移送案件的行政执法机关可以建议人民检察院进行立案监督。人民检察院认为需要公安机关说明不予立案、撤销案件或者逾期未作出是否立案决定的理由的,应当要求公安机关在7日以内说明理由。公安机关应当书面说明理由,连同有关证据材料回复人民检察院。人民检察院认为不予立案或者撤销案件的理由不能成立的,应当通知公安机关立案。人民检察院要求公安机关说明逾期未作出是否立案决定的理由后,公安机关在7日以内既不说明理由又不作出是否立案的决定的,人民检察院应当发出纠正违法通知书予以纠正,经审查案件有关证据材料,认为符合立案条件的,应当通知公安机关立案。

犯罪嫌疑人及其法定代理人、近亲属或者辩护律师对公安机关立案提出异议的,公安机关应当及时受理、认真核查。有证据证明公安机关可能存在违法介入经济纠纷,或者利用立案实施报复陷害、敲诈勒索以及谋取其他非法利益等违法立案情形的,人民检察院应当要求公安机关书面说明立案的理由。公安机关应当在7日以内书面说明立案的依据和理由,连同有关证据材料回复人民检察院。人民检察院认为立案理由不能成立的,应当通知公安机关撤销案件。

人民检察院发现公安机关在办理经济犯罪案件过程中适用另案处理存在违法或者不当的,可以向公安机关提出书面纠正意见或者检察建议。公安机关应当认真审查,并将结果及时反馈人民检察院。没有采纳的,应当说明理由。

第二节　经济犯罪案件定罪标准

一、定罪的概念

定罪,即认定犯罪或者称犯罪的认定,是指国家法律授权的机关认定什么行为构成犯罪以及构成哪种犯罪的活动。定罪有以下几个主要特点:

(一)定罪的主体是国家法律授权的机关

定罪可作广义与狭义的区分。广义的定罪包括公安机关(含国家安全机关、监狱、军队保卫部门、海关缉私部门、中国海警局)、检察机关和人民法院在刑事诉讼活动中依法对犯罪行为进行认定的活动。与之相适应,定罪的主体包括公安机关(含国家安全机关、监狱、军队保卫部门、海关缉私部门、中国海警局)、检察机关和人民法院。狭义的定罪仅指人民法院在刑事审判活动中依法对被告人的行为性质的认定。因而,定罪的主体仅指人民法院。本书采广义的定罪标准。公安机关的刑事执法活动主要是围绕定罪收集证据,在侦查终结时,要根据已经收集的证据来认定犯罪嫌疑人的行为是否构成犯罪;如果是无罪,要依法撤销案件;如果有罪,则以起诉意见书的形式向检察机关提出起诉意见。检察机关受理案件后,也要作出有罪或者无罪的判断。对于无罪或者虽然有罪但不需要追究刑事责任的,依法作出不起诉决定;对于有罪需要追究刑事责任的,则以起诉书的形式向人民法院提起公诉,请求人民法院依法定罪量刑。只有人民法院对定罪才有最终的决定权,任何人未经人民法院判决,不得被确定为有罪。

(二)定罪的对象是一定的行为

我国《刑法》第13条规定:"一切危害国家主权、领土完整和安全,分裂国家、颠覆人民民主专政的政权和推翻社会主义制度,破坏社会秩序和经济秩序,侵犯国有财产或者劳动群众集体所有的财产,侵犯公民私人所有的财产,侵犯公民的人身权利、民主权利和其他权利,以及其他危害社会的行为,依照法律应当受刑罚处罚的,都是犯罪,但是情节显著轻微危害不大的,不认为是犯罪。"由此可见,所谓犯罪,是指具有社会危害性、违反刑事法律的有关规定并应当受到刑罚处罚的行为。定罪也只能针对具体的行为进行,而不应当是行为人的思想。

(三)定罪的标准是犯罪构成

犯罪构成是由刑事法律规定的,决定某一行为的社会危害性,是成立犯罪所必须具备的客观要件和主观要件的有机整体。笔者认为,某一行为是否构成犯罪,以及构成何种犯罪,关键在于认定这种行为是否符合刑法规定的某种犯罪的犯罪构成,即主要应当从犯罪客体、犯罪的客观方面、犯罪的主体和犯罪的主观方面等四个要件进行认定,是否符合某一犯罪构成,该行为是否构成某类犯罪,缺少任何一个要件,则不构成犯罪。

(四)定罪是一个分析判断的过程,其目的在于依法追究刑事责任

公安机关主要是通过收集证据、审查判断证据来证明犯罪行为已经发生,需要依法追究犯罪嫌疑人的刑事责任;检察机关主要是通过审查公安机关移送审查起诉的案件来确定某种行为是否需要提起公诉;人民法院主要是通过审判刑事案件,来认定犯罪,并在认定犯罪的基础上,依法裁量刑罚。可以说,公、检、法机关对犯罪的认定过程,都是一个分析判断的过程,其根本目的在于准确惩罚犯罪和保障无罪的人不受刑事追究。

二、定罪标准

如上所述,定罪的标准(或者称定罪的根据)是犯罪构成。依法治国,建立社会主义法治国家,是我国宪法确立的一项基本原则。把犯罪构成作为定罪的标准是由我国的法治原则所决定的。《刑法》第3条规定的罪刑法定原则,就是定罪原则的法定化,即“法律明文规定为犯罪行为的,依照法律定罪处刑;法律没有明文规定为犯罪行为的,不得定罪处刑”。刑法总则规定了犯罪的一般构成,刑法分则规定了某一具体行为的犯罪构成。犯罪构成是解决所有定罪问题的基础,它不仅对于确定罪与非罪、此罪与彼罪的界限具有决定性的意义,而且对于解决一罪与数罪、故意犯罪过程中的犯罪形态以及共同犯罪等问题,都具有决定性的意义。犯罪构成主要包括以下四个要件:

(一)犯罪客体

犯罪客体是我国刑法所保护的,为犯罪行为所侵犯的社会关系。犯罪客体是决定犯罪社会危害性的首要条件。任何一种犯罪,都必须侵犯一定的社会关系,不侵犯客体的行为就是不具备社会危害性的行为,当然也就不可能构成犯罪。犯罪的客体通常可以分为犯罪的一般客体、同类客体和直接客体三大类。所谓一般客体,是指一切犯罪行为所共同侵犯的客体,即刑法所保护的社会关系的整体。所谓同类客体,是指某一类犯罪所共同侵犯的客体,即刑法保护的社会关系的某一部分或者某一方面。所谓直接客体,是指某一种犯罪行为直接侵犯的特定的社会关系。

(二)犯罪客观方面

犯罪客观方面是指刑法所规定的、反映行为对刑法所保护的社会关系造成侵犯的客观外在事实特征,包括危害行为、危害结果,以及行为的时间、地点、方法、手段、对象等。其中,危害行为是一切犯罪在客观方面都必须具备的要件,危害结果是大多数犯罪成立在客观方面必须具备的要件,特定的时间、地点、方法、手段以及对象是某些犯罪成立在客观方面必须具备的要件。危害行为通常表现为作为和不作为两种形式。所谓作为,是指行为人以身体活动实施的违反刑法关于禁止性规范的危害行为。刑法规定的大多数犯罪都是由作为的形式构成的。所谓不作为,是指行为人负有实施某种行为的特定法律义务,能够履行而不履行的危害行为。所谓危害结果,是指由危害行为引起的一切损失,包括直接损失和间接损失。

(三)犯罪主体

犯罪主体是指实施了严重危害社会的行为,依法应负刑事责任的人,包括自然人和单位。自然人成为犯罪主体必须具有刑事责任能力。所谓刑事责任能力，是指行为人实施犯罪行为时辨认和控制自己行为的能力，包括完全刑事责任能力、完全无刑事责任能力、相对无刑事责任能力和限定刑事责任能力。根据《刑法》第 17 条规定，已满 16 周岁的人犯罪，应当负刑事责任。已满 14 周岁不满 16 周岁的人，犯故意杀人、故意伤害致人重伤或者死亡、强奸、抢劫、贩卖毒品、放火、爆炸、投放危险物质罪的，应当负刑事责任。已满 14 周岁不满 18 周岁的人犯罪，应当从轻或者减轻处罚。第 18 条规定，精神病人在不能辨认或者不能控制自己行为的时候造成危害结果，经法定程序鉴定确认的，不负刑事责任，但是，应当责令他的家属或者监护人严加看管和医疗；在必要的时候，由政府强制医疗。间歇性的精神病人在精神正常的时候犯罪，应当负刑事责任。尚未完全丧失辨认或者控制自己行为能力的精神病人犯罪的，应当负刑事责任，但是可以从轻或者减轻处罚。醉酒的人犯罪，应当负刑事责任。第 19 条规定，又聋又哑的人或者盲人犯罪，可以从轻、减轻或者免除处罚。此外，自然人主体可以分为一般主体与特殊主体。所谓特殊主体，是指除具备自然人一般主体的全部共同要件外，还须具备某种特殊身份才能构成。例如，国家工作人员、国家机关工作人员、司法工作人员等。

单位犯罪主体，是指实施了法律规定可以由单位构成犯罪的危害行为，依法应当负刑事责任的公司、企业、事业单位、机关、团体。根据《刑法》第 30 条的规定，公司、企业、事业单位、机关、团体实施的危害社会的行为，法律规定为单位犯罪的，应当负刑事责任。根据第十二届全国人大常委会第八次会议 2014 年 4 月 24 日通过的《关于〈中华人民共和国刑法〉第三十条的解释》的规定，公司、企业、事业单位、机关、团体等单位实施刑法规定的危害社会的行为，刑法分则和其他法律未规定追究单位的刑事责任的，对组织、策划、实施该危害社会行为的人依法追究刑事责任。

(四)犯罪主观方面

犯罪主观方面是指犯罪主体对自己行为及其危害社会的结果所抱的心理态度，包括犯罪故意、过失，以及犯罪的目的和动机等。《刑法》第 14 条规定，明知自己的行为会发生危害社会的结果，并且希望或者放任这种结果发生，因而构成犯罪的，是故意犯罪。故意犯罪，应当负刑事责任。第 15 条规定，应当预见自己的行为可能发生危害社会的结果，因为疏忽大意而没有预见，或者已经预见而轻信能够避免，以致发生这种结果的，是过失犯罪。过失犯罪，法律有规定的才负刑事责任。

应当注意，有不少学者主张运用三阶层理论定罪量刑，先审查犯罪客观要件等违法要件，再判断有无违法阻却事由和责任阻却事由，确保违法判断、事实判断在前，例外判断、规范判断、责任判断在后，从而更准确地定罪量刑。实际上，三阶层构成理论与四要件构成理论没有本质的差别，只是判断犯罪构成的先后顺序不同。四要件是一个类似四边形的平面式结构，没有先后顺序，任何一边不符合条件则犯罪不成立；三阶层是一个递进式的判断，先判断构成要件的符合性，再看有无违法阻却事由和责任阻却事由，层层过滤，最后过滤下来的，才是犯罪。其实，四要件构成理论只要打上三个补丁，在案件定罪处理上就没有太大区别了。一是关于正当防卫范围。对精神病人和未成年人的攻击行为，按照四要件理论，由于主体要件缺乏，不被认为是犯罪行为，就不宜进行正当防卫；而按照三阶层理论，精神病人和未成年人的攻击行为属于违法行为，也有违法性，只是缺乏有责性，当然可以进行正当防卫。二是关于共同犯罪。如13周岁的人与18周岁的人共同实施犯罪行为，按照四要件理论，13周岁的人无刑事责任能力，所以，不构成共同犯罪；按照三阶层理论，只要在构成要件和违法性上有共同故意和共同行为，就可以认定为共同犯罪，只是13周岁的人不负刑事责任而已。三是关于犯罪客体。在三阶层理论中，表面上看没有犯罪客体，其实犯罪客体已被法益的概念所吸收，在判断构成要件的该当性、违法性时，都要考虑是否侵害法益，如果没有侵害法益，就不可能构成犯罪，法益的功能与犯罪客体没有任何区别。

三、罪与非罪的标准

为了准确定罪，首先要区分合法与违法、罪与非罪。实践中，合法与违法的界限相对容易区分，罪与非罪的界限容易混淆。一般来说，可以从以下几个方面区分罪与非罪的界限：

（一）从刑法分则关于某种具体犯罪的构成要件上进行认定

我国刑法规定了罪刑法定原则，取消了类推制度。每一种犯罪的犯罪构成在刑法分则中都作了具体明确的规定。所以，要准确判定某一行为是否构成犯罪，以及构成什么具体的罪名，首先应当严格按照刑法分则关于构成该罪的条件去衡量，这是严格遵循罪刑法定原则的具体体现。只有完全符合该罪的构成要件，才能认定行为人的行为构成这一具体的犯罪。实践中，还应当注意以下几种情况：

（1）从犯罪对象上看，有些犯罪的犯罪构成将犯罪对象作为必要要件，如伪造货币罪的犯罪对象是货币，包括人民币和外币。

（2）从行为方式上看，有些犯罪是以特定的行为方式实施的。也就是说，特定的行为方式是某些犯罪构成的必要要件。一般地说，特定行为方式在立法中都有明文规定，如集资诈骗罪必须是“使用诈骗方法”非法集资，未使用诈骗方法的非法集资，情节严重的，可构成非法吸收公众存款罪。

（3）从行为人主观上是否“明知”来看，有些犯罪的构成要求行为人对某种事实必须“明知”，这是对某些犯罪主观要件的特殊要求，如出售、购买、运输假币罪和持有、使用假币罪都必须以“明知是伪造的货币”为前提。

（4）从行为人是否有特定目的来看，有的犯罪将某种特定目的作为犯罪构成必要要件，如集资诈骗罪和贷款诈骗罪中都明文规定“以非法占有为目的”，这对区分罪与非罪有决定性的影响，没有“非法占有目的”的，就不能认定为此罪。

（二）从刑法总则关于犯罪构成的一般性规定进行认定

衡量某一行为是否成立犯罪的唯一标准是犯罪构成，然而，刑法分则无法毫无遗漏地规定某一犯罪的所有构成要素，如何对“遗漏”的构成要素进行弥补，就成为刑法总则的任务。例如，刑法分则没有规定正当防卫、紧急避险等正当化事由，在判定某一行为是否成立故意伤害罪时，就必须结合刑法总则关于正当防卫、紧急避险的一般性规定来加以判断，否则就可能将受法律保护的正当行为错误认定为犯罪行为，从而背离犯罪构成的行为规制机能、人权保障机能。实践中，主要应当考察以下几个问题：一是行为人实施的行为是否是刑法所禁止的行为。二是看行为人主观上是否具有犯罪故意或过失，行为虽然造成了危害社会的结果，但不是出于故意或过失，而是由于不能抗拒或者不能预见的原因引起的，不是犯罪。三是行为人是否符合刑法关于犯罪主体的一般规定。包括行为人是否达到刑事责任年龄，精神是否正常等。

（三）从犯罪定义角度进行认定

通常情况下，通过刑法分则关于某一犯罪的具体规定和刑法总则的一般性规定，就能判断某一行为是否成立犯罪，构成此罪还是彼罪。然而，在特定情形下还需借用犯罪的定义来加以判断。《刑法》第 13 条规定了犯罪的定义，可以据此综合考察案件的性质、情节和社会危害性程度，从而确定某一行为是否构成犯罪；而将那些虽然具有一定的社会危害性，但情节显著轻微危害不大的行为不作为犯罪处理，只作为一般违法行为。所谓情节，是指行为产生社会危害程度的各种情况，如行为的手段、目的、动机及后果、行为人的一贯表现等。

四、此罪与彼罪、一罪与数罪的标准

犯罪构成是区分此罪与彼罪的根本标准。一般来说，刑法规定的每一种具体犯罪，在其犯罪构成上是各不相同的，因此，只要从犯罪构成角度去认真分析，就能够准确认定此罪与彼罪的界限。但是，以下几种作为一罪处理的情形不容易区分：

（一）实质的一罪

所谓实质的一罪，是指某一行为在外观上具有数罪的特征，但实际上是一个犯罪构成，包括继续犯、想象竞合犯和结果加重犯。继续犯，又称持续犯，是指犯罪行为和不法状态在一定时间内处于持续状态的犯罪。想象竞合犯，是指基于一个犯意，实施一个犯罪行为，同时侵犯数个犯罪客体，触犯数个罪名的情况。结果加重犯，是指故意实施一个基本犯罪构成要件的行为，发生了比基本构成要件的结果更严重的结果，刑法规定加重其法定刑的情况。

（二）法定的一罪

所谓法定的一罪，是指数行为原本是数罪，但刑法基于某种原因而将其合并为一罪的情况，包括惯犯和结合犯。惯犯，是指犯罪已成习性或者以某种犯罪为常业在较长时间内反复多次实施某种危害社会行为的犯罪。结合犯，是指原为刑法上数个不同的独立罪名，根据刑法规定结合为一个新的犯罪的情形。我国刑法尚无典型的结合犯。

（三）裁判的一罪

所谓裁判的一罪，是指数行为原本是数罪，但由于数行为的关系密切，刑法虽无明确规定，但在司法实践中作为一罪处理的情况，包括连续犯、牵连犯和吸收犯。连续犯，是指行为人基于同一的或者概括的犯罪故意，连续实施数个独立犯罪行为，触犯同种罪名的犯罪。牵连犯，是指以实施某一犯罪为目的，而其犯罪的方法行为或者结果行为又触犯了其他罪名的犯罪情况。吸收犯，是指行为人实施数个犯罪行为，因其所符合的数个犯罪构成之间具有特定的依附关系，从而使一行为被另一行为所吸收，仅以吸收的行为定罪的情况，包括实行行为吸收预备行为、重行为吸收轻行为两种情形。

五、经济犯罪案件定罪应当注意的问题

（一）严格区分经济犯罪与经济纠纷的界限

公安机关在办理经济犯罪案件过程中，要准确把握经济犯罪与经济纠纷的界限，准确把握经济纠纷入刑的标准，特别是要正确区分企业正当融资与非法集资的界限、民营企业参与国有企业兼并重组中涉及的经济纠纷与恶意侵占国有资产的界限、改革探索出现偏差与钻改革空子故意实施犯罪行为的界限、合法经营收入与违法犯罪所得的界限、不正当经济活动与违法犯罪的界限，防止以刑事手段介入经济

纠纷。要坚持罪刑法定原则,对刑法关于经济犯罪的规定不能任意扩大解释,法无明文规定的不为罪,难以区分是经济纠纷还是经济犯罪的,笔者认为以经济纠纷处理为宜。同时,对个别党政领导干部和其他人员干预办案、介入纠纷、插手具体案件的,要依照规定严格追究有关领导和其他人员的责任。

(二)平等保护公有制经济与非公有制经济

宪法、法律和相关政策文件对平等保护公有制经济与非公有制经济都有规定。我国《宪法》第11条规定,在法律规定范围内的个体经济、私营经济等非公有制经济,是社会主义市场经济的重要组成部分。国家保护个体经济、私营经济等非公有制经济的合法的权利和利益。国家鼓励、支持和引导非公有制经济的发展,并对非公有制经济依法实行监督和管理。党的十八届三中全会《关于全面深化改革若干重大问题的决定》指出,必须毫不动摇巩固和发展公有制经济,坚持公有制主体地位,发挥国有经济主导作用,不断增强国有经济活力、控制力、影响力。必须毫不动摇鼓励、支持、引导非公有制经济发展,激发非公有制经济活力和创造力。要完善产权保护制度,积极发展混合所有制经济,推动国有企业完善现代企业制度,支持非公有制经济健康发展。《中华人民共和国国民经济和社会发展第十三个五年规划纲要》第三篇第十一章第四节明确提出“支持非公有制经济发展”,要求“坚持权利平等、机会平等、规则平等,更好激发非公有制经济活力和创造力。废除对非公有制经济各种形式的不合理规定,消除各种隐性壁垒,保证依法平等使用生产要素、公平参与市场竞争、同等受到法律保护、共同履行社会责任。鼓励民营企业依法进入更多领域”。中共中央、国务院《关于完善产权保护制度依法保护产权的意见》提出,“公有制经济财产权不可侵犯,非公有制经济财产权同样不可侵犯”。最高人民法院《关于依法平等保护非公有制经济促进非公有制经济健康发展的意见》、最高人民检察院《关于充分发挥检察职能依法保障和促进非公有制经济健康发展的意见》等文件,都明确要求平等保护公有制经济和非公有制经济,加强保护各种所有制经济的产权和合法利益。

公安机关在办理经济犯罪案件中,一定要牢固树立平等保护意识,对公有制经济和非公有制经济一视同仁,涉嫌经济犯罪的,都要依法打击;对公有制经济和非公有制经济的合法权益,都要依法保护,在各类市场主体的诉讼地位、法律适用、法律责任等方面,一律平等对待,不得故意抑制、打压非公有制经济的正常发展壮大,努力为公有制和非公有制经济提供公平的竞争发展环境。

(三)坚持打击经济犯罪与保障正常的生产经营活动并重

公安机关在办理经济犯罪中,不仅要依法打击经济犯罪,严格依法办案,也要注意办案的方式方法,选择办案时机,防止因办案时机或者方式方法不当引发群体性事件,影响经济平稳健康发展。在采取强制性措施时,要坚持慎用和比例原则,慎重使用搜查、查封、扣押、冻结和拘留、逮捕等措施,不轻易查封涉案企业账册,不轻易扣押涉案企业财物。确实需要查封、扣押、冻结的,应当预留必要的流动资金和往来账户,尽量减少对企业生产经营活动的影响。对于有自首、立功情节,认罪态度较好,社会危险性不大的涉案人员,一般不采取拘留、逮捕措施。对涉案企业正在投入生产运营或者正在用于科技创新、产品研发的设备、资金和技术资料,原则上不予查封、扣押、冻结。确实需要提取犯罪证据的,可以采取拍照、复制等方式提取。要注意选择办案时机和方式方法,最大限度维护企业声誉,促进企业的健康长远发展。

第三节　经济犯罪案件的量刑标准

一、量刑的概念

量刑,是指人民法院对被告人裁量决定刑罚的活动。具体来说,就是人民法院根据犯罪的事实、犯罪性质、犯罪情节和对社会的危害程度,根据刑法决定对被告人的刑罚。主要包括三个方面的内容:一是决定对犯罪人是否判处刑罚。一般说来,“有罪必罚”,处以刑罚是实施犯罪的必然后果。但在某些情况下,可以排除刑罚的科处,如对于中止犯、从犯、胁从犯、预备犯等,刑法规定可以免除刑罚。因此,人民法院对犯罪人量刑的第一步就是要决定对犯罪人是判处刑罚还是免除刑罚。二是决定对犯罪人判处怎样的刑罚。我国刑法规定的犯罪的法定刑,都有一个轻重不同的幅度,有的一并规定了几种刑罚,即使规定一种刑罚的,也有供选择的不同档的期限。因此,所谓决定判处怎样的刑罚,也就是说决定判处哪一刑种,或者某一刑种多长的刑罚。三是决定对犯罪人判处的刑罚是否立即执行。我国刑法规定的刑罚,有的一旦判处便立即执行,如无期徒刑、管制等;有的判处后可以暂缓执行,如判处3年以下有期徒刑或者拘役宣告缓刑的,判处死缓的等。因此,人民法院在决定判处犯罪人刑罚时,尚需考虑是立即执行还是缓期执行。

二、量刑标准与量刑规范化改革

量刑标准,是指人民法院在定罪的基础上,予以裁量刑罚的尺度。量刑是人民法院的重要职责,其核心在于人民法院要依法客观公正地行使刑罚裁量权,实现量刑的公正与均衡,确保判决的每一起案件都能够体现公平公正的精神,都能够经得起历史、事实和法律的检验。

为提高人民法院量刑规范化水平，最高人民法院于 2010 年 9 月 13 日印发了《人民法院量刑指导意见（试行）》，决定从 2010 年 10 月 1 日起在全国法院全面试行量刑规范化改革。同日，最高人民法院、最高人民检察院、公安部、国家安全部、司法部联合印发《〈关于规范量刑程序若干问题的意见（试行）〉的通知》。2010 年 11 月 6 日，最高人民法院、最高人民检察院、公安部、国家安全部、司法部又联合发出《关于加强协调配合积极推进量刑规范化改革的通知》，对量刑规范化改革提出了明确具体的要求。为进一步规范刑罚裁量权，落实宽严相济刑事政策，增强量刑的公开性，实现量刑公正，最高人民法院 2013 年 12 月 23 日又发布了《关于常见犯罪的量刑指导意见》（法发〔2013〕14 号），自 2014 年 1 月 1 日实施，进一步明确了量刑的指导原则、基本方法和常见量刑情节的适用要求，并对交通肇事罪、故意伤害罪等 15 种常见犯罪的量刑作出具体规定。各省、自治区、直辖市高级人民法院先后制定了常见犯罪的量刑细则。2016 年 5 月，最高人民法院发出《关于扩大量刑规范化罪名和刑种试点的通知》，在规范 15 种常见犯罪量刑的基础上，又将危险驾驶罪、非法吸收公众存款罪、集资诈骗罪、信用卡诈骗罪、合同诈骗罪、非法持有毒品罪、容留他人吸毒罪和引诱、容留、介绍卖淫罪等 8 种罪名纳入量刑规范化范围，从有期徒刑、拘役扩大到罚金、缓刑，并指定天津、辽宁、福建、海南、湖北、广西、云南、陕西等地 8 个高级人民法院作为试点法院，在辖区内指定有关中级、基层人民法院开展试点，在此基础上提出量刑指导意见，同时指定量刑规范化工作基础比较扎实的广东省广州市白云区人民法院就 8 个试点罪名的罚金刑进行试点，并提出指导意见。最高人民法院将在总结试点经验的基础上，制定全国量刑指导意见。扩大量刑规范范围以后，适用量刑规范化的罪名达到 23 种，案件数量占全国基层法院刑事案件的 90% 左右。

应当注意的是，2017 年最高人民法院对《关于常见犯罪的量刑指导意见》进行了修订，进一步明确"以定性分析为主、定量分析为辅"的量刑方法，修改完善了常见量刑情节的适用和个罪的量刑规范，修订后的《关于常见犯罪的量刑指导意见》（法发〔2017〕7 号）从 2017 年 4 月 1 日起实施。

三、量刑的指导原则

（一）依法量刑原则

《刑法》第 61 条的规定，对于犯罪分子决定刑罚的时候，应当根据犯罪的事实、犯罪的性质、情节和对于社会的危害程度，依照本法的有关规定判处。可见，量刑应当以事实为根据,以法律为准绳,根据犯罪的事实、性质、情节和对于社会的危害程度,决定判处的刑罚。这就是量刑活动的基本原则,也是人民法院一切量刑活动的基本标准。首先,量刑必须以犯罪事实为根据。没有犯罪事实,量刑就失去了赖以存在的基础。人民法院只有在查清犯罪事实以后,才能确定犯罪人犯的是何种罪,应予以何种处罚。这就要求做到查明犯罪事实,明确犯罪性质,弄清犯罪情节,评价犯罪对社会的危害程度。审判人员在审理每一案件时,都必然要对这四个方面逐一进行考察。其次,量刑必须以刑法规定为准绳。弄清了犯罪事实,并不意味着量刑就必然适当。要想做到量刑适当,还必须在事实清楚的基础上,严格依照刑法的有关规定,确定与罪行相适应的刑罚。量刑既要依照刑法分则的有关规定,也要依照刑法总则的有关原则和制度进行。刑法总则规定的是犯罪与刑罚的一般原则、原理,是关于犯罪与刑罚的共性问题;而刑法分则是对刑法总则规定的原理、原则的具体化,是关于犯罪与刑罚的个性问题。刑法总则与分则的关系是指导与被指导的关系。由刑法总则与分则之间的关系决定,对犯罪人量刑时仅仅根据刑法分则规定的法定刑是不够的,还必须考虑刑法总则的有关规定。只有这样,对犯罪人确定的刑罚才真正具有合法性和适当性。如是否是未成年人,是否是盲人或聋哑人,是否构成累犯、自首,是否是预备犯、中止犯、未遂犯,是否是正当防卫、防卫过当;如系共同犯罪,是主犯、从犯还是胁从犯、教唆犯等,都需要根据刑法总则的规定进行判定。

(二)罪责刑相适应原则

量刑既要考虑被告人所犯罪行的轻重,又要考虑被告人应负刑事责任的大小,做到罪责刑相适应,实现惩罚和预防犯罪的目的。罪责刑相适应原则,是刑法的基本原则之一,既是刑事立法应当遵循的基本原则,也是刑事司法特别是量刑应当遵循的基本原则。《刑法》第5条规定,刑罚的轻重,应当与犯罪分子所犯罪行和承担的刑事责任相适应。也就是说,罪重,所判处的刑罚就重;罪轻,所判处的刑罚就轻。犯多大的罪,就判多大的刑,重罪重判、轻罪轻判。对犯罪分子所判刑罚的轻重,应当与其所犯罪行的轻重和罪过大小以及应当承担的刑事责任的大小相当,既不能重罪轻判,也不能轻罪重判,要罚当其罪,罪刑相称。坚持罪责刑相适应原则,主要是要正确理解和准确把握罪、责、刑的内涵和三者的关系。这里的“罪”,主要是指犯罪分子所犯的罪行;所谓的“责”,是犯罪后所应当承担的刑事责任的大小;所谓“刑”,是指根据犯罪分子所犯的罪行和应当承担的刑事责任,根据刑法有关规定,由人民法院对其所判处的刑罚。所谓“相适应”,不能简单地理解为绝对相适应,是相对的公正合理。

(三)宽严相济原则

量刑应当贯彻宽严相济的刑事政策,做到该宽则宽,当严则严,宽严相济,罚当其罪,确保裁判法律效果和社会效果的统一。宽严相济刑事政策是我国的基本刑事政策,贯穿于刑事立法、刑事司法和刑罚执行的全过程,是惩办与宽大相结合政策在新时期的继承、发展和完善,是司法机关惩罚犯罪、预防犯罪、保护人民、保障人权、正确实施国家法律的指南。最高人民法院于 2010 年 2 月 8 日下发了《关于贯彻宽严相济刑事政策的若干意见》(法发〔2010〕9 号),对贯彻落实宽严相济刑事政策提出了具体要求。宽严相济刑事政策中的从“严”,主要是指对于罪行十分严重、社会危害性极大,依法应当判处重刑或死刑的,要坚决地判处重刑或死刑;对于社会危害大或者具有法定、酌定从重处罚情节,以及主观恶性深、人身危险性大的被告人,要依法从严惩处。在审判活动中通过体现依法从“严”的政策要求,有效震慑犯罪分子和社会不稳定分子,达到有效遏制犯罪、预防犯罪的目的。贯彻宽严相济刑事政策,必须毫不动摇地坚持依法严惩严重刑事犯罪的方针。宽严相济刑事政策中的从“宽”,主要是指对于情节较轻、社会危害性较小的犯罪,或者罪行虽然严重,但具有法定、酌定从宽处罚情节,以及主观恶性相对较小、人身危险性不大的被告人,可以依法从轻、减轻或者免除处罚;对于具有一定社会危害性,但情节显著轻微危害不大的行为,不作为犯罪处理;对于依法可不监禁的,尽量适用缓刑或者判处管制、单处罚金等非监禁刑。被告人的行为已经构成犯罪,但犯罪情节轻微,或者未成年人、在校学生实施的较轻犯罪,或者被告人具有犯罪预备、犯罪中止、从犯、胁从犯、防卫过当、避险过当等情节,依法不需要判处刑罚的,可以免予刑事处罚。宽严相济刑事政策中的“相济”,主要是指在对各类犯罪依法处罚时,要善于综合运用“宽”和“严”两种手段,对不同的犯罪和犯罪分子区别对待,做到严中有宽、宽以济严,宽中有严、严以济宽。在对严重刑事犯罪依法从严惩处的同时,对被告人具有自首、立功、从犯等法定或酌定从宽处罚情节的,还要注意宽以济严,根据犯罪的具体情况,依法应当或可以从宽的,都应当在量刑上予以充分考虑。在对较轻刑事犯罪依法从轻处罚的同时,要注意严以济宽,充分考虑被告人是否具有屡教不改、严重滋扰社会、群众反映强烈等酌定从严处罚的情况;对于不从严不足以有效惩戒者,也应当在量刑上有所体现,做到济之以严,使犯罪分子受到应有处罚,切实增强改造效果。对于被告人同时具有法定、酌定从严和法定、酌定从宽处罚情节的案件,要在全面考察犯罪的事实、性质、情节和对社会危害程度的基础上,结合被告人的主观恶性、人身危险性、社会治安状况等因素,综合作出分析判断,总体从严,或者总体从宽。

(四)量刑均衡原则

量刑要客观、全面把握不同时期、不同地区的经济社会发展和治安形势的变化,确保刑法任务的实现;对于同一地区、同一时期、案情相似的案件,所判处的刑罚应当基本均衡。首先,量刑均衡原则要求人民法院在量刑的时候要充分体现依法量刑、罪责刑相适应以及宽严相济的精神,也就是重罪重判、轻罪轻判、罚当其罪。其次,要求对同一地区、同一时期、案情相似的案件,虽然可能由不同的法院、不同的法官来判,但判决的结果要大体相当,不能差别太大。最后,要根据不同时期、不同地区的经济社会发展和不同的治安形势,依法决定量刑的幅度。例如,在社会治安形势严峻的时候,同样的犯罪可能判处相对重一些的刑罚,反之亦然。实践中,同一时期、同一地区不同基层人民法院之间甚至同一法院不同的法官在对相似案件的判决上,可能存在轻重悬殊的现象,这样直接损害司法的公正性、公信力。造成这种现象的原因既有立法上的粗疏,也有司法活动中缺乏统一的标准可以遵循,还有法官个人业务素质等各种复杂因素。为解决量刑不均衡问题,既需要进一步加强司法解释工作,进一步通过细则完善常见犯罪的量刑标准,为均衡量刑提供指引,也需要不断改进完善量刑方法,逐步实现量刑的规范化、科学化和现实化。同时,还应当加强刑事判例编纂工作,重视判例对刑事审判工作的指导作用。

四、量刑的基本方法

量刑时,应在定性分析的基础上,结合定量分析,依次确定量刑起点、基准刑和宣告刑。

(一)量刑步骤

1. 根据基本犯罪构成事实在相应的法定刑幅度内确定量刑起点。

2. 根据其他影响犯罪构成的犯罪数额、犯罪次数、犯罪后果等犯罪事实,在量刑起点的基础上增加刑罚量确定基准刑。

3. 根据量刑情节调节基准刑,并综合考虑全案情况,依法确定宣告刑。

(二)调节基准刑的方法

1. 具有单个量刑情节的,根据量刑情节的调节比例直接调节基准刑。

2. 具有多个量刑情节的,一般根据各个量刑情节的调节比例,采用同向相加、逆向相减的方法调节基准刑;具有未成年人犯罪、老年人犯罪、限制行为能力的精神病人犯罪、又聋又哑的人犯罪或者盲人犯罪,防卫过当、避险过当、犯罪预备、犯罪未遂、犯罪中止,从犯、胁从犯和教唆犯等量刑情节的,先适用该量刑情节对基准刑进行调节,在此基础上,再适用其他量刑情节进行调节。

3. 被告人犯数罪,同时具有适用于各个罪的立功、累犯等量刑情节的,先适用该量刑情节调节个罪的基准刑,确定个罪所应判处的刑罚,再依法实行数罪并罚,决定执行的刑罚。

(三)确定宣告刑的方法

1. 量刑情节对基准刑的调节结果在法定刑幅度内,且罪责刑相适应的,可以直接确定为宣告刑;如果具有应当减轻处罚情节的,应依法在法定最低刑以下确定宣告刑。

2. 量刑情节对基准刑的调节结果在法定最低刑以下,具有法定减轻处罚情节,且罪责刑相适应的,可以直接确定为宣告刑;只有从轻处罚情节的,可以依法确定法定最低刑为宣告刑;但是根据案件的特殊情况,经最高人民法院核准,也可以在法定刑以下判处刑罚。

3. 量刑情节对基准刑的调节结果在法定最高刑以上的,可以依法确定法定最高刑为宣告刑。

4. 综合考虑全案情况,独任审判员或合议庭可以在20%的幅度内对调节结果进行调整,确定宣告刑。当调节后的结果仍不符合罪责刑相适应原则的,应提交审判委员会讨论,依法确定宣告刑。

5. 综合全案犯罪事实和量刑情节,依法应当判处无期徒刑以上刑罚、管制或者单处附加刑、缓刑、免刑的,应当依法适用。

五、量刑情节

量刑情节,是指法律规定或者司法实践中认可的,体现犯罪分子的人身危险性或者犯罪行为的社会危害性程度,量刑时必须考虑的主客观情况。这些情节可以分为不同的轻重等级,并成为刑法规定不同法定刑的根据。我国刑法规定的量刑情节的"量"的等级主要有五个,从轻到重的顺序是:(1)情节轻微;(2)情节较轻;(3)基本情节;(4)情节严重或情节恶劣;(5)情节特别严重或情节特别恶劣。量刑情节的这五个不同的"量"的等级,表明了罪行轻重的不同,并进而决定着法定刑的轻重。"情节轻微"是免予刑事处分的根据;"情节较轻"是比照基本情节减轻法定刑的根据;"基本情节"是表明行为构成犯罪的根据,在条文中的表述一般为"……的,处……";"情节严重"或"情节恶劣"有两种情况,一种是比照基本情节加重法定刑,另一种是若干罪构成犯罪的根据;"情节特别严重"或"情节特别恶劣"是比照"情节严重”或“情节恶劣”加重法定刑的根据。

(一)法定量刑情节和酌定量刑情节

这是以量刑情节是否具有法律规定为标准而划分的。法定量刑情节,是指刑法明文规定应当或者可以从宽或者从严处罚的情节。例如,未成年人犯罪应当从轻或者减轻处罚,累犯应当从重处罚。对于刑法明文规定的量刑情节,审判人员在决定对犯罪人量刑时必须考虑,并且制作判决书时必须明确引用法律的有关条款。酌定量刑情节,是指法定量刑情节以外的由审判人员灵活掌握的影响对犯罪人处刑轻重的情节。其主要包括犯罪的动机与目的、犯罪的时间与地点、犯罪人犯罪前的表现与犯罪后的态度、初犯、偶犯等。这些酌定量刑情节虽然刑法未予规定,但是,由于这些情节从不同的侧面反映着犯罪的社会危害性和犯罪人的人身危险性,因而审判人员在对犯罪人适用刑罚时,一般也应予考虑。

(二)从宽的量刑情节和从严的量刑情节

这是以量刑情节对犯罪人所处罚的轻重以及是否处以刑罚时所起的作用为标准划分的。

从宽处罚量刑情节,是指使审判人员在量刑时考虑对犯罪人从轻处罚、减轻处罚和免除处罚的情节。从轻处罚、减轻处罚和免除处罚,是由低到高排列的三个从宽处罚的幅度。

(1)从轻处罚。根据《刑法》第 62 条规定,从轻处罚,是指在法定刑的限度以内判处较轻的刑罚。我国刑法规定的法定刑,有的是几个刑种,有的是一种具有一定幅度的刑罚。如果法定刑是几个刑种,从轻处罚就是在几个刑种中选择一个较轻的刑种。如果法定刑只是一种具有一定幅度的刑罚,从轻处罚就是在法定的量刑幅度内判处较短的刑期。

(2)减轻处罚。减轻处罚有两种情况:一是法定减轻处罚,即犯罪人具有法律规定的减轻处罚情节的减轻处罚。《刑法》第 63 条第 1 款规定,犯罪分子具有本法规定的减轻处罚情节的,应当在法定刑以下判处刑罚;本法规定有数个量刑幅度的,应当在法定刑量刑幅度的下一个量刑幅度内判处刑罚。二是酌定减轻处罚。《刑法》第 63 条第 2 款规定,犯罪分子虽然不具有本法规定的减轻处罚情节,但是根据案件的特殊情况,经最高人民法院核准,也可以在法定刑以下判处罚。

(3)免除处罚。免除处罚,就是《刑法》第 37 条规定的“免予刑事处罚”,指的是对犯罪分子作有罪宣告,但免除刑罚处罚。免除处罚以行为人的行为构成犯罪为前提条件,只是因为犯罪情节轻微不需要判处刑罚,或者有其他法律规定的免除处罚情节的,才免除处罚。对于免除处罚的犯罪分子,可以根据案件的不同情况,分别予以训诫或者责令具结悔过、赔礼道歉、赔偿损失,或者由主管部门予以行政处罚或者行政处分。

对于从严处罚量刑情节,1979 年《刑法》包括从重处罚和加重处罚两种,1997 年《刑法》仅是指从重处罚的情节。根据《刑法》第 62 条的规定,从重处罚,是在法定刑的限度以内,判处较重刑罚。既可以在刑法规定的几个刑种中选择一个较重或者最重的刑种,也可以在刑法规定的某一刑罚幅度内判处较长或者最长的刑期。具体说来,从重处罚一方面是指在法定刑的限度以内判处刑罚,不允许判处高于法定最高刑的刑罚;另一方面是指比犯罪分子没有这个从重情节应当受到的处罚要重些。

六、常见量刑情节的适用

量刑时要充分考虑各种法定和酌定量刑情节,根据案件的全部犯罪事实以及量刑情节的不同情形,依法确定量刑情节的适用及其调节比例。对严重暴力犯罪、毒品犯罪等严重危害社会治安犯罪,在确定从宽的幅度时,应当从严掌握;对犯罪情节较轻的犯罪,应当充分体现从宽。具体确定各个量刑情节的调节比例时,应当综合平衡调节幅度与实际增减刑罚量的关系,确保罪责刑相适应。

根据最高人民法院《关于常见犯罪的量刑指导意见》(法发〔2017〕7 号),人民法院在适用常见量刑情节时,应当遵循以下原则:

1. 对于未成年人犯罪,应当综合考虑未成年人对犯罪的认识能力、实施犯罪行为的动机和目的、犯罪时的年龄、是否初犯、偶犯、悔罪表现、个人成长经历和一贯表现等情况,予以从宽处罚。

(1)已满 14 周岁不满 16 周岁的未成年人犯罪,减少基准刑的 30% ~60%;

(2)已满 16 周岁不满 18 周岁的未成年人犯罪,减少基准刑的 10% ~50%。

2. 对于未遂犯,综合考虑犯罪行为的实行程度、造成损害的大小、犯罪未得逞的原因等情况,可以比照既遂犯减少基准刑的 50% 以下。

3. 对于从犯,应当综合考虑其在共同犯罪中的地位、作用等情况,予以从宽处罚,减少基准刑的 20% ~50%;犯罪较轻的,减少基准刑的 50% 以上或者依法免除处罚。

4. 对于自首情节,综合考虑自首的动机、时间、方式、罪行轻重、如实供述罪行的程度以及悔罪表现等情况,可以减少基准刑的 40% 以下;犯罪较轻的,可以减少基准刑的 40% 以上或者依法免除处罚。恶意利用自首规避法律制裁等不足以从宽处罚的除外。

5. 对于坦白情节，综合考虑如实供述罪行的阶段、程度、罪行轻重以及悔罪程度等情况，确定从宽的幅度。

(1)如实供述自己罪行的，可以减少基准刑的20%以下；

(2)如实供述司法机关尚未掌握的同种较重罪行的，可以减少基准刑的10%～30%；

(3)因如实供述自己罪行，避免特别严重后果发生的，可以减少基准刑的30%～50%。

6. 对于当庭自愿认罪的，根据犯罪的性质、罪行的轻重、认罪程度以及悔罪表现等情况，可以减少基准刑的10%以下。依法认定自首、坦白的除外。

7. 对于立功情节，综合考虑立功的大小、次数、内容、来源、效果以及罪行轻重等情况，确定从宽的幅度。

(1)一般立功的，可以减少基准刑的20%以下；

(2)重大立功的，可以减少基准刑的20%～50%；犯罪较轻的，减少基准刑的50%以上或者依法免除处罚。

8. 对于退赃、退赔的，综合考虑犯罪性质，退赃、退赔行为对损害结果所能弥补的程度，退赃、退赔的数额及主动程度等情况，可以减少基准刑的30%以下；其中抢劫等严重危害社会治安犯罪的应从严掌握。

9. 对于积极赔偿被害人经济损失并取得谅解的，综合考虑犯罪性质、赔偿数额、赔偿能力以及认罪、悔罪程度等情况，可以减少基准刑的40%以下；积极赔偿但没有取得谅解的，可以减少基准刑的30%以下；尽管没有赔偿，但取得谅解的，可以减少基准刑的20%以下；其中抢劫、强奸等严重危害社会治安犯罪的应从严掌握。

10. 对于当事人根据《刑事诉讼法》第277条达成刑事和解协议的，综合考虑犯罪性质、赔偿数额、赔礼道歉以及真诚悔罪等情况，可以减少基准刑的50%以下；犯罪较轻的，可以减少基准刑的50%以上或者依法免除处罚。

11. 对于累犯，应当综合考虑前后罪的性质、刑罚执行完毕或赦免以后至再犯罪时间的长短以及前后罪罪行轻重等情况，增加基准刑的10%～40%，一般不少于3个月。

12. 对于有前科的，综合考虑前科的性质、时间间隔长短、次数、处罚轻重等情况，可以增加基准刑的10%以下。前科犯罪为过失犯罪和未成年人犯罪的除外。

13. 对于犯罪对象为未成年人、老年人、残疾人、孕妇等弱势人员的，综合考虑犯罪的性质、犯罪的严重程度等情况,可以增加基准刑的20%以下。

14. 对于在重大自然灾害、预防、控制突发传染病疫情等灾害期间犯罪的,根据案件的具体情况,可以增加基准刑的20%以下。

七、经济犯罪案件量刑应当注意的问题

(一)关于从严惩处的案件范围

根据最高人民法院《关于贯彻宽严相济刑事政策的若干意见》规定,发生在经济领域、需依法从严惩处的主要是指下列严重犯罪:以高利率或高回报为诱饵,针对社会公众实施的非法集资、非法证券、传销、地下"六合彩"等涉众型犯罪;制售假冒伪劣、有毒、有害食品、药品等损害群众切身利益的犯罪;制售伪劣农药、兽药、化肥、种子等坑农害农的犯罪;制贩假币、操纵证券期货市场、金融诈骗等严重危害金融秩序的犯罪;走私,逃税、骗税、虚开增值税专用发票等严重侵害国家经济利益的犯罪;重大环境污染、非法采矿、盗伐林木等各种严重破坏环境资源的犯罪。

(二)关于政策法律界限

对于当前金融危机背景下的经济违法行为。应当坚持"审时度势"原则和"两个效果相统一"原则以及从宽要求,审慎分析判断其社会危害性,从有利于保障经济增长、维护社会稳定的角度依法准确定罪量刑。以非法集资案件为例说明如下:一是要准确界定非法集资与民间借贷、商业交易的政策法律界限。未经社会公开宣传,在单位职工或者亲友内部针对特定对象筹集资金的,一般可以不作为非法集资。二是要准确把握非法集资罪与非罪的界限。资金主要用于生产经营及相关活动,行为人有还款意愿,能够及时清退集资款项,情节轻微,社会危害不大的,可以免予刑事处罚或者不作为犯罪处理。此外,对于"边缘案"、"踩线案"、罪与非罪界限一时难以划清的案件,要从有利于促进企业生存发展、有利于保障员工生计、有利于维护社会和谐稳定的高度,依法妥善处理,可定可不定的,原则上不按犯罪处理。特别对于涉及企业、公司法定代表人、技术人员因政策界限不明而实施的轻微违法犯罪,更要依法慎重处理。

(三)关于刑罚适用问题

1. 根据最高人民法院《关于贯彻宽严相济刑事政策的若干意见》关于从严处理的原则性规定以及关于死刑适用政策的规定,对于数额特别巨大、情节特别恶劣、危害后果特别严重的经济犯罪,要依法从严惩处,对于罪行极其严重的经济犯罪分子,依法应当判处死刑的,要坚决适用死刑;对假币犯罪累犯、惯犯、涉案假币数额巨大

或者全部流入社会的犯罪分子，应当依法从重判处；对于伪造货币集团的首要分子、骨干分子，伪造假币数额特别巨大或者有其他特别严重情节，罪行极其严重的犯罪分子，应当判处死刑的，要坚决依法判处死刑；对数额特别巨大，肆意挥霍集资资金或者归案后拒不交代赃款去向，造成特别重大经济损失或者致使被害人自杀身亡等严重后果的集资诈骗犯罪分子，应当依法从重判处；对造成严重疾患、伤亡后果或者以婴幼儿、危重病人为对象，社会影响恶劣的制售有毒有害食品、假药劣药犯罪分子，应当依法从重判处。

2. 根据最高人民法院《关于贯彻宽严相济刑事政策的若干意见》规定的宽严"相济"要求，应当区分犯罪行为的具体情形区别对待。以走私犯罪为例，对海上偷运走私、绕关走私等未向海关报关的走私与价格瞒骗走私，走私特殊物品与走私普通货物、物品在具体量刑时都应当有所区别；对进口走私象牙等珍贵动物制品犯罪在量刑时应当酌情考虑出口国家的法律规定以及行为人的主观认识因素。

3. 要切实执行最高人民法院《关于贯彻宽严相济刑事政策的若干意见》有关"对于侵财型和贪利型犯罪，更要注重通过依法适用财产刑使犯罪分子受到经济上的惩罚"的规定，以最大限度地挽回国家和人民利益的损失，安抚受害群众。同时，此类犯罪的目的就是获得非法利益，有针对性地加大经济制裁，特别是执行的力度，以有效地剥夺犯罪分子重新犯罪的条件，发挥刑罚的预防犯罪功能。

第二章　生产、销售伪劣商品案件立案、定罪、量刑标准

一、生产、销售伪劣产品案

中华人民共和国刑法（节选）

第一百四十条　生产者、销售者在产品中掺杂、掺假，以假充真，以次充好或者以不合格产品冒充合格产品，销售金额五万元以上不满二十万元的，处二年以下有期徒刑或者拘役，并处或者单处销售金额百分之五十以上二倍以下罚金；销售金额二十万元以上不满五十万元的，处二年以上七年以下有期徒刑，并处销售金额百分之五十以上二倍以下罚金；销售金额五十万元以上不满二百万元的，处七年以上有期徒刑，并处销售金额百分之五十以上二倍以下罚金；销售金额二百万元以上的，处十五年有期徒刑或者无期徒刑，并处销售金额百分之五十以上二倍以下罚金或者没收财产。

第一百四十九条　生产、销售本节第一百四十一条至第一百四十八条所列产品，不构成各该条规定的犯罪，但是销售金额在五万元以上的，依照本节第一百四十条的规定定罪处罚。

生产、销售本节第一百四十一条至第一百四十八条所列产品，构成各该条规定的犯罪，同时又构成本节第一百四十条规定之罪的，依照处罚较重的规定定罪处罚。

第一百五十条　单位犯本节第一百四十条至第一百四十八条规定之罪的，对单位判处罚金，并对其直接负责的主管人员和其他直接责任人员，依照各该条的规定处罚。

生产、销售伪劣产品罪，是指生产者、销售者违反产品质量管理法规，在产品中

掺杂、掺假,以假充真,以次充好或者以不合格产品冒充合格产品,并且销售金额达到5万元以上或者货值金额达到15万元以上的行为。

(一)立案标准

根据最高人民检察院、公安部《关于公安机关管辖的刑事案件立案追诉标准的规定(一)》第16条的规定,生产者、销售者在产品中掺杂、掺假,以假充真,以次充好或者以不合格产品冒充合格产品,涉嫌下列情形之一的,应予立案追诉:

(1)伪劣产品销售金额5万元以上的;

(2)伪劣产品尚未销售,货值金额15万元以上的;

(3)伪劣产品销售金额不满5万元,但将已销售金额乘以3倍后,与尚未销售的伪劣产品货值金额合计15万元以上的。

立案时,要重点把握以下几个问题:

1. 以销售金额确定立案标准

只要实际销售金额达到5万元以上的,公安机关就应当立案侦查。所谓"销售金额",是指生产者、销售者出售伪劣产品后所得和应得的全部违法收入。它不同于获利数额,获利数额扣除了成本。它也不完全同于经营数额,在行为人已将伪劣产品全部卖掉的情况下,销售金额就是经营数额;如果全部或者部分伪劣产品没有卖出,则销售金额与经营数额不同。

2. 以货值金额确定立案标准

实践中,有不少案件是属于伪劣产品尚未销售出去的情形。对于这类案件是否需要立案,是否需要追究刑事责任,以及如何确定立案标准,刑法未作明确规定。但是,如果不依法查办这类案件,就势必放纵犯罪,也不符合立法精神。因此,对于伪劣产品尚未销售,货值金额达到《刑法》第140条规定的销售金额3倍以上的,应当以生产、销售伪劣产品罪(未遂)定罪处罚。由于《刑法》第140条规定销售金额达到5万元以上就应当立案追究,所以对于伪劣产品尚未销售的案件,只要货值金额达到销售金额3倍以上即15万元以上的,就属于生产、销售伪劣产品罪的未遂状态,也要依法立案追究刑事责任。货值金额以违法生产、销售的伪劣产品的标价计算;没有标价的,按照同类合格产品的市场中间价格计算。货值金额难以确定的,按照国家计划委员会、最高人民法院、最高人民检察院、公安部1997年4月22日联合发布的《扣押、追缴、没收物品估价管理办法》的规定,委托指定的估价机构确定。多次实施生产、销售伪劣产品行为,未经处理的,伪劣产品的销售金额或者货值金额应当累计计算。

（二）定罪标准

1. 本罪的构成

（1）侵犯的客体为复杂客体。生产、销售伪劣产品的行为不仅侵犯了国家对生产、销售产品质量的监督管理制度，而且还侵犯了企业和广大消费者的合法权益。

（2）客观方面表现为生产者、销售者实施了生产、销售伪劣产品的行为。

（3）主体为一般主体。一切从事产品生产、销售的企业、公司等单位以及达到刑事责任年龄具有刑事责任能力的自然人，都能成为本罪的主体。

（4）主观方面由故意构成，并且一般都具有牟取非法利润的目的，即行为人明知是伪劣产品而予以生产或者销售。过失行为，如生产者不知原材料有假或者不符合质量标准而生产或销售的，不构成本罪。

2. 生产、销售伪劣产品案件四种情形的认定

最高人民法院、最高人民检察院《关于办理生产、销售伪劣商品刑事案件具体应用法律若干问题的解释》对此作了明确解释。所谓“在产品中掺杂、掺假”，是指在产品中掺入杂质或者异物，致使产品质量不符合国家法律、法规或者产品明示质量标准规定的质量要求，降低、失去应有使用性能的行为。所谓“以假充真”，是指以不具有某种使用性能的产品冒充具有该种使用性能的产品的行为。所谓“以次充好”，是指以低等级、低档次产品冒充高等级、高档次产品，或者以残次、废旧零配件组合、拼装后冒充正品或者新产品的行为。所谓“不合格产品”，是指不符合《产品质量法》第26条第2款规定的质量要求的产品。根据《产品质量法》的规定，生产者应当使其生产的产品达到以下质量要求：（1）不存在危及人身、财产安全的不合理的危险，有保障人体健康和人身、财产安全的国家标准、行业标准的，应当符合该标准；（2）具备产品应当具备的使用性能，但是，对产品存在使用性能的瑕疵作出说明的除外；（3）符合在产品或者其包装上注明采用的产品标准，符合以产品说明、实物样品等方式表明的质量状况。判断产品合格与否的标准主要有：（1）国家颁行的特定商品的强制性标准；（2）国家有关部门推荐，由企业自愿采用的标准；（3）企业自己规定的产品质量标准；（4）在没有上述三种标准的情况下，社会通行的标准。不符合上述产品质量要求的即为不合格产品。应当注意的是，在查处这类案件中，对于“在产品中掺杂、掺假”“以假充真”“以次充好”“以不合格产品冒充合格产品”等情形无法准确判断时，应当委托法律、行政法规规定的有关产品质量检验机构进行鉴定。

3. 罪与非罪的界限

对于一般性的生产、销售伪劣产品的行为，主要是按照《产品质量法》和《消费

者权益保障法》等有关规定进行处理，生产者、销售者依法承担相应的民事责任和行政责任。对于符合本罪犯罪构成的，才依法追究刑事责任。本罪是数额犯，即行为人在客观方面除了实施生产、销售伪劣产品的行为外，其销售金额还必须达到 5 万元以上，才能构成本罪。应当注意的是，根据最高人民法院、最高人民检察院《关于办理生产、销售伪劣商品刑事案件具体应用法律若干问题的解释》的有关规定，对于伪劣产品尚未销售出去的情形，只要伪劣产品尚未销售货值金额达到《刑法》第 140 条规定的销售金额 3 倍以上的即 15 万元以上的，也应当以生产、销售伪劣产品罪（未遂）追究刑事责任。

4. 本罪与放纵制售伪劣商品犯罪行为罪的区别

放纵制售伪劣商品犯罪行为罪是渎职犯罪的一种。根据《刑法》第 414 条和最高人民法院、最高人民检察院《关于办理生产、销售伪劣商品刑事案件具体应用法律若干问题的解释》第 8 条规定，国家机关工作人员徇私舞弊，对生产、销售伪劣商品犯罪不履行法律规定的查处职责，具有下列情形之一的，以放纵制售伪劣商品犯罪行为罪予以追究：(1) 放纵生产、销售假药或者有毒、有害食品犯罪行为的；(2) 放纵依法可能判处 2 年有期徒刑以上刑罚的生产、销售伪劣商品犯罪行为的；(3) 对 3 个以上有生产、销售伪劣商品犯罪行为的单位或者个人不履行追究职责的；(4) 致使国家和人民利益遭受重大损失或者造成恶劣影响的。

5. 本罪共犯的认定

根据最高人民法院、最高人民检察院《关于办理生产、销售伪劣商品刑事案件具体应用法律若干问题的解释》第 9 条规定，知道或者应当知道他人实施生产、销售伪劣商品犯罪，而为其提供贷款、资金、账号、发票、证明、许可证件，或者提供生产、经营场所或者运输、仓储、保管、邮寄等便利条件，或者提供制假生产技术的，以生产、销售伪劣商品犯罪的共犯论处。

6. 本罪的罪数认定

根据最高人民法院、最高人民检察院《关于办理生产、销售伪劣商品刑事案件具体应用法律若干问题的解释》第 10 条规定，实施生产、销售伪劣产品犯罪，同时构成侵犯知识产权、非法经营等其他犯罪的，依照处罚较重的规定定罪处罚。根据第 11 条规定，对于实施生产、销售伪劣产品犯罪，又以暴力、威胁方法抗拒查处，构成其他犯罪的，依照数罪并罚的规定处罚。

最高人民法院、最高人民检察院《关于办理妨害预防、控制突发传染病疫情等灾害的刑事案件具体应用法律若干问题的解释》（法释〔2003〕8 号）第 2 条规定，在预防、控制突发传染病疫情等灾害期间,生产、销售伪劣的防治、防护产品、物资,构成犯罪的,依照《刑法》第140条的规定,以生产、销售伪劣产品罪定罪,依法从重处罚。

最高人民法院、最高人民检察院《关于办理非法生产、销售烟草专卖品等刑事案件具体应用法律若干问题的解释》(法释〔2010〕7号)第1条第1款规定,生产、销售伪劣卷烟、雪茄烟等烟草专卖品,销售金额在5万元以上的,依照《刑法》第140条的规定,以生产、销售伪劣产品罪定罪处罚。

最高人民法院、最高人民检察院《关于办理非法生产、销售烟草专卖品等刑事案件具体应用法律若干问题的解释》第2条规定,伪劣卷烟、雪茄烟等烟草专卖品尚未销售,货值金额达到《刑法》第140条规定的销售金额定罪起点数额标准的3倍以上的,或者销售金额未达到5万元,但与未销售货值金额合计达到15万元以上的,以生产、销售伪劣产品罪(未遂)定罪处罚。销售金额和未销售货值金额分别达到不同的法定刑幅度或者均达到同一法定刑幅度的,在处罚较重的法定刑幅度内酌情从重处罚。查获的未销售的伪劣卷烟、雪茄烟,能够查清销售价格的,按照实际销售价格计算。无法查清实际销售价格,有品牌的,按照该品牌卷烟、雪茄烟的查获地省级烟草专卖行政主管部门出具的零售价格计算;无品牌的,按照查获地省级烟草专卖行政主管部门出具的上年度卷烟平均零售价格计算。

最高人民法院、最高人民检察院《关于办理非法生产、销售烟草专卖品等刑事案件具体应用法律若干问题的解释》第6条规定,明知他人实施本解释第1条所列犯罪,而为其提供贷款、资金、账号、发票、证明、许可证件,或者提供生产、经营场所、设备、运输、仓储、保管、邮寄、代理进出口等便利条件,或者提供生产技术、卷烟配方的,应当按照共犯追究刑事责任。

最高人民法院、最高人民检察院《关于办理非法生产、销售烟草专卖品等刑事案件具体应用法律若干问题的解释》第7条规定,办理非法生产、销售烟草专卖品等刑事案件,需要对伪劣烟草专卖品鉴定的,应当委托国务院产品质量监督管理部门和省、自治区、直辖市人民政府产品质量监督管理部门指定的烟草质量检测机构进行。

(三)量刑标准

1. 根据《刑法》第140条的规定,犯生产、销售伪劣产品罪的,分四个档次量刑:

(1)销售金额5万元以上不满20万元的,处2年以下有期徒刑或者拘役,并处或者单处销售金额50%以上2倍以下罚金;

(2)销售金额20万元以上不满50万元的,处2年以上7年以下有期徒刑,并处销售金额50%以上2倍以下罚金;

(3)销售金额50万元以上不满200万元的，处7年以上有期徒刑，并处销售金额50%以上2倍以下罚金；

(4)销售金额200万元以上的，处15年有期徒刑或者无期徒刑，并处销售金额50%以上2倍以下罚金或者没收财产。

2. 对于伪劣产品尚未销售的犯罪情形，刑法未明确规定量刑幅度

根据最高人民法院、最高人民检察院《关于办理生产、销售伪劣商品刑事案件具体应用法律若干问题的解释》规定，伪劣产品尚未销售，货值金额达到《刑法》第140条规定的销售金额3倍以上的，以生产、销售伪劣产品罪(未遂)定罪处罚。可以说，对于这种情形的量刑，也应当有相应的四个档次：(1)货值金额15万元以上不满60万元的，处2年以下有期徒刑或者拘役，并处或者单处货值金额50%以上2倍以下罚金；(2)货值金额60万元以上不满150万元的，处2年以上7年以下有期徒刑，并处货值金额50%以上2倍以下罚金；(3)货值金额150万元以上不满600万元的，处7年以上有期徒刑，并处货值金额50%以上2倍以下罚金；(4)货值金额600万元以上的，处15年有期徒刑或者无期徒刑，并处货值金额50%以上2倍以下罚金或者没收财产。

3. 根据《刑法》第150条的规定，单位犯生产、销售伪劣产品罪的，对单位判处罚金，并对其直接负责的主管人员和其他直接责任人员，根据《刑法》第140条的规定处罚。

4. 根据最高人民法院、最高人民检察院《关于办理生产、销售伪劣商品刑事案件具体应用法律若干问题的解释》规定，国家机关工作人员参与生产、销售伪劣产品犯罪的，从重处罚。

二、生产、销售假药案

中华人民共和国刑法(节选)

第一百四十一条[根据《刑法修正案(八)》修正] 生产、销售假药的，处三年以下有期徒刑或者拘役，并处罚金；对人体健康造成严重危害或者有其他严重情节的，处三年以上十年以下有期徒刑，并处罚金；致人死亡或者有其他特别严重情节的，处十年以上有期徒刑、无期徒刑或者死刑，并处罚金或者没收财产。

本条所称假药，是指依照《中华人民共和国药品管理法》的规定属于假药和按假药处理的药品、非药品。

第一百四十九条　生产、销售本节第一百四十一条至第一百四十八条所列产品，不构成各该条规定的犯罪，但是销售金额在五万元以上的，依照本节第一百四十条的规定定罪处罚。

生产、销售本节第一百四十一条至第一百四十八条所列产品，构成各该条规定的犯罪，同时又构成本节第一百四十条规定之罪的，依照处罚较重的规定定罪处罚。

第一百五十条　单位犯本节第一百四十条至第一百四十八条规定之罪的，对单位判处罚金，并对其直接负责的主管人员和其他直接责任人员，依照各该条的规定处罚。

生产、销售假药罪，是指生产者、销售者违反药品管理法规，故意生产和销售假药的行为。

（一）立案标准

根据最高人民检察院、公安部《关于公安机关管辖的刑事案件立案追诉标准的规定（一）》第17条的规定，生产（包括配制）、销售假药，涉嫌下列情形之一的，应予立案追诉：

（1）含有超标准的有毒有害物质的；

（2）不含所标明的有效成分，可能贻误诊治的；

（3）所标明的适应症或者功能主治超出规定范围，可能造成贻误诊治的；

（4）缺乏所标明的急救必需的有效成分的；

（5）其他足以严重危害人体健康或者对人体健康造成严重危害的情形。

应当注意，本罪是1997年《刑法》规定的罪名，《刑法修正案（八）》对本罪作了修改：一是降低了入罪门槛。删除了“足以严重危害人体健康的”规定，即只要生产者、销售者生产、销售假药，原则上就构成犯罪。二是在加重处罚情节中增加“有其他严重情节”和“有其他特别严重的情节”，如生产、销售假药数量巨大，或者对人体健康有潜在危害等。三是删除了罚金刑中关于数额的规定。实践中销售假药数额难以认定，人民法院可以根据案件具体情况判处罚金。四是删除了单处罚金的规定。为贯彻落实《刑法修正案（八）》，最高人民检察院、公安部《关于公安机关管辖的刑事案件立案追诉标准的规定（一）的补充规定》第2条对本罪的立案标准进行了修改，即生产、销售假药的，应予立案追诉。但销售少量根据民间传统配方私自加工的药品，或者销售少量未经批准进口的国外、境外药品，没有造成他人伤害后果或者延误诊治，情节显著轻微危害不大的除外。由此可见，对本罪立案追诉标准，主要是根据《刑法修正案(八)》及相关规定作了修改:一是生产、销售假药罪由危险犯改为行为犯,其立案追诉标准直接修改为“生产、销售假药的应予立案追诉”;二是参照最高人民法院、最高人民检察院《关于办理危害药品安全刑事案件适用法律若干问题的解释》的相关规定,明确了生产、销售假药罪可以出罪的情形;三是增加规定了“生产”和“销售”的认定;四是修改了“假药”的认定。

以生产、销售假药为目的,具有下列情形之一的,属于“生产”行为:(1)合成、精制、提取、储存、加工炮制药品原料的;(2)将药品原料、辅料、包装材料制成成品过程中,进行配料、混合、制剂、储存、包装的;(3)印制包装材料、标签、说明书的。医疗机构、医疗机构工作人员明知是假药而有偿提供给他人使用,或者为出售而购买、储存的,属于“销售”假药行为。所谓“假药”,是指依照《药品管理法》的规定属于假药和按假药处理的药品、非药品。是否属于假药难以确定的,可以根据地市级以上药品监督管理部门出具的认定意见等相关材料进行认定。必要时,可以委托省级以上药品监督管理部门设置或者确定的药品检验机构进行检验。

(二)定罪标准

1. 本罪的构成

(1)侵害的客体是国家药品管理制度和人民的生命健康权利,属于复杂客体。本罪的犯罪对象是假药。假药的范围:一是药品所含成分的名称与国家药品标准或者省、自治区、直辖市药品标准规定不相符合的;二是以非药品冒充药品或者以他种药品冒充此种药品的;三是属于下列情形之一的按假药处理:国务院卫生行政部门规定禁止使用的;未取得批准文号生产的;变质不能药用的;被污染不能药用的。另外,本罪所称药品专指人用药品。

(2)客观方面表现为行为人实施了生产、销售假药的行为。

(3)主体为一般主体,自然人和单位均可构成本罪的主体。至于生产、销售者是否具有生产、销售药品的合法资格,不影响本罪的成立。

(4)主观方面只能由故意构成。即行为人明知生产或销售的是假药,会造成危害人体健康的结果,为牟取非法利益,放任危害结果的发生的行为。过失生产、销售假药者,不构成本罪。

2. 罪与非罪的界限

本罪属于行为犯,即只要生产、销售假药,就可构成本罪既遂,并不需要造成实际的危害结果。行为人生产、销售假药对人体造成了严重危害的,构成结果加重犯,对其应判较重的刑罚。应当注意,销售少量根据民间传统配方私自加工的药品,或者销售少量未经批准进口的国外、境外药品，没有造成他人伤害后果或者延误诊治，情节显著轻微危害不大的，不认为是犯罪。

3. 关于假药、劣药的鉴定

是否属于《刑法》第 141 条、第 142 条规定的“假药”“劣药”难以确定的，司法机关可以根据地市级以上药品监督管理部门出具的认定意见等相关材料进行认定。必要时，可以委托省级以上药品监督管理部门设置或者确定的药品检验机构进行检验。

4. 本罪与生产、销售伪劣产品罪的界限

两罪的区别在于：(1)侵犯的客体不同。生产、销售伪劣产品罪的客体是国家对产品质量的监督管理制度和消费者的合法权益；本罪客体则是国家的药品管理制度和人民群众的生命、健康安全。(2)犯罪对象不同。生产、销售假药案件仅限于人用药品，而生产、销售伪劣产品案件包括所有产品。(3)认定犯罪标准不同。生产、销售伪劣产品案件要销售金额达到 5 万元以上或者货值金额达到 15 万元以上的，才构成犯罪；生产、销售假药罪只要行为人实施生产、销售假药的行为就构成犯罪。根据《刑法》第 149 条第 2 款的规定，犯本罪同时又构成生产、销售伪劣产品罪的，依照处刑较重的规定定罪处罚。

5. 本罪共犯的认定

明知他人生产、销售假药，有下列情形之一的，以共同犯罪论处：(1)提供资金、贷款、账号、发票、证明、许可证件的；(2)提供生产、经营场所、设备或者运输、储存、保管、邮寄、网络销售渠道等便利条件的；(3)提供生产技术或者原料、辅料、包装材料、标签、说明书的；(4)提供广告宣传等帮助行为的。

6. 本罪与相关犯罪的界限

实施生产、销售假药犯罪，同时构成生产、销售伪劣产品，侵犯知识产权，非法经营，非法行医，非法采供血等罪的，依照处罚较重的规定定罪处罚。广告主、广告经营者、广告发布者违反国家规定，利用广告对药品作虚假宣传，情节严重的，依照《刑法》第 222 条的规定以虚假广告罪定罪处罚。

根据最高人民法院、最高人民检察院《关于办理妨害预防、控制突发传染病疫情等灾害的刑事案件具体应用法律若干问题的解释》(法释〔2003〕8 号)第 2 条的规定，在预防、控制突发传染病疫情等灾害期间，生产、销售用于防治传染病的假药，构成犯罪的，依照《刑法》第 141 条的规定，以生产、销售假药罪定罪，依法从重处罚。

（三）量刑标准

1. 根据《刑法》第 141 条的规定，犯生产、销售假药罪的，有三个量刑档次：（1）生产、销售假药的，处 3 年以下有期徒刑或者拘役，并处罚金；（2）对人体健康造成严重危害或者有其他严重情节的，处 3 年以上 10 年以下有期徒刑，并处罚金；（3）致人死亡或者有其他特别严重情节的，处 10 年以上有期徒刑、无期徒刑或者死刑，并处罚金或者没收财产。

根据最高人民法院、最高人民检察院《关于办理危害药品安全刑事案件适用法律若干问题的解释》（法释〔2014〕14 号）第 1 条规定，生产、销售假药，具有下列情形之一的，应当酌情从重处罚：（1）生产、销售的假药以孕产妇、婴幼儿、儿童或者危重病人为主要使用对象的；（2）生产、销售的假药属于麻醉药品、精神药品、医疗用毒性药品、放射性药品、避孕药品、血液制品、疫苗的；（3）生产、销售的假药属于注射剂药品、急救药品的；（4）医疗机构、医疗机构工作人员生产、销售假药的；（5）在自然灾害、事故灾难、公共卫生事件、社会安全事件等突发事件期间，生产、销售用于应对突发事件的假药的；（6）两年内曾因危害药品安全违法犯罪活动受过行政处罚或者刑事处罚的；（7）其他应当酌情从重处罚的情形。

根据最高人民法院、最高人民检察院《关于办理危害药品安全刑事案件适用法律若干问题的解释》第 2 条规定，生产、销售假药，具有下列情形之一的，应当认定为《刑法》第 141 条规定的“对人体健康造成严重危害”：（1）造成轻伤或者重伤的；（2）造成轻度残疾或者中度残疾的；（3）造成器官组织损伤导致一般功能障碍或者严重功能障碍的；（4）其他对人体健康造成严重危害的情形。

根据最高人民法院、最高人民检察院《关于办理危害药品安全刑事案件适用法律若干问题的解释》第 3 条规定，生产、销售假药，具有下列情形之一的，应当认定为《刑法》第 141 条规定的“其他严重情节”：（1）造成较大突发公共卫生事件的；（2）生产、销售金额 20 万元以上不满 50 万元的；（3）生产、销售金额 10 万元以上不满 20 万元，并具有本解释第 1 条规定情形之一的；（4）根据生产、销售的时间、数量、假药种类等，应当认定为情节严重的。

根据最高人民法院、最高人民检察院《关于办理危害药品安全刑事案件适用法律若干问题的解释》第 4 条规定，生产、销售假药，具有下列情形之一的，应当认定为《刑法》第 141 条规定的“其他特别严重情节”：（1）致人重度残疾的；（2）造成 3 人以上重伤、中度残疾或者器官组织损伤导致严重功能障碍的；（3）造成 5 人以上轻度残疾或者器官组织损伤导致一般功能障碍的；（4）造成 10 人以上轻伤的；（5）造成重大、特别重大突发公共卫生事件的;(6)生产、销售金额50万元以上的;(7)生产、销售金额20万元以上不满50万元,并具有本解释第1条规定情形之一的;(8)根据生产、销售的时间、数量、假药种类等,应当认定为情节特别严重的。这里的“生产、销售金额”,是指生产、销售假药所得和可得的全部违法收入。

根据最高人民法院、最高人民检察院《关于办理危害药品安全刑事案件适用法律若干问题的解释》第11条第1款规定,对实施本解释规定之犯罪的犯罪分子,应当依照刑法规定的条件,严格缓刑、免予刑事处罚的适用。对于适用缓刑的,应当同时宣告禁止令,禁止犯罪分子在缓刑考验期内从事药品生产、销售及相关活动。

根据最高人民法院、最高人民检察院《关于办理危害药品安全刑事案件适用法律若干问题的解释》第12条规定,犯生产、销售假药罪的,一般应当依法判处生产、销售金额2倍以上的罚金。共同犯罪的,对各共同犯罪人合计判处的罚金应当在生产、销售金额的2倍以上。

2. 根据《刑法》第150条的规定,单位犯生产、销售假药罪的,对单位判处罚金,并对其直接负责的主管人员和其他责任人员,按上述规定处罚。

三、生产、销售劣药案

中华人民共和国刑法(节选)

第一百四十二条　生产、销售劣药,对人体健康造成严重危害的,处三年以上十年以下有期徒刑,并处销售金额百分之五十以上二倍以下罚金;后果特别严重的,处十年以上有期徒刑或者无期徒刑,并处销售金额百分之五十以上二倍以下罚金或者没收财产。

本条所称劣药,是指依照《中华人民共和国药品管理法》的规定属于劣药的药品。

第一百四十九条　生产、销售本节第一百四十一条至第一百四十八条所列产品,不构成各该条规定的犯罪,但是销售金额在五万元以上的,依照本节第一百四十条的规定定罪处罚。

生产、销售本节第一百四十一条至第一百四十八条所列产品,构成各该条规定的犯罪,同时又构成本节第一百四十条规定之罪的,依照处罚较重的规定定罪处罚。

第一百五十条　单位犯本节第一百四十条至第一百四十八条规定之罪的,对单位判处罚金,并对其直接负责的主管人员和其他直接责任人员,依照各该条的规定处罚。

生产、销售劣药罪，是指违反国家药品管理法规，生产、销售劣药，对人体健康造成严重危害的行为。

（一）立案标准

根据最高人民检察院、公安部《关于公安机关管辖的刑事案件立案追诉标准的规定（一）》第18条的规定，生产（包括配制）、销售劣药，涉嫌下列情形之一的，应予立案追诉：

（1）造成人员轻伤、重伤或者死亡的；

（2）其他对人体健康造成严重危害的情形。

根据最高人民法院、最高人民检察院《关于办理危害药品安全刑事案件适用法律若干问题的解释》（法释〔2014〕14号）第2条、第5条规定，生产、销售劣药，具有下列情形之一，应当认定为“对人体健康造成严重危害”：（1）造成轻伤或者重伤的；（2）造成轻度残疾或者中度残疾的；（3）造成器官组织损伤导致一般功能障碍或者严重功能障碍的；（4）其他对人体健康造成严重危害的情形。

（二）定罪标准

1. 本罪的构成

（1）侵犯的客体是药品管理制度和公民的健康权利。

（2）客观方面表现为生产、销售劣药，对人体健康造成严重危害的行为。以生产、销售劣药为目的，实施下列行为之一的，应当认定为《刑法》第142条规定的“生产”：一是合成、精制、提取、储存、加工炮制药品原料的行为；二是将药品原料、辅料、包装材料制成成品过程中，进行配料、混合、制剂、储存、包装的行为；三是印制包装材料、标签、说明书的行为。医疗机构、医疗机构工作人员明知是劣药而有偿提供给他人使用，或者为出售而购买、储存的行为，应当认定为《刑法》第142条规定的“销售”。

（3）主体为一般主体，自然人或单位均可构成本罪主体。

（4）主观方面由故意构成，即行为人明知生产或销售的劣药会发生对人体健康造成严重危害的结果，为牟取非法利益，放任危害结果的发生的行为。过失不构成本罪。

2. 罪与非罪的界限

本罪属于结果犯，只有生产、销售劣药，被使用后已经对人体健康造成严重危害，才构成本罪。如果生产、销售劣药的行为没有造成危害，或者只造成了一般的危害，没有达到严重危害的程度，则不构成本罪。

3. 本罪共犯的认定

明知他人生产、销售劣药，有下列情形之一的，以共同犯罪论处：(1)提供资金、贷款、账号、发票、证明、许可证件的；(2)提供生产、经营场所、设备或者运输、储存、保管、邮寄、网络销售渠道等便利条件的；(3)提供生产技术或者原料、辅料、包装材料、标签、说明书的；(4)提供广告宣传等帮助行为的。

4. 本罪与相关犯罪的界限

实施生产、销售劣药犯罪，同时构成生产、销售伪劣产品，侵犯知识产权，非法经营，非法行医，非法采供血等犯罪的，依照处罚较重的规定定罪处罚。广告主、广告经营者、广告发布者违反国家规定，利用广告对药品作虚假宣传，情节严重的，依照《刑法》第222条的规定以虚假广告罪定罪处罚。

根据最高人民法院、最高人民检察院《关于办理妨害预防、控制突发传染病疫情等灾害的刑事案件具体应用法律若干问题的解释》(法释〔2003〕8号)第2条的规定，在预防、控制突发传染病疫情等灾害期间，生产、销售用于防治传染病的劣药，构成犯罪的，依照《刑法》第142条的规定，以生产、销售劣药罪定罪，依法从重处罚。

(三)量刑标准

1. 根据《刑法》第142条的规定，犯生产、销售劣药罪的，有两个量刑档次：(1)对人体造成严重危害的，处3年以上10年以下有期徒刑，并处销售金额50%以上2倍以下罚金；(2)后果特别严重的，处10年以上有期徒刑或者无期徒刑，并处销售金额50%以上2倍以下罚金或者没收财产。

根据最高人民法院、最高人民检察院《关于办理危害药品安全刑事案件适用法律若干问题的解释》(法释〔2014〕14号)第5条第1款规定，生产、销售劣药，具有本解释第2条规定情形之一的，应当认定为《刑法》第142条规定的"对人体健康造成严重危害"：(1)造成轻伤或者重伤的；(2)造成轻度残疾或者中度残疾的；(3)造成器官组织损伤导致一般功能障碍或者严重功能障碍的；(4)其他对人体健康造成严重危害的情形。

根据最高人民法院、最高人民检察院《关于办理危害药品安全刑事案件适用法律若干问题的解释》第5条第2款规定，生产、销售劣药，致人死亡，或者具有本解释第4条第1项至第5项规定情形之一的，应当认定为《刑法》第142条规定的"后果特别严重"：(1)致人重度残疾的；(2)造成3人以上重伤、中度残疾或者器官组织损伤导致严重功能障碍的；(3)造成5人以上轻度残疾或者器官组织损伤导致一般功能障碍的；(4)造成10人以上轻伤的；(5)造成重大、特别重大突发公共卫生事件的。

根据最高人民法院、最高人民检察院《关于办理危害药品安全刑事案件适用法律若干问题的解释》第 5 条第 3 款规定，生产、销售劣药，具有本解释第 1 条规定情形之一的，应当酌情从重处罚。

2. 根据《刑法》第 150 条的规定，单位犯生产、销售劣药罪的，对单位判处罚金，并对其直接负责的主管人员和其他直接责任人员，按上述规定处罚。

四、生产、销售不符合安全标准的食品案

中华人民共和国刑法（节选）

第一百四十三条［根据《刑法修正案（八）》修正］ 生产、销售不符合食品安全标准的食品，足以造成严重食物中毒事故或者其他严重食源性疾病的，处三年以下有期徒刑或者拘役，并处罚金；对人体健康造成严重危害或者有其他严重情节的，处三年以上七年以下有期徒刑，并处罚金；后果特别严重的，处七年以上有期徒刑或者无期徒刑，并处罚金或者没收财产。

第一百四十九条 生产、销售本节第一百四十一条至第一百四十八条所列产品，不构成各该条规定的犯罪，但是销售金额在五万元以上的，依照本节第一百四十条的规定定罪处罚。

生产、销售本节第一百四十一条至第一百四十八条所列产品，构成各该条规定的犯罪，同时又构成本节第一百四十条规定之罪的，依照处罚较重的规定定罪处罚。

第一百五十条 单位犯本节第一百四十条至第一百四十八条规定之罪的，对单位判处罚金，并对其直接负责的主管人员和其他直接责任人员，依照各该条的规定处罚。

生产、销售不符合安全标准的食品罪，是指生产者、销售者明知生产、销售的食品不符合安全标准而进行生产、销售，足以造成严重食物中毒事故或者其他严重食源性疾病的行为。

（一）立案标准

根据最高人民检察院、公安部《关于公安机关管辖的刑事案件立案追诉标准的规定（一）》第 19 条的规定，生产、销售不符合卫生标准的食品，涉嫌下列情形之一的，应予立案追诉：

（1）含有可能导致严重食物中毒事故或者其他严重食源性疾患的超标准的有害

细菌的；

（2）含有可能导致严重食物中毒事故或者其他严重食源性疾患的超标准的其他污染物的。

本条规定的“不符合卫生标准的食品”，由省级以上卫生行政部门确定的机构进行鉴定。

应当注意的是，本罪是1997年《刑法》规定的，《刑法修正案（八）》对本罪进行了修改：一是将“卫生标准”改为“食品安全标准”，将“食源性疾患”改为“食源性疾病”；二是增加了“其他严重情节”作为构成要件；三是取消了单处罚金刑，并不再具体按比例规定罚金数额。本罪罪名由原来的“生产、销售不符合卫生标准的食品罪”改为“生产、销售不符合安全标准的食品罪”。

为贯彻落实《刑法修正案（八）》，最高人民检察院、公安部《关于公安机关管辖的刑事案件立案追诉标准的规定（一）的补充规定》第3条对本罪的立案标准进行了修改，即生产、销售不符合食品安全标准的食品，涉嫌下列情形之一的，应予立案追诉：

（1）食品含有严重超出标准限量的致病性微生物、农药残留、兽药残留、重金属、污染物质以及其他危害人体健康的物质的；

（2）属于病死、死因不明或者检验检疫不合格的畜、禽、兽、水产动物及其肉类、肉类制品的；

（3）属于国家为防控疾病等特殊需要明令禁止生产、销售的食品的；

（4）婴幼儿食品中生长发育所需营养成分严重不符合食品安全标准的；

（5）其他足以造成严重食物中毒事故或者严重食源性疾病的情形。

在食品加工、销售、运输、贮存等过程中，违反食品安全标准，超限量或者超范围滥用食品添加剂，足以造成严重食物中毒事故或者其他严重食源性疾病的，应予立案追诉。

在食用农产品种植、养殖、销售、运输、贮存等过程中，违反食品安全标准，超限量或者超范围滥用添加剂、农药、兽药等，足以造成严重食物中毒事故或者其他严重食源性疾病的，应予立案追诉。

由此可见，对本罪的立案追诉标准，主要是根据《刑法修正案（八）》及相关规定作了修改：一是参照最高人民法院、最高人民检察院《关于执行〈中华人民共和国刑法〉确定罪名的补充规定（五）》，修改了罪案名称，将“生产、销售不符合卫生标准的食品案”修改为“生产、销售不符合安全标准的食品案”；二是参照最高人民法院、最高人民检察院《关于办理危害食品安全刑事案件适用法律若干问题的解释》第 1 条规定的定罪量刑标准，明确了应予立案追诉的具体情形；三是删除了原规定的“不符合卫生标准的食品”的认定；四是针对食品、食用农产品领域滥用添加剂等情况，增加规定了应予立案追诉的情形。

（二）定罪标准

1. 本罪的构成

（1）侵犯的客体是国家的食品安全监督制度、消费者的权利和生命安全。

（2）客观方面表现为违反国家食品卫生管理法规，生产、销售不符合食品安全标准的食品，足以造成严重食物中毒事故或者其他严重食源性疾病的行为。食物中毒，指食用了被有毒有害物质污染的食品或者食用了含有毒有害物质的食品后出现的急性、亚急性疾病。食源性疾病，指食品中致病因素进入人体引起的感染性、中毒性等疾病。

（3）主体是一般主体，个人和单位均可构成本罪主体。

（4）主观方面只能由故意构成，过失不构成本罪。本罪的故意是间接故意，如果行为人积极追求上述危害结果的发生，将构成其他严重性质的犯罪。本罪中行为人一般出于非法牟利的目的，但法律对此并未要求，所以不论出于何种目的或动机，均不影响本罪的成立。

2. 关于食品安全标准的内容

根据《食品安全法》第 26 条规定，食品安全标准应包括下列内容：（1）食品、食品添加剂、食品相关产品中的致病性微生物、农药残留、兽药残留、生物毒素、重金属等污染物质以及其他危害人体健康物质的限量规定；（2）食品添加剂的品种、使用范围、用量；（3）专供婴幼儿和其他特定人群的主辅食品的营养成分要求；（4）对与卫生、营养等食品安全要求有关的标签、标志、说明书的要求；（5）食品生产经营过程的卫生要求；（6）与食品安全有关的质量要求；（7）与食品安全有关的食品检验方法与规程；（8）其他需要制定为食品安全标准的内容。

3. 关于不符合安全标准的食品范围

根据《食品安全法》第 34 条规定，下列食品是不符合安全标准的食品，禁止生产经营：（1）用非食品原料生产的食品或者添加食品添加剂以外的化学物质和其他可能危害人体健康物质的食品，或者用回收食品作为原料生产的食品；（2）致病性微生物、农药残留、兽药残留、生物毒素、重金属等污染物质以及其他危害人体健康的物质含量超过食品安全标准限量的食品、食品添加剂、食品相关产品；（3）用超过保质期的食品原料、食品添加剂生产的食品、食品添加剂；(4)超范围、超限量使用食品添加剂的食品；(5)营养成分不符合食品安全标准的专供婴幼儿和其他特定人群的主辅食品；(6)腐败变质、油脂酸败、霉变生虫、污秽不洁、混有异物、掺假掺杂或者感官性状异常的食品、食品添加剂；(7)病死、毒死或者死因不明的禽、畜、兽、水产动物肉类及其制品；(8)未按规定进行检疫或者检疫不合格的肉类，或者未经检验或者检验不合格的肉类制品；(9)被包装材料、容器、运输工具等污染的食品、食品添加剂；(10)标注虚假生产日期、保质期或者超过保质期的食品、食品添加剂；(11)无标签的预包装食品、食品添加剂；(12)国家为防病等特殊需要明令禁止生产经营的食品；(13)其他不符合法律、法规或者食品安全标准的食品、食品添加剂、食品相关产品。

4. 罪与非罪的界限

本罪是危险犯，不要求实际造成严重的危害后果即构成犯罪。只要经省级以上食品安全监督管理部门确定的机构鉴定，食品中含有可能导致严重食物中毒事故或者其他严重食源性疾病的超标准的有害细菌或者其他污染物的，就可以认定为"足以造成严重食物中毒事故或者其他严重食源性疾病"，就构成犯罪。如果生产、销售的食品虽然不符合安全标准，但不足以造成严重食物中毒事故或者其他严重食源性疾病的，就不以本罪论处。

5. 本罪与相关犯罪的界限

最高人民法院、最高人民检察院《关于办理危害食品安全刑事案件适用法律若干问题的解释》(法释〔2013〕12 号)第 8 条规定，在食品加工、销售、运输、贮存等过程中，违反食品安全标准，超限量或者超范围滥用食品添加剂，足以造成严重食物中毒事故或者其他严重食源性疾病的，依照《刑法》第 143 条的规定以生产、销售不符合安全标准的食品罪定罪处罚。在食用农产品种植、养殖、销售、运输、贮存等过程中，违反食品安全标准，超限量或者超范围滥用添加剂、农药、兽药等，足以造成严重食物中毒事故或者其他严重食源性疾病的，适用前款的规定定罪处罚。

最高人民法院、最高人民检察院《关于办理危害食品安全刑事案件适用法律若干问题的解释》第 9 条规定，在食品加工、销售、运输、贮存等过程中，掺入有毒、有害的非食品原料，或者使用有毒、有害的非食品原料加工食品的，依照《刑法》第 144 条的规定以生产、销售有毒、有害食品罪定罪处罚。在食用农产品种植、养殖、销售、运输、贮存等过程中，使用禁用农药、兽药等禁用物质或者其他有毒、有害物质的，适用前款的规定定罪处罚。在保健食品或者其他食品中非法添加国家禁用药物等有毒、有害物质的，适用第 1 款的规定定罪处罚。

最高人民法院、最高人民检察院《关于办理危害食品安全刑事案件适用法律若干问题的解释》第10条规定，生产、销售不符合食品安全标准的食品添加剂，用于食品的包装材料、容器、洗涤剂、消毒剂，或者用于食品生产经营的工具、设备等，构成犯罪的，依照《刑法》第140条的规定以生产、销售伪劣产品罪定罪处罚。

最高人民法院、最高人民检察院《关于办理危害食品安全刑事案件适用法律若干问题的解释》第11条规定，以提供给他人生产、销售食品为目的，违反国家规定，生产、销售国家禁止用于食品生产、销售的非食品原料，情节严重的，依照《刑法》第225条的规定以非法经营罪定罪处罚。违反国家规定，生产、销售国家禁止生产、销售、使用的农药、兽药，饲料、饲料添加剂，或者饲料原料、饲料添加剂原料，情节严重的，依照前款的规定定罪处罚。实施前两款行为，同时又构成生产、销售伪劣产品罪，生产、销售伪劣农药、兽药罪等其他犯罪的，依照处罚较重的规定定罪处罚。

最高人民法院、最高人民检察院《关于办理危害食品安全刑事案件适用法律若干问题的解释》第12条规定，违反国家规定，私设生猪屠宰厂（场），从事生猪屠宰、销售等经营活动，情节严重的，依照《刑法》第225条的规定以非法经营罪定罪处罚。实施前款行为，同时又构成生产、销售不符合安全标准的食品罪，生产、销售有毒、有害食品罪等其他犯罪的，依照处罚较重的规定定罪处罚。

最高人民法院、最高人民检察院《关于办理危害食品安全刑事案件适用法律若干问题的解释》第13条规定，生产、销售不符合食品安全标准的食品，有毒、有害食品，符合《刑法》第143条、第144条规定的，以生产、销售不符合安全标准的食品罪或者生产、销售有毒、有害食品罪定罪处罚。同时构成其他犯罪的，依照处罚较重的规定定罪处罚。生产、销售不符合食品安全标准的食品，无证据证明足以造成严重食物中毒事故或者其他严重食源性疾病，不构成生产、销售不符合安全标准的食品罪，但是构成生产、销售伪劣产品罪等其他犯罪的，依照该其他犯罪定罪处罚。

最高人民法院、最高人民检察院《关于办理危害食品安全刑事案件适用法律若干问题的解释》第14条规定，明知他人生产、销售不符合食品安全标准的食品，有毒、有害食品，具有下列情形之一的，以生产、销售不符合安全标准的食品罪或者生产、销售有毒、有害食品罪的共犯论处：(1)提供资金、贷款、账号、发票、证明、许可证件的；(2)提供生产、经营场所或者运输、贮存、保管、邮寄、网络销售渠道等便利条件的；(3)提供生产技术或者食品原料、食品添加剂、食品相关产品的；(4)提供广告等宣传的。

最高人民法院、最高人民检察院《关于办理危害食品安全刑事案件适用法律若干问题的解释》第 15 条规定，广告主、广告经营者、广告发布者违反国家规定，利用广告对保健食品或者其他食品作虚假宣传，情节严重的，依照《刑法》第 222 条的规定以虚假广告罪定罪处罚。

最高人民法院、最高人民检察院《关于办理危害食品安全刑事案件适用法律若干问题的解释》第 16 条规定，负有食品安全监督管理职责的国家机关工作人员，滥用职权或者玩忽职守，导致发生重大食品安全事故或者造成其他严重后果，同时构成食品监管渎职罪和徇私舞弊不移交刑事案件罪、商检徇私舞弊罪、动植物检疫徇私舞弊罪、放纵制售伪劣商品犯罪行为罪等其他渎职犯罪的，依照处罚较重的规定定罪处罚。负有食品安全监督管理职责的国家机关工作人员滥用职权或者玩忽职守，不构成食品监管渎职罪，但构成前款规定的其他渎职犯罪的，依照该其他犯罪定罪处罚。负有食品安全监督管理职责的国家机关工作人员与他人共谋，利用其职务行为帮助他人实施危害食品安全犯罪行为，同时构成渎职犯罪和危害食品安全犯罪共犯的，依照处罚较重的规定定罪处罚。

6. 根据最高人民法院《关于审理走私、非法经营、非法使用兴奋剂刑事案件适用法律若干问题的解释》（法释〔2019〕16 号）第 5 条规定，生产、销售含有兴奋剂目录所列物质的食品，符合《刑法》第 143 条、第 144 条规定的，以生产、销售不符合安全标准的食品罪、生产、销售有毒、有害食品罪定罪处罚。

根据最高人民法院《关于审理走私、非法经营、非法使用兴奋剂刑事案件适用法律若干问题的解释》第 8 条规定，对于是否属于本解释规定的“兴奋剂”“兴奋剂目录所列物质”“体育运动”“国内、国际重大体育竞赛”等专门性问题，应当依据《中华人民共和国体育法》《反兴奋剂条例》等法律、法规，结合国务院体育主管部门出具的认定意见等证据材料作出认定。

（三）量刑标准

1. 根据《刑法》第 143 条的规定，犯生产、销售不符合安全标准的食品罪的，有三个量刑幅度：(1) 足以造成严重食物中毒事故或者其他严重食源性疾病的，处 3 年以下有期徒刑或者拘役，并处罚金；(2) 对人体健康造成严重危害或者有其他严重情节的，处 3 年以上 7 年以下有期徒刑，并处罚金；(3) 后果特别严重的，处 7 年以上有期徒刑或者无期徒刑，并处罚金或者没收财产。

根据最高人民法院、最高人民检察院《关于办理危害食品安全刑事案件适用法律若干问题的解释》（法释〔2013〕12 号）第 1 条规定，生产、销售不符合食品安全标准的食品，具有下列情形之一的，应当认定为《刑法》第 143 条规定的“足以造成严重食物中毒事故或者其他严重食源性疾病”:(1)含有严重超出标准限量的致病性微生物、农药残留、兽药残留、重金属、污染物质以及其他危害人体健康的物质的;(2)属于病死、死因不明或者检验检疫不合格的畜、禽、兽、水产动物及其肉类、肉类制品的;(3)属于国家为防控疾病等特殊需要明令禁止生产、销售的;(4)婴幼儿食品中生长发育所需营养成分严重不符合食品安全标准的;(5)其他足以造成严重食物中毒事故或者严重食源性疾病的情形。

根据最高人民法院、最高人民检察院《关于办理危害食品安全刑事案件适用法律若干问题的解释》第2条规定,生产、销售不符合食品安全标准的食品,具有下列情形之一的,应当认定为《刑法》第143条规定的“对人体健康造成严重危害”:(1)造成轻伤以上伤害的;(2)造成轻度残疾或者中度残疾的;(3)造成器官组织损伤导致一般功能障碍或者严重功能障碍的;(4)造成10人以上严重食物中毒或者其他严重食源性疾病的;(5)其他对人体健康造成严重危害的情形。

根据最高人民法院、最高人民检察院《关于办理危害食品安全刑事案件适用法律若干问题的解释》第3条规定,生产、销售不符合食品安全标准的食品,具有下列情形之一的,应当认定为《刑法》第143条规定的“其他严重情节”:(1)生产、销售金额20万元以上的;(2)生产、销售金额10万元以上不满20万元,不符合食品安全标准的食品数量较大或者生产、销售持续时间较长的;(3)生产、销售金额10万元以上不满20万元,属于婴幼儿食品的;(4)生产、销售金额10万元以上不满20万元,一年内曾因危害食品安全违法犯罪活动受过行政处罚或者刑事处罚的;(5)其他情节严重的情形。

根据最高人民法院、最高人民检察院《关于办理危害食品安全刑事案件适用法律若干问题的解释》第4条规定,生产、销售不符合食品安全标准的食品,具有下列情形之一的,应当认定为《刑法》第143条规定的“后果特别严重”:(1)致人死亡或者重度残疾的;(2)造成3人以上重伤、中度残疾或者器官组织损伤导致严重功能障碍的;(3)造成10人以上轻伤、5人以上轻度残疾或者器官组织损伤导致一般功能障碍的;(4)造成30人以上严重食物中毒或者其他严重食源性疾病的;(5)其他特别严重的后果。

根据最高人民法院、最高人民检察院《关于办理危害食品安全刑事案件适用法律若干问题的解释》第17条规定,犯生产、销售不符合安全标准的食品罪,一般应当依法判处生产、销售金额2倍以上的罚金。

根据最高人民法院、最高人民检察院《关于办理危害食品安全刑事案件适用法律若干问题的解释》第18条规定,对实施本解释规定之犯罪的犯罪分子,应当依照刑法规定的条件严格适用缓刑、免予刑事处罚。根据犯罪事实、情节和悔罪表现，对于符合刑法规定的缓刑适用条件的犯罪分子，可以适用缓刑，但是应当同时宣告禁止令，禁止其在缓刑考验期限内从事食品生产、销售及相关活动。

根据最高人民法院、最高人民检察院《关于办理危害食品安全刑事案件适用法律若干问题的解释》第 21 条规定，“足以造成严重食物中毒事故或者其他严重食源性疾病”难以确定的，司法机关可以根据检验报告并结合专家意见等相关材料进行认定。必要时，人民法院可以依法通知有关专家出庭作出说明。

2. 根据《刑法》第 150 条的规定，单位犯生产、销售不符合安全标准的食品罪的，对单位判处罚金，并对其直接负责的主管人员和其他责任人员，根据上述规定处罚。

3. 根据最高人民法院、最高人民检察院《关于办理生产、销售伪劣商品刑事案件具体应用法律若干问题的解释》规定，国家机关工作人员参与生产、销售不符合安全标准的食品犯罪的，从重处罚。

五、生产、销售有毒、有害食品案

中华人民共和国刑法（节选）

第一百四十四条［根据《刑法修正案（八）》修正］　在生产、销售的食品中掺入有毒、有害的非食品原料的，或者销售明知掺有有毒、有害的非食品原料的食品的，处五年以下有期徒刑，并处罚金；对人体健康造成严重危害或者有其他严重情节的，处五年以上十年以下有期徒刑，并处罚金；致人死亡或者有其他特别严重情节的，依照本法第一百四十一条的规定处罚。

第一百四十九条　生产、销售本节第一百四十一条至第一百四十八条所列产品，不构成各该条规定的犯罪，但是销售金额在五万元以上的，依照本节第一百四十条的规定定罪处罚。

生产、销售本节第一百四十一条至第一百四十八条所列产品，构成各该条规定的犯罪，同时又构成本节第一百四十条规定之罪的，依照处罚较重的规定定罪处罚。

第一百五十条　单位犯本节第一百四十条至第一百四十八条规定之罪的，对单位判处罚金，并对其直接负责的主管人员和其他直接责任人员，依照各该条的规定处罚。

生产、销售有毒、有害食品罪，是指违反食品管理法规，在生产、销售的食品中故意掺入有毒、有害的非食品原料或者销售明知掺有有毒、有害的非食品原料的食品的行为。

(一)立案标准

根据最高人民检察院、公安部《关于公安机关管辖的刑事案件立案追诉标准的规定(一)》第20条的规定,在生产、销售的食品中掺入有毒、有害的非食品原料的,或者销售明知掺有有毒、有害的非食品原料的食品的,应予立案追诉。

使用盐酸克仑特罗(俗称"瘦肉精")等禁止在饲料和动物饮用水中使用的药品或者含有该类药品的饲料养殖供人食用的动物,或者销售明知是使用该类药品或者含有该类药品的饲料养殖的供人食用的动物的,应予立案追诉。

明知是使用盐酸克仑特罗等禁止在饲料和动物饮用水中使用的药品或者含有该类药品的饲料养殖的供人食用的动物,而提供屠宰等加工服务,或者销售其制品的,应予立案追诉。

应当注意的是,本罪是1997年《刑法》规定的,《刑法修正案(八)》作了以下修改:一是删除了单处罚金刑和拘役刑。二是在加重处罚情节上,将第二档"造成严重食物中毒事故或者其他严重食源性疾患,对人体健康造成严重危害的"修改为"对人体健康造成严重危害或者有其他严重情节的";将第三档"致人死亡或者对人体健康造成特别严重危害的"改为"致人死亡或者有其他特别严重情节的"。三是删除了罚金刑中关于具体数额的规定。

为贯彻落实《刑法修正案(八)》,最高人民检察院、公安部《关于公安机关管辖的刑事案件立案追诉标准的规定(一)的补充规定》第4条对本罪的立案标准进行了修改,即在生产、销售的食品中掺入有毒、有害的非食品原料的,或者销售明知掺有有毒、有害的非食品原料的食品的,应予立案追诉。

在食品加工、销售、运输、贮存等过程中,掺入有毒、有害的非食品原料,或者使用有毒、有害的非食品原料加工食品的,应予立案追诉。

在食用农产品种植、养殖、销售、运输、贮存等过程中,使用禁用农药、兽药等禁用物质或者其他有毒、有害物质的,应予立案追诉。

在保健食品或者其他食品中非法添加国家禁用药物等有毒、有害物质的,应予立案追诉。

下列物质应当认定为本条规定的"有毒、有害的非食品原料":(1)法律、法规禁止在食品生产经营活动中添加、使用的物质;(2)国务院有关部门公布的《食品中可能违法添加的非食用物质名单》《保健食品中可能非法添加的物质名单》中所列物质；(3)国务院有关部门公告禁止使用的农药、兽药以及其他有毒、有害物质；(4)其他危害人体健康的物质。

由此可见，对本罪立案追诉标准，主要是根据《刑法修正案(八)》及相关规定作了修改：一是参照最高人民法院、最高人民检察院《关于办理危害食品安全刑事案件适用法律若干问题的解释》的规定，明确了食品、食用农产品和保健食品等领域使用有毒、有害的非食品原料应予立案追诉的情形；二是删除了原规定的第2款、第3款关于使用盐酸克仑特罗类药品的规定。

（二）定罪标准

1. 本罪的构成

（1）侵犯的客体是国家的食品卫生管理制度和消费者的生命健康权利。

（2）客观方面表现为行为人在生产、销售的食品中掺入有毒有害的非食品原料或者销售明知掺有有毒、有害的非食品原料的食品的行为。

（3）主体为一般主体，单位和个人均能构成本罪主体。

（4）主观方面由故意构成，过失不构成本罪。犯罪目的一般是为了牟取非法利益，但是否牟利不是构成本罪的必要要件。

2. 罪与非罪的界限

本罪是行为犯，行为人只要在生产、销售的食品中故意掺入有毒、有害的非食品原料或者销售明知掺有有毒、有害的非食品原料的食品，无论是否造成危害后果，即构成犯罪。如果造成了严重危害，属于结果加重犯，应处较重的刑罚。但是，根据《刑法》第13条“但书”部分的规定，对于“情节显著轻微危害不大的”，可以不以犯罪论处。

3. 关于生产、销售、使用“瘦肉精”行为的定性

为了依法惩治非法生产、销售、使用盐酸克仑特罗（俗称“瘦肉精”）等禁止在饲料和动物饮用水中使用的药品等犯罪活动，维护社会主义市场经济秩序，保护公民的身体健康，最高人民法院、最高人民检察院2002年8月16日公告、8月23日起施行的《关于办理非法生产、销售、使用禁止在饲料和动物饮用水中使用的药品等刑事案件具体应用法律若干问题的解释》，对这类行为的定罪量刑作了明确解释。该解释第3条规定，使用盐酸克仑特罗等禁止在饲料和动物饮用水中使用的药品或者含有该类药品的饲料养殖供人食用的动物，或者销售明知是使用该类药品或者含有该类药品的饲料养殖的供人食用的动物的，依照《刑法》第144条的规定，以生产、销售有毒、有害食品罪追究刑事责任。该解释第4条规定，明知是使用盐酸克仑特罗等

禁止在饲料和动物饮用水中使用的药品或者含有该类药品的饲料养殖的供人食用的动物,而提供屠宰等加工服务,或者销售其制品的,依照《刑法》第 144 条的规定,以生产、销售有毒、有害食品罪追究刑事责任。根据该解释第 1 条、第 2 条的规定,对于非法生产、经营盐酸克仑特罗等药品及含有该药品的饲料的,依照《刑法》第 225 条第 1 项的规定,以非法经营罪定罪处罚。该解释第 5 条规定,实施本解释规定的行为,同时触犯刑法规定的两种以上犯罪的,依照处罚较重的规定追究刑事责任。该解释第 6 条规定,禁止在饲料和动物饮用水中使用的药品,依照国家有关部门公告的禁止在饲料和动物饮用水中使用的药物品种目录确定。

4. 本罪与生产、销售伪劣产品罪的界限

两罪的区别在于:(1)侵犯的客体不同。生产、销售伪劣产品罪的客体是国家对产品质量的监督管理制度和消费者的合法权益;本罪客体则是国家的食品卫生管理制度和消费者的生命健康权利。(2)认定犯罪标准不同。生产、销售伪劣产品案件要销售金额达到 5 万元以上或者货值金额达到 15 万元以上的,才构成犯罪;本罪没有数量限制,只要实施了在生产、销售的食品中故意掺入有毒、有害的非食品原料或者销售明知掺有有毒、有害的非食品原料的食品的行为,就构成犯罪。根据《刑法》第 149 条第 2 款的规定,犯本罪同时又构成生产、销售伪劣产品罪的,依照处刑较重的规定定罪处罚。对于不构成本罪的情形,但是,销售金额超过 5 万元或者货值金额达到 15 万元以上的,应当按照生产、销售伪劣产品罪定罪处罚。

5. 本罪与生产、销售不符合安全标准的食品罪的界限

两罪的主要区别在于:(1)犯罪对象不同。本罪生产、销售的是有毒、有害的食品,即掺入有毒、有害的非食品原料的食品;而生产、销售不符合安全标准食品罪的犯罪对象只是未达到食品安全标准的食品。(2)客观方面不同。本罪须具有在生产、销售的食品中掺入有毒、有害非食品原料的行为;而生产、销售不符合安全标准食品罪尽管也掺入有毒有害物质从而造成食品不符合安全标准,但加入的物质仍然是食品原料,只不过是变质、腐败或被污染了的。(3)本罪是行为犯,只要实施客观方面要求的行为即可构成既遂;生产、销售不符合安全标准食品罪是危险犯,只要足以造成严重食物中毒事故或者其他严重食源性疾病,就构成犯罪既遂。

6. 本罪与投放危险物质罪的界限

两罪区别的关键是犯罪的目的不同:本罪的目的是获取非法利润,虽然行为人对掺入有毒、有害的非食品原料是明知的,但并不追求危害结果的发生。投放危险物质罪的目的是造成不特定多数人死亡或伤害,追求危害结果的发生。如果行为人

生产、销售有毒、有害食品，其目的是追求造成不特定多数人的生命、健康安全的损害，则应定投放危险物质罪。如果行为人不是故意，而是由于过失在食品中掺入了有毒、有害的非食品原料，造成严重后果的，则构成过失投放危险物质罪。

7. 关于涉嫌“地沟油”犯罪的定性处理问题

根据最高人民法院、最高人民检察院、公安部《关于依法严惩“地沟油”犯罪活动的通知》（公通字〔2012〕1号）有关要求，在依法严惩“地沟油”犯罪活动中，要准确理解法律规定，严格区分犯罪界限：

（1）对于利用“地沟油”生产“食用油”的，依照《刑法》第144条生产有毒、有害食品罪的规定追究刑事责任。

（2）明知是利用“地沟油”生产的“食用油”而予以销售的，依照《刑法》第144条销售有毒、有害食品罪的规定追究刑事责任。认定是否“明知”，应当结合犯罪嫌疑人、被告人的认知能力，犯罪嫌疑人、被告人及其同案人的供述和辩解，证人证言，产品质量，进货渠道及进货价格、销售渠道及销售价格等主、客观因素予以综合判断。

（3）对于利用“地沟油”生产的“食用油”，已经销售出去没有实物，但是有证据证明系已被查实生产、销售有毒、有害食品犯罪事实的上线提供的，依照《刑法》第144条销售有毒、有害食品罪的规定追究刑事责任。

（4）虽无法查明“食用油”是否系利用“地沟油”生产、加工，但犯罪嫌疑人、被告人明知该“食用油”来源可疑而予以销售的，应分别情形处理：经鉴定，检出有毒、有害成分的，依照《刑法》第144条销售有毒、有害食品罪的规定追究刑事责任；属于不符合安全标准的食品的，依照《刑法》第143条销售不符合安全标准的食品罪追究刑事责任；属于以假充真、以次充好、以不合格产品冒充合格产品或者假冒注册商标，构成犯罪的，依照《刑法》第140条销售伪劣产品罪或者第213条假冒注册商标罪、第214条销售假冒注册商标的商品罪追究刑事责任。

（5）知道或应当知道他人实施以上第（1）（2）（3）款犯罪行为，而为其掏捞、加工、贩运“地沟油”，或者提供贷款、资金、账号、发票、证明、许可证件，或者提供技术、生产、经营场所、运输、仓储、保管等便利条件的，依照本条第（1）（2）（3）款犯罪的共犯论处。

（6）对违反有关规定，掏捞、加工、贩运“地沟油”，没有证据证明用于生产“食用油”的，交由行政部门处理。

（7）对于国家工作人员在食用油安全监管和查处“地沟油”违法犯罪活动中滥用职权、玩忽职守、徇私枉法，构成犯罪的，依照刑法有关规定追究刑事责任。

(三)量刑标准

1. 根据《刑法》第 144 条规定,犯生产、销售有毒、有害食品罪的,有三个量刑档次:(1)犯生产、销售有毒、有害食品罪,处 5 年以下有期徒刑,并处罚金;(2)对人体健康造成严重危害或者有其他严重情节的,处 5 年以上 10 年以下有期徒刑,并处罚金;(3)致人死亡或者有其他特别严重情节的,处 10 年以上有期徒刑、无期徒刑或者死刑,并处罚金或者没收财产。

根据最高人民法院、最高人民检察院《关于办理危害食品安全刑事案件适用法律若干问题的解释》(法释〔2013〕12 号)第 5 条规定,生产、销售有毒、有害食品,具有本解释第 2 条规定情形之一的,应当认定为《刑法》第 144 条规定的"对人体健康造成严重危害",即(1)造成轻伤以上伤害的;(2)造成轻度残疾或者中度残疾的;(3)造成器官组织损伤导致一般功能障碍或者严重功能障碍的;(4)造成 10 人以上严重食物中毒或者其他严重食源性疾病的;(5)其他对人体健康造成严重危害的情形。

根据最高人民法院、最高人民检察院《关于办理危害食品安全刑事案件适用法律若干问题的解释》第 6 条规定,生产、销售有毒、有害食品,具有下列情形之一的,应当认定为《刑法》第 144 条规定的"其他严重情节":(1)生产、销售金额 20 万元以上不满 50 万元的;(2)生产、销售金额 10 万元以上不满 20 万元,有毒、有害食品的数量较大或者生产、销售持续时间较长的;(3)生产、销售金额 10 万元以上不满 20 万元,属于婴幼儿食品的;(4)生产、销售金额 10 万元以上不满 20 万元,一年内曾因危害食品安全违法犯罪活动受过行政处罚或者刑事处罚的;(5)有毒、有害的非食品原料毒害性强或者含量高的;(6)其他情节严重的情形。

根据最高人民法院、最高人民检察院《关于办理危害食品安全刑事案件适用法律若干问题的解释》第 7 条规定,生产、销售有毒、有害食品,生产、销售金额 50 万元以上,或者具有本解释第 4 条规定的情形之一的,应当认定为《刑法》第 144 条规定的"致人死亡或者有其他特别严重情节",即(1)致人死亡或者重度残疾的;(2)造成 3 人以上重伤、中度残疾或者器官组织损伤导致严重功能障碍的;(3)造成 10 人以上轻伤、5 人以上轻度残疾或者器官组织损伤导致一般功能障碍的;(4)造成 30 人以上严重食物中毒或者其他严重食源性疾病的;(5)其他特别严重的后果。

根据最高人民法院、最高人民检察院《关于办理危害食品安全刑事案件适用法律若干问题的解释》第 17 条规定,犯生产、销售有毒、有害食品罪,一般应当依法判处生产、销售金额 2 倍以上的罚金。

根据最高人民法院、最高人民检察院《关于办理危害食品安全刑事案件适用法律若干问题的解释》第 18 条规定，对实施本解释规定之犯罪的犯罪分子，应当依照刑法规定的条件严格适用缓刑、免予刑事处罚。根据犯罪事实、情节和悔罪表现，对于符合刑法规定的缓刑适用条件的犯罪分子，可以适用缓刑，但是应当同时宣告禁止令，禁止其在缓刑考验期限内从事食品生产、销售及相关活动。

根据最高人民法院、最高人民检察院《关于办理危害食品安全刑事案件适用法律若干问题的解释》第 21 条规定，"有毒、有害非食品原料"难以确定的，司法机关可以根据检验报告并结合专家意见等相关材料进行认定。必要时，人民法院可以依法通知有关专家出庭作出说明。

2. 根据《刑法》第 150 条的规定，单位犯生产、销售有毒有害食品罪的，对单位判处罚金，并对其直接负责的主管人员和其他直接责任人员，根据上述规定处罚。

3. 根据最高人民法院、最高人民检察院《关于办理生产、销售伪劣商品刑事案件具体应用法律若干问题的解释》规定，国家机关工作人员参与生产、销售有毒有害食品犯罪的，从重处罚。

六、生产、销售不符合标准的医用器材案

中华人民共和国刑法(节选)

第一百四十五条[根据《刑法修正案(四)》修正]　生产不符合保障人体健康的国家标准、行业标准的医疗器械、医用卫生材料，或者销售明知是不符合保障人体健康的国家标准、行业标准的医疗器械、医用卫生材料，足以严重危害人体健康的，处三年以下有期徒刑或者拘役，并处销售金额百分之五十以上二倍以下罚金；对人体健康造成严重危害的，处三年以上十年以下有期徒刑，并处销售金额百分之五十以上二倍以下罚金；后果特别严重的，处十年以上有期徒刑或者无期徒刑，并处销售金额百分之五十以上二倍以下罚金或者没收财产。

第一百四十九条　生产、销售本节第一百四十一条至第一百四十八条所列产品，不构成各该条规定的犯罪，但是销售金额在五万元以上的，依照本节第一百四十条的规定定罪处罚。

生产、销售本节第一百四十一条至第一百四十八条所列产品，构成各该条规定的犯罪，同时又构成本节第一百四十条规定之罪的，依照处罚较重的规定定罪处罚。

第一百五十条　单位犯本节第一百四十条至第一百四十八条规定之罪的，对单

位判处罚金，并对其直接负责的主管人员和其他直接责任人员，依照各该条的规定处罚。

生产、销售不符合标准的医用器材罪，是指生产不符合保障人体健康的国家标准、行业标准的医疗器械、医用卫生材料，或者销售明知是不符合保障人体健康的国家标准、行业标准的医疗器械、医用卫生材料，足以严重危害人体健康的行为。

(一)立案标准

根据最高人民检察院、公安部《关于公安机关管辖的刑事案件立案追诉标准的规定(一)》第21条的规定，生产不符合保障人体健康的国家标准、行业标准的医疗器械、医用卫生材料，或者销售明知是不符合保障人体健康的国家标准、行业标准的医疗器械、医用卫生材料，涉嫌下列情形之一的，应予立案追诉：

(1)进入人体的医疗器械的材料中含有超过标准的有毒有害物质的；

(2)进入人体的医疗器械的有效性指标不符合标准要求，导致治疗、替代、调节、补偿功能部分或者全部丧失，可能造成贻误诊治或者人体严重损伤的；

(3)用于诊断、监护、治疗的有源医疗器械的安全指标不符合强制性标准要求，可能对人体构成伤害或者潜在危害的；

(4)用于诊断、监护、治疗的有源医疗器械的主要性能指标不合格，可能造成贻误诊治或者人体严重损伤的；

(5)未经批准，擅自增加功能或者适用范围，可能造成贻误诊治或者人体严重损伤的；

(6)其他足以严重危害人体健康或者对人体健康造成严重危害的情形。

医疗机构或者个人知道或者应当知道是不符合保障人体健康的国家标准、行业标准的医疗器械、医用卫生材料而购买并有偿使用的，视为本条规定的"销售"。

根据1997年《刑法》第145条规定，行为人对人体健康造成严重危害的，才构成犯罪。《刑法修正案(四)》对本条作了修改，即行为人生产、销售不符合标准的医用器材的行为只要"足以严重危害人体健康"，就构成犯罪，应当立案追究。

(二)定罪标准

1. 本罪的构成

(1)侵犯的客体是国家对医用卫生材料的管理制度和不特定多数人的生命健康权利。

(2)客观方面表现为生产不符合保障人体健康的医用器材，足以严重危害人体健康的行为。没有国家标准、行业标准的医疗器械，注册产品标准可视为“保障人体健康的行业标准”。所谓医疗器械，是指用于诊断、治疗、预防疾病，调节人体生理功能或者替代人体器官的仪器、设备、装置、器具、材料及其相关的物品。所谓医用卫生材料，是指用于诊断、治疗、预防疾病，调节人体生理功能的辅助材料，如医用纱布、止血棉等。

(3)主体是一般主体，单位和个人均可构成本罪的主体。

(4)主观方面由故意构成。过失不构成本罪。

2. 罪与非罪的界限

从主观上看，如果行为人并非故意生产、销售不符合标准的医疗用品，只是由于业务水平不高或某种缺陷和疏忽而制造、销售上述医疗用品，一般不应以犯罪论处。从客观上看，尽管故意生产、销售上述医疗用品，但并未对人体健康造成严重的危害，不能认为构成本罪。如果销售金额不到 5 万元或者货值金额不到 15 万元的，应视为一般违法行为。

3. 本罪共犯的认定

根据最高人民法院、最高人民检察院《关于办理生产、销售伪劣商品刑事案件具体应用法律若干问题的解释》第 9 条规定，知道或者应当知道他人实施生产、销售不符合标准的医用器材犯罪，而为其提供贷款、资金、账号、发票、证明、许可证件，或者提供生产、经营场所或者运输、仓储、保管、邮寄等便利条件，或者提供制假生产技术的，以生产、销售不符合标准的医用器材罪的共犯论处。

4. 本罪的罪数认定

根据最高人民法院、最高人民检察院《关于办理生产、销售伪劣商品刑事案件具体应用法律若干问题的解释》第 10 条规定，实施生产、销售不符合标准的医用器材犯罪，同时构成侵犯知识产权、非法经营等其他犯罪的，依照处罚较重的规定定罪处罚。该司法解释第 11 条规定，对于实施生产、销售不符合标准的医用器材犯罪，又以暴力、威胁方法抗拒查处，构成其他犯罪的，依照数罪并罚的规定处罚。

根据最高人民法院、最高人民检察院《关于办理妨害预防、控制突发传染病疫情等灾害的刑事案件具体应用法律若干问题的解释》(法释〔2003〕8 号)第 3 条的规定，在预防、控制突发传染病疫情等灾害期间，生产用于防治传染病的不符合保障人体健康的国家标准、行业标准的医疗器械、医用卫生材料，或者销售明知是用于防治传染病的不符合保障人体健康的国家标准、行业标准的医疗器械、医用卫生材料，不具有防护、救治功能，足以严重危害人体健康的，依照《刑法》第 145 条的规定，以生产、销售不符合标准的医用器材罪定罪,依法从重处罚。医疗机构或者个人,知道或者应当知道系前款规定的不符合保障人体健康的国家标准、行业标准的医疗器械、医用卫生材料而购买并有偿使用的,以销售不符合标准的医用器材罪定罪,依法从重处罚。

(三)量刑标准

1. 根据《刑法》第145条的规定,犯生产、销售不符合标准的医疗器材罪,足以严重危害人体健康的,处3年以下有期徒刑或者拘役,并处销售金额50%以上2倍以下罚金;对人体健康造成严重危害的,处3年以上10年以下有期徒刑,并处销售金额50%以上2倍以下罚金;后果特别严重的,处10年以上有期徒刑或者无期徒刑,并处销售金额50%以上2倍以下罚金或者没收财产。

2. 根据《刑法》第150条的规定,单位犯生产、销售不符合标准的医疗器材罪的,对单位判处罚金,并对其直接负责的主管人员和其他直接责任人员,根据上述规定处罚。

3. 根据最高人民法院、最高人民检察院《关于办理生产、销售伪劣商品刑事案件具体应用法律若干问题的解释》规定,国家机关工作人员参与生产、销售不符合标准的医疗器材犯罪的,从重处罚。

七、生产、销售不符合安全标准的产品案

中华人民共和国刑法(节选)

第一百四十六条 生产不符合保障人身、财产安全的国家标准、行业标准的电器、压力容器、易燃易爆产品或者其他不符合保障人身、财产安全的国家标准、行业标准的产品,或者销售明知是以上不符合保障人身、财产安全的国家标准、行业标准的产品,造成严重后果的,处五年以下有期徒刑,并处销售金额百分之五十以上二倍以下罚金;后果特别严重的,处五年以上有期徒刑,并处销售金额百分之五十以上二倍以下罚金。

第一百四十九条 生产、销售本节第一百四十一条至第一百四十八条所列产品,不构成各该条规定的犯罪,但是销售金额在五万元以上的,依照本节第一百四十条的规定定罪处罚。

生产、销售本节第一百四十一条至第一百四十八条所列产品,构成各该条规定的犯罪,同时又构成本节第一百四十条规定之罪的,依照处罚较重的规定定罪处罚。

第一百五十条　单位犯本节第一百四十条至第一百四十八条规定之罪的，对单位判处罚金，并对其直接负责的主管人员和其他直接责任人员，依照各该条的规定处罚。

生产、销售不符合安全标准的产品罪，是指生产不符合保障人身、财产安全的国家标准、行业标准的电器、压力容器、易燃易爆产品或者其他不符合保障人身、财产安全的国家标准、行业标准的产品，造成严重后果的行为。

（一）立案标准

根据最高人民检察院、公安部《关于公安机关管辖的刑事案件立案追诉标准的规定（一）》第22条的规定，生产不符合保障人身、财产安全的国家标准、行业标准的电器、压力容器、易燃易爆产品或者其他不符合保障人身、财产安全的国家标准、行业标准的产品，或者销售明知是以上不符合保障人身、财产安全的国家标准、行业标准的产品，涉嫌下列情形之一的，应予立案追诉：

（1）造成人员重伤或者死亡的；

（2）造成直接经济损失10万元以上的；

（3）其他造成严重后果的情形。

立案时，要重点把握两个问题：

1. 关于“不符合安全标准的产品”的范围。《产品质量法》第13条第1款规定：“可能危及人体健康和人身、财产安全的工业产品，必须符合保障人体健康和人身、财产安全的国家标准、行业标准；未制定国家标准、行业标准的，必须符合保障人体健康和人身、财产安全的要求。”否则，即为不符合安全标准的产品，包括不符合安全标准的电器、压力容器、易燃易爆产品或者其他不符合安全标准的产品。这里的“电器”，主要是指电视机、电冰箱、电暖器、电饭锅、电淋浴器等家用电器以及各种电讯、电力器材等。“压力容器”，主要是指能够产生或承受高压物质的坚固器具，如氧气瓶、高压锅等。“易燃易爆产品”，是指那些易于燃烧或爆炸的产品，如各种烟花爆竹以及煤气罐等。“其他不符合安全标准的产品”，是指除上述产品以外的不符合安全标准的产品，如汽水瓶、啤酒瓶等。

2. 本罪的立案标准不仅要求行为人实施了“生产、销售不符合保障人身、财产安全的国家标准、行业标准的电器、压力容器、易燃易爆产品或者其他产品”的行为，而且要求“造成严重后果”。所谓“造成严重后果”，主要是指造成人员重伤、死亡或者重大财产损失等严重后果。以上两个条件必须同时具备，才能立案追究。

(二)定罪标准

1. 本罪的构成

(1)侵犯的客体是国家对电器、压力容器、易燃易爆产品和其他不符合保障人身、财产安全的国家标准、行业标准的产品的监督管理制度,也侵犯了消费者的人身、财产安全。

(2)客观方面表现为行为人违反产品质量法律法规,生产、销售不符合保障人身、财产安全标准的产品,造成严重后果的行为。

(3)主体是一般主体,任何单位和个人都可以成为本罪的主体。其中既包括合法的生产者、销售者,也包括非法的生产者、销售者。

(4)主观方面由故意构成,过失不构成本罪。犯罪目的一般是为了牟取非法利益,但不论出于何种目的,不影响本罪的构成。

2. 罪与非罪的界限

本罪是结果犯,即生产、销售不符合安全标准的产品,必须发生严重后果,才能构成本罪。如果没有造成严重危害的,或者销售金额不到 5 万元、货值金额不到 15 万元的,不构成犯罪,只能作为一般违法行为给予行政处罚。

3. 本罪与爆炸罪、放火罪等危害公共安全罪的界限

生产、销售不符合保障人身、财产安全标准的产品的行为往往能引起火灾、爆炸等危害后果,但是本罪与放火罪、爆炸罪等危害公共安全的犯罪存在着重大的区别,区分它们的关键在于两者的主观故意内容不同。放火罪、爆炸罪包含积极追求危害后果,而本罪的主观故意中则是为了非法牟利而消极放任危害结果的发生,并不把该结果作为犯罪目的而积极追求。

4. 本罪与生产、销售伪劣产品罪界限

作为本罪的犯罪对象,不符合安全标准的电器、压力容器、易燃易爆产品也属于伪劣产品。但本罪由于其得到法律的特殊保护而从生产、销售伪劣产品罪中分离出来,所以认定标准上也存在着明显的区别。行为人故意生产、销售不符合安全标准的产品,如果未造成危害后果,但其销售金额在 5 万元以上或者货值金额达到 15 万元以上的,应以生产、销售伪劣产品罪论处;如果行为人生产、销售上述不符合安全标准的产品,既对人体健康造成了危害结果,其销售金额又在 5 万元以上或者货值金额达到 15 万元以上的,则应按照《刑法》第 149 条第 2 款的规定,以处刑较重的规定定罪处罚。

5. 本罪共犯的认定

根据最高人民法院、最高人民检察院《关于办理生产、销售伪劣商品刑事案件具

体应用法律若干问题的解释》第9条规定,知道或者应当知道他人实施生产、销售不符合安全标准的产品犯罪,而为其提供贷款、资金、账号、发票、证明、许可证件,或者提供生产、经营场所或者运输、仓储、保管、邮寄等便利条件,或者提供制假生产技术的,以生产、销售不符合安全标准的产品罪的共犯论处。

6. 本罪的罪数认定

根据最高人民法院、最高人民检察院《关于办理生产、销售伪劣商品刑事案件具体应用法律若干问题的解释》第10条规定,实施生产、销售不符合安全标准的产品犯罪,同时构成侵犯知识产权、非法经营等其他犯罪的,依照处罚较重的规定定罪处罚。该司法解释第11条规定,对于实施生产、销售不符合安全标准的产品犯罪,又以暴力、威胁方法抗拒查处,构成其他犯罪的,依照数罪并罚的规定处罚。

根据最高人民法院、最高人民检察院《关于办理危害生产安全刑事案件适用法律若干问题的解释》第11条规定,生产不符合保障人身、财产安全的国家标准、行业标准的安全设备,或者明知安全设备不符合保障人身、财产安全的国家标准、行业标准而进行销售,致使发生安全事故,造成严重后果的,依照《刑法》第146条的规定,以生产、销售不符合安全标准的产品罪定罪处罚。

(三)量刑标准

1. 根据《刑法》第146条的规定,犯生产、销售不符合安全标准的产品罪,造成严重后果的,处5年以下有期徒刑,并处销售金额50%以上2倍以下罚金;后果特别严重的,处5年以上有期徒刑,并处销售金额50%以上2倍以下罚金。

2. 根据《刑法》第150条的规定,单位犯生产、销售不符合安全标准产品罪的,对单位判处罚金,并对其直接负责的主管人员和其他直接责任人员,按照上述规定处罚。

3. 根据最高人民法院、最高人民检察院《关于办理生产、销售伪劣商品刑事案件具体应用法律若干问题的解释》规定,国家机关工作人员参与生产、销售不符合安全标准的产品犯罪的,从重处罚。

八、生产、销售伪劣农药、兽药、化肥、种子案

中华人民共和国刑法(节选)

第一百四十七条 生产假农药、假兽药、假化肥,销售明知是假的或者失去使用效能的农药、兽药、化肥、种子,或者生产者、销售者以不合格的农药、兽药、化肥、种

子冒充合格的农药、兽药、化肥、种子,使生产遭受较大损失的,处三年以下有期徒刑或者拘役,并处或者单处销售金额百分之五十以上二倍以下罚金;使生产遭受重大损失的,处三年以上七年以下有期徒刑,并处销售金额百分之五十以上二倍以下罚金;使生产遭受特别重大损失的,处七年以上有期徒刑或者无期徒刑,并处销售金额百分之五十以上二倍以下罚金或者没收财产。

第一百四十九条 生产、销售本节第一百四十一条至第一百四十八条所列产品,不构成各该条规定的犯罪,但是销售金额在五万元以上的,依照本节第一百四十条的规定定罪处罚。

生产、销售本节第一百四十一条至第一百四十八条所列产品,构成各该条规定的犯罪,同时又构成本节第一百四十条规定之罪的,依照处罚较重的规定定罪处罚。

第一百五十条 单位犯本节第一百四十条至第一百四十八条规定之罪的,对单位判处罚金,并对其直接负责的主管人员和其他直接责任人员,依照各该条的规定处罚。

生产、销售伪劣农药、兽药、化肥、种子罪,是指生产假农药、假兽药、假化肥,销售明知是假的或者失去效能的农药、兽药、化肥、种子,或者生产者、销售者以不合格的农药、兽药、化肥、种子冒充合格的农药、兽药、化肥、种子,使生产遭受较大损失的行为。

(一)立案标准

根据最高人民检察院、公安部《关于公安机关管辖的刑事案件立案追诉标准的规定(一)》第23条的规定,生产假农药、假兽药、假化肥,销售明知是假的或者失去使用效能的农药、兽药、化肥、种子,或者生产者、销售者以不合格的农药、兽药、化肥、种子冒充合格的农药、兽药、化肥、种子,涉嫌下列情形之一的,应予立案追诉:

(1)使生产遭受损失2万元以上的;

(2)其他使生产遭受较大损失的情形。

本罪的立案标准不仅要求行为人实施了“生产、销售伪劣农药、兽药、化肥、种子”,而且要求造成“使生产遭受损失2万元以上的”或者“其他使生产遭受较大损失的情形”,两个条件必须同时具备,才能立案追究。由于农业生产产值相对较低,且涉及广大农民的切身利益,对生产、销售伪劣农药、兽药、化肥、种子的行为,不加大打击力度,很容易产生一些社会不安定因素。因此,涉及这类案件的立案标准应当比生产、销售伪劣产品的立案标准略低一些。根据上述规定,生产、销售伪劣农药、兽药、化肥、种子"使生产遭受较大损失",一般以2万元为起点。因此,生产、销售伪劣农药、兽药、化肥、种子,并给被害人造成2万元以上损失的,应当立案追究刑事责任。本罪涉及的"假的农药、兽药、化肥",是指所含的成分与国家有关部门规定的标准不相符合或者以非农药、非化肥、非兽药冒充农药、化肥、兽药。所谓失去使用效能,是指因过期、受潮、变质而丧失了原有功效和使用效能。所谓不合格,是指产品的某一项或多项指标不合标准,从而影响到产品的使用效能。

(二)定罪标准

1. 本罪的构成

(1)侵犯的客体是复杂客体,既侵犯了国家对生产、销售农药、兽药、化肥、种子等农业生产资料的管理制度,也侵犯了消费者的权益和农业生产。

(2)客观方面表现为行为人生产、销售假农药、假兽药、假化肥、假种子,或者以不合格的冒充合格的农药、兽药、化肥、种子,使生产遭受较大损失的行为。

(3)主体为一般主体,单位和个人均可构成本罪的主体。

(4)主观方面由故意构成。犯罪目的大都是非法牟利,对危害结果并不积极追求,如果行为人把危害结果作为犯罪目的而积极追求,不构成本罪,而构成其他犯罪。

2. 罪与非罪的界限

本罪是结果犯,除了实施生产、销售上述伪劣的农药、兽药、化肥、种子的行为外,还需要有使生产遭受较大损失的结果才能构成本罪。一般来说,对于生产、销售伪劣农药、兽药、化肥、种子行为,造成2万元以上损失的,应当按照犯罪处理。如果并未使生产遭受较大损失,并且行为人的销售金额不足5万元或者货值金额不到15万元的,则不构成犯罪,可按一般违法行为由有关主管部门处理。

3. 本罪与破坏生产经营罪的界限

两者的区别在于:(1)犯罪目的不同。破坏生产经营罪一般是发泄私愤、报复的目的;而本罪的犯罪目的一般是为了获取非法利润。(2)犯罪客观方面不同。破坏生产经营罪一般采取残害耕牛、破坏机器等手段,并且不要求必须具有危害结果的发生;而本罪则是采取生产、销售伪劣、失效农药、兽药、化肥、种子的手段,且必须造成了使生产遭受较大的损失的结果。

4. 本罪与生产、销售伪劣产品罪的界限

本罪的犯罪对象也属于伪劣产品,但本罪由于其客体受到法律特殊保护而独立于生产、销售伪劣产品罪,所以两者具有明显的区别。如果行为人生产、销售伪劣农药、兽药、化肥、种子,未给生产造成较大损失,则不构成本罪。但行为人销售金额达到5万元以上或者货值金额达到15万元以上的,应按照《刑法》第149条的规定以生产、销售伪产品罪论处。

5. 本罪与诈骗罪的界限

两者的区别在于:(1)侵犯的客体不同。诈骗罪侵犯的是公私财物所有权;本罪侵犯的客体是复杂客体,既侵犯了国家对生产、销售农药、兽药、化肥、种子等农业生产资料的管理制度,也侵犯了消费者的权益和农业生产。(2)犯罪目的不同。诈骗罪是以非法占有为目的;本罪的犯罪目的是牟取非法利益。

6. 本罪共犯的认定

根据最高人民法院、最高人民检察院《关于办理生产、销售伪劣商品刑事案件具体应用法律若干问题的解释》第9条规定,知道或者应当知道他人实施生产、销售伪劣农药、兽药、化肥、种子犯罪,而为其提供贷款、资金、账号、发票、证明、许可证件,或者提供生产、经营场所或者运输、仓储、保管、邮寄等便利条件,或者提供制假生产技术的,以生产、销售伪劣农药、兽药、化肥、种子罪的共犯论处。

7. 本罪的罪数认定

根据最高人民法院、最高人民检察院《关于办理生产、销售伪劣商品刑事案件具体应用法律若干问题的解释》第10条规定,实施生产、销售伪劣农药、兽药、化肥、种子犯罪,同时构成侵犯知识产权、非法经营等其他犯罪的,依照处罚较重的规定定罪处罚。该司法解释第11条规定,实施生产、销售伪劣农药、兽药、化肥、种子犯罪,又以暴力、威胁方法抗拒查处,构成其他犯罪的,依照数罪并罚的规定处罚。

(三)量刑标准

1. 根据《刑法》第147条的规定,犯生产、销售伪劣农药、兽药、化肥、种子罪,有三个量刑档次:(1)使生产遭受较大损失的,处3年以下有期徒刑或者拘役,并处或者单处销售金额50%以上2倍以下罚金;(2)使生产遭受重大损失的,处3年以上7年以下有期徒刑,并处销售金额50%以上2倍以下罚金;(3)使生产遭受特别重大损失的,处7年以上有期徒刑或者无期徒刑,并处销售金额50%以上2倍以下罚金或者没收财产。根据最高人民法院、最高人民检察院《关于办理生产、销售伪劣商品刑事案件具体应用法律若干问题的解释》的有关规定,生产、销售伪劣农药、兽药、化肥、种子罪中"使生产遭受较大损失",一般以2万元为起点;"重大损失",一般以10万元为起点;"特别重大损失",一般以50万元为起点。

2. 根据《刑法》第150条的规定,单位犯生产、销售伪劣农药、兽药、化肥、种子罪的，对单位判处罚金，并对其直接责任的主管人员和其他直接责任人员，按照上述规定处罚。

3. 根据最高人民法院、最高人民检察院《关于办理生产、销售伪劣商品刑事案件具体应用法律若干问题的解释》规定，国家机关工作人员参与生产、销售伪劣农药、兽药、化肥、种子犯罪的，从重处罚。

九、生产、销售不符合卫生标准的化妆品案

中华人民共和国刑法（节选）

第一百四十八条　生产不符合卫生标准的化妆品，或者销售明知是不符合卫生标准的化妆品，造成严重后果的，处三年以下有期徒刑或者拘役，并处或者单处销售金额百分之五十以上二倍以下罚金。

第一百四十九条　生产、销售本节第一百四十一条至第一百四十八条所列产品，不构成各该条规定的犯罪，但是销售金额在五万元以上的，依照本节第一百四十条的规定定罪处罚。

生产、销售本节第一百四十一条至第一百四十八条所列产品，构成各该条规定的犯罪，同时又构成本节第一百四十条规定之罪的，依照处罚较重的规定定罪处罚。

第一百五十条　单位犯本节第一百四十条至第一百四十八条规定之罪的，对单位判处罚金，并对其直接负责的主管人员和其他直接责任人员，依照各该条的规定处罚。

生产、销售不符合卫生标准的化妆品罪，是指生产不符合卫生标准的化妆品，或者销售明知是不符合卫生标准的化妆品，造成严重后果的行为。

（一）立案标准

根据最高人民检察院、公安部《关于公安机关管辖的刑事案件立案追诉标准的规定（一）》第24条的规定，生产不符合卫生标准的化妆品，或者销售明知是不符合卫生标准的化妆品，涉嫌下列情形之一的，应予立案追诉：

（1）造成他人容貌毁损或者皮肤严重损伤的；

（2）造成他人器官组织损伤导致严重功能障碍的；

（3）致使他人精神失常或者自杀、自残造成重伤、死亡的；

（4）其他造成严重后果的情形。

立案时,要重点把握两个问题:

1. 关于“不符合卫生标准的化妆品”的鉴定。所谓化妆品,是指以涂擦、喷洒或者其他类似方法,散布于人体表面部位,以达到清洗、消除不良气味、护肤、美容和修饰目的的日用化学工业品,包括洗发水、指甲油、唇膏、香水等。所谓卫生标准,是指国家有关部门对化妆品所规定的有关卫生方面的质量标准。1989 年经国务院批准,卫生部发布了《化妆品卫生监督条例》,据此规定,国家实行化妆品卫生监督制度和化妆品生产许可证制度;生产企业在化妆品投放市场前,必须按照国家《化妆品卫生标准》对产品进行卫生质量检查,未经检验或不符合卫生标准的化妆品不得出厂。对于这类案件涉及的化妆品是否符合卫生标准,应当委托有关主管部门进行鉴定。

2. 本罪的立案标准不仅要求行为人实施了“生产、销售不符合卫生标准的化妆品”的行为,而且要求“造成严重后果”,才构成犯罪。因此,两个条件必须同时具备,才能立案追究。所谓“造成严重后果”,主要是指造成他人容貌毁损或者皮肤严重损伤,造成他人器官组织损伤导致严重功能障碍,致使他人精神失常或者自杀、自残造成重伤、死亡,以及其他造成严重后果的情形。对于未造成严重后果的,由有关部门给予行政处罚。

(二)定罪标准

1. 本罪的构成

(1)侵犯的客体是复杂客体,包括国家对化妆品的卫生监督管理制度以及消费者的人身健康权利。

(2)客观方面表现为行为人违反国家对化妆品的管理法规、生产不符合卫生标准的化妆品,或者销售明知是不符合卫生标准的化妆品,造成严重后果的行为。

(3)主体是一般主体,单位和个人均可构成本罪的主体。

(4)主观方面由故意构成。即行为人明知其生产、销售的化妆品不符合卫生标准,并且其行为可能造成严重后果,为牟取非法利益,而放任这种严重后果的发生。过失不构成本罪。

2. 罪与非罪的界限

本罪是结果犯,即必须是由于生产、销售不符合卫生标准的化妆品造成了严重后果的,才构成犯罪。如果没有出现严重后果,或者严重后果的出现很大程度上是由于消费者使用不当造成的,不应以生产、销售不符合卫生标准的化妆品罪论处。

3. 本罪与生产、销售劣药罪的界限

实践中某种化妆品内含有药物成分,或某种药物对皮肤起保护等功效,给区分两类犯罪带来一定困难。区分两者应当注意确定犯罪对象的性质属性。化妆品一般是经化学方法加工，作用于皮肤表面的产品；药品则是制药单位提纯、精炼直接作用于病症机理的产品。

4. 本罪与生产、销售伪劣产品罪的界限

作为本罪的犯罪对象，不符合卫生标准的化妆品属于伪劣产品的范围，但由于客体受到法律的特殊保护而从生产、销售伪劣产品罪独立出来，所以，两罪存在明显区别。行为人生产、销售不符合卫生标准的化妆品，未造成严重后果，不构成本罪。但销售金额在 5 万元以上或者货值金额达到 15 万元以上的，应构成生产、销售伪劣产品罪。若行为人的行为既造成严重后果，其销售金额又在 5 万元以上，根据《刑法》第 149 条第 2 款的规定，以处刑较重的规定定罪处罚。

5. 本罪共犯的认定

根据最高人民法院、最高人民检察院《关于办理生产、销售伪劣商品刑事案件具体应用法律若干问题的解释》第 9 条规定，知道或者应当知道他人实施生产、销售不符合卫生标准的化妆品犯罪，而为其提供贷款、资金、账号、发票、证明、许可证件，或者提供生产、经营场所或者运输、仓储、保管、邮寄等便利条件，或者提供制假生产技术的，以生产、销售不符合卫生标准的化妆品罪的共犯论处。

6. 本罪的罪数认定

根据最高人民法院、最高人民检察院《关于办理生产、销售伪劣商品刑事案件具体应用法律若干问题的解释》第 10 条规定，实施生产、销售不符合卫生标准的化妆品犯罪，同时构成侵犯知识产权、非法经营等其他犯罪的，依照处罚较重的规定定罪处罚。该司法解释第 11 条对于实施生产、销售不符合卫生标准的化妆品犯罪，又以暴力、威胁方法抗拒查处，构成其他犯罪的，依照数罪并罚的规定处罚。

（三）量刑标准

1. 根据《刑法》第 148 条的规定，犯生产、销售不符合卫生标准的化妆品罪，处 3 年以下有期徒刑或者拘役，并处或者单处销售金额 50% 以上 2 倍以下罚金。

2. 根据《刑法》第 150 条的规定，单位犯生产、销售不符合卫生标准的化妆品罪，对单位判处罚金，并对其直接负责的主管人员和其他直接责任人员，按照上述规定处罚。

3. 根据最高人民法院、最高人民检察院《关于办理生产、销售伪劣商品刑事案件具体应用法律若干问题的解释》规定，国家机关工作人员参与生产、销售不符合卫生标准的化妆品犯罪的，从重处罚。

第三章　走私案件立案、定罪、量刑标准

一、走私武器、弹药案

中华人民共和国刑法(节选)

第一百五十一条[根据《刑法修正案(七)》《刑法修正案(八)》《刑法修正案(九)》修正]　走私武器、弹药、核材料或者伪造的货币的,处七年以上有期徒刑,并处罚金或者没收财产;情节特别严重的,处无期徒刑,并处没收财产;情节较轻的,处三年以上七年以下有期徒刑,并处罚金。

走私国家禁止出口的文物、黄金、白银和其他贵重金属或者国家禁止进出口的珍贵动物及其制品的,处五年以上十年以下有期徒刑,并处罚金;情节特别严重的,处十年以上有期徒刑或者无期徒刑,并处没收财产;情节较轻的,处五年以下有期徒刑,并处罚金。

走私珍稀植物及其制品等国家禁止进出口的其他货物、物品的,处五年以下有期徒刑或者拘役,并处或者单处罚金;情节严重的,处五年以上有期徒刑,并处罚金。

单位犯本条规定之罪的,对单位判处罚金,并对其直接负责的主管人员和其他直接责任人员,依照本条各款的规定处罚。

走私武器、弹药罪,是指违反海关法规,逃避海关监管,非法运输、携带、邮寄武器、弹药进出国(边)境的行为。

(一)立案标准

根据《刑法》第151条规定,本罪是行为犯,只要行为人实施了走私武器、弹药的行为,就应当立案追究刑事责任。

应当注意的是,对于走私武器、弹药,情节较轻的,也应当立案。所谓情节较轻,

根据最高人民法院、最高人民检察院《关于办理走私刑事案件适用法律若干问题的解释》(法释〔2014〕10号)第1条第1款的规定,走私武器、弹药,具有下列情形之一的,属于“情节较轻”:(1)走私以压缩气体等非火药为动力发射枪弹的枪支2支以上不满5支的;(2)走私气枪铅弹500发以上不满2500发,或者其他子弹10发以上不满50发;(3)未达到上述数量标准,但属于犯罪集团的首要分子,使用特种车辆从事走私活动,或者走私的武器、弹药被用于实施犯罪等情形的;(4)走私各种口径在60毫米以下常规炮弹、手榴弹或者枪榴弹等分别或者合计不满5枚的。

(二)定罪标准

1. 本罪构成

(1)侵犯的客体是对外贸易管制。武器、弹药都属于违禁品,国家禁止这些物品自由流通,其性质不同于可合法流通的一般商品。因而走私武器、弹药罪所侵犯的客体是特殊的对外贸易管制,即禁止武器、弹药进出口的管理制度。

(2)客观方面表现为违反海关法规,逃避海关监管,以伪装、藏匿、冒充、欺骗或其他方式非法运输、携带、邮寄武器、弹药的行为。关于“武器、弹药”的种类,参照《进口税则》及《禁止进出境物品表》的有关规定确定。

(3)主体是一般主体,单位和个人均可构成本罪。

(4)主观方面由故意构成,过失不构成本罪。在实践中,本罪犯罪分子往往具有营利的目的,但法律并未要求本罪必须具有牟利的目的,所以不论以何种目的走私武器、弹药,均可以构成本罪。

2. 关于走私枪支散件的问题

根据最高人民法院、最高人民检察院《关于办理走私刑事案件适用法律若干问题的解释》(法释〔2014〕10号)第3条规定,走私枪支散件,构成犯罪的,依照《刑法》第151条第1款的规定,以走私武器罪定罪处罚。成套枪支散件以相应数量的枪支计,非成套枪支散件以每30件为1套枪支散件计。

3. 关于走私各种弹药的弹头、弹壳问题

根据最高人民法院、最高人民检察院《关于办理走私刑事案件适用法律若干问题的解释》(法释〔2014〕10号)第4条规定,走私各种弹药的弹头、弹壳,构成犯罪的,依照《刑法》第151条第1款的规定,以走私弹药罪定罪处罚。具体的定罪量刑标准,按照本解释第1条规定的数量标准的5倍执行。走私报废或者无法组装并使用的各种弹药的弹头、弹壳,构成犯罪的,依照《刑法》第153条的规定,以走私普通货物、物品罪定罪处罚;属于废物的,依照《刑法》第152条第2款的规定,以走私废物罪定罪处罚。弹头、弹壳是否属于前款规定的“报废或者无法组装并使用”或者“废物”,由国家有关技术部门进行鉴定。

4. 关于走私仿真枪、管制刀具问题

根据最高人民法院、最高人民检察院《关于办理走私刑事案件适用法律若干问题的解释》(法释〔2014〕10 号)第 5 条规定,走私国家禁止或者限制进出口的仿真枪、管制刀具,构成犯罪的,依照《刑法》第 151 条第 3 款的规定,以走私国家禁止进出口的货物、物品罪定罪处罚。具体的定罪量刑标准,适用本解释第 11 条第 1 款第 6 项、第 7 项和第 2 款的规定。走私的仿真枪经鉴定为枪支,构成犯罪的,依照《刑法》第 151 条第 1 款的规定,以走私武器罪定罪处罚。不以牟利或者从事违法犯罪活动为目的,且无其他严重情节的,可以依法从轻处罚;情节轻微不需要判处刑罚的,可以免予刑事处罚。

5. 本罪共犯的认定

根据《刑法》第 156 条的规定,与走私武器、弹药犯通谋,为其提供贷款、资金、账号、发票、证明,或者为其提供运输、保管、邮寄或其他方便的,应以走私武器、弹药罪的共犯论处。

6. 本罪的罪数认定

根据《刑法》第 157 条规定,走私武器、弹药,并以暴力、威胁的方法抗拒缉私的,应以走私武器、弹药罪和妨害公务罪实行数罪并罚。

(三)量刑标准

1. 根据《刑法》第 151 条的规定,犯走私武器、弹药罪,处 7 年以上有期徒刑,并处罚金或者没收财产;情节特别严重的,处无期徒刑,并处没收财产;情节较轻的,处 3 年以上 7 年以下有期徒刑,并处罚金。应当注意的是,《刑法修正案(九)》取消了走私武器、弹药罪的死刑。

根据最高人民法院、最高人民检察院《关于办理走私刑事案件适用法律若干问题的解释》(法释〔2014〕10 号)第 1 条第 1 款规定,走私武器、弹药,具有下列情形之一的,可以认定为《刑法》第 151 条第 1 款规定的“情节较轻”:(1)走私以压缩气体等非火药为动力发射枪弹的枪支 2 支以上不满 5 支的;(2)走私气枪铅弹 500 发以上不满 2500 发,或者其他子弹 10 发以上不满 50 发的;(3)未达到上述数量标准,但属于犯罪集团的首要分子,使用特种车辆从事走私活动,或者走私的武器、弹药被用于实施犯罪等情形的;(4)走私各种口径在 60 毫米以下常规炮弹、手榴弹或者枪榴弹等分别或者合计不满 5 枚的。

根据最高人民法院、最高人民检察院《关于办理走私刑事案件适用法律若干问题的解释》第1条第2款规定，具有下列情形之一的，依照《刑法》第151条第1款的规定处7年以上有期徒刑，并处罚金或者没收财产：(1)走私以火药为动力发射枪弹的枪支1支，或者以压缩气体等非火药为动力发射枪弹的枪支5支以上不满10支的；(2)走私第1款第2项规定的弹药，数量在该项规定的最高数量以上不满最高数量5倍的；(3)走私各种口径在60毫米以下常规炮弹、手榴弹或者枪榴弹等分别或者合计达到5枚以上不满10枚，或者各种口径超过60毫米以上常规炮弹合计不满5枚的；(4)达到第1款第1项、第2项、第4项规定的数量标准，且属于犯罪集团的首要分子，使用特种车辆从事走私活动，或者走私的武器、弹药被用于实施犯罪等情形的。

根据最高人民法院、最高人民检察院《关于办理走私刑事案件适用法律若干问题的解释》第1条第3款规定，具有下列情形之一的，应当认定为《刑法》第151条第1款规定的“情节特别严重”：(1)走私第2款第1项规定的枪支，数量超过该项规定的数量标准的；(2)走私第1款第2项规定的弹药，数量在该项规定的最高数量标准5倍以上的；(3)走私第2款第3项规定的弹药，数量超过该项规定的数量标准，或者走私具有巨大杀伤力的非常规炮弹1枚以上的；(4)达到第2款第1项至第3项规定的数量标准，且属于犯罪集团的首要分子，使用特种车辆从事走私活动，或者走私的武器、弹药被用于实施犯罪等情形的。走私其他武器、弹药，构成犯罪的，参照本条各款规定的标准处罚。

2. 根据《刑法》第151条第4款的规定，单位犯走私武器、弹药罪的，对单位判处罚金，并对其直接负责的主管人员和其他直接责任人员，依照上述规定处罚。

二、走私核材料案

中华人民共和国刑法(节选)

第一百五十一条[根据《刑法修正案(七)》《刑法修正案(八)》《刑法修正案(九)》修正]　走私武器、弹药、核材料或者伪造的货币的，处七年以上有期徒刑，并处罚金或者没收财产；情节特别严重的，处无期徒刑，并处没收财产；情节较轻的，处三年以上七年以下有期徒刑，并处罚金。

走私国家禁止出口的文物、黄金、白银和其他贵重金属或者国家禁止进出口的珍贵动物及其制品的，处五年以上十年以下有期徒刑，并处罚金；情节特别严重的，处十年以上有期徒刑或者无期徒刑，并处没收财产；情节较轻的，处五年以下有期徒刑，并处罚金。

走私珍稀植物及其制品等国家禁止进出口的其他货物、物品的，处五年以下有期徒刑或者拘役，并处或者单处罚金；情节严重的，处五年以上有期徒刑，并处罚金。

单位犯本条规定之罪的，对单位判处罚金，并对其直接负责的主管人员和其他直接责任人员，依照本条各款的规定处罚。

走私核材料罪，是指违反海关法规，逃避海关监管，非法运输、携带、邮寄核材料的行为。

(一)立案标准

根据《刑法》第151条的规定，只要行为人实施了非法运输、携带、邮寄核材料的行为，就应当立案追究。

核材料属于违禁品，国家禁止自由流通。核材料的走私比其他货物、物品的走私，性质更为严重，社会危害性更大，因而法律把走私核材料作为重点打击对象。所谓核材料，是指用于核科学和核工业的材料，包括裂变反应堆、聚变反应堆和聚裂变反应堆用的聚、裂变材料和辅助材料。根据我国加入的《核材料实物保护公约》的有关规定，核材料包括钚(但钚-238同位素含量超过80%的除外)、铀-233、同位素235或者233浓缩铀、非矿石或者矿渣形式的含天然同位素混合物的铀，以及任何含有上述一种或者多种成分的材料。

(二)定罪标准

1. 本罪的构成

(1)侵犯的客体是特殊的对外贸易管制，即禁止核材料进出口管理制度。(2)客观方面表现为违反海关法规，逃避海关监管，以伪装、藏匿、冒充、欺骗或其他方式非法运输、携带、邮寄核材料的行为。(3)主体是一般主体，即任何单位以及达到刑事责任年龄并具有刑事责任能力的自然人都可以成为本罪的主体。(4)主观方面表现为故意，过失不构成本罪。

2. 罪与非罪的界限

由于走私核材料具有较大的社会危害性，除"情节显著轻微、危害不大"，不构成犯罪的外，都应当以犯罪论处。走私含铀、钚等原矿石的，一般不以本罪论处，可以走私普通货物、物品罪处理。走私铀、钚等核裂变、核聚变反应材料半成品的，应以本罪论处。

3. 本罪共犯的认定

根据《刑法》第 156 条的规定，与走私核材料罪犯通谋，为其提供贷款、资金、账号、发票、证明，或者为其提供运输、保管、邮寄或其他方便的，应以走私核材料罪的共犯论处。

4. 本罪的罪数认定

根据《刑法》第 157 条规定，走私核材料，并以暴力、威胁的方法抗拒缉私的，应以走私核材料罪和妨害公务罪实行数罪并罚。

(三) 量刑标准

1. 根据《刑法》第 151 条的规定，犯走私核材料罪，处 7 年以上有期徒刑，并处罚金或者没收财产；情节特别严重的，处无期徒刑，并处没收财产；情节较轻的，处 3 年以上 7 年以下有期徒刑，并处罚金。所谓情节特别严重，一般是指一次大量或多次走私核材料的；走私核材料犯罪集团的首要分子；造成人员重伤、死亡或者公私财物遭受重大损失的；造成重大事故等严重后果的；在国际上造成恶劣影响的等。应当注意的是，根据《刑法修正案(九)》的规定，取消了走私核材料罪的死刑。

2. 根据《刑法》第 151 条第 4 款的规定，单位犯走私核材料罪的，对单位判处罚金，并对其直接负责的主管人员和其他直接责任人员，按照上述规定处罚。

三、走私假币案

中华人民共和国刑法(节选)

第一百五十一条[根据《刑法修正案(七)》《刑法修正案(八)》《刑法修正案(九)》]　走私武器、弹药、核材料或者伪造的货币的，处七年以上有期徒刑，并处罚金或者没收财产；情节特别严重的，处无期徒刑，并处没收财产；情节较轻的，处三年以上七年以下有期徒刑，并处罚金。

走私国家禁止出口的文物、黄金、白银和其他贵重金属或者国家禁止进出口的珍贵动物及其制品的，处五年以上十年以下有期徒刑，并处罚金；情节特别严重的，处十年以上有期徒刑或者无期徒刑，并处没收财产；情节较轻的，处五年以下有期徒刑，并处罚金。

走私珍稀植物及其制品等国家禁止进出口的其他货物、物品的，处五年以下有期徒刑或者拘役，并处或者单处罚金；情节严重的，处五年以上有期徒刑，并处罚金。

单位犯本条规定之罪的，对单位判处罚金，并对其直接负责的主管人员和其他直接责任人员，依照本条各款的规定处罚。

走私假币罪，是指违反海关法规，逃避海关监管，非法运输、携带、邮寄假币的行为。

（一）立案标准

根据最高人民检察院、公安部《关于公安机关管辖的刑事案件立案追诉标准的规定（二）》第2条规定，走私伪造的货币，总面额在2000元以上或者币量200张（枚）以上的，应予立案追诉。

（二）定罪标准

1. 本罪的构成

（1）侵犯的客体是复杂客体，既侵犯了禁止假币进出口的管理制度，也侵犯了国家的货币管理制度。

（2）客观方面表现为违反海关法规，逃避海关监管，以伪装、藏匿、冒充、欺骗或其他方式非法运输、携带、邮寄假币的行为。

（3）主体是一般主体，自然人和单位均可构成本罪的主体。

（4）主观方面表现为故意，过失不构成本罪。

2. 关于假币的认定

本罪的犯罪对象是假币，即伪造的货币，包括正在流通的人民币和境外货币。伪造的货币不同于变造的货币，用真货币进行挖补、剪贴、涂改等方法变造出来的货币，不能作为走私假币罪的犯罪对象。对于涉案的货币是否属于假币，应当委托有关主管部门进行鉴定。伪造的境外货币数额，折合成人民币计算。

3. 本罪与出售、购买、运输假币罪的界限

两者的主要区别在于：（1）侵犯的客体不同。前者侵犯的是复杂客体，既侵犯了对外贸易管制，又侵犯了国家的货币管理制度，后者侵犯的客体是国家货币管理制度。（2）客观方面表现不同。前者表现为违反海关法规，逃避海关监督检查的走私行为，后者表现为国内出售、运输、购买假币的行为。

4. 为走私假币罪犯提供便利条件行为的处理

根据《刑法》第156条的规定，与走私假币罪犯通谋，为其提供贷款、资金、账号、发票、证明，或者为其提供运输、保管、邮寄或其他方便的，应以走私假币罪的共犯论处。

5. 本罪的罪数认定

一是行为人走私假币后，又在国内出售或运输同一宗假币的，应按牵连犯从一

重罪处罚，而不定走私假币罪和出售、购买、运输假币两个罪。其出售、购买、运输的同一宗假币的数额也不重复计算，但应当作为量刑情节予以考虑。行为人直接向走私假币的犯罪分子购买假币的，以走私假币罪论处。二是走私假币，并以暴力、威胁的方法抗拒缉私的，根据《刑法》第 157 条规定，应以走私假币罪和妨害公务罪实行数罪并罚。

（三）量刑标准

1. 根据《刑法》第 151 条的规定，犯走私假币罪，处 7 年以上有期徒刑，并处罚金或者没收财产；情节特别严重的，处无期徒刑，并处没收财产；情节较轻的，处 3 年以上 7 年以下有期徒刑，并处罚金。

根据最高人民法院、最高人民检察院《关于办理走私刑事案件适用法律若干问题的解释》（法释〔2014〕10 号）第 6 条规定，走私伪造的货币，数额在 2000 元以上不满 2 万元，或者数量在 200 张（枚）以上不满 2000 张（枚）的，可以认定为《刑法》第 151 条第 1 款规定的“情节较轻”。

具有下列情形之一的，依照《刑法》第 151 条第 1 款的规定处 7 年以上有期徒刑，并处罚金或者没收财产：（1）走私数额在 2 万元以上不满 20 万元，或者数量在 2000 张（枚）以上不满 2 万张（枚）的；（2）走私数额或者数量达到第 1 款规定的标准，且具有走私的伪造货币流入市场等情节的。

具有下列情形之一的，应当认定为《刑法》第 151 条第 1 款规定的“情节特别严重”：（1）走私数额在 20 万元以上，或者数量在 2 万张（枚）以上的；（2）走私数额或者数量达到第 2 款第 1 项规定的标准，且属于犯罪集团的首要分子，使用特种车辆从事走私活动，或者走私的伪造货币流入市场等情形的。

2. 根据《刑法》第 151 条第 4 款规定，单位犯走私伪造货币罪的，对单位判处罚金，并对其直接负责的主管人员和其他直接责任人员，按照上述规定处罚。

四、走私文物案

中华人民共和国刑法（节选）

第一百五十一条［根据《刑法修正案（七）》《刑法修正案（八）》《刑法修正案（九）》］　走私武器、弹药、核材料或者伪造的货币的，处七年以上有期徒刑，并处罚金或者没收财产；情节特别严重的，处无期徒刑，并处没收财产；情节较轻的，处三年以上七年以下有期徒刑，并处罚金。

走私国家禁止出口的文物、黄金、白银和其他贵重金属或者国家禁止进出口的珍贵动物及其制品的,处五年以上十年以下有期徒刑,并处罚金;情节特别严重的,处十年以上有期徒刑或者无期徒刑,并处没收财产;情节较轻的,处五年以下有期徒刑,并处罚金。

走私珍稀植物及其制品等国家禁止进出口的其他货物、物品的,处五年以下有期徒刑或者拘役,并处或者单处罚金;情节严重的,处五年以上有期徒刑,并处罚金。

单位犯本条规定之罪的,对单位判处罚金,并对其直接负责的主管人员和其他直接责任人员,依照本条各款的规定处罚。

走私文物罪,是指违反海关法规,逃避海关监督,非法运输、携带、邮寄国家禁止出口的文物的行为。

(一)立案标准

根据《刑法》第151条的规定,走私国家禁止出口的文物,应当立案追诉。

立案时,要重点把握以下两个问题:

1. 关于文物的认定

本罪的犯罪对象是国家禁止出口的文物。所谓文物,根据《文物保护法》第2条的规定,是指具有历史、艺术、科学价值的古文化遗址、古墓葬、古建筑、石窟寺和石刻、壁画;与重大历史事件、革命运动或者著名人物有关的以及具有重要纪念意义、教育意义或者史料价值的近代现代重要史迹、实物、代表性建筑;历史上各时代珍贵的艺术品、工艺美术品;历史上各时代重要的文献资料以及具有历史、艺术、科学价值的手稿和图书资料等;反映历史上各时代、各民族社会制度、社会生产、社会生活的代表性实物。此外,具有科学价值的古脊椎动物化石和古人类化石同文物一样受国家的保护。所谓国家禁止出口的文物,是指上述文物中具有重要历史、艺术、科学价值的文物。根据文物保护法的规定,具有重要历史、艺术、科学价值的文物,除经国务院批准运入国外展览的外,一律禁止出境。对于涉案文物是否属于国家禁止出口的文物,以及属于何种等级的文物,应当通过有关文物主管部门鉴定。

2. 根据《刑法》第151条第2款的规定,涉嫌走私文物“情节较轻”的,就构成犯罪

根据最高人民法院、最高人民检察院《关于办理走私刑事案件适用法律若干问题的解释》(法释〔2014〕10号)第8条规定,走私国家禁止出口的三级文物2件以下

的,可以认定为《刑法》第151条第2款规定的“情节较轻”。应当注意的是,这里关于“情节较轻”的司法解释,只表明对犯罪嫌疑人应当“处5年以下有期徒刑,并处罚金”,并不是本罪的立案标准。因此,行为人只要把国家禁止出口的文物走私出国(边)境的,就应当立案追究。

(二)定罪标准

1. 本罪的构成

(1)侵犯的客体是对外贸易管制和国家文物管理制度。文物是不能自由流通的物品,国家严格禁止文物的出口。文物走私会使国家的大量文物流失或遭到破坏,因此,对走私文物的行为应予严厉打击。

(2)客观方面表现为违反海关法规,逃避海关监管,非法运输、携带、邮寄国家禁止出口的文物的行为。

(3)主体是一般主体,单位和自然人均可构成本罪的主体。

(4)主观方面表现为故意,过失不构成本罪。

2. 罪与非罪的界限

本罪主要是根据走私物品的性质来认定是否构成犯罪,对所走私文物的数量没有要求。只要走私文物,原则上就应当以犯罪论处。但是,如果行为人没有犯罪故意,即使其客观上有运输、携带或邮寄国家禁止出口的文物出境的行为,也不能认为其构成本罪。

3. 本罪与倒卖文物罪的界限

两者的区别主要在于:(1)侵犯的客体不同。走私文物罪侵犯的客体是对外贸易管制和国家文物管理制度,而倒卖文物罪侵犯的只是国家的文物管理制度。(2)主观方面不同。倒卖文物罪的成立必须以牟利为目的,而本罪的成立对犯罪目的没有要求。如果行为人在内海、领海运输、收购、贩卖国家禁止出口的文物,根据《刑法》第155条规定,应以走私罪论处,不定倒卖文物罪。

4. 为走私文物罪犯提供便利条件行为的处理

根据《刑法》第156条的规定,与走私文物的罪犯通谋,为其提供贷款、资金、账号、发票、证明,或者为其提供运输、保管、邮寄或其他方便的,应以走私文物罪的共犯论处。

5. 以暴力、威胁方法抗拒缉私行为的处理

走私文物,并以暴力、威胁的方法抗拒缉私的,根据《刑法》第157条规定,应以走私文物罪和妨害公务罪实行数罪并罚。

（三）量刑标准

1. 根据《刑法》第151条的规定，犯走私文物罪，处5年以上10年以下有期徒刑，并处罚金；情节特别严重的，处10年以上有期徒刑或者无期徒刑，并处没收财产；情节较轻的，处5年以下有期徒刑，并处罚金。

根据最高人民法院、最高人民检察院《关于办理走私刑事案件适用法律若干问题的解释》（法释〔2014〕10号）第8条规定，走私国家禁止出口的三级文物2件以下的，可以认定为《刑法》第151条第2款规定的"情节较轻"。

具有下列情形之一的，依照《刑法》第151条第2款的规定处5年以上10年以下有期徒刑，并处罚金：（1）走私国家禁止出口的二级文物不满3件，或者三级文物3件以上不满9件的；（2）走私国家禁止出口的三级文物不满3件，且具有造成文物严重毁损或者无法追回等情节的。

具有下列情形之一的，应当认定为《刑法》第151条第2款规定的"情节特别严重"：（1）走私国家禁止出口的一级文物1件以上，或者二级文物3件以上，或者三级文物9件以上的；（2）走私国家禁止出口的文物达到第2款第1项规定的数量标准，且属于犯罪集团的首要分子，使用特种车辆从事走私活动，或者造成文物严重毁损、无法追回等情形的。

应当注意的是，根据最高人民法院、最高人民检察院《关于办理妨害文物管理等刑事案件适用法律若干问题的解释》（法释〔2015〕23号）第1条规定，《刑法》第151条规定的"国家禁止出口的文物"，依照《文物保护法》规定的"国家禁止出境的文物"的范围认定。走私国家禁止出口的二级文物的，应当依照《刑法》第151条第2款的规定，以走私文物罪处5年以上10年以下有期徒刑，并处罚金；走私国家禁止出口的一级文物的，应当认定为《刑法》第151条第2款规定的"情节特别严重"；走私国家禁止出口的三级文物的，应当认定为《刑法》第151条第2款规定的"情节较轻"。走私国家禁止出口的文物，无法确定文物等级，或者按照文物等级定罪量刑明显过轻或者过重的，可以按照走私的文物价值定罪量刑。走私的文物价值在20万元以上不满100万元的，应当依照《刑法》第151条第2款的规定，以走私文物罪处5年以上10年以下有期徒刑，并处罚金；文物价值在100万元以上的，应当认定为《刑法》第151条第2款规定的"情节特别严重"；文物价值在5万元以上不满20万元的，应当认定为《刑法》第151条第2款规定的"情节较轻"。

2. 根据《刑法》第151条第4款规定，单位犯走私文物罪的，对单位判处罚金，并对其直接负责的主管人员和其他直接责任人员，按照上述规定处罚。

五、走私贵重金属案

中华人民共和国刑法(节选)

第一百五十一条[根据《刑法修正案(七)》《刑法修正案(八)》《刑法修正案(九)》] 走私武器、弹药、核材料或者伪造的货币的,处七年以上有期徒刑,并处罚金或者没收财产;情节特别严重的,处无期徒刑,并处没收财产;情节较轻的,处三年以上七年以下有期徒刑,并处罚金。

走私国家禁止出口的文物、黄金、白银和其他贵重金属或者国家禁止进出口的珍贵动物及其制品的,处五年以上十年以下有期徒刑,并处罚金;情节特别严重的,处十年以上有期徒刑或者无期徒刑,并处没收财产;情节较轻的,处五年以下有期徒刑,并处罚金。

走私珍稀植物及其制品等国家禁止进出口的其他货物、物品的,处五年以下有期徒刑或者拘役,并处或者单处罚金;情节严重的,处五年以上有期徒刑,并处罚金。

单位犯本条规定之罪的,对单位判处罚金,并对其直接负责的主管人员和其他直接责任人员,依照本条各款的规定处罚。

走私贵重金属罪,是指违反海关法规,逃避海关监督,非法运输、携带、邮寄国家禁止出品的黄金、白银和其他贵重金属的行为。

(一)立案标准

根据《刑法》第151条的规定,涉嫌走私黄金、白银和其他贵重金属的,应当予以立案追诉。

本罪是行为犯,涉嫌走私黄金、白银和其他贵重金属,除非情节显著轻微、危害不大,否则都应当以犯罪论处。本罪的立案标准,目前尚无明确规定。至于走私贵重金属的数量、含量问题,可以参照最高人民法院、最高人民检察院、公安部、司法部《关于严厉打击倒卖走私黄金犯罪活动的通知》(已废止)的有关规定,对于走私黄金数量不足50克的,可根据情节轻重由公安机关、工商行政管理部门、海关予以没收、罚款、吊销采金证或给予治安行政处罚,符合劳动教养条件的可予劳动教养。一般不以犯罪论处。走私其他金属,可以先将其折合成黄金,然后再参照进行处理。因此,对于走私黄金50克以上的、走私其他贵重金属相当于黄金50克价值以上的或者虽不足50克但具有其他严重情节的,应当立案追究。

（二）定罪标准

1. 本罪的构成

（1）侵犯的客体是对外贸易管制和国家金融管理秩序。金银等贵重金属都是不能自由流通的物品，国家严格禁止这些物品的出口。金银等贵重金属的走私，会使国家金融遭到很大的破坏。所以，对走私贵重金属的行为应予严厉打击。

（2）客观方面表现为违反海关法规，逃避海关监管，非法运输、携带、邮寄国家禁止出口的黄金、白银和其他贵重金属的行为。所谓贵重金属，是指金银或与金银同等重要的钌、铂、铑、锇、钯等稀有的、国家禁止出口的贵重金属。

（3）主体是一般主体，自然人和单位均可构成本罪主体。

（4）主观方面表现为故意，过失不构成本罪。

2. 罪与非罪的界限

首先，要看行为人对其运输、携带、邮寄出境的物品是否是贵重金属有无明确的认识。如果不知道是贵重金属，即使有携带、运输、邮寄贵重金属出境的行为，也不能认为构成走私贵重金属罪。其次，要看走私贵重金属数量。尽管走私贵重金属原则上都构成犯罪，但这也不可绝对化，如果走私贵重金属数量极少，而且综合全案来看属于情节显著轻微、危害不大的情况，不认为是犯罪。

3. 为走私贵重金属罪犯提供便利条件行为的处理

根据《刑法》第 156 条的规定，与走私贵重金属的罪犯通谋，为其提供贷款、资金、账号、发票、证明，或者为其提供运输、保管、邮寄或其他方便的，应以走私贵重金属罪的共犯论处。

4. 以暴力、威胁方法抗拒缉私行为的处理

走私贵重金属，并以暴力、威胁的方法抗拒缉私的，根据《刑法》第 157 条规定，应以走私贵重金属罪和妨害公务罪进行数罪并罚。

（三）量刑标准

1. 根据《刑法》第 151 条的规定，犯走私贵重金属罪，处 5 年以上 10 年以下有期徒刑，并处罚金；情节特别严重的，处 10 年以上有期徒刑或者无期徒刑，并处没收财产；情节较轻的，处 5 年以下有期徒刑，并处罚金。

2. 单位犯走私贵重金属罪的，对单位判处罚金，并对其直接负责的主管人员和其他直接责任人员，按照上述规定处罚。

六、走私珍贵动物、珍贵动物制品案

中华人民共和国刑法(节选)

第一百五十一条[根据《刑法修正案(七)》《刑法修正案(八)》《刑法修正案(九)》] 走私武器、弹药、核材料或者伪造的货币的,处七年以上有期徒刑,并处罚金或者没收财产;情节特别严重的,处无期徒刑,并处没收财产;情节较轻的,处三年以上七年以下有期徒刑,并处罚金。

走私国家禁止出口的文物、黄金、白银和其他贵重金属或者国家禁止进出口的珍贵动物及其制品的,处五年以上十年以下有期徒刑,并处罚金;情节特别严重的,处十年以上有期徒刑或者无期徒刑,并处没收财产;情节较轻的,处五年以下有期徒刑,并处罚金。

走私珍稀植物及其制品等国家禁止进出口的其他货物、物品的,处五年以下有期徒刑或者拘役,并处或者单处罚金;情节严重的,处五年以上有期徒刑,并处罚金。

单位犯本条规定之罪的,对单位判处罚金,并对其直接负责的主管人员和其他直接责任人员,依照本条各款的规定处罚。

走私珍贵动物、珍贵动物制品罪,是指违反海关法规和野生动物保护法规,逃避海关监督,非法运输、携带、邮寄国家禁止进出口的珍贵动物及其制品的行为。

(一)立案标准

根据《刑法》第151条规定,涉嫌走私国家禁止进出口的珍贵动物及其制品的,应当予以立案追诉。

关于珍贵动物及其制品价值的认定。根据最高人民法院、最高人民检察院《关于办理走私刑事案件适用法律若干问题的解释》(法释〔2014〕10号)第10条规定,《刑法》第151条第2款规定的“珍贵动物”,包括列入《国家重点保护野生动物名录》中的国家一、二级保护野生动物,《濒危野生动植物种国际贸易公约》附录Ⅰ、附录Ⅱ中的野生动物,以及驯养繁殖的上述动物。走私本解释附表中未规定的珍贵动物的,参照附表中规定的同属或者同科动物的数量标准执行。走私本解释附表中未规定珍贵动物的制品的,按照最高人民法院、最高人民检察院、国家林业局、公安部、海关总署《关于破坏野生动物资源刑事案件中涉及的CITES附录Ⅰ和附录Ⅱ所列陆生野生动物制品价值核定问题的通知》(林濒发〔2012〕239号)的有关规定核定价值。

（二）定罪标准

1. 本罪的构成

（1）侵犯的客体是对外贸易管制和野生动物保护制度。珍贵动物及其物品，国家严格禁止其进出口，因而走私这些物品侵犯的是特殊的对外贸易管制，即禁止珍贵动物及其物品进出口的制度。珍贵动物及其制品的走私，使许多珍贵动物面临绝种。所以，对走私这些物品的行为应予严厉打击。

（2）客观方面表现为违反海关法规和野生动物保护法规，逃避海关监管，非法运输、携带、邮寄国家禁止进出口的珍贵动物及其制品进出境的行为。

（3）主体是一般主体，单位和自然人都可以成为本罪的主体。

（4）主观方面表现为故意，过失不构成本罪。

2. 罪与非罪界限

从主观方面看，如果行为人不知道其所携带、运输、邮寄过境的是珍贵动物及其制品，即在主观上没有故意，不能认为其构成走私珍贵动物及其制品罪。从客观方面看，如果行为人走私行为的对象只是一般的动物及其制品，一般不以犯罪论处。当然，如果走私一般动物及其制品，偷逃应纳税额在 5 万元以上的，可以构成走私一般货物、物品罪。

3. 本罪与非法猎捕、杀害珍贵、濒危野生动物罪和非法收购、运输、出售珍贵、濒危野生动物及其制品罪的界限

区分的关键之处在于认清两罪侵犯的客体，走私珍贵动物及其制品罪侵犯的客体主要是国家对外贸易管制，而后两罪侵犯的客体是国家对野生动物资源的保护制度。所以，在实践中，行为人在内海、领海运输、收购、贩卖国家禁止出口的珍贵动物及其制品，或者走私集团的成员分工在国内负责收购珍贵动物及其制品以及受走私团伙的收买、指使，帮助收购珍贵动物及其制品，这些行为均应认定为走私珍贵动物及其制品罪，而不是非法猎捕、杀害、收购、运输、出售珍贵、濒危野生动物罪和非法收购、运输、出售珍贵、濒危野生动物制品罪。如果行为人既非法猎捕、杀害、收购、运输、出售珍贵、濒危野生动物或非法收购、运输、出售珍贵、濒危野生动物制品，又走私珍贵动物及其制品，应分别定罪，实行数罪并罚。

4. 为走私珍贵动物、珍贵动物制品罪犯提供便利条件行为的处理

根据《刑法》第 156 条的规定，与走私珍贵动物、珍贵动物制品罪犯通谋，为其提供贷款、资金、账号、发票、证明，或者为其提供运输、保管、邮寄或其他方便的，应以走私珍贵动物、珍贵动物制品罪的共犯论处。

5. 以暴力、威胁方法抗拒缉私行为的处理

走私珍贵动物、珍贵动物制品，并以暴力、威胁的方法抗拒缉私的，根据《刑法》第157条规定，应以走私珍贵动物、珍贵动物制品罪和妨害公务罪进行数罪并罚。

（三）量刑标准

1. 根据《刑法》第151条的规定，犯走私珍贵动物、珍贵动物制品罪，处5年以上10年以下有期徒刑，并处罚金；情节特别严重的，处10年以上有期徒刑或者无期徒刑，并处没收财产；情节较轻的，处5年以下有期徒刑，并处罚金。

根据最高人民法院、最高人民检察院《关于办理走私刑事案件适用法律若干问题的解释》（法释〔2014〕10号）第9条规定，走私国家一、二级保护动物未达到本解释附表中（一）规定的数量标准，或者走私珍贵动物制品数额不满20万元的，可以认定为《刑法》第151条第2款规定的“情节较轻”。

具有下列情形之一的，依照《刑法》第151条第2款的规定处5年以上10年以下有期徒刑，并处罚金：（1）走私国家一、二级保护动物达到本解释附表中（一）规定的数量标准的；（2）走私珍贵动物制品数额在20万元以上不满100万元的；（3）走私国家一、二级保护动物未达到本解释附表中（一）规定的数量标准，但具有造成该珍贵动物死亡或者无法追回等情节的。

具有下列情形之一的，应当认定为《刑法》第151条第2款规定的“情节特别严重”：（1）走私国家一、二级保护动物达到本解释附表中（二）规定的数量标准的；（2）走私珍贵动物制品数额在100万元以上的；（3）走私国家一、二级保护动物达到本解释附表中（一）规定的数量标准，且属于犯罪集团的首要分子，使用特种车辆从事走私活动，或者造成该珍贵动物死亡、无法追回等情形的。

不以牟利为目的，为留作纪念而走私珍贵动物制品进境，数额不满10万元的，可以免予刑事处罚；情节显著轻微的，不作为犯罪处理。

2. 单位犯走私珍贵动物、珍贵动物制品罪的，对单位判处罚金，并对其直接负责的主管人员和其他直接责任人员，按照上述规定处罚。

七、走私国家禁止进出口的货物、物品案

中华人民共和国刑法（节选）

第一百五十一条［根据《刑法修正案（七）》《刑法修正案（八）》《刑法修正案（九）》］　走私武器、弹药、核材料或者伪造的货币的，处七年以上有期徒刑，并处罚

金或者没收财产;情节特别严重的,处无期徒刑,并处没收财产;情节较轻的,处三年以上七年以下有期徒刑,并处罚金。

走私国家禁止出口的文物、黄金、白银和其他贵重金属或者国家禁止进出口的珍贵动物及其制品的,处五年以上十年以下有期徒刑,并处罚金;情节特别严重的,处十年以上有期徒刑或者无期徒刑,并处没收财产;情节较轻的,处五年以下有期徒刑,并处罚金。

走私珍稀植物及其制品等国家禁止进出口的其他货物、物品的,处五年以下有期徒刑或者拘役,并处或者单处罚金;情节严重的,处五年以上有期徒刑,并处罚金。

单位犯本条规定之罪的,对单位判处罚金,并对其直接负责的主管人员和其他直接责任人员,依照本条各款的规定处罚。

走私国家禁止进出口的货物、物品罪,是指违反海关法规和野生植物保护法规,逃避海关监管,非法运输、携带、邮寄珍稀植物及其制品等国家禁止进出口货物、物品进出国(边)境的行为。

(一)立案标准

根据《刑法》第151条的规定,涉嫌走私珍稀植物及其制品等国家禁止进出口的其他货物、物品的,应当予以立案追诉。

《刑法修正案(七)》扩大了犯罪对象的范围,把走私国家其他所有禁止进出口的货物、物品都规定为犯罪,扩大了打击面。因而,在罪名确定上也将原"走私珍稀植物、珍稀植物制品罪"改为"走私国家禁止进出口的货物、物品罪"。

立案时,要重点把握以下两个问题:

1. 关于珍稀植物、珍稀植物制品的认定

所谓珍稀植物,包括列入《国家重点保护野生植物名录》《国家重点保护野生药材物种名录》《国家珍贵树种名录》中的国家一、二级保护野生植物和国家重点保护的野生药材、珍贵树木,《濒危野生动植物种国际贸易公约》附录Ⅰ、附录Ⅱ中的野生植物,以及人工培育的上述植物。所谓珍稀植物制品,是指利用上述珍稀植物制作的标本或其他制成品。对于是否属于珍稀植物及其制品,应当委托有关部门进行鉴定。

2. 本罪是行为犯,除走私珍稀植物、珍稀植物制品等国家禁止进出口的货物、物品"情节显著轻微、危害不大"的外,一般都应当立案追究。根据国家林业局、公安部《关于森林和陆生野生动物刑事案件管辖及立案标准》规定,"走私国家禁止进出口的珍稀植物、珍稀植物制品的应当立案；走私珍稀植物 2 株以上、珍稀植物制品价值在 2 万元以上的，为重大案件；走私珍稀植物 10 株以上、珍稀植物制品价值在 10 万元以上的，为特别重大案件”。因此，只要行为人涉嫌走私珍稀植物、珍稀植物制品的，就应当立案追究。

（二）定罪标准

1. 本罪的构成

（1）侵犯的客体是对外贸易管理制度。

（2）客观方面表现为违反海关法规和野生植物保护法规，逃避海关监督，非法运输、携带、邮寄珍稀植物及其制品等国家禁止进出口货物、物品出境的行为。

（3）主体是一般主体，单位和自然人均可构成本罪的主体。

（4）主观方面表现为故意，过失不构成本罪。

2. 罪与非罪的界限

走私珍稀植物及其制品的行为，是根据走私物品的性质来认定其达到情节严重从而构成走私犯罪的，所以构成本罪，对走私物品的数量没有要求。判断行为人是否构成本罪，主要看其侵犯的对象是否属于国家禁止出口的珍稀植物，如果行为人运输、携带或邮寄的是国家禁止出口以外的植物，即使其行为违反了海关法规，也不构成本罪。在认定本罪时，应注意：一是行为人对所携带运入、邮寄物品确实不知是珍稀植物及其制品，或不知是国家禁止的，应认为该行为人没有犯本罪的故意，故不应以犯罪论处。二是为保存或者个人欣赏而将自己所有的植物及其制品携带、夹带出境，情况属实的，可不以犯罪论处，但应按国家有关规定处理。直接向走私珍稀植物行为人非法收购珍稀植物的行为，也构成本罪。行为人在我国内海、领海运输、收购、贩卖国家禁止出口的珍稀植物的，也构成本罪。

3. 根据《刑法》第 156 条的规定，与走私国家禁止进出口的货物、物品的罪犯通谋，为其提供贷款、资金、账号、发票、证明，或者为其提供运输、保管、邮寄或其他方便的，应以走私国家禁止进出口的货物、物品罪的共犯论处。

4. 根据《刑法》第 157 条规定，走私国家禁止进出口的货物、物品，并以暴力、威胁的方法抗拒缉私的，应以走私国家禁止进出口的货物、物品罪和妨害公务罪进行数罪并罚。

5. 根据最高人民法院《关于审理走私、非法经营、非法使用兴奋剂刑事案件适用法律若干问题的解释》（法释〔2019〕16 号）第 1 条规定，运动员、运动员辅助人员走私兴奋剂目录所列物质，或者其他人员以在体育竞赛中非法使用为目的走私兴奋剂目录所列物质，涉案物质属于国家禁止进出口的货物、物品，具有下列情形之一的，应当依照《刑法》第151条第3款的规定，以走私国家禁止进出口的货物、物品罪定罪处罚：(1)一年内曾因走私被给予二次以上行政处罚后又走私的；(2)用于或者准备用于未成年人运动员、残疾人运动员的；(3)用于或者准备用于国内、国际重大体育竞赛的；(4)其他造成严重恶劣社会影响的情形。

实施前款规定的行为，涉案物质不属于国家禁止进出口的货物、物品，但偷逃应缴税额1万元以上或者1年内曾因走私被给予二次以上行政处罚后又走私的，应当依照《刑法》第153条的规定，以走私普通货物、物品罪定罪处罚。

对于本条第1款、第2款规定以外的走私兴奋剂目录所列物质行为，适用《最高人民法院、最高人民检察院关于办理走私刑事案件适用法律若干问题的解释》(法释〔2014〕10号)规定的定罪量刑标准。

根据最高人民法院《关于审理走私、非法经营、非法使用兴奋剂刑事案件适用法律若干问题的解释》第8条规定，对于是否属于本解释规定的“兴奋剂”“兴奋剂目录所列物质”“体育运动”“国内、国际重大体育竞赛”等专门性问题，应当依据《中华人民共和国体育法》《反兴奋剂条例》等法律法规，结合国务院体育主管部门出具的认定意见等证据材料作出认定。

(三)量刑标准

1.根据《刑法》第151条的规定，犯走私国家禁止进出口的货物、物品罪，处5年以下有期徒刑或者拘役，并处或者单处罚金；情节严重的，处5年以上有期徒刑，并处罚金。

根据最高人民法院、最高人民检察院《关于办理走私刑事案件适用法律若干问题的解释》(法释〔2014〕10号)第11条规定，走私国家禁止进出口的货物、物品，具有下列情形之一的，依照《刑法》第151条第3款的规定处5年以下有期徒刑或者拘役，并处或者单处罚金：(1)走私国家一级保护野生植物5株以上不满25株，国家二级保护野生植物10株以上不满50株，或者珍稀植物、珍稀植物制品数额在20万元以上不满100万元的；(2)走私重点保护古生物化石或者未命名的古生物化石不满10件，或者一般保护古生物化石10件以上不满50件的；(3)走私禁止进出口的有毒物质1吨以上不满5吨，或者数额在2万元以上不满10万元的；(4)走私来自境外疫区的动植物及其产品5吨以上不满25吨，或者数额在5万元以上不满25万元的；(5)走私木炭、硅砂等妨害环境、资源保护的货物、物品10吨以上不满50吨，或者数额在10万元以上不满50万元的；(6)走私旧机动车、切割车、旧机电产品或者其他禁止进出口的货物、物品20吨以上不满100吨,或者数额在20万元以上不满100万元的;(7)数量或者数额未达到本款第1项至第6项规定的标准,但属于犯罪集团的首要分子,使用特种车辆从事走私活动,造成环境严重污染,或者引起甲类传染病传播、重大动植物疫情等情形的。这里的"古生物化石",按照《古生物化石保护条例》的规定予以认定。走私具有科学价值的古脊椎动物化石、古人类化石,构成犯罪的,依照《刑法》第151条第2款的规定,以走私文物罪定罪处罚。

具有下列情形之一的,应当认定为《刑法》第151条第3款规定的"情节严重":(1)走私数量或者数额超过前款第1项至第6项规定的标准的;(2)达到前款第1项至第6项规定的标准,且属于犯罪集团的首要分子,使用特种车辆从事走私活动,造成环境严重污染,或者引起甲类传染病传播、重大动植物疫情等情形的。

2. 单位犯走私国家禁止进出口的货物、物品罪,对单位判处罚金,并对其直接负责的主管人员和其他直接责任人员,按照上述规定处罚。

八、走私淫秽物品案

中华人民共和国刑法(节选)

第一百五十二条第一款　以牟利或者传播为目的,走私淫秽的影片、录像带、录音带、图片、书刊或者其他淫秽物品的,处三年以上十年以下有期徒刑,并处罚金;情节严重的,处十年以上有期徒刑或者无期徒刑,并处罚金或者没收财产;情节较轻的,处三年以下有期徒刑、拘役或者管制,并处罚金。

第一百五十二条第三款　单位犯前两款罪的,对单位判处罚金,并对其直接负责的主管人员和其他直接责任人员,依照前款的规定处罚。

走私淫秽物品罪,是指违反海关法规、逃避海关监督,以牟利或者传播为目的,走私淫秽的影片、录像带、录音带、图片、书刊或者其他淫秽物品的行为。

(一)立案标准

根据最高人民检察院、公安部《关于公安机关管辖的刑事案件立案追诉标准的规定(一)》第25条的规定,以牟利或者传播为目的,走私淫秽的影片、录像带、录音带、图片、书刊或者其他通过文字、声音、形象等形式表现淫秽内容的影碟、音碟、电子出版物等物品,涉嫌下列情形之一的,应予立案追诉:

(1)走私淫秽录像带、影碟50盘(张)以上的;

(2)走私淫秽录音带、音碟100盘(张)以上的;

(3)走私淫秽扑克、书刊、画册100副(册)以上的;

(4)走私淫秽照片、画片500张以上的;

(5)走私其他淫秽物品相当于上述数量的;

(6)走私淫秽物品数量虽未达到本条第(1)项至第(4)项规定标准,但分别达到其中两项以上标准的50%以上的。

本罪是1997年《刑法》吸收全国人大常委会《关于惩治走私罪的补充规定》第3条和全国人大常委会《关于惩治走私、制作、贩卖、传播淫秽物品的犯罪分子的决定》第1条的规定而规定的新罪名,1979年《刑法》没有规定此罪名。本罪的犯罪对象为淫秽物品。所谓淫秽物品,是指具体描绘性行为或露骨宣扬色情的淫秽性书刊、影片、录像带、图片以及其他淫秽物品。"其他淫秽物品",是指除淫秽的影片、录像带、录音带、图片、书刊以外的,通过文字、声音、形象等形式表现淫秽内容的影碟、音碟、电子出版物等物品。对于是否属于淫秽物品,应当进行鉴定,并根据鉴定结论予以认定。

(二)定罪标准

1. 本罪的构成

(1)侵犯的客体是国家的对外贸易管制和严禁淫秽物品传播的制度。

(2)客观方面表现为违反海关法规、逃避海关监管,非法运输、携带、邮寄淫秽的影片、录像带、录音带、图片、书刊或者其他淫秽物品的行为。

(3)主体是一般主体,单位和个人均可以成为本罪的主体。

(4)主观方面表现为故意,而且须具有牟利或传播的目的。要求具有牟利或传播的目的,这是本罪与其他走私犯罪在主观方面的不同之处。所谓以牟利为目的,是指行为人走私淫秽物品是为了出卖、出租、放映或通过其他方式而获得财物或其他利益。所谓以传播为目的,是指行为人走私淫秽物品,意图在社会上进行扩散。不具有上述目的,尽管故意地实施了走私淫秽物品的行为,如其目的是为了自娱,不能认为构成本罪。

2. 罪与非罪的界限

(1)从主观方面上看,走私淫秽物品罪须具有故意和牟利或传播的目的才能构成,不具有该目的的,不构成走私淫秽物品罪。(2)从犯罪对象看,如果行为人所走私的并非淫秽物品,如走私非淫秽的影片、影碟、录像带、录音带、音碟、图片、书刊、电子出版物等物品的,不能以本罪论处,构成犯罪的,可以依照《刑法》第153条的规定定罪处罚。应当注意的是，以下物品虽然含有淫秽内容，但不属于淫秽物品：夹杂有色情内容的有艺术价值的文学、艺术作品；宣传人体生理、医学知识的科学著作；表现人体、美学的艺术作品；一些格调不高，对人们身心健康有一定毒害，但整体上看不属于淫秽物品的物品。走私以上这些物品，不构成本罪。(3)从犯罪数量上看，只要走私了淫秽物品，无论数量多少，其行为就可视为情节严重，原则上均应以犯罪论处。但是，如果是数量很小，达不到上述立案标准，且综合全案属于情节显著轻微、危害不大的情况，可不认为是犯罪。

根据《刑法》第 156 条的规定，与走私淫秽物品罪犯通谋，为其提供贷款、资金、账号、发票、证明，或者为其提供运输、保管、邮寄或其他方便的，应以走私淫秽物品罪的共犯论处。

根据《刑法》第 157 条规定，走私淫秽物品，并以暴力、威胁的方法抗拒缉私的，应以走私淫秽物品罪和妨害公务罪进行数罪并罚。

（三）量刑标准

1. 根据《刑法》第 152 条的规定，本罪有三个量刑档次：(1)处 3 年以上 10 年以下有期徒刑，并处罚金；(2)情节较轻的，处 3 年以下有期徒刑、拘役或者管制，并处罚金；(3)情节严重的，处 10 年以上有期徒刑或者无期徒刑，并处罚金或者没收财产。

根据最高人民法院、最高人民检察院《关于办理走私刑事案件适用法律若干问题的解释》（法释〔2014〕10 号）第 13 条规定，以牟利或者传播为目的，走私淫秽物品，达到下列数量之一的，可以认定为《刑法》第 152 条第 1 款规定的“情节较轻”：(1)走私淫秽录像带、影碟 50 盘（张）以上不满 100 盘（张）的；(2)走私淫秽录音带、音碟 100 盘（张）以上不满 200 盘（张）的；(3)走私淫秽扑克、书刊、画册 100 副（册）以上不满 200 副（册）的；(4)走私淫秽照片、画片 500 张以上不满 1000 张的；(5)走私其他淫秽物品相当于上述数量的。走私淫秽物品在前款规定的最高数量以上不满最高数量 5 倍的，依照《刑法》第 152 条第 1 款的规定处 3 年以上 10 年以下有期徒刑，并处罚金。走私淫秽物品在第 1 款规定的最高数量 5 倍以上，或者在第 1 款规定的最高数量以上不满 5 倍，但属于犯罪集团的首要分子，使用特种车辆从事走私活动等情形的，应当认定为《刑法》第 152 条第 1 款规定的“情节严重”。

2. 单位犯走私淫秽物品罪的，对单位判处罚金，并对其直接负责的主管人员和其他直接责任人员，按照上述规定处罚。

九、走私废物案

中华人民共和国刑法(节选)

第一百五十二条第二款[本款根据《刑法修正案(四)》增加] 逃避海关监管将境外固体废物、液态废物和气态废物运输进境,情节严重的,处五年以下有期徒刑,并处或者单处罚金;情节特别严重的,处五年以上有期徒刑,并处罚金。

第一百五十二条第三款 单位犯前两款罪的,对单位判处罚金,并对其直接负责的主管人员和其他直接责任人员,依照前两款的规定处罚。

第三百三十九条第三款[本款根据《刑法修正案(四)》修正] 以原料利用为名,进口不能用作原料的固体废物、液态废物和气态废物的,依照本法第一百五十二条第二款、第三款的规定定罪处罚。

走私废物罪,是指违反海关法规和国家关于废物管理的规定,逃避海关监管,将境外的固体废物、液态废物和气态废物运输进境的行为。

(一)立案标准

根据《刑法》第152条和最高人民法院、最高人民检察院《关于办理走私刑事案件适用法律若干问题的解释》(法释〔2014〕10号)的有关规定,逃避海关监管,走私国家禁止进口的废物或者国家限制进口的可用作原料的废物,具有下列情形之一的,应当以走私废物罪立案追诉:

(1)走私国家禁止进口的危险性固体废物、液态废物分别或者合计达到1吨以上不满5吨的;

(2)走私国家禁止进口的非危险性固体废物、液态废物分别或者合计达到5吨以上不满25吨的;

(3)走私国家限制进口的可用作原料的固体废物、液态废物分别或者合计达到20吨以上不满100吨的;

(4)未达到上述数量标准,但属于犯罪集团的首要分子,使用特种车辆从事走私活动,或者造成环境严重污染等情形的。

本罪原规定在《刑法》第155条第3款中,并且只规定了走私固体废物的犯罪行为。《刑法修正案(四)》增加规定走私液态废物和气态废物犯罪,并规定在第152条中。同时,《刑法修正案(四)》对《刑法》第339条第3款的内容作了相应修改。

本罪原罪名为“走私固体废物罪”，根据《刑法修正案（四）》的规定，本罪罪名相应改为走私废物罪。本罪的犯罪对象是固体废物、液态废物和气态废物。所谓固体废物，是指国家禁止进口的固体废物和国家限制进口的可用作原料的固体废物。可见，固体废物包括两类：一是国家禁止进口的废物，亦称为红色废物，没有任何利用价值，对这类废物国家绝对禁止进口。二是国家限制进口的可用作原料的固体废物，亦称为绿色废物，这类废物有一定再利用的价值。国家限制进口的可用作原料的固体废物的具体种类，按照《国家限制进口的可用作原料的固体废物目录》执行。固体废物的范围主要包括：（1）固体废物，是指在生产建设、日常生活和其他活动中产生的污染环境的固态、半固态废弃物质。（2）工业固体废物，是指在工业、交通等生产活动中产生的固体废物。（3）城市生活垃圾，是指在城市日常生活中或者为城市日常生产提供服务的活动中产生的固体废物以及法律、行政法规规定为生活垃圾的固体废物。（4）危险废物，是指列入国家危险废物名目或者根据国家规定的危险废物鉴别标准和鉴别方法认定的具有危险特性的废物。刑法之所以将境外的固体废物作为走私罪的犯罪对象，其目的是从我国的环境保护角度出发，禁止擅自进口外国的固体废物，而有些单位和个人为赚取国外的垃圾处理费而在境内倒卖，逃避海关监管将境外固体废物运输进境，具有严重的社会危害性。对于是否属于“固体废物”的范围，应当委托有关主管部门进行鉴定。走私置于容器中的气态废物的，参照有关固体废物、液态废物的立案定罪数量标准和处罚原则处理。

（二）定罪标准

1. 本罪的构成

（1）侵犯的客体是海关监管制度和国家禁止废物进境的制度。

（2）客观方面表现为违反海关法规和国家关于废物管理的规定，逃避海关监管，将境外的固体废物、液态废物和气态废物运输进境的行为。

（3）主体是一般主体，单位和个人均可成为本罪的主体。

（4）主观方面表现为故意，过失不构成本罪。

2. 本罪与走私普通货物、物品罪的界限

两者均作为走私罪的一种，在侵犯的客体、主体、主观方面都有相同之处，侵犯的客体都是国家的对外贸易制度，主体都是一般主体，主观方面都是出于故意，且大多以牟利为目的。两者的根本区别主要是犯罪对象不同，前者是指国家禁止入境或者限制入境的固体废物、液态废物和气态废物，而后者则是除《刑法》第 151 条、第

152 条以外的普通货物和物品，是应纳税的国家允许进出口的货物、物品。

根据《刑法》第 339 条第 3 款的规定，以原料利用为名，进口不能用作原料的固体废物、液态废物和气态废物的，依照本法第 152 条第 2 款、第 3 款的规定定罪处罚。国家限制进口的可用作原料的废物的具体种类，参照国家有关部门的规定确定。

（三）量刑标准

依照《刑法》第 152 条第 2 款的规定，犯走私废物罪，处 5 年以下有期徒刑，并处或者单处罚金；情节特别严重的，处 5 年以上有期徒刑，并处罚金。根据《刑法》第 152 条第 3 款的规定，单位犯本罪的，对单位判处罚金，并对其直接负责的主管人员和其他直接责任人员，依照前款的规定处罚。

根据最高人民法院、最高人民检察院《关于办理走私刑事案件适用法律若干问题的解释》（法释〔2014〕10 号）第 14 条规定，走私国家禁止进口的废物或者国家限制进口的可用作原料的废物，具有下列情形之一的，应当认定为《刑法》第 152 条第 2 款规定的“情节严重”：（1）走私国家禁止进口的危险性固体废物、液态废物分别或者合计达到 1 吨以上不满 5 吨的；（2）走私国家禁止进口的非危险性固体废物、液态废物分别或者合计达到 5 吨以上不满 25 吨的；（3）走私国家限制进口的可用作原料的固体废物、液态废物分别或者合计达到 20 吨以上不满 100 吨的；（4）未达到上述数量标准，但属于犯罪集团的首要分子，使用特种车辆从事走私活动，或者造成环境严重污染等情形的。

具有下列情形之一的，应当认定为《刑法》第 152 条第 2 款规定的“情节特别严重”：（1）走私数量超过前款规定的标准的；（2）达到前款规定的标准，且属于犯罪集团的首要分子，使用特种车辆从事走私活动，或者造成环境严重污染等情形的；（3）未达到前款规定的标准，但造成环境严重污染且后果特别严重的。走私置于容器中的气态废物，构成犯罪的，参照前两款规定的标准处罚。

十、走私普通货物、物品案

中华人民共和国刑法（节选）

第一百五十三条第一款［根据《刑法修正案（八）》修正］ 走私本法第一百五十一条、第一百五十二条、第三百四十七条规定以外的货物、物品的，根据情节轻重，分别依照下列规定处罚：

（一）走私货物、物品偷逃应缴税额较大或者一年内曾因走私被给予二次行政处罚后又走私的，处三年以下有期徒刑或者拘役，并处偷逃应缴税额一倍以上五倍以下罚金。

（二）走私货物、物品偷逃应缴税额巨大或者有其他严重情节的，处三年以上十年以下有期徒刑，并处偷逃应缴税额一倍以上五倍以下罚金。

（三）走私货物、物品偷逃应缴税额特别巨大或者有其他特别严重情节的，处十年以上有期徒刑或者无期徒刑，并处偷逃应缴税额一倍以上五倍以下罚金或者没收财产。

单位犯前款罪的，对单位判处罚金，并对其直接负责的主管人员和其他直接责任人员，处三年以下有期徒刑或者拘役；情节严重的，处三年以上十年以下有期徒刑；情节特别严重的，处十年以上有期徒刑。

对多次走私未经处理的，按照累计走私货物、物品的偷逃应缴税额处罚。

第一百五十四条　下列走私行为，根据本节规定构成犯罪的，依照本法第一百五十三条的规定定罪处罚：

（一）未经海关许可并且未补缴应缴税额，擅自将批准进口的来料加工、来件装配、补偿贸易的原材料、零件、制成品、设备等保税货物，在境内销售牟利的；

（二）未经海关许可并且未补缴应缴税额，擅自将特定减税、免税进口的货物、物品，在境内销售牟利的。

第一百五十五条［根据《刑法修正案（四）》修正］　下列行为，以走私罪论处，依照本节的有关规定处罚：（一）直接向走私人非法收购国家禁止进口物品的，或者直接向走私人非法收购走私进口的其他货物、物品，数额较大的；（二）在内海、领海、界河、界湖运输、收购、贩卖国家禁止进出口物品的，或者运输、收购、贩卖国家限制进出口货物、物品，数额较大，没有合法证明的。

走私普通货物、物品罪，是指违反海关法规、逃避海关监督，非法运输、携带或者邮寄除武器、弹药、核材料、假币、文物、珍贵动物及其制品、珍贵植物及其制品、贵重金属以及淫秽物品以外的货物、物品进出国（边）境，偷逃应缴税额较大的行为。

（一）立案标准

根据《刑法》第153条的规定，涉嫌走私货物、物品，偷逃应缴税额较大或者一年内曾因走私被给予二次行政处罚后又走私的，应当立案追诉。

立案时，应当重点把握以下几个问题：

1. 关于普通货物、物品的认定。本罪的犯罪对象是《刑法》第151条、第152条规定的走私物品以外的货物、物品，具体指以下货物、物品：一是上述物品之外的国家禁止进出口的货物、物品。二是国家限制进出口的货物、物品。主要包括无线电收发报机及通信保密机，烟、酒，外币及有价证券，电视机、摩托车等。三是应纳税的货物、物品。这是本罪犯罪对象中的主体，即国家允许进出口的应缴纳关税的货物、物品。对于这类物品，国家允许进出口，不过要根据国民经济和社会发展的需要，通过关税对其需求加以适当的调节，这些货物、物品必须依法缴纳关税。

2. 本罪的立案标准是根据“应缴税额”确定的，涉嫌走私普通货物、物品偷逃应缴税额在5万元以上的，应当予以立案。所谓“应缴税额”，包括进出口货物、物品应当缴纳的进出口关税和进口环节海关代征税的税额。应缴税额以走私行为实施时的税则、税率、汇率和完税价格计算；多次走私的，以每次走私行为实施时的税则、税率、汇率和完税价格逐票计算；走私行为实施时间不能确定的，以案发时的税则、税率、汇率和完税价格计算。

3. 关于以下几种应当以走私普通货物、物品罪立案追究的情形。一是“一年内曾因走私被给予二次行政处罚后又走私的”，应当立案追究。这是《刑法修正案(八)》新增的犯罪情形。这里的“一年内”，以因走私第一次受到行政处罚的生效之日与“又走私”行为实施之日的时间间隔计算确定；“被给予二次行政处罚”的走私行为，包括走私普通货物、物品以及其他货物、物品；“又走私”行为仅指走私普通货物、物品。二是《刑法》第154条规定：下列走私行为，根据本节规定构成犯罪的，依照《刑法》第153条的规定定罪处罚：(1)未经海关许可并且未补缴应缴税额，擅自将批准进口的来料加工、来件装配、补偿贸易的原材料、零件、制成品、设备等保税货物，在境内销售牟利的。这里的“保税货物”，是指经海关批准，未办理纳税手续进境，在境内储存、加工、装配后应予复运出境的货物，包括通过加工贸易、补偿贸易等方式进口的货物，以及在保税仓库、保税工厂、保税区或者免税商店内等储存、加工、寄售的货物。(2)未经海关许可并且未补缴应缴税额，擅自将特定减税、免税进口的货物、物品，在境内销售牟利的。三是《刑法》第155条规定：“下列行为，以走私罪论处，依照本节的有关规定处罚：(1)直接向走私人非法收购国家禁止进口物品的，或者直接向走私人非法收购走私进口的其他货物、物品，数额较大的；(2)在内海、领海、界河、界湖运输、收购、贩卖国家禁止进出口物品的，或者运输、收购、贩卖国家限制进出口货物、物品，数额较大，没有合法证明的。”

(二)定罪标准

1. 本罪的构成

(1)侵犯的客体是国家的对外贸易管理制度。走私的对象是一般货物、物品。

(2)客观方面表现为行为人违反海关法规,逃避海关监督,非法运输、携带、邮寄或以其他方式走私国家限制进出口的货物、物品进出国(边)境,偷逃应缴税额较大的行为。实践中多表现为未经许可,进口国家限制进口的货物、物品。但是对于经过国家许可,只是超过了许可数量,进口国家限制进口的可用作原料的废物的行为,对超过部分以未经许可论。

(3)主体是一般主体,单位和自然人均可成为本罪的主体。

(4)主观方面表现为故意,过失不构成本罪。本罪的行为人进行走私活动往往具有非法牟利的目的。构成本罪并不以牟利目的为要件,但以下两种情况除外,即根据《刑法》第154条的规定,未经海关许可并且未被缴应缴税额、擅自将批准进口的来料加工、来件装配、补偿贸易的原材料、零件、制成品、设备等保税货物,在境内销售牟利的以及假借捐赠名义进口货物、物品的;或者未经海关许可并且未缴应缴税额,擅自将捐赠进口的货物、物品或者其他特定减税、免税进口的货物、物品,在境内销售牟利的,以这两种行为进行走私的,应具有非法牟利的目的才能构成走私普通货物、物品罪。

2. 罪与非罪的界限

区分两者除看行为人是否具有走私故意外,关键就在于看行为人走私行为的偷逃应缴税额是否已达到数额较大的标准。如果偷逃应缴税额已达到数额较大的标准,就应认定构成走私普通货物、物品罪。如果未达到上述标准,只能认定为走私行为。若其以暴力、威胁方法抗拒缉私,应以走私普通货物、物品罪与妨害公务罪进行数罪并罚。

3. 本罪共犯的认定

与走私普通货物、物品罪犯通谋,为其提供贷款、资金、账号、发票、证明,或者为其提供运输、保管、邮寄或者方便的,根据《刑法》第156条的规定,应以走私普通货物、物品罪的共犯论处。

4. 本罪与相关犯罪的界限

根据最高人民法院、最高人民检察院《关于办理走私刑事案件适用法律若干问题的解释》(法释〔2014〕10号)第20条、第21条、第22条规定,应当注意以下界限:

(1)直接向走私人非法收购走私进口的货物、物品,在内海、领海、界河、界湖运输、收购、贩卖国家禁止进出口的物品,或者没有合法证明,在内海、领海、界河、界湖运输、收购、贩卖国家限制进出口的货物、物品,构成犯罪的,应当按照走私货物、物品的种类,分别依照《刑法》第151条、第152条、第153条、第347条、第350条的规定定罪处罚。

(2)未经许可进出口国家限制进出口的货物、物品,构成犯罪的,应当依照《刑法》第151条、第152条的规定,以走私国家禁止进出口的货物、物品罪等罪名定罪处罚;偷逃应缴税额,同时又构成走私普通货物、物品罪的,依照处罚较重的规定定罪处罚。取得许可,但超过许可数量进出口国家限制进出口的货物、物品,构成犯罪的,依照《刑法》第153条的规定,以走私普通货物、物品罪定罪处罚。租用、借用或者使用购买的他人许可证,进出口国家限制进出口的货物、物品的,适用本条第1款的规定定罪处罚。

(3)在走私的货物、物品中藏匿《刑法》第151条、第152条、第347条、第350条规定的货物、物品,构成犯罪的,以实际走私的货物、物品定罪处罚;构成数罪的,实行数罪并罚。

(三)量刑标准

根据《刑法》第153条的规定,走私货物、物品偷逃应缴税额较大或者一年内曾因走私被给予二次行政处罚后又走私的,处3年以下有期徒刑或者拘役,并处偷逃应缴税额1倍以上5倍以下罚金;走私货物、物品偷逃应缴税额巨大或者有其他严重情节的,处3年以上10年以下有期徒刑,并处偷逃应缴税额1倍以上5倍以下罚金;走私货物、物品偷逃应缴税额特别巨大或者有其他特别严重情节的,处10年以上有期徒刑或者无期徒刑,并处偷逃应缴税额1倍以上5倍以下罚金或者没收财产。对多次走私未经处理的,应按照累计走私货物、物品的偷逃应缴税额处罚。这里的"多次走私未经处理",包括未经行政处理和刑事处理。

根据最高人民法院、最高人民检察院《关于办理走私刑事案件适用法律若干问题的解释》(法释〔2014〕10号)第16条规定,走私普通货物、物品,偷逃应缴税额在10万元以上不满50万元的,应当认定为《刑法》第153条第1款规定的"偷逃应缴税额较大";偷逃应缴税额在50万元以上不满250万元的,应当认定为"偷逃应缴税额巨大";偷逃应缴税额在250万元以上的,应当认定为"偷逃应缴税额特别巨大"。

走私普通货物、物品,具有下列情形之一,偷逃应缴税额在30万元以上不满50万元的,应当认定为《刑法》第153条第1款规定的"其他严重情节";偷逃应缴税额在150万元以上不满250万元的,应当认定为"其他特别严重情节":(1)犯罪集团的首要分子;(2)使用特种车辆从事走私活动的;(3)为实施走私犯罪,向国家机关工作人员行贿的;(4)教唆、利用未成年人、孕妇等特殊人群走私的;(5)聚众阻挠缉私的。

根据《刑法》第153条第2款的规定,单位犯走私普通货物、物品罪的,对单位判处罚金,并对其直接负责的主管人员和其他直接责任人员,处3年以下有期徒刑或者拘役;情节严重的,处3年以上10年以下有期徒刑,情节特别严重的,处10年以上有期徒刑。最高人民法院、最高人民检察院《关于办理走私刑事案件适用法律若干问题的解释》(法释〔2014〕10号)第24条第2款规定,单位犯走私普通货物、物品罪,偷逃应缴税额在20万元以上不满100万元的,应当依照《刑法》第153条第2款的规定,对单位判处罚金,并对其直接负责的主管人员和其他直接责任人员,处3年以下有期徒刑或者拘役;偷逃应缴税额在100万元以上不满500万元的,应当认定为"情节严重";偷逃应缴税额在500万元以上的,应当认定为"情节特别严重"。

第四章 妨害对公司、企业的管理秩序案件立案、定罪、量刑标准

一、虚报注册资本案

中华人民共和国刑法(节选)

第一百五十八条 申请公司登记使用虚假证明文件或者采取其他欺诈手段虚报注册资本,欺骗公司登记主管部门,取得公司登记,虚报注册资本数额巨大、后果严重或者有其他严重情节的,处三年以下有期徒刑或者拘役,并处或者单处虚报注册资本金额百分之一以上百分之五以下罚金。

单位犯前款罪的,对单位判处罚金,并对其直接负责的主管人员和其他直接责任人员,处三年以下有期徒刑或者拘役。

虚报注册资本罪,是指在申请公司登记过程中,使用虚假证明文件或者采用其他欺诈手段虚报注册资本,欺骗公司登记主管部门,取得公司登记,虚报注册资本数额巨大,后果严重或者有其他严重情节的行为。

(一)立案标准

根据最高人民检察院、公安部《关于公安机关管辖的刑事案件立案追诉标准的规定(二)》第3条规定,申请公司登记使用虚假证明文件或者采取其他欺诈手段虚报注册资本,欺骗公司登记主管部门,取得公司登记,涉嫌下列情形之一的,应予立案追诉:

(1)超过法定出资期限,实缴注册资本不足法定注册资本最低限额,有限责任公司虚报数额在30万元以上并占其应缴出资数额60%以上的,股份有限公司虚报数额在300万元以上并占其应缴出资数额30%以上的。

(2)超过法定出资期限,实缴注册资本达到法定注册资本最低限额,但仍虚报注册资本,有限责任公司虚报数额在100万元以上并占其应缴出资数额60%以上的,股份有限公司虚报数额在1000万元以上并占其应缴出资数额30%以上的。

(3)造成投资者或者其他债权人直接经济损失累计数额在10万元以上的。

(4)虽未达到上述数额标准,但具有下列情形之一的:两年内因虚报注册资本受过行政处罚2次以上,又虚报注册资本的;向公司登记主管人员行贿的;为进行违法活动而注册的。

(5)其他后果严重或者有其他严重情节的情形。

(二)定罪标准

1.本罪的构成

(1)侵犯的客体是国家对公司的登记管理制度。

(2)客观方面表现为行为人实施了使用虚假证明文件或者采取其他欺诈手段虚报注册资本,欺骗公司登记主管部门的行为。所谓证明文件,主要是指依法设立的注册会计师事务所和审计师事务所等法定验资机构依法对申请公司登记的人的出资所出具的验资报告、资产评估报告、验资证明等材料。所谓其他欺诈手段,主要是指采取贿赂等非法手段收买有关机关和部门的工作人员,恶意串通,虚报注册资本,或者采用其他隐瞒事实真相的方法欺骗公司登记主管部门的行为。所谓公司登记主管部门,是指工商行政管理机关。这里需要指出的是,无论使用虚假证明文件还是采取其他欺诈手段,其目的是为了虚报注册资本,欺骗公司登记主管机关。如果使用虚假证明文件或者其他欺诈手段是为了夸大公司员工的人数或生产经营条件,虚构生产经营场所等,与虚报注册资本无关,不构成本罪。如果使用虚假的证明文件或者采取其他欺诈手段,没有到工商行政管理机关去申请公司设立登记,而是去欺骗另一方当事人,签订经济合同,诈骗钱财,也不构成本罪,对其行为应当依照刑法其他有关条款进行处罚。

(3)主体是特殊主体,即必须是申请公司登记的个人或者单位。根据《公司法》的规定,设立有限责任公司的"申请公司登记人"是指由全体股东推选出的代表或者他们共同委托的代理人。其中推选出的代表必须是有限责任公司的股东之一,共同委托的代理人也必须是具有民事行为能力的自然人。股份有限公司的"申请公司登记人"应当是董事会或其委托的代理人。

(4)主观方面由故意构成,目的是骗取公司注册登记机关,获得批准注册登记。过失不构成本罪。

2. 关于虚报注册资本的认定

所谓“注册资本”，是指有限责任公司的股东和股份有限公司的股东在公司登记机关登记的股东认缴的出资总额。所谓“虚报注册资本”，是指股东出资或者发起人认缴和社会公开募集的股本未达到法定资本最低限额，而采取虚假手段谎报注册资本已达到法定标准的行为。应当注意的是，2013 年 12 月 28 日，全国人大常委会对《公司法》作出修改，将一般公司的注册资本实缴登记制改为认缴登记制，取消注册资本最低限额制度和缴足出资的期限规定。同时，明确对金融机构、具有准金融机构性质的企业、募集设立的股份有限公司、直销企业、对外劳务合作企业、劳务派遣企业等法律、行政法规和国务院另有规定的公司，仍然实行注册资本实缴登记制。根据修改后的《公司法》的规定，除法律、行政法规和国务院另有规定实行注册资本实缴登记制的公司以外，对于实行注册资本认缴登记制的公司，法律已不再将实收资本作为公司登记的法定条件。实践中如果出现股东有虚假出资、抽逃出资等行为的，除应当按照公司章程规定向公司足额缴纳出资外，还应当依法承担相应的违约责任等，对此可由其他股东依法主张权利，可以不再依照《刑法》第 158 条、第 159 条的规定追究刑事责任。根据全国人大常委会 2014 年 4 月 24 日关于《刑法》第 158 条、第 159 条的解释，《公司法》修改后，《刑法》第 158 条、第 159 条的规定只适用于依法实行注册资本实缴登记制的公司，对于实行认缴登记制的一般公司不再以犯罪论处。

3. 罪与非罪的界限

最高人民检察院、公安部《关于严格依法办理虚报注册资本和虚假出资抽逃出资刑事案件的通知》（公经〔2014〕247 号）要求：（1）严格把握罪与非罪的界限，即根据 2013 年修改的《公司法》和全国人大常委会立法解释，自 2014 年 3 月 1 日起，除依法实行注册资本实缴登记制的公司［参见国务院《关于印发注册资本登记制度改革方案的通知》（国发〔2014〕7 号）］以外，对申请公司登记的单位和个人不得以虚报注册资本罪追究刑事责任；对公司股东、发起人不得以虚假出资、抽逃出资罪追究刑事责任。对依法实行注册资本实缴登记制的公司涉嫌虚报注册资本和虚假出资、抽逃出资犯罪的，各级公安机关、检察机关依照《刑法》和《关于公安机关管辖的刑事案件立案追诉标准的规定（二）》的相关规定追究刑事责任时，应当认真研究行为性质和危害后果，确保执法办案的法律效果和社会效果。（2）依法妥善处理跨时限案件。各级公安机关、检察机关对发生在 2014 年 3 月 1 日以前尚未处理或者正在处理的虚报注册资本和虚假出资、抽逃出资刑事案件，应当按照《刑法》第 12 条规定的精神处理:除依法实行注册资本实缴登记制的公司以外,依照2013年修改的《公司法》不再符合犯罪构成要件的案件,公安机关已经立案侦查的,应当撤销案件;检察机关已经批准逮捕的,应当撤销批准逮捕决定,并监督公安机关撤销案件;检察机关审查起诉的,应当作出不起诉决定;检察机关已经起诉的,应当撤回起诉并作出不起诉决定;检察机关已经抗诉的,应当撤回抗诉。(3)进一步加强工作联系和沟通。各级公安机关、检察机关应当加强工作联系,对重大、疑难、复杂案件,主动征求意见,共同研究案件定性和法律适用等问题;应当加强与人民法院、工商行政管理等部门的工作联系,建立健全案件移送制度和有关工作协作制度,全面掌握公司注册资本制度改革后面临的经济犯罪态势;上级公安机关、检察机关应当加强对下级公安机关、检察机关的指导,确保虚报注册资本和虚假出资、抽逃出资案件得到依法妥善处理。

4. 本罪与诈骗罪的界限

两者的区别在于:(1)犯罪主体不同。诈骗罪是一般主体,而且仅指自然人,本罪是特殊主体。(2)客观方面表现不同。本罪的诈骗内容更具体化,仅指在公司登记活动中的欺诈行为,而一般诈骗的内容更为广泛。(3)犯罪目的不同。诈骗罪的目的是以非法占有被害人的财物为目的,而本罪的直接目的是取得公司的登记。(4)犯罪对象不同。诈骗罪一般都没有特定的对象,而本罪的行为一般都有特定的对象,即公司登记主管部门。

(三)量刑标准

根据《刑法》第158条规定,犯虚报注册资本罪的,处3年以下有期徒刑或者拘役,并处或者单处虚报注册资本金额1%以上5%以下罚金。单位犯本罪的,对单位判处罚金,并对其直接负责的主管人员和其他直接责任人员,处3年以下有期徒刑或者拘役。

二、虚假出资、抽逃出资案

中华人民共和国刑法(节选)

第一百五十九条 公司发起人、股东违反公司法的规定未交付货币、实物或者未转移财产权,虚假出资,或者在公司成立后又抽逃其出资,数额巨大、后果严重或者有其他严重情节的,处五年以下有期徒刑或者拘役,并处或者单处虚假出资金额或者抽逃出资金额百分之二以上百分之十以下罚金。

单位犯前款罪的,对单位判处罚金,并对其直接负责的主管人员和其他直接责任人员,处五年以下有期徒刑或者拘役。

虚假出资、抽逃出资罪,是指公司发起人、股东违反公司法的规定未交付货币、实物或者未转移财产权,虚假出资,或者在公司成立后又抽逃其出资,数额巨大、后果严重或者有其他严重情节的行为。

(一)立案标准

根据最高人民检察院、公安部《关于公安机关管辖的刑事案件立案追诉标准的规定(二)》第4条规定,公司发起人、股东违反公司法的规定未交付货币、实物或者未转移财产权,虚假出资,或者在公司成立后又抽逃其出资,涉嫌下列情形之一的,应予立案追诉:

(1)超过法定出资期限,有限责任公司股东虚假出资数额在30万元以上并占其应缴出资数额60%以上的,股份有限公司发起人、股东虚假出资数额在300万元以上并占其应缴出资数额30%以上的。

(2)有限责任公司股东抽逃出资数额在30万元以上并占其实缴出资数额60%以上的,股份有限公司发起人、股东抽逃出资数额在300万元以上并占其实缴出资数额30%以上的。

(3)造成公司、股东、债权人的直接经济损失累计数额在10万元以上的。

(4)虽未达到上述数额标准,但具有下列情形之一的:致使公司资不抵债或者无法正常经营的;公司发起人、股东合谋虚假出资、抽逃出资的;两年内因虚假出资、抽逃出资受过行政处罚2次以上,又虚假出资、抽逃出资的;利用虚假出资、抽逃出资所得资金进行违法活动的。

(5)其他后果严重或者有其他严重情节的情形。

(二)定罪标准

1. 本罪的构成

(1)侵犯的客体是国家对公司的管理制度。

(2)客观方面表现为行为人实施了虚假出资或抽逃出资的行为。一是违反公司法规定,未交付货币、实物或者未转移财产权,虚假出资。这主要是指行为人没有按规定一次足额交付其所认缴的出资金额或没有一次转移其实物,或实物数量不足;在对以实物、工业产权、专利技术或者土地使用权出资的,未依法办理财产权转移手续。二是公司成立后又抽逃其出资的。根据公司法的规定,公司成立后,不能抽回出资。因为这样会导致公司承担责任的能力减弱或者丧失,他人的权利得不到切实的保障,不利于社会主义市场经济的良好运行。只要行为人实施上述两种行为之一,且达到立案标准的,就应当追究刑事责任。

(3)主体是特殊主体,即公司的发起人和股东,包括单位。

(4)主观方面表现为故意,过失不构成本罪。

2. 罪与非罪的界限

是否具有"数额巨大、后果严重或者有其他严重情节",是划分罪与非罪的主要界限。公司发起人、股东违反公司法的规定,实施了未交付货币、实物或者未转移财产权,虚假出资,或者在公司成立后又抽逃其出资的行为,如果数额不大,后果不严重,也没有其他严重情节的,则不构成犯罪。对于不构成犯罪的,可按照《公司法》第199条和第200条的规定处理。《公司法》第199条规定,公司的发起人、股东虚假出资,未交付或者未按期交付作为出资的货币或者非货币财产的,由公司登记机关责令改正,处以虚假出资金额5%以上15%以下的罚款。《公司法》第200条规定,公司的发起人、股东在公司成立后,抽逃其出资的,由公司登记机关责令改正,处以所抽逃出资金额5%以上15%以下的罚款。

应当注意的是,2013年12月28日,全国人大常委会对《公司法》作出修改,将一般公司的注册资本实缴登记制改为认缴登记制,取消注册资本最低限额制度和缴足出资的期限规定。同时,明确对金融机构、具有准金融机构性质的企业、募集设立的股份有限公司、直销企业、对外劳务合作企业、劳务派遣企业等法律、行政法规和国务院另有规定的公司,仍然实行注册资本实缴登记制。根据修改后的《公司法》的规定,除法律、行政法规和国务院另有规定实行注册资本实缴登记制的公司以外,对于实行注册资本认缴登记制的公司,法律已不再将实收资本作为公司登记的法定条件。实践中如果出现股东有虚假出资、抽逃出资等行为的,除应当按照公司章程规定向公司足额缴纳出资外,还应当依法承担相应的违约责任等,对此可由其他股东依法主张权利,可以不再依照《刑法》第158条、第159条的规定追究刑事责任。根据全国人民代表大会常务委员会2014年4月24日关于《刑法》第158条、第159条的解释,《公司法》修改后,《刑法》第158条、第159条的规定只适用于依法实行注册资本实缴登记制的公司,对于实行认缴登记制的一般公司不再以犯罪论处。

3. 本罪与虚报注册资本罪的界限

两者的区别在于客观方面表现不同。前者表现为虚假出资或抽逃出资的行为;后者表现为行为人使用虚假证明文件或者采取其他欺诈手段虚报注册资本,欺骗公司登记主管部门,取得公司登记的行为。

（三）量刑标准

根据《刑法》第159条的规定，犯虚假出资、抽逃出资罪的，处5年以下有期徒刑或者拘役，并处或者单处虚假出资金额或者抽逃出资金额2%以上10%以下罚金。单位犯本罪的，对单位判处罚金，并对其直接负责的主管人员和其他直接责任人员，处5年以下有期徒刑或者拘役。

三、欺诈发行股票、债券案

中华人民共和国刑法（节选）

第一百六十条 在招股说明书、认股书、公司、企业债券募集办法中隐瞒重要事实或者编造重大虚假内容，发行股票或者公司、企业债券，数额巨大、后果严重或者有其他严重情节的，处五年以下有期徒刑或者拘役，并处或者单处非法募集资金金额百分之一以上百分之五以下罚金。

单位犯前款罪的，对单位判处罚金，并对其直接负责的主管人员和其他直接责任人员，处五年以下有期徒刑或者拘役。

欺诈发行股票、债券罪，是指在招股说明书、认股书和公司、企业债券募集办法中隐瞒事实或者编造重大虚假内容，发行股票或公司、企业债券，数额巨大、后果严重或者有其他严重情节的行为。

（一）立案标准

根据最高人民检察院、公安部《关于公安机关管辖的刑事案件立案追诉标准的规定（二）》第5条规定，在招股说明书、认股书和公司、企业债券募集办法中隐瞒重要事实或者编造重大虚假内容，发行股票或者公司、企业债券，涉嫌下列情形之一的，应予立案追诉：

（1）发行数额在500万元以上的。

（2）伪造、变造国家机关公文、有效证明文件或者相关凭证、单据的。这主要是指伪造有关招股说明书、认股书和公司、企业债券募集办法等能够帮助其实现欺诈行为的文件、凭证，以达到发行股票、债券的目的。

（3）利用募集的资金进行违法活动的。无论募集资金的多少，只要用这些资金进行违法活动，就应当立案。这里的“违法活动”，既包括犯罪活动，也包括其他违法活动。

(4)转移或者隐瞒所募集资金的。转移或者隐瞒所募集资金的行为,必然会给股民、债权人造成更大的损失,因此,对于这种行为,无论转移或者隐瞒所募集资金的多少,都应当立案。

(5)其他后果严重或者有其他严重情节的情形。如引起股民、债权人闹事,市场秩序混乱,股市波动等情形。

(二)定罪标准

1.本罪的构成

(1)侵犯的客体是国家股票、债券的发行管理制度。

(2)客观方面表现为行为人制作虚假的招股说明书、认股书和公司、企业债券募集办法,欺诈发行股票或者公司、企业债券,数额巨大、后果严重或者有其他严重情节的行为。一是行为人制作了虚假的招股说明书、认股书和公司、企业债券募集办法。二是必须实施了发行股票或者公司、企业债券的行为。三是必须达到数额巨大、后果严重或者有其他严重情节的程度。

(3)主体为特殊主体,即法律允许发行股票或者公司、企业债券的单位和个人。一般说来,本罪主体多数为单位。

(4)主观表现方面由故意构成,其目的是为了筹集到资金。过失不构成本罪。

2.关于"欺诈"手段的认定

本罪的犯罪对象是股票和公司、企业债券。所谓股票,是指股份有限公司签发的证明股东按其所持股份享有权利和承担义务的凭证。所谓公司、企业债券,是指公司、企业按照法定程序发行的,约定在一定期限还本付息的有价证券。根据法律的规定,正在设立的股份有限公司发起人可以向社会公开募集股份;已经成立的股份有限公司为了进一步扩大资本或者筹集资金,可以向社会发行股票或者债券;国有独资公司和两个以上国有企业或者其他两个以上的国有投资主体投资设立的有限责任公司,为筹集生产经营资金,可以发行公司债券。行为人采取的犯罪手段是"欺诈"的方式。这里的"欺诈",是指行为人制作的招股说明书、认股书和公司、企业债券募集办法的全部内容是虚构的,或者对其中有关的重要事项作虚假的陈述或记载,对某些重要事实进行歪曲或者夸大,或者故意遗漏有关的重要事项,使投资者、社会公众以及国家产生错误的认识和了解,从而作出错误判断的行为。

3.罪与非罪的界限

应当注意的是:(1)行为人必须采取制作虚假的招股说明书、认股书和公司、企业债券募集办法的手段,发行股票或者公司、企业债券。如果行为人仅仅制作了虚假的招股说明书、认股书和公司、债券募集办法，而未实施发行股票或者公司债券的行为，不构成犯罪。(2)行为人制作虚假的招股说明书、认股书和公司、企业债券募集办法发行股票或者公司债券，必须达到一定的程度，即数额巨大、后果严重或者有其他严重情节犯罪。发行股票或者公司债券金额不大，又无其他严重情节和后果的，则不构成犯罪。数额巨大，应当以发行股票或者公司、企业的债券的面值金额计算。后果严重，是指欺诈发行股票、债券虽未达到数额巨大标准，但造成了严重的后果。例如，造成投资者或者其他债权人的重大经济损失，导致集资者自杀等严重后果，利用非法募集的资金进行其他违法犯罪活动等。其他严重情节，是指除数额巨大和后果严重以外的其他严重情节。

4. 本罪与擅自发行股票、公司、企业债券罪的界限

两者的客观方面表现不同。后者主要表现为未经有关主管部门批准，以擅自发行股票或者公司、企业债券的方法，非法募集资金的行为，不具有诈骗性质；而本罪则是以制作虚假的招股说明书、认股书、公司债券募集办法的手段非法募集资金的，实际上是一种虚构事实、隐瞒真相的诈骗行为。

(三)量刑标准

根据《刑法》第160条的规定，犯欺诈发行股票、债券罪的，处5年以下有期徒刑或者拘役，并处或者单处非法募集资金额1%以上5%以下罚金。单位犯本罪的，对单位判处罚金，并对其直接负责的主管人员和其他直接责任人员，处5年以下有期徒刑或者拘役。

四、违规披露、不披露重要信息案

中华人民共和国刑法(节选)

第一百六十一条[根据《刑法修正案(六)》修正] 依法负有信息披露义务的公司、企业向股东和社会公众提供虚假的或者隐瞒重要事实的财务会计报告，或者对依法应当披露的其他重要信息不按照规定披露，严重损害股东或者其他人利益，或者有其他严重情节的，对其直接负责的主管人员和其他直接责任人员，处三年以下有期徒刑或者拘役，并处或者单处二万元以上二十万元以下罚金。

违规披露、不披露重要信息罪，是指依法负有信息披露义务的公司和企业，向股东和社会公众提供虚假的或者隐瞒重要事实的财务会计报告，或者对依法应当披露

的其他重要信息不披露或者不按规定披露，严重损害股东或者其他人的利益，或者有其他严重情节的行为。

（一）立案标准

根据最高人民检察院、公安部《关于公安机关管辖的刑事案件立案追诉标准的规定（二）》第6条规定，依法负有信息披露义务的公司、企业向股东和社会公众提供虚假的或者隐瞒重要事实的财务会计报告，或者对依法应当披露的其他重要信息不按照规定披露，涉嫌下列情形之一的，应予立案追诉：

（1）造成股东、债权人或者其他人直接经济损失数额累计在50万元以上的；

（2）虚增或者虚减资产达到当期披露的资产总额30%以上的；

（3）虚增或者虚减利润达到当期披露的利润总额30%以上的；

（4）未按照规定披露的重大诉讼、仲裁、担保、关联交易或者其他重大事项所涉及的数额或者连续12个月的累计数额占净资产50%以上的；

（5）致使公司发行的股票、公司债券或者国务院依法认定的其他证券被终止上市交易或者多次被暂停上市交易的；

（6）致使不符合发行条件的公司、企业骗取发行核准并且上市交易的；

（7）在公司财务会计报告中将亏损披露为盈利，或者将盈利披露为亏损的；

（8）多次提供虚假的或者隐瞒重要事实的财务会计报告，或者多次对依法应当披露的其他重要信息不按照规定披露的；

（9）其他严重损害股东、债权人或者其他人利益，或者有其他严重情节的情形。

本罪是在全国人大常委会《关于惩治违反公司法的犯罪的决定》第4条规定的基础上，吸收修改为1997年《刑法》的规定的，原罪名为“提供虚假财务报告罪”。《刑法修正案（六）》第5条对本罪的罪状作了修改，罪名相应地改为“违规披露、不披露重要信息罪”。

（二）定罪标准

1. 本罪的构成

（1）客体是复杂客体，既侵犯了国家对公司、企业的信息公开披露制度，又侵犯了股东、社会公众和其他利害关系人的合法权益。

（2）本罪客观方面表现为向股东和社会公众提供虚假的或者隐瞒重要事实的财务会计报告，以及不按照规定披露公司法、证券法、证券投资基金法等法律法规规定的公司、企业应当披露的其他重要信息并严重损害股东或者其他人利益，或者有其他严重情节的情形。

(3)主体是“依法具有信息披露义务”的公司、企业及其直接责任人员。包括公司法中所规定的在中国境内注册的股份有限公司、有限责任公司。此外,在我国境内注册的具有中国法人资格且其组织形式表现为有限责任公司的外资企业或中外合作经营企业,也能够成为本罪的主体。应当注意的是,本罪属于实行单罚制的单位犯罪,只处罚直接负责的主管人员和其他直接责任人员,而不处罚单位。立法上采用单罚制主要是基于本罪的犯罪主体公司、企业也是违规披露、不披露重要信息犯罪行为侵害的受害者,对公司、企业进行刑事处罚会进一步损害公司、企业的股东权益的考虑。也有学者认为本罪只处罚自然人主体,并非单位犯罪,并非单位犯罪中的单罚制,而是因为本罪并不符合单位犯罪的特征,本质上就不是单位犯罪,因此并不处罚单位主体。

(4)本罪的主观方面为故意。即行为人明知向股东和社会公众提供虚假的或者隐瞒重要事实的财务会计报告,或者对依法应当披露的其他重要信息不按规定披露,会严重损害股东或者其他人的利益,并希望或者放任这种危害结果的发生。

2. 罪与非罪的界限

本罪主观上表现为行为人故意提供虚假的或者隐瞒重要事实的财务会计报告,如果行为人只是由于业务能力、工作经验和态度等方面的原因,使其所制作的财务会计报告中有错算、错记、漏记等情形,即行为人不是有意提供,则不构成本罪。构成本罪要求造成严重结果或有严重情节,即对依法应当披露的重要信息不披露或者不按规定披露,严重损害股东或者其他人的利益,或者有其他严重情节的行为。如果行为人仅提供了虚假或者隐瞒重要事实的财务报告,但没有造成严重损害股东或者其他人利益的结果,也不具有其他严重情节,则不构成本罪。对于不构成犯罪的,可以按照《公司法》第 202 条的规定予以行政处罚,公司在依法向有关主管部门提供的财务会计报告等材料上作虚假记载或者隐瞒重要事实的,由有关主管部门对直接负责的主管人员和其他直接责任人员处以 3 万元以上 30 万元以下的罚款。

3. 本罪与诈骗罪的界限

两者的区别主要在于:(1)侵犯的客体不同。前者侵犯的客体是国家对公司的管理制度和股东、其他人的经济利益,后者侵犯的客体是公私财物的所有权。(2)客观方面表现不同。本罪表现为向股东和社会公众提供虚假的或者隐瞒重要事实的财务会计报告,以及不按照规定披露公司法、证券法、证券投资基金法等法律法规规定的公司、企业应当披露的其他重要信息并严重损害股东或者其他人利益,或者有其他严重情节的情形;后者表现为用虚构事实或者隐瞒真相的方法,骗取公私财物的行为。(3)犯罪主体不同。前者的犯罪主体是单位,即公司。后者的犯罪主体是一般主体,单位不能成为诈骗罪的主体。

(三)量刑标准

根据《刑法》第161条的规定,犯违规披露、不披露重要信息罪的,对其直接负责的主管人员和其他直接责任人员,处3年以下有期徒刑或者拘役,并处或者单处2万元以上20万元以下罚金。

五、妨害清算案

中华人民共和国刑法(节选)

第一百六十二条　公司、企业进行清算时,隐匿财产,对资产负债表或者财产清单作虚伪记载或者在未清偿债务前分配公司、企业财产,严重损害债权人或者其他人利益的,对其直接负责的主管人员和其他直接责任人员,处五年以下有期徒刑或者拘役,并处或者单处二万元以上二十万元以下罚金。

妨害清算罪,是指在公司、企业清算时,隐匿公司、企业财产,对资产负债表或者财产清单作虚伪记载,或者在未清偿债务前分配公司、企业财产,严重损害债权人或者其他人利益的行为。

(一)立案标准

根据最高人民检察院、公安部《关于公安机关管辖的刑事案件立案追诉标准的规定(二)》第7条规定,公司、企业进行清算时,隐匿财产,对资产负债表或者财产清单作虚伪记载或者在未清偿债务前分配公司、企业财产,涉嫌下列情形之一的,应予立案追诉:

(1)隐匿财产价值在50万元以上的;

(2)对资产负债表或者财产清单作虚伪记载涉及金额在50万元以上的;

(3)在未清偿债务前分配公司、企业财产价值在50万元以上的;

(4)造成债权人或者其他人直接经济损失数额累计在10万元以上的;

(5)虽未达到上述数额标准,但应清偿的职工的工资、社会保险费用和法定补偿金得不到及时清偿,造成恶劣社会影响的;

(6)其他严重损害债权人或者其他人利益的情形。

公司、企业清算,是对解散、破产公司、企业的一切法律关系进行清理和终结,并公正地处分其财产的法定程序。根据企业破产法、公司法的有关规定,公司、企业解散或破产的,由清算组代表公司、企业对外进行民事活动。同时,公司、企业财产应按以下顺序进行分配:清算费用,职工工资和劳动保险费用,税款,公司债务,股东分配。因此,只要公司、企业违反上述规定,隐匿财产,对资产负债表或者财产清单作虚假记录或者未清偿债务前分配公司、企业财产的,必然侵犯国家对公司、企业解散、破产的清算管理制度和债权人、其他人的合法权益。所谓隐匿财产,是指将公司、企业财产予以转移、隐藏的行为。所谓对资产负债表或者财产清单作虚伪记载,是指公司、企业在制作资产负债表或者财产清单时,故意采取隐瞒或者欺骗等方法,对资产负债或者财产清单进行虚报,以达到逃避公司、企业债务的目的。所谓在未清偿债务前分配公司、企业财产,是指在清算过程中,违反法律规定,在清偿债务前,将公司、企业的财产予以分配。

(二)定罪标准

1. 本罪的构成

(1)侵犯的客体是国家对公司、企业的清算管理制度和债权人和其他人的合法权益。

(2)客观方面表现为在公司、企业清算时,隐匿公司、企业财产,对资产负债表或者财产清单作虚伪记载,或者在未清偿债务前分配公司、企业财产,严重损害债权人或者其他人利益的行为。

(3)主体是特殊主体,即只有进行清算的公司、企业才能构成本罪的主体。本罪承担刑事责任的对象是直接负责的主管人员和其他直接责任人员。从实际情况来看,在公司、企业清算期间,由清算组代表公司、企业,损害债权人或者其他人利益的行为主要是由清算组的成员所为的,因此,本罪处罚的对象主要是清算组织的成员。

(4)主观方面只能由故意构成,即明知隐匿公司、企业财产,对资产负债表或者财产清算单作虚伪记载或者在未清偿债务前分配公司、企业财产等行为会损害债权人等的利益而故意实施。过失不构成本罪。

2. 罪与非罪的界限

构成本罪,不仅要求行为人实施了隐匿公司、企业财产,对资产负债表或者财产清单作虚伪记载,或者在未清偿债务前分配公司、企业财产的行为,而且只有当这种行为严重损害债权人或者其他人利益时,才构成犯罪。未达到法定的危害程度,则不构成犯罪,可按公司法的规定予以行政处罚。即公司在进行清算时,隐匿财产,对资产负债表或者财产清单作虚伪记载或者未清偿债务前分配公司财产的,责令改正,对公司处以隐匿财产或者未清偿债务前分配公司财产金额1%以上5%以下的罚款。对直接负责的主管人员和其他直接责任人员处以1万元以上10万元以下的罚款。

3. 本罪与侵占罪的界限

两者的主要区别在于:(1)侵犯的客体不同。前者侵犯的客体是国家对公司、企业的清算管理制度及债权人和其他人的合法权益;后者侵犯的客体是公司、企业的财物所有权。(2)客观方面表现不同。前者在客观方面表现为在公司、企业清算时,隐匿公司、企业财产,对资产负债表或者财产清单作虚伪记载,或者在未清偿债务前分配公司、企业财产,严重损害债权人或者其他人利益的行为;后者在客观方面表现为行为人利用职务或者工作上的便利,侵占本公司、企业的财物,数额较大的行为。(3)犯罪主体不同。前者是特殊主体,即依法进行清算的公司、企业;后者则是公司、企业的工作人员。

(三)量刑标准

根据《刑法》第162条的规定,犯妨害清算罪的,处5年以下有期徒刑或者拘役,并处或者单处2万元以上20万元以下罚金。本罪是实行单罚制的单位犯罪,刑法未规定对公司、企业处以罚金,主要是为了更好地保护债权人和其他人的合法权益。

六、隐匿、故意销毁会计凭证、会计账簿、财务会计报告案

中华人民共和国刑法(节选)

第一百六十二条之一[根据《刑法修正案》增加]　隐匿或者故意销毁依法应当保存的会计凭证、会计账簿、财务会计报告,情节严重的,处五年以下有期徒刑或者拘役,并处或者单处二万元以上二十万元以下罚金。

单位犯前款罪的,对单位判处罚金,并对其直接负责的主管人员和其他直接责任人员,依照前款的规定处罚。

隐匿、故意销毁会计凭证、会计账簿、财务会计报告罪,是指隐匿或者故意销毁依法应当保存的会计凭证、会计账簿、财务会计报告,情节严重的行为。

(一)立案标准

根据最高人民检察院、公安部《关于公安机关管辖的刑事案件立案追诉标准的规定(二)》第8条规定,隐匿或者故意销毁依法应当保存的会计凭证、会计账簿、财

务会计报告,涉嫌下列情形之一的,应予立案追诉:

(1)隐匿、故意销毁的会计凭证、会计账簿、财务会计报告涉及金额在50万元以上的。这主要是从涉嫌的会计资料所记载的金额上来判断"隐匿、销毁会计资料"的严重性,只要涉及的会计资料金额达到50万元以上的,就应当立案。本罪的犯罪手段包括隐匿和销毁会计资料两种方式。所谓隐匿,是指将会计凭证、会计账簿、财务会计报告予以转移、隐藏的行为。所谓销毁,是指将会计凭证、会计账簿、财务会计报告毁掉的行为。

(2)依法应当向司法机关、行政机关、有关主管部门等提供而隐匿、故意销毁或者拒不交出会计凭证、会计账簿、财务会计报告的。这主要是隐匿、销毁的会计资料涉及金额未达到50万元,但是行为人隐匿、销毁会计资料是为了逃避查处,"拒不交出"的行为实际上也是为了逃避查处。

(3)其他情节严重的情形。

(二)定罪标准

1. 本罪的构成

(1)侵犯的客体是国家对公司、企业的财务管理制度。

(2)客观方面表现为隐匿或者故意销毁依法应当保存的会计凭证、会计账簿、财务会计报告的行为。

(3)主体是一般主体,自然人和单位均可构成本罪。

(4)主观方面只能由故意构成,过失不构成本罪。

2. 罪与非罪的界限

构成本罪必须具备"情节严重"的情节,否则不构成犯罪。至于"情节严重"的具体标准,应当根据本罪的立案追诉标准确定。对于隐匿或者故意销毁会计资料涉及金额未达到50万元,或者行为人主观上不是为了逃避依法查处而隐匿、销毁会计资料的,则不构成犯罪,可由有关主管部门依法追究责任。

3. 关于有关会计资料的认定

会计资料的种类很多,本罪涉及的会计资料只包括会计凭证、会计账簿、财务会计报告三类。会计凭证,是指记录经济业务、明确经济责任的书面证明,包括原始凭证和记账凭证。原始凭证,是指证明经济业务已经发生,用作记账的初始凭证。记账凭证,是指用来确定经济业务性质和分类记账的凭证。会计账簿,是指由一定格式、相互联系的账页组成的,用以序时地、分类地记录、反映各类经济业务的账簿。财务会计报告,是指由资产负债表、损益表、财务状况变动表、财务情况说明书、利润分配表等财务会计报表组成的书面报告。公司、企业的会计凭证、会计账簿、财务会计报告是重要的财务资料，应当按照会计法等法律、法规的有关规定建立财务档案，依法进行保存，并依法接受工商、税务、银行等部门的监督、检查。立案时，对涉案会计资料的种类和有关内容，应当委托有关部门进行鉴定。

（三）量刑标准

根据《刑法》第162条之一的规定，犯隐匿、故意销毁会计凭证、会计账簿、财务会计报告罪的，处5年以下有期徒刑或者拘役，并处或者单处2万元以上20元以下罚金。单位犯本罪的，对单位判处罚金，并对其直接负责的主管人员和其他直接责任人员，依照前款的规定处罚。

七、虚假破产案

中华人民共和国刑法（节选）

第一百六十二条之二［根据《刑法修正案（六）》增加］　公司、企业通过隐匿财产、承担虚构的债务或者以其他方法转移、处分财产，实施虚假破产，严重损害债权人或者其他人利益的，对其直接负责的主管人员和其他直接责任人员，处五年以下有期徒刑或者拘役，并处或者单处二万元以上二十万元以下罚金。

虚假破产罪，是指公司、企业通过隐匿财产、承担虚假债务或者以其他方式转移财产、处分财产，实施虚假破产，严重损害债权人和其他人利益的行为。

（一）立案标准

根据最高人民检察院、公安部《关于公安机关管辖的刑事案件立案追诉标准的规定（二）》第9条规定，公司、企业通过隐匿财产、承担虚构的债务或者以其他方法转移、处分财产，实施虚假破产，涉嫌下列情形之一的，应予立案追诉：

（1）隐匿财产价值在50万元以上的；

（2）承担虚构的债务涉及金额在50万元以上的；

（3）以其他方法转移、处分财产价值在50万元以上的；

（4）造成债权人或者其他人直接经济损失数额累计在10万元以上的；

（5）虽未达到上述数额标准，但应清偿的职工的工资、社会保险费用和法定补偿金得不到及时清偿，造成恶劣社会影响的；

（6）其他严重损害债权人或者其他人利益的情形。

本罪是《刑法修正案(六)》第6条新增设的罪名。只要公司、企业实施了虚假破产的行为,严重损害债权人和其他人利益的,就应当立案追究。

(二)定罪标准

1. 本罪的构成

(1)本罪侵犯的客体是复杂客体,包括公司、企业的破产制度和债权人或者其他人的合法权益。破产制度主要是指国家破产法所保护的破产秩序;债权人或者其他人的合法权益则主要是指财产权利。

(2)客观方面表现为公司、企业通过隐匿财产、承担虚假债务或者以其他方式转移财产、处分财产,实施虚假破产,严重损害债权人和其他人利益的行为。具体包括三方面内容:一是必须实施了隐匿财产、承担虚构的债务或其他转移财产、处分财产的行为。所谓隐匿财产,是指将公司、企业的资金、设备、产品、货物等财产全部或部分予以隐瞒、转移、藏匿。所谓承担虚构的债务,是指捏造、承认不真实或不存在的债务。所谓其他方式,是指私分或者无偿转让财产、非正常压价出售财产、对原来没有财产担保的债务提供财产担保、对未到期的债务提前清偿以及放弃自己的债权等行为。行为人只要实施了上述情形中任何一种转移或处分财产的行为,就符合了这一客观的行为要件。二是必须实施了虚假破产。即债务人在未发生破产原因的情况下,通过抽逃、隐匿或转移财产等手段,虚构伪造破产原因,申请宣告破产,以逃避债权人的追索,从而侵占他人财产的行为。这里的虚假破产,是指企业未达到破产界限,伪造破产原因,申请破产,而非真实破产。三是严重损害了债权人和其他人的利益。即必须是给债权人和其他人造成重大财产损失的行为,才构成本罪。这里的债权人是指因公司、企业举债而与公司、企业形成债权债务关系的金融机构、公司、企业债券持有人以及经济合同中享有债权的人等;其他人是指公司、企业的职工、国家税收部门等。以上三个客观方面的要件必须同时具备,缺一不可。

(3)本罪的主体是一般主体,可以由任何公司、企业构成,但是承担刑事责任的只是犯罪单位的直接负责的主管人员和其他直接责任人员。

(4)主观方面只能由故意构成。行为人必须具有损害债权人利益的直接故意,过失不构成本罪。应当注意,本罪的主观动机和目的往往是为了逃避债务,但目的和动机不影响本罪的成立。

2. 一罪与数罪

实践中,行为人往往会实施多个行为将大量资金隐匿或转移,然后伪造有关会计文件和商业账簿,通过不真实的会计资料制造企业资不抵债的假象,再申请破产。

其行为可能同时触犯隐匿、销毁会计凭证、会计账簿、财务会计报告罪等罪名，对此情形，应按照牵连犯的处理原则，从一重罪处断。但若本罪与其他犯罪之间不存在手段和目的的关系，则应按数罪并罚。例如，行为人在实施了虚假破产行为之后，在清算期间又采取隐匿财产、对资产负债表或者财产清单作虚伪记载等行为，而构成妨害清算罪，应认定构成数罪。

3. 本罪与妨害清算罪的界限

从刑法设立两罪的顺序来看，本罪是作为《刑法》第162条之二增设于妨害清算罪之后，两罪同属妨害对公司、企业管理秩序犯罪。在犯罪构成上，两罪在侵害犯罪客体上具有一致性，行为对象也均为公司、企业的财产。主观上，两罪均为故意。两罪的区别表现为以下三点：首先，客观方面不同。妨害清算罪客观上仅表现为隐瞒财产、对资产负债表或者财产清单作虚伪记载以及在未清偿债务前分配公司、企业财产等三类行为；而本罪客观方面表现除上述三种方式外，还以包括了无偿转让财产、非正常压价出售财产、对原来没有财产担保的债务提供财产担保等多种其他转移和处分财产的行为。其次，行为发生时间段不同。本罪发生在申请破产前至法院宣告破产之日期间，而妨害清算罪必须发生在清算期间；此外，本罪只能存在于实施虚假破产的过程之中，而妨害清算罪既可以存在于虚假破产过程中，也可以存在于真实破产之中。最后，犯罪的主体不同。本罪的主体是一般主体，任何公司、企业都能构成；而妨害清算罪的主体是特殊主体，即只有进行清算的公司、企业才能成为该罪的主体。

（三）量刑标准

根据《刑法》第162条之二的规定，犯虚假破产罪，对其直接负责的主管人员和其他直接责任人员，处5年以下有期徒刑或者拘役，并处或者单处2万元以上20万元以下罚金。

八、非国家工作人员受贿案

中华人民共和国刑法（节选）

第一百六十三条［根据《刑法修正案（六）》修正］　公司、企业或者其他单位的工作人员利用职务上的便利，索取他人财物或者非法收受他人财物，为他人谋取利益，数额较大的，处五年以下有期徒刑或者拘役；数额巨大的，处五年以上有期徒刑，可以并处没收财产。

公司、企业或者其他单位的工作人员在经济往来中，利用职务上的便利，违反国家规定，收受各种名义的回扣、手续费，归个人所有的，依照前款的规定处罚。

国有公司、企业或者其他国有单位中从事公务的人员和国有公司、企业或者其他国有单位委派到非国有公司、企业以及其他单位从事公务的人员有前两款行为的，依照本法第三百八十五条、第三百八十六条的规定定罪处罚。

第一百八十四条第一款 银行或者其他金融机构的工作人员在金融业务活动中索取他人财物或者非法收受他人财物，为他人谋取利益的，或者违反国家规定，收受各种名义的回扣、手续费，归个人所有的，依照本法第一百六十三条的规定定罪处罚。

非国家工作人员受贿罪，是指公司、企业或者其他单位的工作人员利用职务上的便利，索取他人财物或者非法收受他人财物，为他人谋取利益，数额较大的行为。

（一）立案标准

根据中央纪委、国家监委印发的《国家监察委员会管辖规定（试行）》，公职人员涉嫌非国家工作人员受贿犯罪案件，应当由监察机关管辖；公职人员以外的其他人员涉嫌非国家工作人员受贿犯罪案件，由公安机关管辖。

有下列情形之一，应当立案追诉：

（1）受贿数额在 6 万元以上的；

（2）受贿数额在 2 万元以上不满 6 万元，但有其他较重情节的。这些情节主要有：曾因贪污、受贿、挪用公款受过党纪、行政处分的；曾因故意犯罪受过刑事追究的；赃款赃物用于非法活动的；拒不交代赃款赃物去向或者拒不配合追缴工作，致使无法追缴的；造成恶劣影响或者其他严重后果的；多次索贿的；为他人谋取不正当利益，致使公共财产、国家和人民利益遭受损失的；为他人谋取职务提拔、调整的。

本罪是在全国人大常委会《关于惩治违反公司法的犯罪的决定》第 9 条的基础上，吸收修改为 1997 年《刑法》的具体规定的，原罪名为“公司、企业人员受贿罪”，《刑法修正案（六）》第 7 条对本罪的罪状作了修改，罪名相应变更为“非国家工作人员受贿罪”。

（二）定罪标准

1. 本罪的构成

（1）侵犯的客体是国家对公司、企业以及非国有事业单位、其他组织的工作人员职务活动的管理制度。

(2)客观方面表现为利用职务上的便利,索取他人财物或非法收受他人财物,为他人谋取利益,数额较大的行为。“利用职务上的便利”是指公司、企业以及事业单位、其他组织的工作人员利用本人组织、领导、监督、管理等职权以及利用与上述职权有关的便利条件。“索取他人财物”是指利用组织、领导、监督、管理等职务上的便利,主动向有求于行为人职务行为的请托人索要财物。“非法收受他人财物”是指利用组织、领导、监督、管理等职务上的便利,为请托人办事,接受请托人主动送给的财物。“为他人谋取利益”是指行为人索要或收受他人财物,利用职务之便为他人或允诺为他人实现某种利益。该利益是合法还是非法,该利益是否已谋取到,均不影响本罪的成立。“数额较大”是指接受财物的数额较大。接受了数额较大的贿赂,则构成该罪的既遂。《刑法修正案(六)》第 7 条修改了《刑法》第 163 条第 2 款的规定,公司、企业或者其他单位的工作人员在经济往来中,利用职务上的便利,违反国家规定,收受各种名义的回扣、手续费,归个人所有的,以非国家工作人员受贿罪处罚。

(3)本罪主体是特殊主体,即公司、企业或者其他单位的工作人员。公司、企业的工作人员是指在公司、企业、其他单位中从事领导、组织、管理工作的人员,如公司的董事、监事以及公司、企业的经理、厂长、财会人员以及其他受公司、企业聘用从事管理事务的人员。其他单位的人员包括非国有事业单位或者其他组织的工作人员,如教育、科研、医疗、体育、出版等单位的从事组织领导以及履行监督、管理职责的人员。在国有公司、企业、国有其他单位中从事公务的人员和国有公司、企业、国有其他单位委派到非国有公司、企业以及其他单位从事公务的人员利用职务上的便利受贿的,不成立公司、企业、其他单位人员受贿罪,而应依照《刑法》第 385 条、第 386 条的受贿罪处罚。

(4)主观方面为故意,过失不构成本罪。

2. 本罪与受贿罪的界限

两者虽然都是受贿,但犯罪主体不同。根据《刑法》第 385 条的规定,受贿罪的主体是国家工作人员;而非国家工作人员受贿罪的主体是公司、企业或者其他单位的工作人员。应当注意的是,国有公司、企业中从事公务的人员和国有公司、企业委派到非国有公司、企业从事公务的人员有上述行为的,以受贿罪论处。

(三)量刑标准

根据《刑法》第 163 条的规定,犯非国家工作人员受贿罪,数额较大的,处 5 年以下有期徒刑或者拘役;数额巨大的,处 5 年以上有期徒刑,可以并处没收财产。

根据最高人民法院、最高人民检察院《关于办理贪污贿赂刑事案件适用法律若干问题的解释》(法释〔2016〕9号)第11条第1款规定,《刑法》第163条规定的非国家工作人员受贿罪中的“数额较大”“数额巨大”的数额起点,按照本解释关于受贿罪、贪污罪相对应的数额标准规定的2倍、5倍执行。即受贿数额在6万元以上不满40万元的,应当认定为“数额较大”;受贿数额在100万元以上不满1500万元的,应当认定为“数额巨大”。

九、对非国家工作人员行贿案

中华人民共和国刑法(节选)

第一百六十四条[根据《刑法修正案(六)》《刑法修正案(八)》《刑法修正案(九)》修正] 为谋取不正当利益,给予公司、企业或者其他单位的工作人员以财物,数额较大的,处三年以下有期徒刑或者拘役,并处罚金;数额巨大的,处三年以上十年以下有期徒刑,并处罚金。

为谋取不正当商业利益,给予外国公职人员或者国际公共组织官员以财物的,依照前款的规定处罚。

单位犯前两款罪的,对单位判处罚金,并对其直接负责的主管人员和其他直接责任人员,依照第一款的规定处罚。

行贿人在被追诉前主动交代行贿行为的,可以减轻处罚或者免除处罚。

对非国家工作人员行贿罪,是指为谋取不正当利益,给予公司、企业或者其他单位的工作人员以财物,数额较大的行为。

(一)立案标准

根据中央纪委、国家监委印发的《国家监察委员会管辖规定(试行)》,公职人员涉嫌对非国家工作人员行贿犯罪案件,应当由监察机关管辖;公职人员以外的其他人员涉嫌对非国家工作人员行贿犯罪案件,由公安机关管辖。

有下列情形之一的,应当立案追诉:

(1)行贿数额在6万元以上的;

(2)行贿数额在2万元以上不满6万元,具有下列情形之一的:(1)向3人以上行贿的;(2)将违法所得用于行贿的;(3)造成经济损失数额在50万元以上不满100万元的。

本罪是1997年《刑法》规定的,《刑法修正案(六)》增加了关于公司、企业以外的“其他单位”的非国家工作人员受贿犯罪的规定。《刑法修正案(八)》将“为谋取不正当商业利益,给予外国公职人员或者国际公共组织官员以财物”的行为增加规定为犯罪。《刑法修正案(九)》对“为谋取不正当利益,给予公司、企业或者其他单位的工作人员以财物,数额较大的”,在“处3年以下有期徒刑或者拘役”的同时,增加了“并处罚金”的规定。

(二)定罪标准

1. 本罪的构成

(1)本罪侵犯的客体为复杂客体,即公司、企业的正常管理秩序和市场竞争秩序。

(2)客观方面表现为对公司、企业或者其他单位人员行贿的行为。即所有为谋取不正当的利益,给予公司、企业或者其他单位人员以财物(包括回扣)的行为,不包括为了谋取正当利益,违反国家规定给予相关人员以回扣的行为。本罪的行为对象是公司、企业的工作人员。如果行为对象是国家工作人员的,则构成行贿罪。贿赂必须是以财物形式出现,而不包括非物质利益,并且数额必须达到一定的标准,否则不构成本罪。所谓谋取不正当利益,是指谋取违反法律、法规、国家政策和国务院各部门规章规定的利益,以及谋取违反法律、法规、国家政策和国务院各部门规章规定的帮助或者方便条件。对于行贿的数额,应当累计计算。

(3)主体是一般主体。单位犯本罪的实行双罚制。

(4)主观方面由故意构成,行贿的目的在于使公司、企业的工作人员利用职务上的便利为自己谋取不正当利益。至于谋取的是个人还是单位的不正当利益,所谋求的不正当利益是否实现,均不影响行贿罪的成立。应当注意的是,行为人的行为目的是为了谋取不正当利益,此处的“谋利”,不同于经济活动中依法经营,获取的正当利益,而是谋取暴利、追求不正当的高额经济利润。就行贿方而言,旨在通过对公司、企业人员行贿谋取高于其提供的商品、劳务服务所应得的公平利润,其动机还可能是为了垄断市场、排除竞争对手,最终进行垄断经营,谋取暴利,但动机如何不影响本罪的成立。

2. 本罪与行贿罪的界限

两者的区别在于:(1)侵犯的客体不同。前者侵犯的客体是公司、企业正常的管理秩序;后者侵犯的客体是国家机关、单位的正常管理活动。(2)犯罪对象不同。前者的犯罪对象是公司、企业的工作人员;后者的犯罪对象是国家工作人员。

（三）量刑标准

根据《刑法》第164条的规定，犯对非国家工作人员行贿罪，数额较大的，处3年以下有期徒刑或者拘役，并处罚金；数额巨大的，处3年以上10年以下有期徒刑，并处罚金。

单位犯前款罪的，对单位判处罚金，并对其直接负责的主管人员和其他直接责任人员，依照本条第1款的规定处罚。

行贿人在被追诉前主动交代行贿行为的，可以减轻处罚或者免除处罚。应当注意的是，要同时具备两个条件：一是必须主动交代行贿行为；二是交代的时间必须在被追诉之前，两者缺一不可。所谓主动交代，是指行贿人主动向司法机关或者其他有关部门如实交代其行贿事实。因司法机关调查或者其他有关部门查询而不得不交代的，或者避重就轻不如实交代的，均不属于“主动交代”。所谓在被追诉之前，是指在司法机关立案、开始追究刑事责任之前。如果司法机关已经发现了行贿事实，并认为应当追究刑事责任而立案后，行贿人交代行贿行为的，则不适用这一规定。

根据最高人民法院、最高人民检察院《关于办理贪污贿赂刑事案件适用法律若干问题的解释》（法释〔2016〕9号）第11条第3款规定，《刑法》第164条第1款规定的对非国家工作人员行贿罪中的“数额较大”“数额巨大”的数额起点，按照本解释第7条、第8条第1款关于行贿罪的数额标准规定的2倍执行。

十、对外国公职人员、国际公共组织官员行贿案

中华人民共和国刑法（节选）

第一百六十四条［根据《刑法修正案（六）》《刑法修正案（八）》《刑法修正案（九）》修正］ 为谋取不正当利益，给予公司、企业或者其他单位的工作人员以财物，数额较大的，处三年以下有期徒刑或者拘役，并处罚金；数额巨大的，处三年以上十年以下有期徒刑，并处罚金。

为谋取不正当商业利益，给予外国公职人员或者国际公共组织官员以财物的，依照前款的规定处罚。

单位犯前两款罪的，对单位判处罚金，并对其直接负责的主管人员和其他直接责任人员，依照第一款的规定处罚。

行贿人在被追诉前主动交待行贿行为的，可以减轻处罚或者免除处罚。

对外国公职人员、国际公共组织官员行贿罪，是指为谋取不正当商业利益，给予外国公职人员或者国际公共组织官员以财物的行为。

(一)立案标准

根据中央纪委、国家监委印发的《国家监察委员会管辖规定(试行)》，公职人员涉嫌对外国公职人员、国际公共组织官员行贿犯罪案件，应当由监察机关管辖；公职人员以外的其他人员涉嫌对外国公职人员、国际公共组织官员行贿犯罪案件，由公安机关管辖。

为谋取不正当商业利益，给予外国公职人员或者国际公共组织官员以财物，个人行贿数额在1万元以上的，单位行贿数额在20万元以上的，应予立案追诉。

所谓谋取不正当商业利益，是指谋取违反法律、法规、国家政策和国务院各部门规章规定的商业利益，以及谋取违反法律、法规、国家政策和国务院各部门规章规定的帮助或者方便条件。所谓外国公职人员，是指外国任命或者选举担任立法、司法、行政的工作人员，以及为外国国家及公共机构或者公营企业行使公共职能的人员。所谓国际公共组织官员，是指国际公务员或者经国际组织授权代表该组织从事相关工作的人员。

本罪是根据《刑法修正案(八)》新增的罪名，即将"为谋取不正当商业利益，给予外国公职人员或者国际公共组织官员以财物"的行为增加规定为犯罪。《刑法修正案(九)》对"为谋取不正当利益，给予公司、企业或者其他单位的工作人员以财物，数额较大的"，在"处3年以下有期徒刑或者拘役"的同时，增加了"并处罚金"的规定。

(二)定罪标准

1. 本罪的构成

(1)本罪侵犯的客体复杂客体，即公司、企业的正常管理秩序和市场竞争秩序。

(2)客观方面表现为对外国公职人员或者国际公共组织官员行贿的行为。

(3)主体是一般主体。单位犯本罪的实行双罚制。

(4)主观方面由故意构成，行贿的目的在于为自己谋取不正当的商业利益。至于谋取的是个人还是单位的不正当商业利益，所谋求的不正当商业利益是否实现，均不影响本罪的成立。

2. 本罪与行贿罪的界限

两者的区别在于：(1)侵犯的客体不同。前者侵犯的客体是公司、企业正常的管理秩序，后者侵犯的客体是国家机关、单位的正常管理活动。(2)犯罪对象不同。前者的犯罪对象是外国公职人员或者国际公共组织官员，后者的犯罪对象是国家工作人员。

（三）量刑标准

根据《刑法》第 164 条的规定，犯对外国公职人员、国际公共组织官员行贿罪，处 3 年以下有期徒刑或者拘役，并处罚金；数额巨大的，处 3 年以上 10 年以下有期徒刑，并处罚金。

单位犯前款罪的，对单位判处罚金，并对其直接负责的主管人员和其他直接责任人员，依照本条第 1 款的规定处罚。

行贿人在被追诉前主动交代行贿行为的，可以减轻处罚或者免除处罚。

十一、非法经营同类营业案

中华人民共和国刑法（节选）

第一百六十五条 国有公司、企业的董事、经理利用职务便利，自己经营或者为他人经营与其所任职公司、企业同类的营业，获取非法利益，数额巨大的，处三年以下有期徒刑或者拘役，并处或者单处罚金；数额特别巨大的，处三年以上七年以下有期徒刑，并处罚金。

非法经营同类营业罪，是指国有公司、企业董事、经理利用职务上的便利，自己经营或者为他人经营与其所任职公司、企业同类的营业，获取非法利益，数额巨大的行为。

（一）立案标准

根据中央纪委、国家监委印发的《国家监察委员会管辖规定（试行）》，涉嫌非法经营同类营业犯罪案件，应当由监察机关管辖。

国有公司、企业的董事、经理利用职务便利，自己经营或者为他人经营与其所任职公司、企业同类的营业，获取非法利益，数额在 10 万元以上的，应予立案。

所谓利用职务上的便利，是指公司、企业的董事、经理利用自己职务上主管、经营、负责或者参与某项工作所形成的便利条件。所谓自营同类业务，即以私人名义另行注册公司或者以亲友名义注册公司，或者在他人经办的公司、企业中入股进行经营的行为。所谓为他人经营与其所任公司同类的营业，即从事与其任职的国有公司、企业同种类的业务。所谓非法利益，是指不受法律保护的利益，即获取违反法律、法规、国家政策和国务院各部门规章规定的利益，以及谋取违反法律、法规、国家政策和国务院各部门规章规定的帮助或者方便条件。

（二）定罪标准

1. 本罪的构成

（1）侵犯的客体是国有公司、企业的利益。

（2）客观方面表现为国有公司、企业的董事、经理利用职务便利，自己经营或者为他人经营与其所任职公司、企业同类的业务，获取非法利益，数额巨大的行为。

（3）主体是特殊主体，只能由国有公司、企业董事、经理构成。所谓董事，是指经过有限责任公司的股东会或者股份有限公司的创立大会、股东大会选举的董事会的成员。所谓经理，是指由董事会聘任，实施董事会决议，主持公司日常工作，或者政府主管部门根据企业情况委任或招聘，或由企业职工代表大会选举作为企业法定代表人的人。

（4）主观方面表现为故意，行为人是否具有获取非法利益的目的不影响本罪的成立。过失不构成本罪。

2. 罪与非罪的界限

行为人是否利用了职务之便。对于公司、企业的董事、经理利用职务之便，非法经营同类业务的行为，国际上通行的做法是将其视为不正当竞争行为，加以严格禁止，即竞业禁止是公司董事、经理的一项特殊义务，其目的在于防止上述人员利用其特殊地位损害公司利益，为自己或他人谋利。公司法对非法经营同类营业的行为，也作了限制性的规定。例如，《公司法》第 69 条规定，国有独资公司的董事长、副董事长、董事、高级管理人员，未经国有资产监督管理机构同意，不得在其他有限责任公司、股份有限公司或者其他经济组织兼职。1997 年《刑法》增加了非法经营同类营业罪。例如，行为人虽然经营了与其所在任职公司、企业同类的营业，但其行为与职务无关，而完全是凭个人能力办事，即使获利巨大的，也不构成本罪。如果经营的不是与其所任职公司、企业同类的营业，也不构成本罪。

（三）量刑标准

根据《刑法》第 165 条的规定，犯非法经营同类营业罪，处 3 年以下有期徒刑或者拘役，并处或者单处罚金；数额特别巨大的，处 3 年以上 7 年以下有期徒刑，并处罚金。

十二、为亲友非法牟利案

中华人民共和国刑法(节选)

第一百六十六条 国有公司、企业、事业单位的工作人员,利用职务便利,有下列情形之一,使国家利益遭受重大损失的,处三年以下有期徒刑或者拘役,并处或者单处罚金;致使国家利益遭受特别重大损失的,处三年以上七年以下有期徒刑,并处罚金:

(一)将本单位的盈利业务交由自己的亲友进行经营的;

(二)以明显高于市场的价格向自己的亲友经营管理的单位采购商品或者以明显低于市场的价格向自己的亲友经营管理的单位销售商品的;

(三)向自己的亲友经营管理的单位采购不合格商品的。

为亲友非法牟利罪,是指国有公司、企业、事业单位的工作人员,利用职务便利,损公肥私,将本单位的盈利业务交由自己的亲友进行经营,或者为其经营活动提供其他便利,获取非法利益,数额巨大的行为。

(一)立案标准

根据中央纪委、国家监委印发的《国家监察委员会管辖规定(试行)》,涉嫌为亲友非法牟利犯罪案件,应当由监察机关管辖。

国有公司、企业、事业单位的工作人员,利用职务便利,为亲友非法牟利,涉嫌下列情形之一的,应予立案追诉:

(1)造成国家直接经济损失数额在10万元以上的。这里的"直接经济损失",主要是指由于行为人为亲友非法牟利的行为直接给国家造成的财产损毁、减少的实际价值,不包括间接经济损失。

(2)使其亲友非法获利数额在20万元以上的。

(3)致使有关单位破产,停业、停产6个月以上,或者被吊销许可证和营业执照、责令关闭、撤销、解散的。这是指给国家造成的直接经济损失未达到第1种、第2种情形规定的标准,但是,行为人为亲友非法牟利的行为导致有关单位破产,停业、停产6个月以上,或者被吊销许可证和营业执照、责令关闭、撤销、解散的后果。在按照这种情形立案时,一定要查明行为人的行为与有关单位破产、停业、停产等是否有直接的因果关系,没有直接因果关系的,则不应当立案追究。

(4)其他致使国家利益遭受重大损失的情形。主要是指引起国有公司、企业、事业单位内部秩序的混乱、引发社会不稳定因素等情形。

(二)定罪标准

1.本罪的构成

(1)侵犯的客体是国有公司、企业、事业单位的正常管理活动和利益。

(2)客观方面表现为国有公司、企业、事业单位的工作人员,利用职务便利,损公肥私,将本单位的盈利业务交由自己的亲友进行经营,或者为其经营活动提供其他便利,获取非法利益,数额巨大的行为。这里的“亲友”,应作广义的理解,包括指行为人的亲朋好友,对之不能作出限制性解释。所谓经营活动,是泛指为获取利润而进行的一切商业活动。行为人只要实施上述经营的行为之一,即构成本罪;实施上述两种或者两种以上行为的,仍按一罪定罪量刑,不实行数罪并罚。

(3)主体是特殊主体,只能由国有公司、企业、事业单位的工作人员构成。非国有公司、企业、事业单位的工作人员不能成为本罪主体。

(4)主观方面由故意构成,一般具有非法牟利目的。

2.罪与非罪的界限

行为人利用职务之便,为亲友进行非法牟利的行为,如果没有使国家利益遭受重大损失,则是一般违法行为,不以犯罪论处。至于使国家遭受重大损失的具体标准,主要包括数量标准和情节标准两个方面。如果没有达到本罪的立案追诉标准,则不构成犯罪,但是可以按照公司法的有关规定处罚。

(三)量刑标准

根据《刑法》第166条的规定,犯为亲友非法牟利罪的,处3年以下有期徒刑或者拘役,并处或者单处罚金;致使国家利益遭受特别重大损失的,处3年以上7年以下有期徒刑,并处罚金。所谓使国家利益遭受特别重大损失,主要是指行为人损害国有公司、企业、事业单位的利润或者转嫁自己亲友经营的损失,数额巨大等情形。

十三、签订、履行合同失职被骗案

中华人民共和国刑法(节选)

第一百六十七条　国有公司、企业、事业单位直接负责的主管人员,在签订、履行合同过程中,因严重不负责任被诈骗,致使国家利益遭受重大损失的,处三年以下有期徒刑或者拘役;致使国家利益遭受特别重大损失的,处三年以上七年以下有期徒刑。

签订、履行合同失职被骗罪,是指国有公司、企业、事业单位直接负责的主管人员,在签订、履行合同过程中,因严重不负责任被诈骗,致使国家利益遭受重大损失的行为。

(一)立案标准

根据中央纪委、国家监委印发的《国家监察委员会管辖规定(试行)》,涉嫌签订、履行合同失职被骗犯罪案件,应当由监察机关管辖。

国有公司、企业、事业单位直接负责的主管人员,在签订、履行合同过程中,因严重不负责任被诈骗,涉嫌下列情形之一的,应予立案:

(1)造成国家直接经济损失数额在50万元以上的。这里的“直接经济损失”,主要是指由于行为人在签订、履行合同的过程中严重不负责任,直接给国家造成的财产损毁、减少的实际价值,不包括间接经济损失。所谓严重不负责任,主要是指行为人盲目轻信对方,不认真审查对方的合同主体资格、资信情况、履约能力、合同的数量和质量等,导致被骗。

(2)造成有关单位破产,停业、停产6个月以上,或者被吊销许可证和营业执照、责令关闭、撤销、解散的。

(3)其他致使国家利益遭受重大损失的情形。

金融机构、从事对外贸易经营活动的公司、企业的工作人员严重不负责任,造成100万美元以上外汇被骗购或者逃汇1000万美元以上的,应予立案追诉。

上述所谓“诈骗”,是指对方当事人的行为已经涉嫌诈骗犯罪,不以对方当事人已经被人民法院判决构成诈骗犯罪作为立案追诉的前提。

(二)定罪标准

1.本罪的构成

(1)侵犯的客体是国有公司、企业、事业单位的正常经营活动。本罪所称签订、履行的合同,是指广义的合同,既包括经济合同,也包括技术合同;既包括国内经济合同,也包括涉外经济合同,以及融资、租赁、居间、劳务、期货合同等。

(2)客观方面表现为在签订合同、履行合同过程中,因严重不负责任被诈骗,致使国家利益遭受重大损失的行为。

(3)主体为特殊主体,只能是国有公司、企业、事业单位直接负责的主管人员。

所谓直接负责的主管人员，是指对签订、履行合同起领导、决策、指挥作用的单位负责人。

（4）主观方面由过失构成，既可能是疏忽大意的过失，也可能是过于自信的过失。故意不构成本罪。

2. 罪与非罪的界限

首先，本罪必须发生在合同的签订、履行过程中。如果不是发生在这一特定过程中，即使国有公司、企业、事业单位主管人员被诈骗，也不能构成本罪。其次，本罪的行为必须是因严重不负责任被诈骗的行为。构成本罪的前提是行为人违反了关于国有公司、企业、事业单位的管理规定，没有积极履行法律、法规规定的义务，即严重不负责任。最后，本罪的成立必须有致使国家利益遭受重大损失的结果。主要是指大量国有资产被骗无法收回，导致公司、企业停产、破产等情形。没有发生这种危害结果，则属于一般渎职行为，可依据有关规定，给予行政处罚或党纪政纪处分。

3. 关于骗汇、逃汇中的渎职行为的处罚

根据 1998 年 12 月 29 日全国人大常委会《关于惩治骗购外汇、逃汇和非法买卖外汇犯罪的决定》第 7 条规定，金融机构、从事对外贸易经营活动的公司、企业的工作人员严重不负责任，造成大量外汇被骗购或者逃汇，致使国家利益遭受重大损失的，依照《刑法》第 167 条的规定定罪处罚。这样规定，扩大了《刑法》第 167 条的犯罪主体范围。所谓金融机构，是指经外汇管理机关批准，有权经营外汇业务的商业银行和外汇交易中心。所谓从事对外贸易经营活动的公司、企业，即对外贸易经营者，是指有权从事货物进出口与技术进出口的外贸单位以及国际服务贸易企业和组织。所谓严重不负责任，是指违反国家有关外汇管理的法律、法规和规章制度，放弃职责，不履行、不正确履行应当履行的职责，或者在履行职责中马虎草率，敷衍塞责，不负责任，或者放弃职守，对自己应当负责的工作撒手不管等。行为人实施上述行为，必须“致使国家利益遭受重大损失的”才能构成本罪，是否“致使国家利益遭受重大损失的”是区分罪与非罪的界限。如果未使国家利益遭受重大损失的，可以由有关部门给予行政处分或者批评教育。

（三）量刑标准

根据《刑法》第 167 条的规定，犯签订、履行合同失职被骗罪，致使国家利益遭受重大损失的，处 3 年以下有期徒刑或者拘役；致使国家利益遭受特别重大损失的，处 3 年以上 7 年以下有期徒刑。

十四、国有公司、企业、事业单位人员失职案

中华人民共和国刑法(节选)

第一百六十八条[根据《刑法修正案》修正] 国有公司、企业的工作人员,由于严重不负责任或者滥用职权,造成国有公司、企业破产或者严重损失,致使国家利益遭受重大损失的,处三年以下有期徒刑或者拘役;致使国家利益遭受特别重大损失的,处三年以上七年以下有期徒刑。

国有事业单位的工作人员有前款行为,致使国家利益遭受重大损失的,依照前款的规定处罚。

国有公司、企业、事业单位的工作人员,徇私舞弊,犯前两款罪的,依照第一款的规定从重处罚。

国有公司、企业、事业单位人员失职罪,是指国有公司、企业、事业单位的工作人员,因严重不负责任,造成国有公司、企业、事业单位破产或者严重损失,致使国家利益遭受重大损失的行为。

(一)立案标准

根据中央纪委、国家监委印发的《国家监察委员会管辖规定(试行)》,涉嫌国有公司、企业、事业单位人员失职犯罪案件,应当由监察机关管辖。

国有公司、企业、事业单位的工作人员,严重不负责任,涉嫌下列情形之一的,应予立案:

(1)造成国家直接经济损失数额在50万元以上的。这里的直接经济损失,主要是指由于行为人严重不负责任,直接给国有公司、企业、事业单位造成的财产损毁、减少的实际价值,不包括间接经济损失。只要直接经济损失累计达到50万元以上的,公安机关就应当立案侦查。

(2)造成有关单位破产,停业、停产1年以上,或者被吊销许可证和营业执照、责令关闭、撤销、解散的。这是指给国家造成的直接经济损失未达到第1种情形规定的50万元的标准,但是行为人严重不负责任的行为造成国有公司、企业破产,停业、停产1年以上,或者被吊销许可证和营业执照、责令关闭、撤销、解散后果。在按照这种情形进行立案时,一定要查明行为人的行为与国有公司、企业停产、破产是否有直接的因果关系,没有直接因果关系的,则不应当立案追究。同时,对于破产的确

定,应当以企业破产法的规定为准。

(3)其他致使国家利益遭受重大损失的情形。

本罪是1997年《刑法》增设的罪名。1999年12月25日第九届全国人大常委会第十三次会议通过的《刑法修正案》将原来的一罪细化为“失职”和“滥用职权”两种行为,从而可以确定为两个罪名。是否“造成国有公司、企业破产或者严重损失,致使国家利益遭受重大损失”,是这两类犯罪立案追诉的根本标准。

(二)定罪标准

1. 本罪的构成

(1)侵犯的客体是国有公司、企业、事业单位的管理制度和国家利益。

(2)客观方面表现为国有公司、企业、事业单位的工作人员,因严重不负责任,造成国有公司、企业、事业单位破产或者严重损失,致使国家利益遭受重大损失的行为。国有公司、企业、事业单位的工作人员,既包括国有公司、企业、事业单位的法定代表人和主要经营管理人员,也包括其他普通职工。

(3)主体是特殊主体,只有国有公司、企业、事业单位的工作人员才能成为本罪主体。

(4)主观方面由故意构成,过失不构成本罪。

2. 罪与非罪的界限

首先,须有失职的行为。这是指国有公司、企业、事业单位的工作人员,严重不负责任,故意不履行或不正确履行自己的职责和义务,致使国有公司、企业、事业单位出现重大损失甚至破产。其次,导致国有公司、企业、事业单位破产或者严重损失。最后,须使国家利益遭受重大损失。如果行为人的失职行为造成国家直接经济损失数额不足50万元,或者未导致国有公司、企业破产、停产的,则不构成本罪。

根据最高人民法院、最高人民检察院《关于办理妨害预防、控制突发传染病疫情等灾害的刑事案件具体应用法律若干问题的解释》(法释〔2003〕8号)第4条规定,国有公司、企业、事业单位的工作人员,在预防、控制突发传染病疫情等灾害的工作中,由于严重不负责任或者滥用职权,造成国有公司、企业破产或者严重损失,致使国家利益遭受重大损失的,依照《刑法》第168条的规定,以国有公司、企业、事业单位人员失职罪或者国有公司、企业、事业单位人员滥用职权罪定罪处罚。

(三)量刑标准

根据《刑法》第168条的规定,犯国有公司、企业、事业单位人员失职罪,处3年以下有期徒刑或者拘役;致使国家利益遭受特别重大损失的,处3年以上7年以下有期徒刑。国有事业单位的工作人员有前款行为,致使国家利益遭受重大损失的,依照前款的规定处罚。国有公司、企业、事业单位的工作人员,徇私舞弊,犯本罪的,依照第1款的规定从重处罚。

十五、国有公司、企业、事业单位人员滥用职权案

中华人民共和国刑法(节选)

第一百六十八条[根据《刑法修正案》修正] 国有公司、企业的工作人员,由于严重不负责任或者滥用职权,造成国有公司、企业破产或者严重损失,致使国家利益遭受重大损失的,处三年以下有期徒刑或者拘役;致使国家利益遭受特别重大损失的,处三年以上七年以下有期徒刑。

国有事业单位的工作人员有前款行为,致使国家利益遭受重大损失的,依照前款的规定处罚。

国有公司、企业、事业单位的工作人员,徇私舞弊,犯前两款罪的,依照第一款的规定从重处罚。

国有公司、企业、事业单位人员滥用职权罪,是指国有公司、企业、事业单位的工作人员,因滥用职权,造成国有公司、企业、事业单位破产或者严重损失,致使国家利益遭受重大损失的行为。

(一)立案标准

根据中央纪委、国家监委印发的《国家监察委员会管辖规定(试行)》,涉嫌国有公司、企业、事业单位人员滥用职权犯罪案件,应当由监察机关管辖。

国有公司、企业、事业单位的工作人员,滥用职权,涉嫌下列情形之一的,应予立案追诉:

(1)造成国家直接经济损失数额在30万元以上的。这里的"直接经济损失",主要是指由于行为人滥用职权,直接给国有公司、企业、事业单位造成的财产损毁、减少的实际价值,不包括间接经济损失。只要直接经济损失累计达到30万元以上的,公安机关就应当立案侦查。对于这类案件,由于行为人的主观恶性比失职案件大,因此,在立案追究的数额标准上比国有公司、企业、事业单位人员失职案的立案标准要低一些。

(2)造成有关单位破产,停业、停产6个月以上,或者被吊销许可证和营业执照、

责令关闭、撤销、解散的。这是指给国家造成的直接经济损失未达到第1种情形规定的30万元的标准,但是行为人滥用职权造成国有公司、企业破产,停业、停产6个月以上,或者被吊销许可证和营业执照、责令关闭、撤销、解散的后果。在按照这种情形进行立案时,一定要查明行为人的行为与国有公司、企业停产、破产是否有直接的因果关系,没有直接因果关系的,则不应当立案追究。同时,对于破产的确定,应当以企业破产法的规定为准。

(3)其他致使国家利益遭受重大损失的情形。

(二)定罪标准

1. 本罪的构成

(1)侵犯的客体是国有公司、企业、事业单位的管理制度和国家利益。

(2)客观方面表现为国有公司、企业、事业单位的工作人员,因滥用职权,造成国有公司、企业、事业单位破产或者严重损失,致使国家利益遭受重大损失的行为。

(3)主体是特殊主体,只有国有公司、企业、事业单位的工作人员才能成为本罪主体。

(4)主观方面由故意构成,过失不构成本罪。

2. 罪与非罪的界限

根据本罪的立案追诉标准,对于行为人滥用职权的行为造成的直接经济损失不足30万元,或者未造成有关单位破产,停业、停产6个月以上,或者被吊销许可证和营业执照、责令关闭、撤销、解散的,就不构成本罪,可以依照公司法的有关规定处理。

(三)量刑标准

根据《刑法》第168条的规定,犯国有公司、企业、事业单位人员滥用职权罪的,处3年以下有期徒刑或者拘役;致使国家利益遭受特别重大损失的,处3年以上7年以下有期徒刑。国有事业单位的工作人员有前款行为,致使国家利益遭受重大损失的,依照前款的规定处罚。国有公司、企业、事业单位的工作人员,徇私舞弊,犯本罪的,依照第1款的规定从重处罚。

十六、徇私舞弊低价折股、出售国有资产案

中华人民共和国刑法(节选)

第一百六十九条　国有公司、企业或者其上级主管部门直接负责的主管人员,

徇私舞弊，将国有资产低价折股或者低价出售，致使国家利益遭受重大损失的，处三年以下有期徒刑或者拘役；致使国家利益遭受特别重大损失的，处三年以上七年以下有期徒刑。

徇私舞弊低价折股、出售国有资产罪，是指国有公司、企业或者其上级主管部门直接负责的主管人员，徇私舞弊，将国有资产低价折股或者低价出售，致使国有利益遭受重大损失的行为。

（一）立案标准

根据中央纪委、国家监委印发的《国家监察委员会管辖规定（试行）》，涉嫌徇私舞弊低价折股、出售国有资产犯罪案件，应当由监察机关管辖。

国有公司、企业或者其上级主管部门直接负责的主管人员，徇私舞弊，将国有资产低价折股或者低价出售，涉嫌下列情形之一的，应予立案追诉：

（1）造成国家直接经济损失数额在 30 万元以上的。这里的“直接经济损失”，主要是指由于国有公司、企业或者其上级主管部门直接负责的主管人员，徇私舞弊，将国有资产低价折股或者低价出售，直接给国有公司、企业、事业单位造成的财产损毁、减少的实际价值，不包括间接经济损失。

（2）造成有关单位破产，停业、停产 6 个月以上，或者被吊销许可证和营业执照、责令关闭、撤销、解散的。这是指给国家造成的直接经济损失未达到第 1 种情形规定的 30 万元的标准，但是，行为人徇私舞弊，将国有资产低价折股或者低价出售，造成国有公司、企业破产，停业、停产 6 个月以上，或者被吊销许可证和营业执照、责令关闭、撤销、解散后果。在按照这种情形进行立案时，一定要查明行为人的行为与国有公司、企业停产、破产是否有直接的因果关系，没有直接因果关系的，则不应当立案追究。同时，对于破产的确定，应当以破产法的规定为准。

（3）其他致使国家利益遭受重大损失的情形。

（二）定罪标准

1. 本罪的构成

（1）侵犯的客体是国家对国有资产的管理制度。

（2）客观方面表现为徇私舞弊，将国有资产低价折股或者低价出售，致使国家利益遭受重大损失的行为。

（3）主体是特殊主体，即只有国有公司、企业或者其上级主管部门直接负责的主管人员才能构成本罪。一般是指公司、企业的法定代表人或者厂长、经理、董事会成员以及其他直接责任人员。

(4)主观方面由故意构成,即行为人明知在对本公司、企业国有资产折股或出售时是低于正常价格并将导致国家利益遭受重大损失,但出于私利违反国家规定而仍然实施。过失不构成本罪。

2. 关于犯罪目的和犯罪手段的认定

本罪的行为人必须以“徇私舞弊”为目的,通过低价折股或者低价出售国有资产的办法实施犯罪。这里的国有资产,是指国家以各种形式对国有公司、企业投资和投资收益而形成的资产,以及依法认定的国有公司、企业的其他国有财产。我国的国有资产是我国社会主义公有制的物质基础,是逐步提高我国人民物质文化生活水平的物质保证,因此,任何个人、集体都不得非法侵占、买卖、私分、处分国有资产。所谓徇私舞弊,是指出于个人目的而弄虚作假。所谓低价折股或者低价出售,是指将国有资产以低于正常价格折成股份或变卖出售。主要包括:资产拍卖、转让,企业兼并、出售、联营、股份经营,与外国公司、企业和其他经济组织或者个人开办中外合资经营企业或者中外合作经营企业,企业的清算,资产抵押及其他担保,企业租赁等。

3. 罪与非罪的界限

造成低价折股和低价出售国有资产的原因很多,特别是在股份制改造过程中,由于没有经验、失误造成国有资产流失的现象也很严重,但这些都属于错误,不应以刑法规范去调整。一定要特别注意查究其原因,如果确实是由于行为人徇私舞弊造成的,才能追究其刑事责任。

4. 本罪与私分国有资产罪的界限

两者的区别主要在于:(1)侵犯的客体不同。本罪侵犯的客体是国有公司、企业的管理制度和公共财产的所有权;而后罪侵犯的客体是国家机关、国有公司、企业、事业单位、人民团体的正常管理活动和公共财产的所有权,属于贪污贿赂犯罪。(2)客观方面表现不同。本罪在客观方面表现为行为人徇私舞弊,将国有资产低价折股或者低价出售,致使国家利益遭受重大损失的行为;而后罪在客观方面表现为行为人违反国家规定,以单位名义将国有资产集体私分给个人,数额较大的行为。(3)犯罪主体不同。本罪的主体是国有公司、企业或者其上级主管部门直接负责的主管人员;而后罪的主体是国家机关、国有企业、事业单位、人民团体。

(三)量刑标准

根据《刑法》第169条的规定,犯徇私舞弊低价折股、出售国有资产罪,致使国家利益遭受重大损失的,处3年以下有期徒刑或者拘役;致使国家利益遭受特别重大损失的,处3年以上7年以下有期徒刑。

十七、背信损害上市公司利益案

中华人民共和国刑法(节选)

第一百六十九条之一[根据《刑法修正案(六)》增加] 上市公司的董事、监事、高级管理人员违背对公司的忠实义务,利用职务便利,操纵上市公司从事下列行为之一,致使上市公司利益遭受重大损失的,处三年以下有期徒刑或者拘役,并处或者单处罚金;致使上市公司利益遭受特别重大损失的,处三年以上七年以下有期徒刑,并处罚金:

(一)无偿向其他单位或者个人提供资金、商品、服务或者其他资产的;

(二)以明显不公平的条件,提供或者接受资金、商品、服务或者其他资产的;

(三)向明显不具有清偿能力的单位或者个人提供资金、商品、服务或者其他资产的;

(四)为明显不具有清偿能力的单位或者个人提供担保,或者无正当理由为其他单位或者个人提供担保的;

(五)无正当理由放弃债权、承担债务的;

(六)采用其他方式损害上市公司利益的。

上市公司的控股股东或者实际控制人,指使上市公司董事、监事、高级管理人员实施前款行为的,依照前款的规定处罚。

犯前款罪的上市公司的控股股东或者实际控制人是单位的,对单位判处罚金,并对其直接负责的主管人员和其他直接责任人员,依照第一款的规定处罚。

背信损害上市公司利益罪,是指上市公司的董事、监事、高级管理人员违背对公司的忠实义务,利用职务便利,操纵上市公司损害上市公司利益,致使上市公司利益遭受重大损失的行为。

(一)立案标准

根据中央纪委、国家监委印发的《国家监察委员会管辖规定(试行)》,公职人员涉嫌背信损害上市公司利益犯罪案件,应当由监察机关管辖;公职人员以外的其他人员涉嫌背信损害上市公司利益犯罪案件,由公安机关管辖。

上市公司的董事、监事、高级管理人员违背对公司的忠实义务，利用职务便利，操纵上市公司从事损害上市公司利益的行为，以及上市公司的控股股东或者实际控制人，指使上市公司董事、监事、高级管理人员实施损害上市公司利益的行为，涉嫌下列情形之一的，应予立案追诉：

（1）无偿向其他单位或者个人提供资金、商品、服务或者其他资产，致使上市公司直接经济损失数额在 150 万元以上的；

（2）以明显不公平的条件，提供或者接受资金、商品、服务或者其他资产，致使上市公司直接经济损失数额在 150 万元以上的；

（3）向明显不具有清偿能力的单位或者个人提供资金、商品、服务或者其他资产，致使上市公司直接经济损失数额在 150 万元以上的；

（4）为明显不具有清偿能力的单位或者个人提供担保，或者无正当理由为其他单位或者个人提供担保，致使上市公司直接经济损失数额在 150 万元以上的；

（5）无正当理由放弃债权、承担债务，致使上市公司直接经济损失数额在 150 万元以上的；

（6）致使公司发行的股票、公司债券或者国务院依法认定的其他证券被终止上市交易或者多次被暂停上市交易的；

（7）其他致使上市公司利益遭受重大损失的情形。

本罪是《刑法修正案（六）》新增设的罪名。成立本罪不但要求行为人利用职务上的便利，实施了操纵上市公司的行为，而且客观方面必须致使上市公司利益遭受重大损失，即行为人的行为致使上市公司直接经济损失数额在 150 万元以上，或者致使公司发行的股票、公司债券或者国务院依法认定的其他证券被终止上市交易或者多次被暂停上市交易，否则不应当立案。

（二）定罪标准

1. 本罪的构成

（1）侵犯的客体是上市公司的管理制度。

（2）客观方面表现为上市公司的董事、监事、高级管理人员违背对公司的忠实义务，利用职务便利，操纵上市公司，致使上市公司利益遭受重大损失的行为。所谓违背对公司的忠实义务，是指上市公司的董事、监事、高级管理人员，在代表上市公司从事经营活动或者履行相关职责时，违背其对公司负有的忠实于公司利益的义务，损害公司权益的行为。认定本罪并不需要证明行为人的动机，只要行为人有利用职务便利，操纵上市公司损害自身利益的行为即可。操纵公司从事有损自身利益的行为，主要有以下几种表现形式：一是无偿向其他单位或者个人提供资金、商品、服务或者其他资产；二是以明显不公平的条件，提供、接受资金、商品、服务或者其他资产；三是向明显不具有清偿能力的单位或者个人提供资金、商品、服务或者其他资产；四是为明显不具有清偿能力的单位或者个人提供担保，或者无正当理由为其他单位或者个人提供担保；五是无正当理由放弃债权、承担债务；六是采用其他方式损害上市公司利益。

(3)主体是特殊主体，即上市公司的董事、监事、高管人员以及上市公司的控股股东或者实际控制人。根据《公司法》的规定，上市公司的董事会由股东大会选举产生，对股东大会负责，代表股东大会行使对公司的管理权。上市公司的监事会则承担对公司财务活动，以及公司董事、高级管理人员执行公司职务的行为等情况进行监督的职权。上市公司的董事作为董事会的成员，具体承担着对公司各项重要经营管理事项的决策职责；而上市公司的监事，则具体承担监事会的监督职责。上市公司的高级管理人员，是指公司的经理、副经理、财务负责人、董事会秘书和公司章程规定的其他人员。

(4)主观方面由故意构成。即行为人明知操纵上市公司的行为会致使上市公司利益遭受重大损失，仍然实施该行为。过失不构成本罪。

2. 罪与非罪

依照《刑法》第169条之一的规定，背信损害上市公司利益犯罪在定罪上要求“致使上市公司利益遭受重大损失”，即并不是所有的背信损害上市公司利益的行为都以犯罪论处，“上市公司利益遭受重大损失”是罪与非罪的区分标准。该如何认定“重大损失”，可参照本罪的立案追诉标准确定，即行为人的行为致使上市公司直接经济损失数额在150万元以上，或者致使公司发行的股票、公司债券或者国务院依法认定的其他证券被终止上市交易或者多次被暂停上市交易，属于本罪所称的“重大损失”。

(三)量刑标准

根据《刑法》第169条之一的规定，犯背信损害上市公司利益罪，处3年以下有期徒刑或者拘役，并处或者单处罚金；致使上市公司利益遭受特别重大损失的，处3年以上7年以下有期徒刑，并处罚金；上市公司的控股股东或者实际控制人，指使上市公司董事、监事、高级管理人员实施前款行为的，依照前款的规定处罚。犯本罪的上市公司的控股股东或者实际控制人是单位的，对单位判处罚金，并对其直接负责的主管人员和其他直接责任人员，依照第1款的规定处罚。

第五章　破坏金融管理秩序案件立案、定罪、量刑标准

一、伪造货币案

中华人民共和国刑法（节选）

第一百七十条［根据《刑法修正案（九）》修正］　伪造货币的，处三年以上十年以下有期徒刑，并处罚金；有下列情形之一的，处十年以上有期徒刑或者无期徒刑，并处罚金或者没收财产：

（一）伪造货币集团的首要分子；

（二）伪造货币数额特别巨大的；

（三）有其他特别严重情节的。

第一百七十一条第三款　伪造货币并出售或者运输伪造的货币的，依照本法第一百七十条的规定定罪从重处罚。

伪造货币罪，是指伪造货币的图案、形状、色彩、防伪技术等特征，使用各种方法，非法制造假货币，冒充真货币的行为。

（一）立案标准

根据最高人民检察院、公安部《关于公安机关管辖的刑事案件立案追诉标准的规定（二）》第19条规定，伪造货币，涉嫌下列情形之一的，应予立案追诉：

（1）伪造货币，总面额在2000元以上或者币量在200张（枚）以上的；

（2）制造货币版样或者为他人伪造货币提供版样的；

（3）其他伪造货币应予追究刑事责任的情形。

本规定中的“货币”是指流通的以下货币：

(1)人民币(含普通纪念币、贵金属纪念币)、港元、澳门元、新台币;

(2)其他国家及地区的法定货币。

贵金属纪念币的面额以中国人民银行授权中国金币总公司的初始发售价格为准。

全国人大常委会《关于惩治破坏金融秩序犯罪的决定》将伪造货币行为规定为犯罪,1997年修订《刑法》时保留了这一罪名。《刑法修正案(九)》作了修改,主要是取消了对伪造货币犯罪的死刑,同时对罚金刑作了修改完善,由原来的具体数额规定改为原则性规定,以便司法机关根据不同个案情况具体掌握。

(二)定罪标准

1.本罪的构成

(1)侵犯的客体是国家的货币金融管理制度。

(2)客观方面表现为伪造货币图案、形状、色彩、防伪技术等特征,采取机制、手工等各种方法,非法制造假货币。所谓伪造,是指依照人民币或者外币的图案、色彩、形状等,使用印刷、复印、描绘、拓印等各种制作方法,将非货币的物质非法制造为假货币,冒充真货币的行为。这里的"货币",是指可在国内市场流通或者兑换的人民币和境外货币。"外币"应作广义理解,是指境外正在流通使用中的货币,不仅包括可在我国兑换的外国或地区货币,如美元、英镑、日元、马克等,也包括在我国尚不能随意兑换的外国国家货币,如卢布、澳元等,还包括我国港澳台地区的货币。货币面额应当以人民币计算,其他币种以案发时国家外汇管理机关公布的外汇牌价折算成人民币。行为人不论采用何种方法,伪造上述任何一种或几种假货币冒充真货币的行为,就构成本罪。

(3)主体是一般主体。

(4)主观方面由故意构成。

2.罪与非罪的界限

应当注意的是,只要行为人实施了伪造货币的行为,不论是否完成全部的印制工序,即构成本罪。对于尚未制造出成品,无法计算伪造、销售假币面额的,或者制造、销售用于伪造货币版样的,不认定犯罪数额,依据犯罪情节决定刑罚。但是,金融、商业等部门为了某种宣传目的或作为艺术图案,模仿货币的样式、色彩等制出的仿真币制品,其大小、材料质地等与货币有明显不同,不可能作为真币使用,仿制者也不是为了"冒充真货币",因而不属于伪造货币的犯罪行为。

3.正确区分一罪与数罪

行为人既实施了伪造货币的行为,又使用伪造的货币去骗取财物,这种情况下不适用数罪并罚，而应按照牵连犯的处罚原则，择一重罪处罚，即应按伪造货币罪论处。行为人制造货币版样或者与他人事前通谋，为他人伪造货币提供版样的，依照《刑法》第 170 条的规定定罪处罚。

4. 要注意从经济上打击和制裁犯罪分子

伪造货币罪是最严重的破坏金融秩序的犯罪，应注意从经济上制裁和惩罚该类犯罪。在对犯罪分子判处主刑时，应同时并处罚金或者没收财产，并依法追缴违法所得，没收一切供犯罪使用的物品。伪造的货币应一律收缴，上交中国人民银行统一销毁。

根据最高人民法院《关于审理伪造货币等案件具体应用法律若干问题的解释（二）》（法释〔2010〕14 号）第 1 条规定，仿照真货币的图案、形状、色彩等特征非法制造假币，冒充真币的行为，应当认定为《刑法》第 170 条规定的“伪造货币”。对真货币采用剪贴、挖补、揭层、涂改、移位、重印等方法加工处理，改变真币形态、价值的行为，应当认定为《刑法》第 173 条规定的“变造货币”。该司法解释第 2 条规定，同时采用伪造和变造手段，制造真伪拼凑货币的行为，依照《刑法》第 170 条的规定，以伪造货币罪定罪处罚。该司法解释第 3 条规定，以正在流通的境外货币为对象的假币犯罪，依照《刑法》第 170 条至第 173 条的规定定罪处罚。假境外货币犯罪的数额，按照案发当日中国外汇交易中心或者中国人民银行授权机构公布的人民币对该货币的中间价折合成人民币计算。中国外汇交易中心或者中国人民银行授权机构未公布汇率中间价的境外货币，按照案发当日境内银行人民币对该货币的中间价折算成人民币，或者该货币在境内银行、国际外汇市场对美元汇率，与人民币对美元汇率中间价进行套算。该司法解释第 4 条规定，以中国人民银行发行的普通纪念币和贵金属纪念币为对象的假币犯罪，依照《刑法》第 170 条至第 173 条的规定定罪处罚。假普通纪念币犯罪的数额，以面额计算；假贵金属纪念币犯罪的数额，以贵金属纪念币的初始发售价格计算。该司法解释第 5 条规定，以使用为目的，伪造停止流通的货币，或者使用伪造的停止流通的货币的，依照《刑法》第 266 条的规定，以诈骗罪定罪处罚。

（三）量刑标准

根据《刑法》第 170 条规定，犯伪造货币罪，处 3 年以上 10 年以下有期徒刑，并处罚金；有下列情形之一的，处 10 年以上有期徒刑或者无期徒刑，并处罚金或者没收财产：（1）伪造货币集团的首要分子；（2）伪造货币数额特别巨大的；（3）有其他特别严重情节的。所谓伪造货币集团的首要分子，是指在伪造国家货币的犯罪组织中起组织、策划、指挥、领导作用的犯罪分子或者在共同犯罪中起主要作用的犯罪分子。伪造货币的总面额在3万元以上的,属于“伪造货币数额特别巨大”。所谓有其他严重情节的,一般是指动机鄙劣或者此种伪造货币行为虽然数额并不一定属于“数额特别巨大”,但是造成较为严重的后果或者实际损失的。如虽伪造人民币数额不大,但是在一定范围内影响极为恶劣,造成一定范围内社会动荡的,就可视为情节特别严重。

二、出售、购买、运输假币案

中华人民共和国刑法(节选)

第一百七十一条第一款 出售、购买伪造的货币或者明知是伪造的货币而运输,数额较大的,处三年以下有期徒刑或者拘役,并处二万元以上二十万元以下罚金;数额巨大的,处三年以上十年以下有期徒刑,并处五万元以上五十万元以下罚金;数额特别巨大的,处十年以上有期徒刑或者无期徒刑,并处五万元以上五十万元以下罚金或者没收财产。

出售、购买、运输假币罪,是指出售、购买伪造的货币或者明知是伪造的货币而进行运输,数额较大的行为。

(一)立案标准

根据最高人民检察院、公安部《关于公安机关管辖的刑事案件立案追诉标准的规定(二)》第20条规定,出售、购买伪造的货币或者明知是伪造的货币而运输,总面额在4000元以上或者币量在400张(枚)以上的,应予立案追诉。

在出售假币时被抓获的,除现场查获的假币应认定为出售假币的数额外,现场之外在行为人住所或者其他藏匿地查获的假币,也应认定为出售假币的数额。

本罪是数额犯,构成本罪必须达到“数额较大”的标准。最高人民法院《关于审理伪造货币等案件具体应用法律若干问题的解释》规定,出售、购买假币或者明知是假币而运输,总面额在4000元以上不满5万元的,属于“数额较大”。

(二)定罪标准

1. 本罪的构成

(1)所侵犯的客体是国家货币管理制度。

(2)客观方面表现为行为人明知是伪造的货币而进行出售或者购买的行为,或者明知是伪造的货币而进行运输的行为，但必须达到数额较大的标准。无论是出售行为，还是购买、运输行为，其最终结果皆是伪造的货币的持有人将所持有的伪造的货币，冒充真币，用于生产、消费，使其进入流通领域，从而使他人受到蒙骗，遭受损失。所谓出售，是指行为人明知是伪造的货币，以一定的价格卖给他人，从而换取真币，谋取非法利益。所谓购买，是指行为人明知是伪造的货币，以较低价格的真币予以收购。所谓运输，是指行为人明知是伪造的货币，以一定的方式将其从此地转移到彼地。所谓伪造的货币，是指依照人民币或者外币的图案、色彩、形状等，使用印刷、复印、描绘、拓印等各种制作方法，将非货币的物质非法制造为假货币，冒充真货币。这里的"货币"，是指可在国内市场流通或者兑换的人民币和境外货币。货币面额应当以人民币计算，其他币种以案发时国家外汇管理机关公布的外汇牌价折算成人民币。无论行为人是实施出售、购买、运输伪造货币的一种或者两种、三种行为，也不管是一次实施还是几次实施，只要出售、购买伪造的货币或者明知是伪造的货币而运输的，就构成犯罪。应当注意，对于同一宗假币，行为人购买、出售或者运输的，不得重复计算。

（3）主体是一般主体。

（4）主观方面是故意，要求行为人必须明知是假币而出售、购买或者运输。过失不构成本罪。刑法并未规定必须以营利为目的才能构成本罪，即以获取非法利益为目的并不是构成本罪的必备要件。

2. 本罪的罪数认定

出售、购买、运输伪造货币的行为，既可以结合进行，也可以单独进行，但法律只要求行为人具备其中的一种行为，即构成本罪。如果同时实施了上述两种或者三种行为，可以按选择性罪名的方法，以一罪处罚，不实行数罪并罚。如果行为人伪造货币又出售、购买、运输非自己伪造的货币的，应分别定为伪造货币罪和出售、购买、运输假币罪，实行数罪并罚。根据最高人民法院《关于审理伪造货币等案件具体应用法律若干问题的解释》的有关规定，行为人购买假币后使用，构成犯罪的，依照《刑法》第 171 条的规定，以购买假币罪定罪，从重处罚。行为人出售、运输假币构成犯罪，同时有使用假币行为的，依照《刑法》第 171 条、第 172 条的规定，实行数罪并罚。

3. 本罪中共同犯罪的认定

在共同犯罪中，故意为出售、购买、运输假币罪犯提供场所、交通工具、包装物、能源或其他所需设备的，应以出售、购买、运输假币罪的共犯论处。其主、从犯性质依其在犯罪中所起的作用和所处的地位而定。在有些情况下，托运人并未向承运人如实告知所运伪造货币的真实情况,承运人也不清楚其所运货物的真实情况。此种情况下,承运人是被蒙骗的,不构成共同犯罪,也不应当承担刑事责任。

4. 本罪与金融工作人员购买假币罪的界限

两者不同之处在于:一是侵犯的客体稍有不同,后者除侵犯了国家的货币制度外,还损害了金融机构的信誉。二是前者购买伪造的货币数额较大的才构成犯罪,后者则没有这一限制,金融机构的工作人员不论购买多少伪造的货币都构成犯罪。三是主体不同,前者是一般主体,后者是特殊主体,即只有银行或者其他金融机构的工作人员才可以成为犯罪的主体。

5. 本罪与金融工作人员以假币换取货币罪的界限

两者的主要区别在于:(1)侵犯的客体不同。后者除侵犯国家的金融制度外,还损害了金融机构的信誉。(2)客观方面表现不同。前者在客观方面表现为出售、购买、运输数额较大的伪造货币,后者在客观方面则表现为利用职务上的便利以伪造的货币换取货币。(3)主体不同。前者是一般主体,后者是特殊主体,即只有银行或者其他金融机构的工作人员才可以成为犯罪的主体。

(三)量刑标准

根据《刑法》第 171 条的规定,犯出售、购买、运输假币罪的,数额较大的,处 3 年以下有期徒刑或者拘役,并处 2 万元以上 20 万元以下罚金;数额巨大的,处 3 年以上 10 年以下有期徒刑,并处 5 万元以上 50 万元以下罚金;数额特别巨大的,处 10 年以上有期徒刑或者无期徒刑,并处 5 万元以上 50 万元以下罚金或者没收财产。

根据最高人民法院《关于审理伪造货币等案件具体应用法律若干问题的解释》的有关规定,出售、购买假币或者明知是假币而运输,总面额在 4000 元以上不满 5 万元的,属于"数额较大";总面额在 5 万元以上不满 20 万元的,属于"数额巨大";总面额在 20 万元以上的,属于"数额特别巨大",依照《刑法》第 171 条第 1 款的规定定罪处罚。

三、金融工作人员购买假币、以假币换取货币案

中华人民共和国刑法(节选)

第一百七十一条第二款 银行或者其他金融机构的工作人员购买伪造的货币或者利用职务上的便利,以伪造的货币换取货币的,处三年以上十年以下有期徒刑,并处二万元以上二十万元以下罚金;数额巨大或者有其他严重情节的,处十年以上

有期徒刑或者无期徒刑，并处二万元以上二十万元以下罚金或者没收财产；情节较轻的，处三年以下有期徒刑或者拘役，并处或者单处一万元以上十万元以下罚金。

金融工作人员购买假币、以假币换取货币罪，是指银行或者其他金融机构工作人员明知是伪造的货币而予以购买，或者利用职务上的便利，以伪造的货币换取真货币的行为。

(一)立案标准

根据中央纪委、国家监委印发的《国家监察委员会管辖规定(试行)》，公职人员涉嫌购买假币、以假币换取货币犯罪案件，应当由监察机关管辖；公职人员以外的其他人员涉嫌购买假币、以假币换取货币犯罪案件，由公安机关管辖。

有下列情形之一，应当立案追诉：

(1)银行或者其他金融机构的工作人员购买伪造的货币或者利用职务上的便利，以伪造的货币换取货币，总面额在2000元以上。所谓利用职务上的便利，是指金融工作人员利用本身的职务、职权或者与职务有关的特殊身份，能够接触金融机构的经营款的便利条件，一般包括管理金库、出纳现金、吸收付出存款等条件。所谓伪造的货币，是指依照人民币或者外币的图案、色彩、形状等，使用印刷、复印、描绘、拓印等各种制作方法，将非货币的物质非法制造为假货币冒充真货币。这里的“货币”，是指可在国内市场流通或者兑换的人民币和境外货币。货币面额应当以人民币计算，其他币种以案发时国家外汇管理机关公布的外汇牌价折算成人民币。无论行为人是一次还是几次购买或者兑换伪造的货币，只要购买、兑换的货币的面额累计达到2000元以上的，就应当立案。应当注意的是，对于先购买后兑换的同一宗假币，不得重复计算。

(2)币量在200张(枚)以上。这里的“币量200张(枚)”，是指购买、兑换假币的总数量，而不论货币面额的大小。对于这类情形，无论行为人是一次购买、兑换假币或者是几次购买、兑换假币，只要购买、兑换的假币数量累计达到200张(枚)以上的，就应当立案。

(二)定罪标准

1. 本罪的构成

(1)侵犯的客体是国家的金融管理制度和金融机构的信誉。

(2)客观方面表现为银行或者其他金融机构的工作人员购买伪造的货币，或者利用职务上的便利以伪造的货币换取货币的行为。无论这种伪造的货币是自己买来的，还是他人提供的而为他人换取，都不影响本罪的成立。如果行为人先购买伪造的货币，然后利用职务上的便利以伪造的货币换取货币的，不实行数罪并罚，只以本罪处罚。

（3）主体是特殊主体，即必须是银行或者其他金融机构的工作人员。其他金融机构是指除银行以外的信用社、信托投资公司、融资租赁公司、证券机构、保险机构等具有货币融通功能的机构。

（4）主观方面由故意构成，即明知是伪造的货币而予以购买或者利用职务上的便利换取货币。如果行为人在工作中误将假币支付给他人，不被视为利用职务上的便利以假币换取真币。

2. 罪与非罪的界限

根据本罪的立案追诉标准，银行或者其他金融机构的工作人员购买伪造的货币或者利用职务上的便利，以伪造的货币换取货币，总面额在2000元以上或者币量200张（枚）以上的，应当追究刑事责任。最高人民法院《关于审理伪造货币等案件具体应用法律若干问题的解释》规定，银行或者其他金融机构的工作人员购买假币或者利用职务上的便利，以假币换取货币，总面额在4000元以上或者币量在400张（枚）以上的，应当定罪量刑；总面额不满人民币4000元或者币量不足400张（枚）或者具有其他情节较轻情形的，处3年以下有期徒刑或者拘役，并处或者单处1万元以上10万元以下罚金。也就是说，这种情形也应当依法追究刑事责任。至于如何把握，有待司法实践中进一步总结研究。

3. 本罪与购买假币罪的界限

两者之间的区别主要在于：首先，主体不同。前者的主体是一般主体；而后者的主体是特殊主体，即银行或者其他金融机构的工作人员。其次，一般主体购买伪造的货币的行为，必须是购买伪造的货币数额较大的才构成犯罪；而银行或者其他金融机构的工作人员购买伪造的货币在数额上则没有这一限制，即只要实施了购买伪造的货币的行为，不论数额大小，都可以构成犯罪。这主要是因为其主体身份的特殊性导致其实施此类行为比一般公民购买伪造的货币的行为具有更大的社会危害性，应当予以严厉打击。

（三）量刑标准

根据《刑法》第171条第2款的规定，犯金融工作人员购买假币、以假币换取货币罪的，处3年以上10年以下有期徒刑，并处2万元以上20万元以下的罚金，数额巨大或者有其他严重情节的，处10年以上有期徒刑或者无期徒刑，并处2万元以上

20万元以下罚金或者没收财产；情节较轻的，处3年以下有期徒刑或者拘役，并处或单处1万元以上10万元以下罚金。这里的其他严重情节，一般认为是造成恶劣社会影响，如严重扰乱了金融秩序，造成公众对银行或者其他金融机构的严重不信任等。

根据最高人民法院《关于审理伪造货币等案件具体应用法律若干问题的解释》的有关规定，银行或者其他金融机构的工作人员购买假币或者利用职务上的便利，以假币换取货币，总面额在4000元以上不满5万元或者币量在400张(枚)以上不足5000张(枚)的，处3年以上10年以下有期徒刑，并处2万元以上20万元以下罚金；总面额在5万元以上或者币量在5000张(枚)以上或者有其他严重情节的，处10年以上有期徒刑或者无期徒刑，并处2万元以上20万元以下罚金或者没收财产；总面额不满人民币4000元或者币量不足400张(枚)或者具有其他情节较轻情形的，处3年以下有期徒刑或者拘役，并处或者单处1万元以上10万元以下罚金。

四、持有、使用假币案

中华人民共和国刑法(节选)

第一百七十二条　明知是伪造的货币而持有、使用，数额较大的，处三年以下有期徒刑或者拘役，并处或者单处一万元以上十万元以下罚金；数额巨大的，处三年以上十年以下有期徒刑，并处二万元以上二十万元以下罚金；数额特别巨大的，处十年以上有期徒刑，并处五万元以上五十万元以下罚金或者没收财产。

持有、使用假币罪，是指明知是伪造的货币而故意使用或持有，数额较大的行为。

(一)立案标准

根据最高人民检察院、公安部《关于公安机关管辖的刑事案件立案追诉标准的规定(二)》第22条规定，明知是伪造的货币而持有、使用，总面额在4000元以上或者币量在400张(枚)以上的，应予立案追诉。

所谓伪造的货币，是指依照人民币或者外币的图案、色彩、形状等，使用印刷、复印、描绘、拓印等各种制作方法，将非货币的物质非法制造为假货币冒充真货币。这里的“货币”，是指可在国内市场流通或者兑换的人民币和境外货币。货币面额应当以人民币计算，其他币种以案发时国家外汇管理机关公布的外汇牌价折算成人民币。所谓持有,是指占用,不能仅仅理解为随身携带。所谓使用,是指在经济活动中,以假币作为交换的中介。至于使用的方法怎样或者使用的方法是否合法,不影响本罪的立案追诉,如使用伪造的货币作为赌博的赌金、购买货物、用于还债等。无论行为人是一次还是几次持有或者使用伪造的货币,只要持有、使用假币的面额累计达到4000元或者币量在400张(枚)以上的,公安机关就应当立案侦查。应当注意的是,对于先持有后使用的同一宗假币,不得重复计算。

(二)定罪标准

1. 本罪的构成

(1)侵犯的客体是国家货币管理制度。

(2)客观方面必须具有持有、使用货币数额较大的行为。持有假币是非法行为,根据有关货币管理法规的规定,公民一旦发现假币就应当向货币管理部门报告,并将伪造的货币上缴或者销毁。因此,持有货币是一种非法行为。必须明确的是,持有、使用假币必须达到数额较大才能构成本罪。

(3)主体是一般主体。

(4)主观上由故意构成,其故意犯罪表现为明知是假币而持有、使用。过失不构成此罪。对行为人在不知是假币的情况下而持有、使用的,不是犯罪。

2. 划清一罪与数罪

持有、使用假币是并列的犯罪行为,行为人只要实施了其中一个行为,即构成持有假币罪或使用假币罪。如果行为人既持有伪造的货币、又使用这些假币,属于吸收犯,不实行数罪并罚。

3. 本罪与出售、购买、运输假币罪的界限

两者侵犯的客体、主体、主观方面都相同,不同的是:前者行为人将假币已置于自己的实际支配之下或者将假币投入市场、作为一种支付手段而运用;后者则以一定的价格将假币卖出、以一定的价格用真币换回假币或者使用交通工具将假币从甲地运往乙地。

(三)量刑标准

根据《刑法》第172条的规定,犯持有、使用假币罪的,数额较大的,处3年以下有期徒刑或者拘役,并处或者单处1万元以上10万元以下罚金;数额巨大的,处3年以上10年以下有期徒刑,并处2万元以上20万元以下罚金;数额特别巨大的,处10年以上有期徒刑,并处5万元以上50万元以下罚金或者没收财产。

根据最高人民法院《关于审理伪造货币等案件具体应用法律若干问题的解释》

的有关规定，明知是假币而持有、使用，总面额在4000元以上不满5万元的，属于“数额较大”；总面额在5万元以上不满20万元的，属于“数额巨大”；总面额在20万元以上的，属于“数额特别巨大”，依照《刑法》第172条的规定定罪处罚。

五、变造货币案

中华人民共和国刑法（节选）

第一百七十三条　变造货币，数额较大的，处三年以下有期徒刑或者拘役，并处或者单处一万元以上十万元以下罚金；数额巨大的，处三年以上十年以下有期徒刑，并处二万元以上二十万元以下罚金。

变造货币罪，是指对真实的货币采取挖补、剪贴、涂改、揭层等方法加工处理，使原来的货币改变形态，面值升高，数额较大的行为。

（一）立案标准

根据最高人民检察院、公安部《关于公安机关管辖的刑事案件立案追诉标准的规定（二）》第23条规定，变造货币，总面额在2000元以上或者币量在200张（枚）以上的，应予立案追诉。

所谓变造货币，是指行为人在真币的基础上或者以真币为基本材料，通过挖补、剪贴、涂改、揭层等方法加工处理，使原来的货币改变数量、形态和面值的行为。变造货币罪的一个显著特点，就是行为人所实施的行为不是像伪造货币行为那样仿照真币进行伪造，而是在原有真币的基础上，对其进行加工改造，使其基本上不改变原货币式样和大小图案，而仅仅增加其面额、数量等，使原有货币价值增值。这里的“货币”，是指可在国内市场流通或者兑换的人民币和境外货币。货币面额应当以人民币计算，其他币种以案发时国家外汇管理机关公布的外汇牌价折算成人民币。行为人无论是一次还是几次变造货币，只要变造的货币总面额累计达到2000元或者币量在200张（枚）以上的，公安机关就应当立案侦查。

（二）定罪标准

1. 本罪的构成

（1）侵犯的客体是国家货币法律制度。犯罪的对象是货币，包括人民币和外币。根据《中国人民银行法》的有关规定，人民币由中国人民银行统一印刷、发行；禁止伪造、变造人民币。伪造、变造人民币的行为，必然破坏我国的金融管理制度。

(2)客观方面表现为行为人实施了对国家货币采用剪贴、挖补、拼凑、涂改、揭层等方法进行加工改造,使其增加货币数额的行为。变造货币的行为往往与使用行为相联系,但行为人变造货币后是否已用于流通,拿到市场上使用,达到牟利目的,不影响本罪的成立。变造货币必须是数额较大,才能构成犯罪。变造数额很小,可不以犯罪处理,由公安机关给予行政处罚。

(3)主体是一般主体。

(4)主观方面由故意构成,行为人通常具有牟取非法利益的目的。如果行为人仅是出于好奇或者逞能等原因而对货币进行涂改,改变了货币的面额,但未使用,也不具有使用意图,则不构成犯罪。

2. 本罪与伪造货币罪的界限

两者的主要区别在于:其一,变造货币是在真币的基础上进行加工和处理,以增加原货币的面值;伪造货币则是将非货币的一些物质经过加工后伪装成货币,有的伪造货币的行为要利用货币,如利用彩色复印机复印货币。变造的货币在某种程度上有原货币的成分,如原货币的纸张、金属防伪线等物;伪造的货币则不具有原货币的成分。其二,变造货币的犯罪受到其行为方式的限制,变造的货币数额一般要远远小于假币的数额,而且变造货币的犯罪是在真实货币的基础上进行加工处理,行为人为此还须先行投入一部分货币才能进行变造货币的犯罪。其牟取的非法利益一般情况下要小于伪造货币的犯罪的非法所得利益;而伪造货币的犯罪有的是成批地、大量地伪造假币,其社会危害性相对来说更大一些。其三,伪造货币罪在刑罚即法定刑上也与变造货币罪有所不同,这主要是由于前者的社会危害性往往要大于后者。因此,伪造货币罪没有"数额较大"的构成犯罪的数额标准限制;而变造货币罪的构成要比伪造货币罪的构成严格,即数额较大的,才构成犯罪。

3. 划清一罪与数罪

行为人实施了变造货币的行为,同时又实施了买卖、运输、持有、使用这些变造货币行为的,不应适用数罪并罚,而应按变造货币罪从重处罚。

要注意从经济上打击和制裁犯罪分子,在对犯罪分子判处主刑时,应同时并处罚金,并依法追缴违法所得,没收一切供犯罪使用的工具、物品。对于变造的货币,一律予以收缴,上交中国人民银行统一销毁。

(三)量刑标准

根据《刑法》第 173 条的规定,变造货币,数额较大的,处 3 年以下有期徒刑或者拘役,并处或者单处 1 万元以上 10 万元以下罚金;数额巨大的,处 3 年以上 10 年以下有期徒刑，并处 2 万元以上 20 万元以下罚金。

根据最高人民法院《关于审理伪造货币等案件具体应用法律若干问题的解释》的有关规定，变造货币的总面额在 2000 元以上不满 3 万元的，属于“数额较大”；总面额在 3 万元以上的，属于“数额巨大”，依照《刑法》第 173 条的规定定罪处罚。

六、擅自设立金融机构案

中华人民共和国刑法（节选）

第一百七十四条［根据《刑法修正案（一）》修正］　未经国家有关主管部门批准，擅自设立商业银行、证券交易所、期货交易所、证券公司、期货经纪公司、保险公司或者其他金融机构的，处三年以下有期徒刑或者拘役，并处或者单处二万元以上二十万元以下罚金；情节严重的，处三年以上十年以下有期徒刑，并处五万元以上五十万元以下罚金。

伪造、变造、转让商业银行、证券交易所、期货交易所、证券公司、期货经纪公司、保险公司或者其他金融机构的经营许可证或者批准文件的，依照前款的规定处罚。

单位犯前两款罪的，对单位判处罚金，并对其直接负责的主管人员和其他直接责任人员，依照第一款的规定处罚。

擅自设立金融机构罪，是指未经国家有关主管部门批准，擅自设立商业银行、证券交易所、期货交易所、证券公司、期货经纪公司、保险公司或者其他金融机构的行为。

（一）立案标准

根据最高人民检察院、公安部《关于公安机关管辖的刑事案件立案追诉标准的规定（二）》第 24 条规定，未经国家有关主管部门批准，擅自设立金融机构，涉嫌下列情形之一的，应予立案追诉：

（1）擅自设立商业银行、证券交易所、期货交易所、证券公司、期货公司、保险公司或者其他金融机构的；

（2）擅自设立商业银行、证券交易所、期货交易所、证券公司、期货公司、保险公司或者其他金融机构筹备组织的。

本罪是 1997 年《刑法》规定的。《刑法修正案（一）》进一步明确和扩大了犯罪对象，即将原来规定的犯罪对象扩大到擅自设立商业银行、证券交易所、期货交易所、证券公司、期货经纪公司、保险公司或者其他金融机构。本罪是行为犯，行为人只要实施本罪规定的行为之一，就应当依法立案追究刑事责任。

对于本罪的立案标准，可以作如下理解：

(1)本罪立案标准第1项规定，“擅自设立商业银行、证券交易所、期货交易所、证券公司、期货经纪公司、保险公司或者其他金融机构的”，应当立案追究。根据《中国人民银行法》第31条的规定，金融机构的设立、变更、终止和业务范围应当由中国人民银行按照规定审批(2003年修正已删该条)。所谓擅自设立，是指行为人未经国家有关主管部门批准而设立。包括未依照商业银行法、证券法等法律、法规规定的条件、程序向国家有关主管部门申请设立，或者行为人虽向国家有关主管部门申请设立，但未获得批准或未取得有关的经营许可证。司法实践中，应当重点注意两个问题：一是根据国务院1998年7月13日发布的《非法金融机构和非法金融业务活动取缔办法》第22条规定，“设立非法金融机构或者从事非法金融业务活动，构成犯罪的，依法追究刑事责任；尚不构成犯罪的，由中国人民银行没收非法所得，并处非法所得1倍以上5倍以下的罚款；没有非法所得的，处10万元以上50万元以下的罚款”。由此可见，并非所有的擅自设立金融机构的行为都构成犯罪，实践中要具体情况具体分析，并从案件影响的大小、社会危害程度等方面进行综合评定。二是应当把“擅自设立金融机构”与“金融机构设立、合并、撤销分支机构或者代表机构”区分开来，对后者一般不以犯罪论处。根据国务院1999年2月22日发布实施的《金融违法行为处罚办法》第5条的规定，“金融机构设立、合并、撤销分支机构或者代表机构的，应当经中国人民银行批准。未经中国人民银行批准，金融机构擅自设立、合并、撤销分支机构或者代表机构的，给予警告，并处5万元以上30万元以下的罚款；对该金融机构直接负责的高级管理人员，给予撤职直至开除的纪律处分”。

(2)本罪立案标准第2项规定，“擅自设立商业银行、证券交易所、期货交易所、证券公司、期货经纪公司、保险公司或者其他金融机构筹备组织的”，应当立案追究。这里的“筹备组织”，是指为设立商业银行、证券交易所、期货交易所、证券公司、期货经纪公司、保险公司或者其他金融机构而擅自成立的临时筹备机构。对于这种行为，也不能一概而论。司法实践中，要具体情况具体分析，并从案件影响的大小、社会危害程度等方面进行综合评定。对于尚不构成犯罪的，给予行政处分或者行政处罚。

(二)定罪标准

1. 本罪的构成

(1)侵犯的客体是国家对设立金融机构的审批管理制度。根据有关法律规定，商业银行、证券交易所、期货交易所、证券公司、期货经纪公司、保险公司或者其他金融机构的设立必须符合一定的条件,并经国家有关主管部门批准方可。

(2)客观方面表现为未经国家有关主管部门批准,擅自设立商业银行、证券交易所、期货交易所、证券公司、期货经纪公司、保险公司或者其他金融机构的行为。

(3)主体是一般主体,自然人和单位均可构成本罪。

(4)主观方面由故意构成,即行为人明知未经国家有关主管部门批准而设立金融机构是非法的,但故意违反有关法律、法规的规定,设立上述金融机构,开展金融业务。

2. 罪与非罪的界限

实践中,要注意把握以下几个环节:(1)本罪的范围主要包括商业银行、证券交易所、期货交易所、证券公司、期货经纪公司、保险公司或者其他金融机构,擅自设立非金融机构不构成本罪。(2)在犯罪形式上,主要包括已经成立非法的金融机构和只成立了非法金融机构的筹备组织两种形式。(3)从主观方面来看,行为人明知成立金融机构需要有关主管部门审批而不报请审批或者未获批准,擅自设立金融机构,开展金融业务。只要符合上述条件的,就应当依法追究刑事责任。

(三)量刑标准

依照《刑法》第 174 条的规定,犯擅自设立金融机构罪的,处 3 年以下有期徒刑或者拘役,并处或者单处 2 万元以上 20 万元以下罚金;情节严重的,处 3 年以上 10 年以下有期徒刑,并处 5 万元以上 50 万元以下罚金。单位犯本罪的,对单位判处罚金,并对其直接负责的主管人员和其他直接责任人员,依照前款规定处罚。

七、伪造、变造、转让金融机构经营许可证、批准文件案

中华人民共和国刑法(节选)

第一百七十四条[根据《刑法修正案(一)》修正]　未经国家有关主管部门批准,擅自设立商业银行、证券交易所、期货交易所、证券公司、期货经纪公司、保险公司或者其他金融机构的,处三年以下有期徒刑或者拘役,并处或者单处二万元以上二十万元以下罚金;情节严重的,处三年以上十年以下有期徒刑,并处五万元以上五十万元以下罚金。

伪造、变造、转让商业银行、证券交易所、期货交易所、证券公司、期货经纪公司、保险公司或者其他金融机构的经营许可证或者批准文件的,依照前款的规定处罚。

单位犯前两款罪的,对单位判处罚金,并对其直接负责的主管人员和其他直接责任人员,依照第一款的规定处罚。

伪造、变造、转让金融机构经营许可证、批准文件罪，是指违反国家金融管理法规，非法伪造、变造、转让商业银行、证券交易所、期货交易所、证券公司、期货经纪公司、保险公司或者其他金融机构的经营许可证或者批准文件的行为。

（一）立案标准

根据最高人民检察院、公安部《关于公安机关管辖的刑事案件立案追诉标准的规定（二）》第25条规定，伪造、变造、转让商业银行、证券交易所、期货交易所、证券公司、期货公司、保险公司或者其他金融机构的经营许可证或者批准文件的，应予立案追诉。

本罪是行为犯，行为人实施了伪造、变造、转让金融机构经营许可证、批准文件的行为，原则上都应当依法追究刑事责任。《刑法修正案》对本条作了修订和完善，明确和扩大了犯罪对象，增加规定了伪造、变造、转让“证券交易所、期货交易所、证券公司、期货经纪公司、保险公司”的经营许可证的行为，以及伪造、变造、转让上述金融机构“批准文件”的行为。

经营许可证或者批准文件是政府主管部门印制或者批准的，以证明、监督金融机构合法经营的凭证。金融机构的经营许可证或者批准文件对于维护正常的金融秩序有着重要的意义，尤其是在现阶段，金融市场管理比较混乱，严惩伪造、变造、转让金融经营许可证或者批准文件的行为，有利于严格执行商业银行、证券交易所、期货交易所、证券公司、期货经纪公司、保险公司或者其他金融机构的审批制度，保障其合法经营，维护金融业的稳定发展。所谓伪造，是指仿照《经营金融业务许可证》或者批准文件的式样、图案、色彩，以印刷、描绘等方法制作虚假的《经营金融业务许可证》或者批准文件，达到以假充真的目的。所谓变造，是指对真的《经营金融业务许可证》或者批准文件采用挖补、剪接等方法进行改造，以改变其名称、住所、经营范围等内容。所谓转让，是指行为人通过各种方式将其所有的经营许可证或者批准文件转让给其他人。无论这种转让是否有偿，也无论转让的对象是谁，都应当立案追究。“伪造、变造、转让”三种行为是选择性关系，行为人实施上述一种或者一种以上行为的，公安机关就应当立案侦查。

（二）定罪标准

1. 本罪的构成

（1）侵犯的客体是指国家的金融管理制度。

（2）客观方面表现为违反国家金融管理法规，非法伪造、变造、转让商业银行、证券交易所、期货交易所、证券公司、期货经纪公司、保险公司或者其他金融机构的经营许可证或者批准文件的行为。

(3)主体是一般主体,自然人和单位均可构成。

(4)主观方面由故意构成,过失不构成本罪。本罪的犯罪动机多种多样,有的通过转让的方式直接获利,有的通过伪造、变造经营许可证或者批准文件达到非法经营的目的,不论动机如何,均不影响本罪的成立。

本罪属选择性罪名,只要行为人实施了伪造、变造、转让其中一个行为的,即构成本罪。但在确定罪名时,则应根据行为人所实施的行为特征进行选择。如果具备两个或全部三个行为的,只构成一罪而不应数罪并罚。

2. 本罪罪数的认定

实践中伪造、变造、转让金融机构经营许可证或者批准文件的犯罪活动,往往与擅自设立金融机构、非法吸收公众存款等犯罪交织在一起,互相牵连。对这种情况,应根据犯罪行为的目的和刑法理论中牵连犯罪的处罚原则以及司法实践中的一贯做法进行处理,对于符合牵连犯特征的,应择一重罪定罪量刑。

(三)量刑标准

根据《刑法》第174条的规定,犯伪造、变造、转让金融机构许经营可证、批准文件罪的,处3年以下有期徒刑或者拘役,并处或者单处2万元以上20万元以下罚金;情节严重的,处3年以上10年以下有期徒刑,并处5万元以上50万元以下罚金。单位犯本罪的,对单位判处罚金,并对其直接负责的主管人员和其他直接责任人员,依照前款的规定处罚。

八、高利转贷案

中华人民共和国刑法(节选)

第一百七十五条　以转贷牟利为目的,套取金融机构信贷资金高利转贷他人,违法所得数额较大的,处三年以下有期徒刑或者拘役,并处违法所得一倍以上五倍以下罚金;数额巨大的,处三年以上七年以下有期徒刑,并处违法所得一倍以上五倍以下罚金。

单位犯前款罪的,对单位判处罚金,并对其直接负责的主管人员和其他直接责任人员,处三年以下有期徒刑或者拘役。

高利转贷罪,是指行为人以转贷为目的,套取金融机构信贷资金高利转贷他人,违法所得数额较大的行为。

（一）立案标准

根据最高人民检察院、公安部《关于公安机关管辖的刑事案件立案追诉标准的规定（二）》第26条规定，以转贷牟利为目的，套取金融机构信贷资金高利转贷他人，涉嫌下列情形之一的，应予立案追诉：

（1）高利转贷，违法所得数额在10万元以上的。所谓高利转贷，是指个人违反国家贷款法规，套取金融机构信贷资金后，以超过金融机构正常贷款利率转贷给他人的行为。这里的金融机构，既包括银行，又包括除银行以外的信托投资公司、城市信用社、农村信用社等具有信贷业务的机构。这里的“他人”，是指除行为人以外的自然人或者单位。所谓违法所得，是指行为人高利转贷后的非法获利数额，不包括贷款本金在内。只要个人或者单位高利转贷违法所得数额累计达到10万元以上，公安机关就应当立案侦查。

（2）虽未达到上述数额标准，但两年内因高利转贷受过行政处罚2次以上，又高利转贷的。这里“虽未达到上述数额标准”，是指行为人高利转贷的违法所得数额接近本罪立案标准第1项规定的数额标准，并且已经达到该数额的80%以上，即高利转贷违法所得数额在8万元以上。这里“受过行政处罚2次以上”，是指个人或者单位两年内曾经因为高利转贷受到过2次或者2次以上的行政处罚。至于行政处罚的种类、具体时间等，均不影响立案追究刑事责任。只要个人或者单位高利转贷行为同时具备上述条件，公安机关就应当立案侦查。

（二）定罪标准

1. 本罪的构成

（1）侵犯的客体是金融信贷资金管理制度。

（2）客观方面表现为以转贷牟利为目的，套取金融机构信贷资金高利转贷他人，违法所得数额较大的行为。

（3）主体是一般主体，自然人和单位都可以成为本罪的主体。

（4）主观方面是直接故意，还要求行为人具有转贷牟利的目的。但如果行为人具有非法占有信贷资金的目的，则成立贷款诈骗罪。过失不能构成本罪，至于行为人动机则是多种多样的，如贪图钱财、集体私分等。无论行为人动机如何，均不影响本罪的构成。

2. 罪与非罪的界限

本罪是数额犯，是否构成犯罪主要是看违法所得是否达到数额较大的标准。如果违法所得虽未达到一定的数额标准，但因高利转贷，两年内受过行政处罚 2 次以上，又高利转贷的，属于情节严重，也应当依法追究刑事责任。行为人以转贷牟利为目的，套取金融机构信贷资金高利转贷他人数额不大的，不作为犯罪处理，可以给予相应的行政处罚。

3. 本罪与贷款诈骗罪的界限

两者的区别在于：(1)犯罪主观方面不同。前者的主观上是以转贷牟利为目的；后者是以非法占有为目的。(2)犯罪的客观方面不同。前者是套取金融机构信贷资金转贷他人；后者是采取《刑法》第 193 条明确规定的 5 种诈骗贷款的方法之一骗取贷款的行为。

4. 本罪与违法发放贷款罪的界限

区别在于：(1)主体不同。后罪的主体必须是银行或者金融机构的工作人员；前者的主体可能是金融机构工作人员，也可能是其他自然人。(2)后者构成必须以违反法律、行政法规规定为必要要件；而对前者没有此项要求。(3)客观方面不同。后罪是行为人向关系人及关系人以外的其他人发放贷款的行为；而前者仅是套取银行信贷资金高利转贷他人的行为，而不论是否是关系人。

(三)量刑标准

依照《刑法》第 175 条的规定，犯高利转贷罪的，违法所得数额较大的，处 3 年以下有期徒刑或者拘役，并处违法所得 1 倍以上 5 倍以下罚金；数额巨大的，处 3 年以上 7 年以下有期徒刑，并处违法所得 1 倍以上 5 倍以下罚金。至于何为"数额较大""数额巨大"，根据有关司法解释确定。单位犯本罪的，对单位判罚金，并对其直接负责的主管人员和其他直接责任人员，处 3 年以下有期徒刑或者拘役。对单位犯罪中的个人，不并处或者单处罚金刑。

九、骗取贷款、票据承兑、金融票证案

中华人民共和国刑法(节选)

第一百七十五条之一[根据《刑法修正案(六)》增加]　以欺骗手段取得银行或者其他金融机构贷款、票据承兑、信用证、保函等，给银行或者其他金融机构造成重大损失或者有其他严重情节的，处三年以下有期徒刑或者拘役，并处或者单处罚金；给银行或者其他金融机构造成特别重大损失或者有其他特别严重情节的，处三年以上七年以下有期徒刑，并处罚金。

单位犯前款罪的，对单位判处罚金，并对其直接负责的主管人员和其他直接责任人员，依照前款的规定处罚。

骗取贷款、票据承兑、金融票证罪，是指以欺骗手段取得银行或者其他金融机构贷款、票据承兑、信用证、保函等，给银行或者其他金融机构造成重大损失或者有其他严重情节的行为。

（一）立案标准

根据最高人民检察院、公安部《关于公安机关管辖的刑事案件立案追诉标准的规定（二）》第 27 条规定，以欺骗手段取得银行或者其他金融机构贷款、票据承兑、信用证、保函等，涉嫌下列情形之一的，应予立案追诉：

（1）以欺骗手段取得贷款、票据承兑、信用证、保函等，数额在 100 万元以上的；

（2）以欺骗手段取得贷款、票据承兑、信用证、保函等，给银行或者其他金融机构造成直接经济损失数额在 20 万元以上的；

（3）虽未达到上述数额标准，但多次以欺骗手段取得贷款、票据承兑、信用证、保函等的；

（4）其他给银行或者其他金融机构造成重大损失或者有其他严重情节的情形。

本罪名是根据《刑法修正案（六）》第 10 条规定增设的，1979 年《刑法》、1997 年《刑法》及单行刑法均无此规定。单位实施了以欺骗手段取得银行或者其他金融机构贷款、票据承兑、信用证、保函等行为，给银行或者其他金融机构造成重大损失或者有其他严重情节的，对单位及其直接负责的主管人员和其他直接责任人员，应当立案追诉。

（二）定罪标准

1. 本罪的构成

（1）侵犯的客体是国家的信贷管理制度和信贷资金市场秩序。

（2）客观方面表现为以欺骗手段取得银行或者其他金融机构贷款、票据承兑、信用证、保函等，给银行或者其他金融机构造成重大损失或者有其他严重情节的行为。

（3）本罪的主体是一般主体，即凡是达到刑事责任年龄具有刑事责任能力的人都可成为本罪主体。自然人和单位均可以成为本罪的主体。

（4）本罪在主观方面为故意。应当注意的是，本罪不需以非法占有为目的，这是与金融诈骗类犯罪的不同之处。

2.本罪与贷款诈骗罪的界限

在客观方面两罪有相似之处,本罪与贷款诈骗罪的行为人都实施了骗取贷款的行为。不同之处在于:第一,成立犯罪是否要求以非法占有为目的。本罪不要求行为人有非法占有的目的,而贷款诈骗罪是以非法占有为必要要件。2001 年 1 月 21 日,最高人民法院印发了《全国法院审理金融犯罪案件工作座谈会纪要》,纪要明确指出,金融诈骗犯罪都是以非法占有为目的的犯罪。同时,纪要就认定金融诈骗非法占有为日的规定了 7 种情形,即明知没有归还能力而大量骗取资金的;非法获取资金后逃跑的;肆意挥霍骗取资金的;使用骗取的资金进行违法犯罪活动的;抽逃、转移资金,隐匿财产,以逃避返还资金的;隐匿、销毁账目,或者假破产、假倒闭,以逃避返还资金的;其他非法占有资金拒不返还的行为。因此,如果行为人具有非法占有贷款和银行资金的目的,则认定为金融诈骗罪;如果行为人不具有非法占有的目的或者认定非法占有的目的的证据不足,则认定为骗取贷款、票据承兑、金融票证罪。应当注意的是,行为人采用欺诈手段获取金融机构贷款时尚不具有非法占有目的,但骗取金融机构贷款后产生此目的,从而拒不返还贷款,不宜认定为贷款诈骗罪,符合骗取贷款、票据承兑、金融票证罪要件的,应认定为本罪。第二,本罪以造成重大损失或者有其他严重情节为成立要件,可称之为结果犯或情节犯,贷款诈骗罪属于目的犯。根据我国刑法理论界通说,结果犯是指不仅实施犯罪构成客观要件的行为,而且必须发生法定的危害结果,才构成既遂的犯罪。这里的“结果”是指犯罪行为通过对犯罪对象的作用而给犯罪客体所造成的物质性的、可以具体测量确定的现实损害结果。与目的犯的不同之处在于,原则上它以发生一定的危害结果作为犯罪成立的要件。本罪只要实施欺骗手段取得贷款,给银行或者其他金融机构造成重大损失或者有其他严重情节,即可构成。而成立贷款诈骗罪则不同,《刑法》第 193 条并没规定成立本罪需要造成实害结果,行为人只要以非法占有为目的,实施了诈骗银行或其他金融机构的行为,并且数额较大,既可成立贷款诈骗罪。第三,行为对象不同。本罪的行为对象除了银行贷款外,还包括票据承兑、信用证、保函等,而贷款诈骗罪的行为对象仅限于银行贷款。

(三)量刑标准

依照《刑法》第 175 条之一的规定,构成骗取贷款、票据承兑、金融票证罪,处 3 年以下有期徒刑或者拘役,并处或者单处罚金;给银行或者其他金融机构造成特别重大损失或者有其他特别严重情节的,处 3 年以上 7 年以下有期徒刑,并处罚金。单位犯前款罪的,对单位判处罚金,并对其直接负责的主管人员和其他直接责任人员,依照上述规定处罚。

十、非法吸收公众存款案

中华人民共和国刑法(节选)

第一百七十六条 非法吸收公众存款或者变相吸收公众存款,扰乱金融秩序的,处三年以下有期徒刑或者拘役,并处或者单处二万元以上二十万元以下罚金;数额巨大或者有其他严重情节的,处三年以上十年以下有期徒刑,并处五万元以上五十万元以下罚金。

单位犯前款罪的,对单位判处罚金,并对其直接负责的主管人员和其他直接责任人员,依照前款的规定处罚。

非法吸收公众存款罪,是指无权办理存款业务的单位或个人采用非法方法吸收公众存款或变相吸收公众存款,或者金融机构违反规定,以提高利率及其他不正当手段吸收存款、扰乱金融秩序的行为。

(一)立案标准

根据最高人民检察院、公安部《关于公安机关管辖的刑事案件立案追诉标准的规定(二)》第28条规定,非法吸收公众存款或者变相吸收公众存款,扰乱金融秩序,涉嫌下列情形之一的,应予立案追诉:

(1)个人非法吸收或者变相吸收公众存款数额在20万元以上的,单位非法吸收或者变相吸收公众存款数额在100万元以上的。非法吸收公众存款或变相吸收公众存款的行为人一般采用提高利率的办法与银行竞争资金,把大量的资金集中到自己手中,造成大规模社会闲散资金的失控,不利于国家集中有限资金进行必要的经济建设。而且任意提高利率,破坏了国家的统一利率政策,易影响币值的稳定,并易诱发通货膨胀。因此,非法吸收公众存款的行为,是打击经济犯罪的重点之一。所谓非法吸收公众存款,是指违反国家法律、法规的规定,在社会上以存款的形式公开吸收公众资金的行为。这里的"公众存款",是指存款人是不特定的群体,如果存款人只是少数人或者是特定人,如仅限于单位内部人等,不能认为是公众存款。非法吸收公众存款包括两种情况:一是行为人不具有吸收存款的主体资格而吸收公众存款的。例如,近年来出现的少数个人、企业或者单位,违反规定非法成立金融机构,从事吸收公众存款的行为。二是具有吸收存款的主体资格,但其采取的方法是违法的，如有的金融机构为了争揽储户，违反中国人民银行的利率规定，采用擅自提高利率的方式吸收存款，进行不正当竞争，严重破坏了国家的统一利率政策，扰乱金融秩序。所谓变相吸收公众存款，是指行为人通过存款名义以外的其他形式吸收公众存款，从而达到吸收公众存款目的的行为。对于非法吸收或者变相吸收公众存款，个人累计数额在20万元以上、单位累计数额在100万元以上的，公安机关就应当立案侦查。

（2）个人非法吸收或者变相吸收公众存款30户以上的，单位非法吸收或者变相吸收公众存款150户以上的。这是以储户为单位对本罪立案标准进行量化。无论非法吸收或者变相吸收公众存款时间的长短，只要个人累计吸收储户30户以上、单位累计吸收储户150户以上的，公安机关就应当立案侦查。

（3）个人非法吸收或者变相吸收公众存款给存款人造成直接经济损失数额在10万元以上的，单位非法吸收或者变相吸收公众存款给存款人造成直接经济损失数额在50万元以上的。这里的"直接经济损失"，是指给存款人造成的直接财产损毁、减少的实际价值，包括无法返还存款人的本金及同期银行利息，不包括间接经济损失。至于非法吸收存款时超过银行同期利息的部分，由于存在不合法性，不应当计算在直接经济损失之内。

（4）造成恶劣社会影响的。

（5）其他扰乱金融秩序情节严重的情形。

（二）定罪标准

1. 本罪的构成

（1）侵犯的客体是国家的金融管理制度。

（2）客观方面表现为行为人在客观上实施了非法吸收公众存款或变相吸收公众存款的行为。

（3）主体既可以是个人，也可以是单位。实践中发生较多的是具有法人资格的公司、企业进行非法吸收公众存款活动或以其名义进行，所以本罪的主体多为单位。

（4）主观方面是故意，不要求行为人具有非法牟利的目的。即行为人是否已牟利，获利数额大小，甚至亏损，都不影响本罪的成立。但行为人以非法占有为目的骗取公众存款的，成立集资诈骗罪或者其他相应犯罪。

2. 罪与非罪的界限

本罪的特点是行为人"面向社会吸收公众存款"。因此，如果企业、事业单位和政府机关，无视国家规定，采取行政摊派、职工福利、风险抵押等方式，在本单位、本系统内部吸收职工的存款,不能以本罪追究刑事责任。构成本罪,必须达到“扰乱金融秩序”的程度。对于不构成犯罪的,可以根据 1999 年 2 月 22 日国务院发布的《金融违法行为处罚办法》第 15 条、第 27 条、第 28 条的有关规定给予行政处分或者行政处罚。

3. 本罪与集资诈骗罪的界限

两者的主要区别在于行为人主观方面的故意不同。本罪行为人的主观目的是非法牟利,追求本息按期归还存款人后的剩余利润。而集资诈骗罪的行为人是以非法占有为目的,是为了无偿占有存款人所存资金本金,更不会还给存款人利息。有的集资诈骗案件是以先偿还本息为名,再非法骗取更多人更大数额的存款,但仍应以集资诈骗罪处罚。

根据最高人民法院《关于审理非法集资刑事案件具体应用法律若干问题的解释》(法释〔2010〕18 号)第 1 条规定,违反国家金融管理法律规定,向社会公众(包括单位和个人)吸收资金的行为,同时具备下列四个条件的,除刑法另有规定的以外,应当认定为《刑法》第 176 条规定的“非法吸收公众存款或者变相吸收公众存款”:(1)未经有关部门依法批准或者借用合法经营的形式吸收资金;(2)通过媒体、推介会、传单、手机短信等途径向社会公开宣传;(3)承诺在一定期限内以货币、实物、股权等方式还本付息或者给付回报;(4)向社会公众即社会不特定对象吸收资金。未向社会公开宣传,在亲友或者单位内部针对特定对象吸收资金的,不属于非法吸收或者变相吸收公众存款。

根据最高人民法院《关于审理非法集资刑事案件具体应用法律若干问题的解释》第 2 条规定,实施下列行为之一,符合本解释第 1 条第 1 款规定的条件的,应当依照《刑法》第 176 条的规定,以非法吸收公众存款罪定罪处罚:(1)不具有房产销售的真实内容或者不以房产销售为主要目的,以返本销售、售后包租、约定回购、销售房产份额等方式非法吸收资金的;(2)以转让林权并代为管护等方式非法吸收资金的;(3)以代种植(养殖)、租种植(养殖)、联合种植(养殖)等方式非法吸收资金的;(4)不具有销售商品、提供服务的真实内容或者不以销售商品、提供服务为主要目的,以商品回购、寄存代售等方式非法吸收资金的;(5)不具有发行股票、债券的真实内容,以虚假转让股权、发售虚构债券等方式非法吸收资金的;(6)不具有募集基金的真实内容,以假借境外基金、发售虚构基金等方式非法吸收资金的;(7)不具有销售保险的真实内容,以假冒保险公司、伪造保险单据等方式非法吸收资金的;(8)以投资入股的方式非法吸收资金的;(9)以委托理财的方式非法吸收资金的;

(10)利用民间"会""社"等组织非法吸收资金的;(11)其他非法吸收资金的行为。

关于办理非法集资刑事案件中的行政认定和"向社会公开宣传""社会公众"等认定问题。最高人民法院、最高人民检察院、公安部2014年3月25日发布的《关于办理非法集资刑事案件适用法律若干问题的意见》对此作了明确规定:

(1)关于行政认定的问题。行政部门对于非法集资的性质认定,不是非法集资刑事案件进入刑事诉讼程序的必经程序。行政部门未对非法集资作出性质认定的,不影响非法集资刑事案件的侦查、起诉和审判。公安机关、人民检察院、人民法院应当依法认定案件事实的性质,对于案情复杂、性质认定疑难的案件,可参考有关部门的认定意见,根据案件事实和法律规定作出性质认定。

(2)关于"向社会公开宣传"的认定问题。最高人民法院《关于审理非法集资刑事案件具体应用法律若干问题的解释》第1条第1款第2项中的"向社会公开宣传",包括以各种途径向社会公众传播吸收资金的信息,以及明知吸收资金的信息向社会公众扩散而予以放任等情形。

(3)关于"社会公众"的认定问题。下列情形不属于最高人民法院《关于审理非法集资刑事案件具体应用法律若干问题的解释》第1条第2款规定的"针对特定对象吸收资金"的行为,应当认定为向社会公众吸收资金:一是在向亲友或者单位内部人员吸收资金的过程中,明知亲友或者单位内部人员向不特定对象吸收资金而予以放任的;二是以吸收资金为目的,将社会人员吸收为单位内部人员,并向其吸收资金的。

(4)关于共同犯罪的处理问题。为他人向社会公众非法吸收资金提供帮助,从中收取代理费、好处费、返点费、佣金、提成等费用,构成非法集资共同犯罪的,应当依法追究刑事责任。能够及时退缴上述费用的,可依法从轻处罚;其中情节轻微的,可以免除处罚;情节显著轻微、危害不大的,不作为犯罪处理。

(5)关于涉案财物的追缴和处置问题。向社会公众非法吸收的资金属于违法所得。以吸收的资金向集资参与人支付的利息、分红等回报,以及向帮助吸收资金人员支付的代理费、好处费、返点费、佣金、提成等费用,应当依法追缴。集资参与人本金尚未归还的,所支付的回报可予折抵本金。将非法吸收的资金及其转换财物用于清偿债务或者转让给他人,有下列情形之一的,应当依法追缴:他人明知是上述资金及财物而收取的;他人无偿取得上述资金及财物的;他人以明显低于市场的价格取得上述资金及财物的;他人取得上述资金及财物系源于非法债务或者违法犯罪活动的;其他依法应当追缴的情形。查封、扣押、冻结的易贬值及保管、养护成本较高的涉案财物,可以在诉讼终结前依照有关规定变卖、拍卖。所得价款由查封、扣押、冻结机关予以保管,待诉讼终结后一并处置。查封、扣押、冻结的涉案财物,一般应在诉讼终结后,返还集资参与人。涉案财物不足全部返还的,按照集资参与人的集资额比例返还。

(6)关于证据的收集问题。办理非法集资刑事案件中,确因客观条件的限制无法逐一收集集资参与人的言词证据的,可结合已收集的集资参与人的言词证据和依法收集并查证属实的书面合同、银行账户交易记录、会计凭证及会计账簿、资金收付凭证、审计报告、互联网电子数据等证据,综合认定非法集资对象人数和吸收资金数额等犯罪事实。

(7)关于涉及民事案件的处理问题。对于公安机关、人民检察院、人民法院正在侦查、起诉、审理的非法集资刑事案件,有关单位或者个人就同一事实向人民法院提起民事诉讼或者申请执行涉案财物的,人民法院应当不予受理,并将有关材料移送公安机关或者检察机关。人民法院在审理民事案件或者执行过程中,发现有非法集资犯罪嫌疑的,应当裁定驳回起诉或者中止执行,并及时将有关材料移送公安机关或者检察机关。公安机关、人民检察院、人民法院在侦查、起诉、审理非法集资刑事案件中,发现与人民法院正在审理的民事案件属同一事实,或者被申请执行的财物属于涉案财物的,应当及时通报相关人民法院。人民法院经审查认为确属涉嫌犯罪的,依照前款规定处理。

(8)关于跨区域案件的处理问题。跨区域非法集资刑事案件,在查清犯罪事实的基础上,可以由不同地区的公安机关、人民检察院、人民法院分别处理。对于分别处理的跨区域非法集资刑事案件,应当按照统一制定的方案处置涉案财物。国家机关工作人员违反规定处置涉案财物,构成渎职等犯罪的,应当依法追究刑事责任。

(9)非法吸收或者变相吸收公众存款的数额,以行为人所吸收的资金全额计算。案发前后已归还的数额,可以作为量刑情节酌情考虑。非法吸收或者变相吸收公众存款,主要用于正常的生产经营活动,能够及时清退所吸收资金,可以免予刑事处罚;情节显著轻微的,不作为犯罪处理。

(三)量刑标准

依照《刑法》第176条的规定,犯非法吸收公众存款罪,处3年以下有期徒刑或者拘役,并处或者单处2万元以上20万元以下罚金;数额巨大或者有其他严重情节的,处3年以上10年以下有期徒刑,并处5万元以上50万元以下罚金。单位犯非法吸收公众存款罪的,对单位判处罚金,并对其直接负责的主管人员和其他直接责任人员,依照自然人犯罪的法定刑处罚。

根据最高人民法院《关于审理非法集资刑事案件具体应用法律若干问题的解释》(法释〔2010〕18 号)第 3 条规定,非法吸收或者变相吸收公众存款,具有下列情形之一的,应当依法追究刑事责任:(1)个人非法吸收或者变相吸收公众存款,数额在 20 万元以上的,单位非法吸收或者变相吸收公众存款,数额在 100 万元以上的;(2)个人非法吸收或者变相吸收公众存款对象 30 人以上的,单位非法吸收或者变相吸收公众存款对象 150 人以上的;(3)个人非法吸收或者变相吸收公众存款,给存款人造成直接经济损失数额在 10 万元以上的,单位非法吸收或者变相吸收公众存款,给存款人造成直接经济损失数额在 50 万元以上的;(4)造成恶劣社会影响或者其他严重后果的。

具有下列情形之一的,属于《刑法》第 176 条规定的"数额巨大或者有其他严重情节":(1)个人非法吸收或者变相吸收公众存款,数额在 100 万元以上的,单位非法吸收或者变相吸收公众存款,数额在 500 万元以上的;(2)个人非法吸收或者变相吸收公众存款对象 100 人以上的,单位非法吸收或者变相吸收公众存款对象 500 人以上的;(3)个人非法吸收或者变相吸收公众存款,给存款人造成直接经济损失数额在 50 万元以上的,单位非法吸收或者变相吸收公众存款,给存款人造成直接经济损失数额在 250 万元以上的;(4)造成特别恶劣社会影响或者其他特别严重后果的。

非法吸收或者变相吸收公众存款的数额,以行为人所吸收的资金全额计算。案发前后已归还的数额,可以作为量刑情节酌情考虑。非法吸收或者变相吸收公众存款,主要用于正常的生产经营活动,能够及时清退所吸收资金,可以免予刑事处罚;情节显著轻微的,不作为犯罪处理。

十一、伪造、变造金融票证案

中华人民共和国刑法(节选)

第一百七十七条　有下列情形之一,伪造、变造金融票证的,处五年以下有期徒刑或者拘役,并处或者单处二万元以上二十万元以下罚金;情节严重的,处五年以上十年以下有期徒刑,并处五万元以上五十万元以下罚金;情节特别严重的,处十年以上有期徒刑或者无期徒刑,并处五万元以上五十万元以下罚金或者没收财产:

(一)伪造、变造汇票、本票、支票的;

(二)伪造、变造委托收款凭证、汇款凭证、银行存单等其他银行结算凭证的;

(三)伪造、变造信用证或者附随的单据、文件的;

（四）伪造信用卡的。

单位犯前款罪的，对单位判处罚金，并对其直接负责的主管人员和其他直接责任人员，依照前款的规定处罚。

伪造、变造金融票证罪，是指行为人以各种方法，伪造、变造汇票、本票、支票或委托收款凭证、汇款凭证、银行存单等其他银行结算凭证的，或者伪造、变造信用证或者随附的单据、文件或者伪造信用卡的行为。

（一）立案标准

根据最高人民检察院、公安部《关于公安机关管辖的刑事案件立案追诉标准的规定（二）》第29条规定，伪造、变造金融票证，涉嫌下列情形之一的，应予立案追诉：

（1）伪造、变造汇票、本票、支票，或者伪造、变造委托收款凭证、汇款凭证、银行存单等其他银行结算凭证，或者伪造、变造信用证或者附随的单据、文件，总面额在1万元以上或者数量在10张以上的。这里的"金融票证"，是指汇票、本票、支票，委托收款凭证、汇款凭证、银行存单等其他银行结算凭证，信用证或者附随的单据、文件，信用卡。所谓伪造，是指行为人仿照真实的金融票证的形式、图案、格式，通过印刷、复印、绘制等制作方法，非法制造以上金融票证的行为。所谓变造，是指行为人在真实的金融票证的基础之上或以真实金融票证为基础材料，通过剪接、挖补与覆盖、涂改等方法，对金融票证的主要内容非法加以改变的行为。行为人无论是一次还是几次伪造、变造金融票证，也不管行为人是伪造一种或者几种金融票证，只要金融票证面额累计达到1万元或者数量在10张以上的，公安机关就应当立案追诉。

（2）伪造信用卡1张以上，或者伪造空白信用卡10张以上的。伪造信用卡主要表现为：一是非法制造信用卡，即模仿信用卡的质地、模式、版块、图样以及密码等制造信用卡。二是在真卡的基础之上进行伪造，即信用卡本身是合法制造出来的，但是未经银行或者信用卡发卡机机构发行给用户正式使用，即在信用卡面上未加打用户的账户或者姓名，在磁条上也未输入一定的密码信息，行为人将这种空白的信用卡进行"加工"，使其貌似已经发行给用户的信用卡。只要行为人伪造信用卡1张以上，或者伪造空白信用卡10张以上的，就应当立案追诉。

（二）定罪标准

1. 本罪的构成

（1）侵犯的客体是金融票证管理制度。

（2）客观方面表现为伪造、变造金融票证的行为，包括四种行为方式：一是伪造、变造本票、汇票、支票的。二是伪造、变造委托收款凭证、汇款凭证、银行存款单等其他银行结算凭证的。三是伪造、变造信用证或者随附的单据文件的。伪造信用证，是指行为人通过编造虚假的根本不存在的银行开出信用证或者假冒有影响的银行的名义开出假信用证的手段伪造信用证。变造信用证，是指行为人在原信用证的基础之上，采用涂改、剪贴、挖补等方法改变原信用证的内容和主要条款，使其成为虚假的信用证的行为。伪造、变造随附的单据、文件，是指行为人在使用信用证时伪造、变造提单等必须附随信用证使用的单据的行为。四是伪造信用卡的。

(3)主体包括自然人和单位。实践中，主要是以下一些人员和单位：银行或其他金融机构及其从业人员，其他与金融活动密切相关的单位和个人，以及社会上的投机钻营者和其他冒险分子。

(4)主观方面由故意构成。虽然刑法没有规定此罪为目的犯，但应当将使用的目的作为本罪的主观构成要件要素。即伪造、变造金融票证的目的是为了使用。

2. 罪与非罪的界限

本罪刑法上没有规定数额数量标准，但是否立案追诉主要从三个方面去把握：一是从伪造、变造金融票证的面额上来看，如果伪造、变造金融票证面额达到 1 万元以上，就应当立案追究；二是从伪造、变造金融票证的数量上来看，如果伪造、变造金融票证的数量达到 10 张以上的，就应当立案追究；三是伪造信用卡 1 张以上，或者伪造空白信用卡 10 张以上的，应当立案追究。实践中，对变造金融票证的应当注意行为的情节。例如，行为人合法持有一张汇款凭证，因未及时结算而过期失效，行为人为贪图方便未到银行办理更改手续，而是擅自涂改日期，去银行领取款项，这种行为虽属于变造的性质，但情节轻微，不应以犯罪论处。

3. 本罪与伪造、变造国家有价证券罪的界限

伪造、变造国家有价证券罪侵犯的对象是一切有价证券，而本罪的犯罪对象只是法律规定的四种特定的金融票证的犯罪行为，应根据特别法优于普通法的原则定罪处罚。

4. 本罪与贪污罪的界限

对于国家工作人利用职务上的便利，在经营、使用金融票证的过程中，采取伪造、变造票面数额等手段骗取、侵吞公共财物，应以贪污罪论处，不构成本罪。

(三)量刑标准

依照《刑法》第 177 条的规定，犯伪造、变造金融票证罪的，处以 5 年以下有期徒刑或者拘役，并处或单处 2 万元以上 20 万元以下罚金；情节严重的，处 5 年以上 10

年以下有期徒刑,并处 5 万元以上 50 万以下罚金;情节特别严重的,处 10 年以上有期徒刑或者无期徒刑,并处 5 万元以上 50 万元以下罚金或者没收财产。单位犯本罪的,对单位判处罚金,并对其直接负责的主管人员和其他直接责任人员,依照本罪的自然人犯罪的法定刑处罚。所谓情节严重,是指伪造、变造多张金融票证的,伪造、变造的金融票证致使公私财产遭受巨大损失等情形。所谓情节特别严重,是指伪造、变造金融票证数量大、次数多,导致公私财产遭受特别重大的损失等情形。

根据最高人民法院、最高人民检察院《关于办理妨害信用卡管理刑事案件具体应用法律若干问题的解释》(法释〔2009〕19 号,根据法释〔2018〕19 号《关于修改〈关于办理妨害信用卡管理刑事案件具体应用法律若干问题的解释〉的决定》修正)第 1 条规定,复制他人信用卡、将他人信用卡信息资料写入磁条介质、芯片或者以其他方法伪造信用卡 1 张以上的,应当认定为《刑法》第 177 条第 1 款第 4 项规定的“伪造信用卡”,以伪造金融票证罪定罪处罚。伪造空白信用卡 10 张以上的,应当认定为《刑法》第 177 条第 1 款第 4 项规定的“伪造信用卡”,以伪造金融票证罪定罪处罚。伪造信用卡,有下列情形之一的,应当认定为《刑法》第 177 条规定的“情节严重”:(1)伪造信用卡 5 张以上不满 25 张的;(2)伪造的信用卡内存款余额、透支额度单独或者合计数额在 20 万元以上不满 100 万元的;(3)伪造空白信用卡 50 张以上不满 250 张的;(4)其他情节严重的情形。伪造信用卡,有下列情形之一的,应当认定为《刑法》第 177 条规定的“情节特别严重”:(1)伪造信用卡 25 张以上的;(2)伪造的信用卡内存款余额、透支额度单独或者合计数额在 100 万元以上的;(3)伪造空白信用卡 250 张以上的;(4)其他情节特别严重的情形。本条所称“信用卡内存款余额、透支额度”,以信用卡被伪造后发卡行记录的最高存款余额、可透支额度计算。

十二、妨害信用卡管理案

中华人民共和国刑法(节选)

第一百七十七条之一[根据《刑法修正案(五)》增加] 有下列情形之一,妨害信用卡管理的,处三年以下有期徒刑或者拘役,并处或者单处一万元以上十万元以下罚金;数量巨大或者有其他严重情节的,处三年以上十年以下有期徒刑,并处二万元以上二十万元以下罚金:

(一)明知是伪造的信用卡而持有、运输的,或者明知是伪造的空白信用卡而持有、运输,数量较大的;

(二)非法持有他人信用卡,数量较大的;

(三)使用虚假的身份证明骗领信用卡的;

(四)出售、购买、为他人提供伪造的信用卡或者以虚假的身份证明骗领的信用卡的。

窃取、收买或者非法提供他人信用卡信息资料的,依照前款规定处罚。

银行或者其他金融机构的工作人员利用职务上的便利,犯第二款罪的,从重处罚。

妨害信用卡管理罪,是指违反国家信用卡管理法规,在信用卡的发行、使用等过程中,妨害国家对信用卡的管理活动,破坏信用卡管理秩序的行为。

(一)立案标准

根据最高人民检察院、公安部《关于公安机关管辖的刑事案件立案追诉标准的规定(二)》第30条规定,妨害信用卡管理,涉嫌下列情形之一的,应予立案追诉:

(1)明知是伪造的信用卡而持有、运输的;

(2)明知是伪造的空白信用卡而持有、运输,数量累计在10张以上的;

(3)非法持有他人信用卡,数量累计在5张以上的;

(4)使用虚假的身份证明骗领信用卡的;

(5)出售、购买、为他人提供伪造的信用卡或者以虚假的身份证明骗领的信用卡的。

违背他人意愿,使用其居民身份证、军官证、士兵证、港澳居民往来内地通行证、台湾居民来往大陆通行证、护照等身份证明申领信用卡的,或者使用伪造、变造的身份证明申领信用卡的,应当认定为"使用虚假的身份证明骗领信用卡"。

本罪是《刑法修正案(五)》增设的新罪名,1979年《刑法》、1997年《刑法》及单行刑法均无此规定。应当注意本罪为选择性罪名,既包含妨害行为(持有、运输、出售、购买、非法提供、骗领)的选择,也包含对象(伪造的信用卡、他人信用卡)的选择,行为人只要实施一种行为,侵害一种对象即可以成立本罪,应立案追诉;行为人实施了两种以上行为,侵害两种对象的,仍为一罪,不实行并罚,只应立为一起案件进行追诉。

(二)定罪标准

1. 本罪的构成

(1)侵犯的客体是国家的信用卡管理制度,行为对象为信用卡。关于对"信用卡”的理解，根据全国人大常委会《关于〈中华人民共和国刑法〉有关信用卡规定的解释》的规定，刑法规定的“信用卡”，是指由商业银行或者其他金融机构发行的具有消费支付、信用贷款、转账结算、存取现金等全部功能或者部分功能的电子支付卡。

(2)客观方面表现为妨害信用卡管理的行为。具体包括四种情形：明知是伪造的信用卡而持有、运输的，或者明知是伪造的空白信用卡而持有、运输，数量较大的；非法持有他人信用卡，数量较大的；使用虚假的身份证明骗领信用卡的；出售、购买、为他人提供伪造的信用卡或者以虚假的身份证明骗领信用卡的。按照法律规定，行为人只要实施上述行为之一的，就构成本罪。

(3)主体是一般主体，即达到法定刑事责任年龄、具有刑事责任能力的自然人均可构成，单位不能成为本罪的主体。

(4)主观方面表现为故意，行为人具有何种目的与动机，不影响本罪的构成。过失不构成本罪。

2. 关于通过设立虚假募捐网站，窃取捐款者的银行卡账号和密码，意图冒用他人财物行为的定性

关于“银行卡”性质的理解，根据全国人大常委会《关于〈中华人民共和国刑法〉有关信用卡规定的解释》的规定，刑法规定的“信用卡”，是指由商业银行或者其他金融机构发行的具有消费支付、信用贷款、转账结算、存取现金等全部功能或者部分功能的电子支付卡。因此，银行卡也属于信用卡。窃取捐款者银行卡账号和密码无疑是一种窃取他人信用卡资料的行为，根据《刑法修正案(五)》第 1 条的规定，该行为属于妨害信用卡管理当中的一种行为方式，可以构成妨害信用卡管理罪。如果行为人又进一步利用他人银行卡账号和密码，将他人的款项转到自己或第三者的账户上，或者是提取了现金、支付了费用，则属于冒用他人信用卡的行为，同时构成信用卡诈骗罪。只不过这是一种不用信用卡卡片，而仅用其信息资料的较为特殊的冒用。在这种场合，行为人同时触犯妨害信用卡管理罪与信用卡诈骗罪，两罪之间是一种牵连关系，即手段行为与目的行为相牵连，通常应按从一重罪处断的原则处理，而不实行数罪并罚，一般是按信用卡诈骗罪来定罪处罚。

(三)量刑标准

依照《刑法》第 177 条之一的规定，犯妨害信用卡管理罪，处 3 年以下有期徒刑或者拘役，并处或者单处 1 万元以上 10 万元以下罚金；数量巨大或者有其他严重情节的，处 3 年以上 10 年以下有期徒刑，并处 2 万元以上 20 万元以下罚金。银行或

者其他金融机构的工作人员利用职务上的便利,犯第2款罪的,从重处罚。

根据最高人民法院、最高人民检察院《关于办理妨害信用卡管理刑事案件具体应用法律若干问题的解释》(法释〔2009〕19号,根据法释〔2018〕19号《关于修改〈关于办理妨害信用卡管理刑事案件具体应用法律若干问题的解释〉的决定》修正)第2条规定,明知是伪造的空白信用卡而持有、运输10张以上不满100张的,应当认定为《刑法》第177条之一第1款第1项规定的"数量较大";非法持有他人信用卡5张以上不满50张的,应当认定为《刑法》第177条之一第1款第2项规定的"数量较大"。有下列情形之一的,应当认定为《刑法》第177条之一第1款规定的"数量巨大":(1)明知是伪造的信用卡而持有、运输10张以上的;(2)明知是伪造的空白信用卡而持有、运输100张以上的;(3)非法持有他人信用卡50张以上的;(4)使用虚假的身份证明骗领信用卡10张以上的;(5)出售、购买、为他人提供伪造的信用卡或者以虚假的身份证明骗领的信用卡10张以上的。违背他人意愿,使用其居民身份证、军官证、士兵证、港澳居民往来内地通行证、台湾居民来往大陆通行证、护照等身份证明申领信用卡的,或者使用伪造、变造的身份证明申领信用卡的,应当认定为《刑法》第177条之一第1款第3项规定的"使用虚假的身份证明骗领信用卡"。

十三、窃取、收买、非法提供信用卡信息案

中华人民共和国刑法(节选)

第一百七十七条之一[根据《刑法修正案(五)》增加] 有下列情形之一,妨害信用卡管理的,处三年以下有期徒刑或者拘役,并处或者单处一万元以上十万元以下罚金;数量巨大或者有其他严重情节的,处三年以上十年以下有期徒刑,并处二万元以上二十万元以下罚金:

(一)明知是伪造的信用卡而持有、运输的,或者明知是伪造的空白信用卡而持有、运输,数量较大的;

(二)非法持有他人信用卡,数量较大的;

(三)使用虚假的身份证明骗领信用卡的;

(四)出售、购买、为他人提供伪造的信用卡或者以虚假的身份证明骗领的信用卡的。

窃取、收买或者非法提供他人信用卡信息资料的,依照前款规定处罚。

银行或者其他金融机构的工作人员利用职务上的便利,犯第二款罪的,从重处罚。

窃取、收买、非法提供信用卡信息罪,是指以秘密手段获取或者以金钱、物质等换取他人信用卡信息资料的行为,或者违反有关规定,私自提供他人信用卡信息资料的行为。

(一)立案标准

根据最高人民检察院、公安部《关于公安机关管辖的刑事案件立案追诉标准的规定(二)》第31条规定,窃取、收买或者非法提供他人信用卡信息资料,足以伪造可进行交易的信用卡,或者足以使他人以信用卡持卡人名义进行交易,涉及信用卡1张以上的,应予立案追诉。

本罪是《刑法修正案(五)》新增设的罪名。1979年《刑法》、1997年《刑法》及单行刑法均无此规定。本罪的"窃取"是指以秘密手段(包括偷窥、拍摄、复印以及高科技方法等)获取他人信用卡信息资料的行为;"收买"是指以金钱或者物质利益从有关人员(如银行等金融机构的工作人员)手中换取他人信用卡信息资料的行为;"非法提供"是指私自提供合法掌握的他人信用卡信息资料的行为。行为人实施上述行为之一的,应当立案追诉。

(二)定罪标准

1. 本罪的构成

(1)侵犯的客体是国家的信用卡管理制度。

(2)客观方面表现为窃取、收买或者非法提供他人信用卡信息资料的行为。本罪的行为方式多样,包括在ATM机上安装摄像头偷录;在银行、金融机构的自助门禁系统安装假门禁系统,窃取信用卡磁条信息及密码;利用计算机技术破译信用卡磁条信息及密码;等等。

(3)本罪的主体是一般主体。

(4)主观方面必须出于故意,过失不构成本罪。

2. 一罪与数罪

对以下行为,应区分不同情形,分别处理:行为人将窃取、收买到手的他人信用卡信息资料用于自己伪造信用卡的,在构成本罪的同时触犯《刑法》第177条第1款第4项的规定,构成伪造金融票证罪。这种情况属于吸收犯。按照重行为吸收轻行为的原则,只定伪造金融票证罪一个罪,而不实行数罪并罚。如果行为人明知犯罪分子实施伪造信用卡犯罪，而为其提供他人信用卡信息资料的，应当以伪造金融票证罪的共犯论处。即只成立伪造金融票证罪一罪，不另成立窃取、收买、非法提供信用卡信息罪。

3. 根据最高人民法院、最高人民检察院《关于办理妨害信用卡管理刑事案件具体应用法律若干问题的解释》（法释〔2009〕19 号，根据法释〔2018〕19 号《关于修改〈关于办理妨害信用卡管理刑事案件具体应用法律若干问题的解释〉的决定》修正）第 3 条规定，窃取、收买、非法提供他人信用卡信息资料，足以伪造可进行交易的信用卡，或者足以使他人以信用卡持卡人名义进行交易，涉及信用卡 1 张以上不满 5 张的，依照《刑法》第 177 条之一第 2 款的规定，以窃取、收买、非法提供信用卡信息罪定罪处罚；涉及信用卡 5 张以上的，应当认定为《刑法》第 177 条之一第 1 款规定的“数量巨大”。

（三）量刑标准

依照《刑法》第 177 条之一第 1 款、第 2 款的规定，犯窃取、收买、非法提供信用卡信息罪的，处 3 年以下有期徒刑或者拘役，并处或者单处 1 万元以上 10 万元以下罚金；数量巨大或者有其他严重情节的，处 3 年以上 10 年以下有期徒刑，并处 2 万元以上 20 万元以下罚金；银行或者其他金融机构的工作人员利用职务上的便利，犯第 2 款罪的，从重处罚。

十四、伪造、变造国家有价证券案

中华人民共和国刑法（节选）

第一百七十八条第一款 伪造、变造国库券或者国家发行的其他有价证券，数额较大的，处三年以下有期徒刑或者拘役，并处或者单处二万元以上二十万元以下罚金；数额巨大的，处三年以上十年以下有期徒刑，并处五万元以上五十万元以下罚金；数额特别巨大的，处十年以上有期徒刑或者无期徒刑，并处五万元以上五十万元以下罚金或者没收财产。

第一百七十八条第三款 单位犯前两款罪的，对单位判处罚金，并对其直接负责的主管人员和其他直接责任人员，依照前两款的规定处罚。

伪造、变造国家有价证券罪，是指伪造、变造国库券或者国家发行的其他有价证券，数额较大的行为。

（一）立案标准

根据最高人民检察院、公安部《关于公安机关管辖的刑事案件立案追诉标准的规定（二）》第32条规定，伪造、变造国库券或者国家发行的其他有价证券，总面额在2000元以上的，应予立案追诉。

本罪是数额犯，构成犯罪必须达到“数额较大”的标准。犯罪对象是国库券或者其他有价证券。国库券和国家发行的其他有价证券，是国家融资的一条渠道，是国家向社会公众、单位借款的一种方式。它可以吸收和集中社会上大量闲散资金，用于国家重点建设项目，解决国家建设资金的不足，充分发挥资金的效用，同时也弥补财政赤字，促进经济协调发展。伪造、变造国家有价证券进行诈骗活动，给国家、公民和单位造成重大损失，严重侵害了国家对国库券等有价证券的管理制度，扰乱了金融秩序和经济秩序，具有很大的社会危害性。本罪涉及的“其他有价证券”，是指国家发行的财政债券、国家建设债券、保值公债、国家重点建设债券等。所谓伪造有价证券罪，是指为达到使用的目的，伪造国库券或者国家发行的其他有价证券的行为。所谓变造有价证券，是指无权变更国家有价证券所记载内容的人，对真实有效的有价证券，使用涂改、挖补等方式，改变有价证券所记载的日期、数额等内容的行为。变造有价证券与伪造有价证券行为的主要区别在于：变造是以真实有效的有价证券为基础的，而伪造却没有这样的基础。行为人无论是一次还是几次伪造、变造国家有价证券，也不管行为人是伪造一种或者几种有价证券，只要伪造、变造的有价证券面额累计达到2000元以上的，公安机关就应当立案侦查。

（二）定罪标准

1. 本罪的构成

（1）侵犯的客体是国家对有价证券的管理制度。

（2）客观方面表现为伪造、变造国库券或者国家发行的其他有价证券，数额较大的行为。如果利用已经作废的有价证券或者其他物品冒充有价证券，骗取财物的，不能构成本罪。数额较大的，应以诈骗罪论处。

（3）主体是一般主体，自然人和单位均可成为本罪的主体。

（4）主观方面表现为故意，其目的是为了牟取非法利益。行为人只要实施了伪造有价证券的行为并将其伪造、变造出来，即构成本罪既遂。至于是否利用其骗取财物，并不影响本罪的构成。如果既伪造、变造了有价证券，又利用其骗取财物的，应当按牵连犯的处罚原则从一重罪论处，不实行数罪并罚。如果只是出于好奇心或炫耀技巧而伪造、变造国家有价证券的行为则不构成犯罪。

2. 要注意从经济上打击和制裁犯罪分子

在对犯罪分子判处主刑时，应同时并处罚金或没收财产，并依法追缴违法所得，没收一切供犯罪使用的工具、物品以及伪造、变造的证券。

(三) 量刑标准

依照《刑法》第 178 条的规定，犯伪造、变造国家有价证券罪，数额较大的，处 3 年以下有期徒刑或者拘役，并处或者单处 2 万元以上 20 万元以下罚金；数额巨大的，处 3 年以上 10 年以下有期徒刑，并处 5 万元以上 50 万元以下罚金；数额特别巨大的，处 10 年以上有期徒刑或者无期徒刑，并处 5 万元以上 50 万元以下罚金或者没收财产。单位犯本罪的，对单位判处罚金，并对其直接负责的主管人员和其他直接责任人员，依照本罪的规定处罚。

十五、伪造、变造股票、公司、企业债券案

中华人民共和国刑法(节选)

第一百七十八条第二款　伪造、变造股票或者公司、企业债券，数额较大的，处三年以下有期徒刑或者拘役，并处或者单处一万元以上十万元以下罚金；数额巨大的，处三年以上十年以下有期徒刑，并处二万元以上二十万元以下罚金。

第一百七十八条第三款　单位犯前两款罪的，对单位判处罚金，并对其直接负责的主管人员和其他直接责任人员，依照前两款的规定处罚。

伪造、变造股票、公司、企业债券罪，是指伪造、变造股票或者公司、企业债券，数额较大的行为。

(一) 立案标准

根据最高人民检察院、公安部《关于公安机关管辖的刑事案件立案追诉标准的规定(二)》第 33 条规定，伪造、变造股票或者公司、企业债券，总面额在 5000 元以上的，应予立案追诉。

本罪的犯罪对象是股票或者公司、企业债券。所谓股票，是指股份有限公司签发的证明股东按其所持股份享有权利和承担义务的凭证。所谓公司债券，是指公司依法定程序发行的，约定在一定期限内还本付息的有价证券。所谓企业债券，是指公司以外的企业依法定程序发行的，约定在一定期限还本付息的有价证券。所谓伪造、变造股票、公司、企业债券，是指无权制作股票、债券的人，假冒政府、公司、企业

的名义,依照股票、债券的式样,制造假股票、债券冒充真股票、债券的行为。只要行为人伪造、变造股票或者公司、企业债券,总面额累计达到5000元以上的,公安机关就应当立案侦查。

(二)定罪标准

1. 本罪的构成

(1)侵犯的客体是国家对股票和公司、企业债券的管理制度。

(2)客观方面表现为伪造、变造股票、债券的行为。

(3)主体是一般主体,自然人和单位均可成为本罪的主体。

(4)主观方面由故意构成。即明知是股票或者公司、企业债券,自己也无权制造、变更,但为达到使用的目的而仍然为之。至于是否利用其骗取财物,并不影响本罪的成立。

2. 罪与非罪的界限

区别的关键在于数额的限制,即数额较大才能构成本罪。实践中,行为人如果伪造、变造股票或者公司、企业债券量少而额小,社会危害性不大的,不以犯罪论处,可作为一般违法行为处理。

3. 本罪与伪造、变造单位内部的饭菜票、伪造借据、收据、外国的有债证券等行为的界限

区分的关键在于是否危及国家证券市场的管理。单位内部使用的饭菜票,是该单位职工在该单位食堂用餐的代用券,并不是经国家金融机关批准发行,其使用范围只限于单位内部,不能在社会上流通。因此,它不能成为伪造、变造有价证券罪的对象。如果伪造、变造单位内部使用的饭菜票自用或者出售,数额较大的,可定诈骗罪。如果伪造、变造借据、收据、收账凭证等,虽然也反映一定的货币数额,但不是经国家金融机关批准发行的,在社会上也不能流通,伪造、变造这些凭证,应视情况按其他罪论处。

(三)量刑标准

依照《刑法》第178条第2款的规定,犯伪造、变造股票、公司、企业债券罪,数额较大的,处3年以下有期徒刑或者拘役,并处或者单处1万元以上10万元下罚金;数额巨大的,处3年以上10年以下有期徒刑,并处2万元以上20万元以下罚金。单位犯本罪的,对单位判处罚金,并对其直接负责的主管人员和其他责任人员,依照本罪的规定处罚。

十六、擅自发行股票、公司、企业债券案

中华人民共和国刑法(节选)

第一百七十九条　未经国家有关主管部门批准,擅自发行股票或者公司、企业债券,数额巨大、后果严重或者有其他严重情节的,处五年以下有期徒刑或者拘役,并处或者单处非法募集资金金额百分之一以上百分之五以下罚金。

单位犯前款罪的,对单位判处罚金,并对其直接负责的主管人员和其他直接责任人员,处五年以下有期徒刑或者拘役。

擅自发行股票、公司、企业债券罪,是指未经国家有关主管部门批准,擅自发行股票、公司、企业债券,数额巨大、后果严重或者有其他严重情节的行为。

(一)立案标准

根据最高人民检察院、公安部《关于公安机关管辖的刑事案件立案追诉标准的规定(二)》第34条规定,未经国家有关主管部门批准,擅自发行股票或者公司、企业债券,涉嫌下列情形之一的,应予立案追诉:

(1)发行数额在50万元以上的。发行股票和公司、企业债券是一种面向社会公众的大规模的资金筹集方式,它一方面直接涉及社会金融秩序和经济稳定,另一方面还涉及广大投资者的切身利益。因此,国家对股票和公司、企业债券的发行实行严格的管理制度,如《公司法》第四章、第五章分别对股份有限公司的股票和公司企业债券的发行条件、程序及审批制度作了严格规定。违反规定发行股票、债券的行为,均属擅自发行。所谓"擅自发行",主要包括两种情况:一是根本不具备发行股票或公司、企业债券的条件,在程序上根本未得到有关主管部门的批准。二是虽然发行人或单位具备法律规定发行股票的条件,但未经有关主管部门即国务院证券管理部门的批准。证券发行的管理部门是国务院证券委员会和证券监督委员会。证券委员会是我国的证券管理机构,负责股票和公司、企业债券的发行审批工作,证券监督委员会是证券委员会的监督机构,负责证券发行的审查和监督。只要行为人发行股票或者公司、企业债券的数额累计达到50万元以上,公安机关就应当立案侦查。

(2)虽未达到上述数额标准,但擅自发行致使30人以上的投资者购买了股票或者公司、企业债券的。这是指不符合本罪立案追诉标准第1项规定的发行数额,但是达到80%以上即发行数额达到40万元以上,同时致使30人以上的投资者购买了

股票或者公司、企业债券，符合这两个条件的，应当立案侦查。

(3)不能及时清偿或者清退的。由于擅自发行股票或者公司、企业债券的行为是违反证券法、公司法等规定的，因此，对所募集的资金必须无条件清退，不能及时清偿或者清退，必然会给债权人造成经济损失，从而扰乱市场秩序，诱发社会不安定因素等。因此，对“不能及时清偿或者清退的”，公安机关应当立案侦查。

(4)其他后果严重或者有其他严重情节的情形。主要是指擅自发行股票、债券，严重冲击国家债券市场，造成股市大幅波动，引起一时或者一地金融秩序混乱，引发社会不安定因素等。至于具体标准，有待司法实践进一步探讨、总结和完善。实践中，对于是否符合本项规定的立案标准，应当结合具体案情进行综合评定。

(二)定罪标准

1. 本罪的构成

(1)侵犯的客体是国家对股票和公司、企业债券的管理制度。本罪的犯罪对象是股票和公司、企业债券。

(2)客观方面表现为行为人必须实施了未经国家有关主管部门的批准，擅自发行股票或者公司、企业债券，数额巨大、后果严重或者有其他严重情节的行为。擅自发行股票的行为必须达到情节严重的，才能构成犯罪；如果情节较轻，则不作为犯罪认定和处理。所谓情节严重，是指刑法原则上列为数额巨大、后果严重或有其他严重情节的行为。一般认为，后果严重是指擅自发行股票或者公司、企业债券，后因某种原因致使无法退还所募集资金及利息，给广大股票、公司、企业债券购买者造成重大损失等情形。所谓其他严重情节，是指多次擅自发行股票或者公司、企业债券的，或者经有关证券主管部门给予经济或者行政处罚后仍不改正，继续擅自发行股票、债券等情形。

(3)主体是一般主体，包括自然人和单位。通常是发行公司和融销机构(各类证券公司)及其直接负责的主管人员和其他直接责任人员。

(4)主观方面由故意构成，即明知发行股票、债券是非法的而擅自发行股票或者公司、企业债券，并且一般具有非法筹集资金的目的，为个人或单位牟取经济利益。

2. 罪与非罪的界限

本罪的立案标准主要应当从三个方面来把握，即数额是否巨大、后果是否严重或者有其他严重情节。如果擅自发行股票或者公司、企业债券未达到数额巨大、后果严重或者有其他严重情节的，属于一般违法行为，不予立案，可由有关部门按照法律的规定处罚，即未经本法规定的有关主管部门的批准，擅自发行股票或者公司债券的，责令停止发行，退还所募资金及其利息，处以非法所募资金金额1%以上5%以下的罚款。

3. 本罪与集资诈骗罪的界限

两者在行为方式上都可能采用未经批准擅自发行股票或者公司、企业债券的方法，主要区别在于：(1)侵害的客体不同。集资诈骗罪所侵犯客体一般是公私财产所有权，同时也侵犯国家正常的金融管理秩序；本罪仅侵犯金融管理秩序。(2)犯罪目的不同。集资诈骗罪是以非法占有公私财产为目的，从一开始就根本不想偿还非法发行股票或者公司、企业债券所骗取的款项，就是说发行股票或者公司、企业债券只是其诈骗、攫取公私财产的一种手段和借口而已；而擅自发行股票、公司、企业债券罪的主观方面是为了非法募集生产经营资金，并准备按约定付给股息、偿还债券本息，不具有非法占有和骗取公私财产的目的。(3)客观表现不同。集资诈骗罪所采取的是隐瞒真实情况或者捏造虚假事实的手段，以发行股票或者公司、企业债券的名义，欺骗公众、骗取他人的资金；而擅自发行股票、公司、企业债券罪，是不符合发行股票、公司企业债券的条件而擅自发行，或者说虽然符合发行条件，但未经主管部门的批准而发行。(4)对危害结果要求不同。本罪须数额巨大、后果严重或者有其他严重情节，才构成犯罪；而集资诈骗罪则无此要求。

根据最高人民法院《关于审理非法集资刑事案件具体应用法律若干问题的解释》(法释〔2010〕18号)第6条规定，未经国家有关主管部门批准，向社会不特定对象发行、以转让股权等方式变相发行股票或者公司、企业债券，或者向特定对象发行、变相发行股票或者公司、企业债券累计超过200人的，应当认定为《刑法》第179条规定的“擅自发行股票、公司、企业债券”。构成犯罪的，以擅自发行股票、公司、企业债券罪定罪处罚。

(三)量刑标准

依照《刑法》第179条的规定，犯擅自发行股票、公司、企业债券罪的，处5年以下有期徒刑或者拘役，并处或单处非法募集资金金额1%以上5%以下罚金。单位犯本罪的，对单位判处罚金，并对其直接负责的主管人员和其他直接责任人员，处5年以下有期徒刑或者拘役。

十七、内幕交易、泄露内幕信息案

中华人民共和国刑法(节选)

第一百八十条［根据《刑法修正案(一)》《刑法修正案(七)》修正］　证券、期货交易内幕信息的知情人员或者非法获取证券、期货交易内幕信息的人员，在涉及证券的发行，证券、期货交易或者其他对证券、期货交易价格有重大影响的信息尚未公开前，买入或者卖出该证券，或者从事与该内幕信息有关的期货交易，或者泄露该信息，或者明示、暗示他人从事上述交易活动，情节严重的，处五年以下有期徒刑或者拘役，并处或者单处违法所得一倍以上五倍以下罚金；情节特别严重的，处五年以上十年以下有期徒刑，并处违法所得一倍以上五倍以下罚金。

单位犯前款罪的，对单位判处罚金，并对其直接负责的主管人员和其他直接责任人员，处五年以下有期徒刑或者拘役。

内幕信息、知情人员的范围，依照法律、行政法规的规定确定。

内幕交易、泄露内幕信息罪，是指证券、期货交易内幕信息的知情人员或者非法获取证券、期货交易内幕信息的人员，在涉及证券的发行，证券、期货交易或者其他对证券、期货交易价格有重大影响的信息尚未公开前，买入或者卖出该证券，或者从事与该内幕信息有关的期货交易，或者泄露该信息，或者明示、暗示他人从事上述交易活动，情节严重的行为。

（一）立案标准

根据最高人民检察院、公安部《关于公安机关管辖的刑事案件立案追诉标准的规定（二）》第35条规定，证券、期货交易内幕信息的知情人员、单位或者非法获取证券、期货交易内幕信息的人员、单位，在涉及证券的发行，证券、期货交易或者其他对证券、期货交易价格有重大影响的信息尚未公开前，买入或者卖出该证券，或者从事与该内幕信息有关的期货交易，或者泄露该信息，或者明示、暗示他人从事上述交易活动，涉嫌下列情形之一的，应予立案追诉：

（1）证券交易成交额累计在50万元以上的。所谓内幕交易，是指可能对证券市场价格产生重大影响的尚未公开的信息。已经公开的信息已失去其保密性，因而不属于内幕信息。一般信息可能影响证券市场价格，但对证券市场影响不大，因而不属于内幕信息。证券方面的内幕信息包括：可能对上市公司股票交易价格产生较大影响，而投资人尚未得知的重大事件；公司分配股利或者增资的计划；公司股权结构的重大变化；公司债务担保的重大变更；公司营业用主要资产的抵押、出售或者报废一次超过资产的30%；公司股东会、董事会或者监事会的决定被依法撤销；公司的董事、监事或者高级管理人员的行为可能依法负有重大损害赔偿责任；涉及发行人的重大诉讼事项；上市公司收购的有关方案；国务院证券管理部门认定的对证券价格有显著影响的其他重要信息等。

(2)期货交易占用保证金数额累计在30万元以上的。根据《期货交易管理条例》的规定,期货内幕信息包括:中国证监会及其他相关部门制定的对期货交易价格可能发生重大影响的政策,期货交易所作出的可能对期货交易价格发生重大影响的决定,期货交易所会员、客户的资金和交易动向以及中国证监会认定的对期货交易价格有显著影响的其他重要信息。行为人无论是一次交易还是多次交易,只要内幕交易数额累计达到30万元或者30万元以上的,公安机关就应当立案侦查。

(3)获利或者避免损失数额累计在15万元以上的。

(4)多次进行内幕交易、泄露内幕信息的。所谓泄露内幕信息,是指以明示或者暗示的方式将内幕信息透露、提供给不应该知道此信息的第三人的行为。这里的"多次",应当指3次或者3次以上。

(5)其他情节严重的情形。这是对"严重情节"设立的一个兜底条款,是为了适应可能出现的新情况,增强该追诉标准的灵活性。

本罪是1997年《刑法》设立的罪名,《刑法修正案》第4条修改了本条的罪状,增加了有关期货的规定。《刑法修正案(七)》增加规定了"明示、暗示他人从事上述交易活动",但是,其犯罪的主体、对象等均无变化,仍然是内幕信息的知情人员利用内幕信息实施的犯罪。这种行为可以看做是证券、期货交易行为的延伸,属于交易行为的一部分,因此可以包含在"内幕交易"这一行为之内。

(二)定罪标准

1. 本罪的构成

(1)侵犯的客体是国家对证券、期货市场的管理秩序和投资者的合法权益。证券、期货市场的原则是公平、公正和公开。对于涉及证券的发行、证券或者期货交易以及其他对证券、期货交易价格有重大影响的信息,应在法定时间内向大众公布,内幕交易行为侵害了投资者在证券、期货交易市场上对有关投资信息所享有的平等知情权,损害了投资者公平交易的权益,从而也破坏了证券、期货市场的正常秩序。我国《公司法》《证券法》《期货交易管理暂行条例》等对证券、期货的发行和交易作了具体规定。

(2)客观方面表现为证券、期货交易内幕信息的知情人员或者非法获取证券、期货交易内幕信息的人员,在涉及证券的发行,证券、期货交易或者其他对证券、期货交易价格有重大影响的信息尚未公开前,买入或者卖出该证券,或者从事与该内幕信息有关的期货交易,或者泄露该信息,或者明示、暗示他人从事上述交易活动,情节严重的行为。但是，证券、期货买卖人通过自己的努力，对投资公众可以自由取得的，与该信息有关材料进行分析而得出的结论，尽管可能影响证券、期货市场的价格，也不属于内幕信息。如果行为人没有利用掌握的内幕信息从事证券、期货交易，以获取利益或避免损失，但将掌握的内幕信息泄露给他人，从而让他人获取经济利益或避免损失的，同样属于证券、期货欺诈行为，也可构成本罪。根据最高人民法院、最高人民检察院《关于办理内幕交易、泄露内幕信息刑事案件具体应用法律若干问题的解释》（法释〔2012〕6 号）第 4 条规定，具有下列情形之一的，不属于《刑法》第 180 条第 1 款规定的从事与内幕信息有关的证券、期货交易：一是持有或者通过协议、其他安排与他人共同持有上市公司 5% 以上股份的自然人、法人或者其他组织收购该上市公司股份的；二是按照事先订立的书面合同、指令、计划从事相关证券、期货交易的；三是依据已被他人披露的信息而交易的；四是交易具有其他正当理由或者正当信息来源的。

（3）主体是特殊主体，即证券、期货交易内幕信息的知情人员以及非法获取证券、期货交易内幕信息的人员。根据最高人民法院、最高人民检察院《关于办理内幕交易、泄露内幕信息刑事案件具体应用法律若干问题的解释》（法释〔2012〕6 号）第 1 条规定，下列人员应当认定为《刑法》第 180 条第 1 款规定的“证券、期货交易内幕信息的知情人员”：一是《证券法》第 74 条规定的人员；二是《期货交易管理条例》第 85 条第 12 项规定的人员。第 2 条规定，具有下列行为的人员应当认定为《刑法》第 180 条第 1 款规定的“非法获取证券、期货交易内幕信息的人员”：一是利用窃取、骗取、套取、窃听、利诱、刺探或者私下交易等手段获取内幕信息的；二是内幕信息知情人员的近亲属或者其他与内幕信息知情人员关系密切的人员，在内幕信息敏感期内，从事或者明示、暗示他人从事，或者泄露内幕信息导致他人从事与该内幕信息有关的证券、期货交易，相关交易行为明显异常，且无正当理由或者正当信息来源的；三是在内幕信息敏感期内，与内幕信息知情人员联络、接触，从事或者明示、暗示他人从事，或者泄露内幕信息导致他人从事与该内幕信息有关的证券、期货交易，相关交易行为明显异常，且无正当理由或者正当信息来源的。

（4）主观方面是故意，一般以牟取非法利益为目的。过失不构成本罪。

2. 关于“相关交易行为明显异常”的认定

根据最高人民法院、最高人民检察院《关于办理内幕交易、泄露内幕信息刑事案件具体应用法律若干问题的解释》第 3 条规定，本解释第 2 条第 2 项、第 3 项规定的“相关交易行为明显异常”，要综合以下情形，从时间吻合程度、交易背离程度和利益关联程度等方面予以认定：(1)开户、销户、激活资金账户或者指定交易(托管)、撤销指定交易(转托管)的时间与该内幕信息形成、变化、公开时间基本一致的；(2)资金变化与该内幕信息形成、变化、公开时间基本一致的；(3)买入或者卖出与内幕信息有关的证券、期货合约时间与内幕信息的形成、变化和公开时间基本一致的；(4)买入或者卖出与内幕信息有关的证券、期货合约时间与获悉内幕信息的时间基本一致的；(5)买入或者卖出证券、期货合约行为明显与平时交易习惯不同的；(6)买入或者卖出证券、期货合约行为，或者集中持有证券、期货合约行为与该证券、期货公开信息反映的基本面明显背离的；(7)账户交易资金进出与该内幕信息知情人员或者非法获取人员有关联或者利害关系的；(8)其他交易行为明显异常情形。

3. 关于“内幕信息敏感期”的认定

根据最高人民法院、最高人民检察院《关于办理内幕交易、泄露内幕信息刑事案件具体应用法律若干问题的解释》第 5 条规定，本解释所称“内幕信息敏感期”是指内幕信息自形成至公开的期间。《证券法》第 67 条第 2 款所列“重大事件”的发生时间，第 75 条规定的“计划”“方案”以及《期货交易管理条例》第 85 条第 11 项规定的“政策”“决定”等的形成时间，应当认定为内幕信息的形成之时。影响内幕信息形成的动议、筹划、决策或者执行人员，其动议、筹划、决策或者执行初始时间，应当认定为内幕信息的形成之时。内幕信息的公开，是指内幕信息在国务院证券、期货监督管理机构指定的报刊、网站等媒体披露。

4. 关于“违法所得”的认定

《刑法》第 180 条第 1 款规定的“违法所得”，是指通过内幕交易行为所获利益或者避免的损失。内幕信息的泄露人员或者内幕交易的明示、暗示人员未实际从事内幕交易的，其罚金数额按照因泄露而获悉内幕信息人员或者被明示、暗示人员从事内幕交易的违法所得计算。

(三)量刑标准

根据《刑法》第 180 条的规定，犯内幕交易、泄露内幕信息罪，情节严重的，处 5 年以下有期徒刑或者拘役，并处或者单处违法所得 1 倍以上 5 倍以下罚金；情节特别严重的，处 5 年以上 10 年以下有期徒刑，并处违法所得 1 倍以上 5 倍以下罚金。单位犯本罪的，对单位判处罚金，并对其直接负责的主管人员和其他直接责任人员，处 5 年以下有期徒刑或者拘役。

根据最高人民法院、最高人民检察院《关于办理内幕交易、泄露内幕信息刑事案件具体应用法律若干问题的解释》第 6 条规定,在内幕信息敏感期内从事或者明示、暗示他人从事或者泄露内幕信息导致他人从事与该内幕信息有关的证券、期货交易,具有下列情形之一的,应当认定为《刑法》第 180 条第 1 款规定的“情节严重”:(1)证券交易成交额在50 万元以上的;(2)期货交易占用保证金数额在30 万元以上的;(3)获利或者避免损失数额在15 万元以上的;(4)3 次以上的;(5)具有其他严重情节的。

根据最高人民法院、最高人民检察院《关于办理内幕交易、泄露内幕信息刑事案件具体应用法律若干问题的解释》第 7 条规定,在内幕信息敏感期内从事或者明示、暗示他人从事或者泄露内幕信息导致他人从事与该内幕信息有关的证券、期货交易,具有下列情形之一的,应当认定为《刑法》第 180 条第 1 款规定的“情节特别严重”:(1)证券交易成交额在 250 万元以上的;(2)期货交易占用保证金数额在 150 万元以上的;(3)获利或者避免损失数额在 75 万元以上的;(4)具有其他特别严重情节的。

根据最高人民法院、最高人民检察院《关于办理内幕交易、泄露内幕信息刑事案件具体应用法律若干问题的解释》第 8 条规定,二次以上实施内幕交易或者泄露内幕信息行为,未经行政处理或者刑事处理的,应当对相关交易数额依法累计计算。

根据最高人民法院、最高人民检察院《关于办理内幕交易、泄露内幕信息刑事案件具体应用法律若干问题的解释》第 9 条规定,同一案件中,成交额、占用保证金额、获利或者避免损失额分别构成情节严重、情节特别严重的,按照处罚较重的数额定罪处罚。构成共同犯罪的,按照共同犯罪行为人的成交总额、占用保证金总额、获利或者避免损失总额定罪处罚,但判处各被告人罚金的总额应掌握在获利或者避免损失总额的 1 倍以上 5 倍以下。

根据最高人民法院、最高人民检察院《关于办理内幕交易、泄露内幕信息刑事案件具体应用法律若干问题的解释》第 10 条规定,《刑法》第 180 条第 1 款规定的“违法所得”,是指通过内幕交易行为所获利益或者避免的损失。内幕信息的泄露人员或者内幕交易的明示、暗示人员未实际从事内幕交易的,其罚金数额按照因泄露而获悉内幕信息人员或者被明示、暗示人员从事内幕交易的违法所得计算。

根据最高人民法院、最高人民检察院《关于办理内幕交易、泄露内幕信息刑事案件具体应用法律若干问题的解释》第 11 条规定,单位实施《刑法》第 180 条第 1 款规定的行为,具有本解释第 6 条规定情形之一的,按照《刑法》第 180 条第 2 款的规定定罪处罚。

十八、利用未公开信息交易案

中华人民共和国刑法(节选)

第一百八十条第四款[根据《刑法修正案(七)》增加] 证券交易所、期货交易所、证券公司、期货经纪公司、基金管理公司、商业银行、保险公司等金融机构的从业人员以及有关监管部门或者行业协会的工作人员,利用因职务便利获取的内幕信息以外的其他未公开的信息,违反规定,从事与该信息相关的证券、期货交易活动,或者明示、暗示他人从事相关交易活动,情节严重的,依照第一款的规定处罚。

利用未公开信息交易罪,是指证券交易所、期货交易所、证券公司、期货经纪公司、基金管理公司、商业银行、保险公司等金融机构的从业人员以及有关监管部门或者行业协会的工作人员,利用因职务便利获取的内幕信息以外的其他未公开的信息,违反规定,从事与该信息相关的证券、期货交易活动,或者明示、暗示他人从事相关交易活动,情节严重的行为。

(一)立案标准

根据中央纪委、国家监委印发的《国家监察委员会管辖规定(试行)》,公职人员涉嫌利用未公开信息交易犯罪案件,应当由监察机关管辖;公职人员以外的其他人员涉嫌利用未公开信息交易犯罪案件,由公安机关管辖。

本罪是《刑法修正案(七)》新增设的犯罪。

证券交易所、期货交易所、证券公司、期货公司、基金管理公司、商业银行、保险公司等金融机构的从业人员以及有关监管部门或者行业协会的工作人员,利用因职务便利获取的内幕信息以外的其他未公开的信息,违反规定,从事与该信息相关的证券、期货交易活动,或者明示、暗示他人从事相关交易活动,涉嫌下列情形之一的,应予立案追诉:

(1)证券交易成交额累计在50万元以上的;

(2)期货交易占用保证金数额累计在30万元以上的;

(3)获利或者避免损失数额累计在15万元以上的;

(4)多次利用内幕信息以外的其他未公开信息进行交易活动的;

(5)其他情节严重的情形。

(二)定罪标准

1. 本罪的构成

(1)侵犯的客体是国家对证券、期货市场的管理秩序和投资者的合法权益。

(2)客观方面表现为证券交易所、期货交易所、证券公司、期货经纪公司、基金管理公司、商业银行、保险公司等金融机构的从业人员以及有关监管部门或者行业协会的工作人员,利用因职务便利获取的内幕信息以外的其他未公开的信息,违反规定,从事与该信息相关的证券、期货交易活动,或者明示、暗示他人从事相关交易活动的行为。

(3)主体是特殊主体,是指证券交易所、期货交易所、证券公司、期货经纪公司、基金管理公司、商业银行、保险公司等金融机构的从业人员以及有关监管部门或者行业协会的工作人员。

(4)主观方面是故意,过失不构成本罪。

2. 罪与非罪的界限

本罪是情节犯,构成犯罪必须达到"情节严重"的标准,否则不以犯罪论处。所谓"情节严重",是指达到本罪立案追诉标准的情形。目前,基金市场上的各类"老鼠仓",即基金经理在用公有资金拉升股价之前,先用自己个人的资金在低位建仓,待用公有资金拉升到高位后,先卖出个人仓位从而获利的行为,对其中构成犯罪的,应当以"利用未公开信息交易罪"追究刑事责任。同时,可以按照《信托法》《民法通则》《合同法》等有关法律规定,提起民事诉讼,请求基金公司赔偿损失。

(三)量刑标准

根据《刑法》第180条第1款、第4款的规定,犯利用未公开信息交易罪,处5年以下有期徒刑或者拘役,并处或者单处违法所得1倍以上5倍以下罚金;情节特别严重的,处5年以上10年以下有期徒刑,并处违法所得1倍以上5倍以下罚金。单位犯本罪的,对单位判处罚金,并对其直接负责的主管人员和其他直接责任人员,处5年以下有期徒刑或者拘役。

十九、编造并传播证券、期货交易虚假信息案

中华人民共和国刑法(节选)

第一百八十一条第一款[根据《刑法修正案(一)》修正] 编造并且传播影响证券、期货交易的虚假信息,扰乱证券、期货交易市场,造成严重后果的,处五年以下有

期徒刑或者拘役,并处或者单处一万元以上十万元以下罚金。

第一百八十一条第三款　单位犯前两款罪的,对单位判处罚金,并对其直接负责的主管人员和其他直接责任人员,处五年以下有期徒刑或者拘役。

编造并传播证券、期货交易虚假信息罪,是指行为人故意编造并且传播并不存在或者没有发生的、影响证券、期货交易的虚假信息,扰乱证券、期货交易市场正常秩序,造成严重后果的行为。

(一)立案标准

根据最高人民检察院、公安部《关于公安机关管辖的刑事案件立案追诉标准的规定(二)》第37条规定,编造并且传播影响证券、期货交易的虚假信息,扰乱证券、期货交易市场,涉嫌下列情形之一的,应予立案追诉:

(1)获利或者避免损失数额累计在5万元以上的。所谓虚假信息,是指根本不存在或者并未发生的有关证券、期货交易方面的所谓事实情况。如果是行为人根据自己对证券、期货交易的经验及综合其他事实材料所作出的判断,尽管是错误的并被不恰当地加以传播,也不构成犯罪。所谓编造并且传播,是指行为人既实施了编造虚假信息的行为,又实施了传播虚假信息的行为。如果编造并传播的行为是多人分工实施的,也应当属于编造并传播影响证券、期货交易的虚假信息的行为。

(2)造成投资者直接经济损失数额在5万元以上的。这里"直接经济损失",是指给投资者造成的直接财产减少的实际价值,不包括间接经济损失。

(3)致使交易价格和交易量异常波动的。这主要是指编造并且传播影响证券、期货交易的虚假信息,扰乱证券、期货交易市场,从而造成证券、期货交易价格和交易量反常的情形。至于具体标准,应当结合证券、期货市场行情进行综合分析认定。

(4)虽未达到上述数额标准,但多次编造并且传播影响证券、期货交易的虚假信息的。

(5)其他造成严重后果的情形。例如,给其他证券、期货权利人造成重大损失的,严重影响党和政府形象的,诱发社会不安定因素等。司法实践中,应当结合具体案情进行综合认定。

本罪是1997年《刑法》新增加的规定。《刑法修正案》对本罪作了进一步的修订和完善,增加了期货犯罪的内容。本罪是结果犯,构成本罪必须达到"造成严重后果"的标准。

（二）定罪标准

1. 本罪的构成

（1）侵犯的客体是国家证券、期货交易市场的正常秩序和投资者的合法权益。证券、期货市场作为我国社会主义市场经济的重要组成部分，对其各方面行为都有一个规范化和法制化的要求，特别是有关证券、期货市场信息的披露传播，更应有严格的规范，以保障证券、期货市场的正常秩序。编造并传播影响证券、期货交易的虚假信息行为，往往会造成证券、期货价格的大起大落，从而扰乱了证券、期货市场的正常秩序。

（2）客观方面表现为编造并且传播影响证券、期货交易的虚假信息，影响证券、期货交易市场，造成严重后果的行为。具体地说，应当具备三个条件：一是行为人必须同时具有编造虚假信息和传播虚假信息两种行为。如果只是编造虚假信息而未传播或者仅传播他人编造的虚假信息并未同谋编造的，也不构成本罪。二是编造并且传播影响证券、期货交易的虚假信息行为扰乱了证券、期货交易市场秩序。行为人编造并传播虚假的证券、期货交易信息，必然会影响和妨害证券、期货市场的交易秩序。三是必须造成严重后果的，才能构成犯罪。至于情节严重的标准，可以从对证券、期货交易市场损害的程度，行为人编造并传播虚假信息的具体内容，传播的场所、范围，以及行为人实际从中牟取的利益大小等几个方面予以确定。一般来说，是指造成了证券、期货交易市场秩序混乱，影响国家宏观金融调控；非法所得数额特别巨大等情况。

（3）主体是一般主体，自然人和单位都可以构成本罪主体。

（4）主观方面由故意构成，一般以牟取暴利为目的。如果行为人仅是私下胡说或者自己妄发议论，而被他人加以传播的，不构成本罪。

2. 罪与非罪的界限

主要应当把握两个方面的问题：一是从主观方面来看，行为人是否有犯罪的故意，特别是要注意正确处理股评或者有关证券、期货市场上的新闻报道中出现失误的情况。在实践中，一些股评者根据自己手中掌握的资料以及本人对形势的判断而作出与股价走势不相吻合的股评，一些新闻报道由于报道者对事实了解不够清楚、全面而出现了失误或差错，对于这两种情况，由于行为人没有编造并传播虚假信息以扰乱证券、期货交易市场的故意，因此不能认定为犯罪。但如果股评者出于诱骗投资者陷入圈套的目的而故意在股评文章中编造并传播虚假信息，或者新闻报道者故意歪曲事实作煽动性的报道，以扰乱证券、期货交易市场，则构成本罪。二是从犯罪的客观方面上把握，主要是看行为人的行为是否造成了严重后果，即是否符合本罪的立案追诉标准。

3. 本罪与诱骗投资者买卖证券、期货罪的界限

两者的主要区别在于：(1)犯罪主体不同。前者是一般主体；后者是特殊主体。(2)犯罪客观方面表现不同。前者行为人必须编造并传播编造的虚假证券、期货交易信息；后者只要故意提供虚假的证券、期货信息就构成犯罪，而不管该信息是自己还是他人编造的。

4. 本罪与诈骗罪的界限

两者的主要区别在于：(1)犯罪主体不同。前者既可以由自然人构成，又可以由单位构成；后者只能由自然人构成。(2)侵犯的客体不同。前者侵犯的是国家对证券、期货交易的管理秩序和投资者的合法权益，后者侵犯的是公私财产的所有权。(3)犯罪行为侵犯的对象不同。前者侵犯的对象是不特定的众多投资者，而后者的犯罪对象只能是特定的某一个人或者某一些人。

(三)量刑标准

依照《刑法》第181条第1款、第3款的规定，犯编造并传播证券、期货交易虚假信息罪的，处5年以下有期徒刑或者拘役，并处或者单处1万元以上10万元以下罚金。单位犯本罪的，对单位判处罚金，并对其直接负责的主管人员和其他直接责任人员，处5年以下有期徒刑或者拘役。

二十、诱骗投资者买卖证券、期货合约案

中华人民共和国刑法(节选)

第一百八十一条第二款[根据《刑法修正案(一)》修正]　证券交易所、期货交易所、证券公司、期货经纪公司的从业人员，证券业协会、期货业协会或者证券期货监督管理部门的工作人员，故意提供虚假信息或者伪造、变造、销毁交易记录，诱骗投资者买卖证券、期货合约，造成严重后果的，处五年以下有期徒刑或者拘役，并处或者单处一万元以上十万元以下罚金；情节特别恶劣的，处五年以上十年以下有期徒刑，并处二万元以上二十万元以下罚金。

第一百八十一条第三款　单位犯前两款罪的，对单位判处罚金，并对其直接负责的主管人员和其他直接责任人员，处五年以下有期徒刑或者拘役。

诱骗投资者买卖证券、期货合约罪，是指证券交易所、期货交易所、证券公司、期货经纪公司的从业人员，证券业协会、期货业协会或者证券期货监督管理部门的工作人员，故意提供虚假信息或者伪造、变造、销毁交易记录，诱骗投资者买卖证券、期货合约，造成严重后果的行为。

（一）立案标准

根据中央纪委、国家监委印发的《国家监察委员会管辖规定（试行）》，公职人员涉嫌诱骗投资者买卖证券、期货合约犯罪案件，应当由监察机关管辖；公职人员以外的其他人员涉嫌诱骗投资者买卖证券、期货合约犯罪案件，由公安机关管辖。

证券交易所、期货交易所、证券公司、期货公司的从业人员，证券业协会、期货业协会或者证券期货监督管理部门的工作人员，故意提供虚假信息或者伪造、变造、销毁交易记录，诱骗投资者买卖证券、期货合约，涉嫌下列情形之一的，应予立案追诉：

（1）获利或者避免损失数额累计在5万元以上的。

（2）造成投资者直接经济损失数额在5万元以上的。这里的“直接经济损失”，是指给投资者造成的直接财产减少的实际价值，不包括间接经济损失。

（3）致使交易价格和交易量异常波动的。这主要是指行为人诱骗投资者买卖证券、期货合约的行为，造成证券、期货交易价格和交易量反常的情形。至于具体标准，应当结合证券、期货市场行情进行综合分析认定。

（4）其他造成严重后果的情形。例如，给其他证券、期货权利人造成重大损失的，严重影响党和政府形象的，诱发社会不安定因素等。实践中，应当结合具体案情进行综合认定。

本罪是1997年《刑法》新增加的规定。《刑法修正案》对此作了进一步的修订和完善，增加了诱骗投资者买卖期货合约犯罪的内容。本罪是结果犯，构成本罪必须达到“造成严重后果”的标准。

（二）定罪标准

1. 本罪的构成

（1）侵害的客体是证券、期货交易市场的正常秩序和投资者的合法权益。

（2）客观方面主要表现为证券交易所、期货交易所、证券公司、期货经纪公司的从业人员，证券业协会、期货业协会或者证券期货监督管理部门的工作人员，故意提供虚假信息或者伪造、变造、销毁交易记录，诱骗投资者买卖证券、期货合约，造成严重后果的行为。所谓“故意提供虚假信息”，是指证券交易所、期货交易所、证券公司、期货经纪公司的从业人员，证券业协会、期货业协会或者证券期货监督管理部门的工作人员，故意作出对证券、期货市场产生影响的虚假陈述；发行人，证券、期货经营机构，专业性证券、期货服务机构，证券业自律组织在向证券、期货监管部门提交的各种文件、报告和说明中故意作虚假陈述；在证券发行，证券、期货交易及其相关活动中故意作其他虚假陈述；发行人，证券、期货经营机构在招募说明书、上市公告、公司报告以及其他文件中故意作出虚假陈述等。所谓伪造交易记录，是指上述工作人员非法制作虚假的交易记录的行为。所谓变造交易记录，是指用拼接、涂改等方法，篡改真实的交易记录的行为。所谓销毁交易记录，是指把真实的交易记录加以毁灭的行为。

(3)主体是特殊主体。即只有证券交易所、期货交易所、证券公司、期货经纪公司的从业人员，证券业协会、期货业协会或者证券期货监督管理部门的工作人员，才能成为本罪的主体。其他人员具有类似行为，诱骗他人进行某类证券、期货合约的买入与卖出的，不构成本罪，可以以编造并传播证券、期货交易虚假信息罪追究其刑事责任。单位也可以成为本罪的主体。

(4)主观方面由故意构成，并且具有诱骗他买卖证券、期货合约的目的。如果不具有诱骗他人买卖证券、期货合约的目的，而只是过失地提供虚假信息，或者单纯故意或者过失地以其他目的伪造、变造或者销毁交易记录，则不构成本罪。

2. 注意区分罪与非罪的界限

诱骗投资者买卖证券、期货合约，造成严重后果的，才构成犯罪。如果由于种种原因，行为人发布消息虽然不实，但并未导致投资者合法权益的重大损失，不能以本罪处罚。至于造成严重后果的标准，应当符合本罪的立案标准四种情形之一。

3. 本罪与编造并传播证券、期货交易虚假信息罪

两者的主要区别在于：(1)犯罪主体不同。本罪的主体是特殊主体，只有证券交易所、期货交易所、证券公司、期货经纪公司的从业人员，证券业协会、期货业协会或者证券期货监督管理部门的工作人员，才能成为本罪的主体。而后者是一般主体。(2)犯罪客观方面表现不同。两者虽然都有提供虚假信息的行为，但前者还可能以伪造、变造、销毁交易记录的方式进行。

4. 本罪与诈骗罪的界限

两者在主观上都有获取非法利益的目的，在客观上又都有欺诈行为，但两者仍然有明显区别：(1)犯罪主体不同。本罪的主体是特殊主体，即只有证券交易所、期货交易所、证券公司、期货经纪公司的从业人员，证券业协会、期货业协会或者证券

期货监督管理部门的工作人员才能构成本罪;而诈骗罪的主体是一般主体。(2)客观方面表现不同。本罪行为人所实施的行为都必须通过证券发行和证券、期货交易及相关活动才能进行,且行为人一般都要利用其工作上的便利才能达到目的;而诈骗罪行为人则是采用虚构事实、隐瞒真相等手段直接骗取公私财物。

(三)量刑标准

依照《刑法》第181条第2款、第3款和《刑法修正案》的规定,犯诱骗投资者买卖证券、期货罪的,处5年以下有期徒刑或者拘役,并处或者单处1万元以上10万元以下罚金;情节特别恶劣的,处5年以上10年以下有期徒刑,并处2万元以上20万元以下罚金。单位犯本罪的,对单位判处罚金,并对其直接负责的主管人员和其他直接责任人员,处5年以下有期徒刑或者拘役。

二十一、操纵证券、期货市场案

中华人民共和国刑法(节选)

第一百八十二条[根据《刑法修正案(六)》修正] 有下列情形之一,操纵证券、期货市场,情节严重的,处五年以下有期徒刑或者拘役,并处或者单处罚金;情节特别严重的,处五年以上十年以下有期徒刑,并处罚金:

(一)单独或者合谋,集中资金优势、持股或者持仓优势或者利用信息优势联合或者连续买卖,操纵证券、期货交易价格或者证券、期货交易量的;

(二)与他人串通,以事先约定的时间、价格和方式相互进行证券、期货交易,影响证券、期货交易价格或者证券、期货交易量的;

(三)在自己实际控制的账户之间进行证券交易,或者以自己为交易对象,自买自卖期货合约,影响证券、期货交易价格或者证券、期货交易量的;

(四)以其他方法操纵证券、期货市场的。

单位犯前款罪的,对单位判处罚金,并对其直接负责的主管人员和其他直接责任人员,依照前款的规定处罚。

操纵证券、期货市场罪,是指以法律和法规禁止的方式,操纵证券、期货市场,情节严重的行为。

(一)立案标准

根据最高人民检察院、公安部《关于公安机关管辖的刑事案件立案追诉标准的规定（二）》第39条规定，操纵证券、期货市场，涉嫌下列情形之一的，应予立案追诉：

（1）单独或者合谋，持有或者实际控制证券的流通股份数达到该证券的实际流通股份总量30%以上，且在该证券连续20个交易日内联合或者连续买卖股份数累计达到该证券同期总成交量30%以上的；

（2）单独或者合谋，持有或者实际控制期货合约的数量超过期货交易所业务规则限定的持仓量50%以上，且在该期货合约连续20个交易日内联合或者连续买卖期货合约数累计达到该期货合约同期总成交量30%以上的；

（3）与他人串通，以事先约定的时间、价格和方式相互进行证券或者期货合约交易，且在该证券或者期货合约连续20个交易日内成交量累计达到该证券或者期货合约同期总成交量20%以上的；

（4）在自己实际控制的账户之间进行证券交易，或者以自己为交易对象，自买自卖期货合约，且在该证券或者期货合约连续20个交易日内成交量累计达到该证券或者期货合约同期总成交量20%以上的；

（5）单独或者合谋，当日连续申报买入或者卖出同一证券、期货合约并在成交前撤回申报，撤回申报量占当日该种证券总申报量或者该种期货合约总申报量50%以上的；

（6）上市公司及其董事、监事、高级管理人员、实际控制人、控股股东或者其他关联人单独或者合谋，利用信息优势，操纵该公司证券交易价格或者证券交易量的；

（7）证券公司、证券投资咨询机构、专业中介机构或者从业人员，违背有关从业禁止的规定，买卖或者持有相关证券，通过对证券或者其发行人、上市公司公开作出评价、预测或者投资建议，在该证券的交易中谋取利益，情节严重的；

（8）其他情节严重的情形。

本罪是1997年《刑法》设立的罪名，1979年《刑法》和单行刑法均没有规定此罪名。当时的罪名是"操纵证券交易价格罪"，1999年《刑法修正案》第6条对本罪的罪状作了补充，增加了有关期货的规定，因而罪名修改为"操纵证券、期货交易价格罪"。《刑法修正案（六）》第11条再次对本罪的罪状作出修正，将罪名相应修改为"操纵证券、期货市场罪"。

（二）定罪标准

1. 本罪的构成

（1）侵害的客体是证券、期货市场的正常秩序，是国家对证券、期货交易的管理制度和投资者的合法权益。在证券、期货市场上，证券、期货价格举足轻重，由供需关系形成的证券、期货价格升落是正常的。由于证券、期货进入市场，受经营状况和市场因素等影响，具有很大程度的不确定性。因此，需要对证券、期货的交易操作制定规范的行为准则，以避免证券、期货市场上敏感的价格受到非法操纵、控制和影响。而操纵证券、期货市场的行为则人为地扭曲了证券、期货市场，造成虚假的供求关系，违反证券、期货市场公平、公正的原则，致使投资公众的财产和被投资企业的财产及声誉受到损害，扰乱证券、期货市场秩序。因此，对这类行为情节严重构成犯罪的，必须依法给予严厉的惩处。

(2)客观方面表现为行为人通过各种手段，实施操纵证券、期货市场价格，情节严重的行为。根据《刑法》第182条的规定，操纵证券、期货市场价格的行为有四种具体的表现形式：一是单独或者合谋，集中资金优势、持股优势或者利用信息优势联合或者连续买卖，操纵证券、期货交易价格的行为。二是与他人串通，以事先约定的时间、价格和方式相互进行证券、期货交易，或者相互买卖并不持有的证券，影响证券、期货交易价格或者证券、期货交易量的行为。三是以自己为交易对象，进行不转移证券所有权的自买自卖，或者以自己为交易对象，自买自卖期货合约，影响证券、期货交易价格或者证券、期货交易量的行为。行为人通过这种虚假买卖，目的就是要达到提高或降低证券、期货价格以及造成虚假的证券、期货交易量的目的，从而操纵证券、期货价格。四是以其他方法操纵证券、期货交易价格的行为。这主要是指除上述列举情况以外的操纵行为。由于证券、期货市场上的情况千变万化，因而有关操纵行为是很难穷尽的，这一条可以理解为涵盖了除上述列举情况以外的，有着同样性质和危害的操纵行为。

(3)操纵证券、期货市场的犯罪主体为一般主体，单位和自然人都可以成为本罪的主体。司法实践中，构成本罪的大多数是专业证券、期货投资者或与证券、期货交易活动有密切关系的人员。他们熟悉证券、期货业操作规则，且具备采取不法手段交易获利的有利条件。构成本罪的单位一般是证券发行人、上市公司、证券、期货公司及其他机构。

(4)本罪的主观方面只能由故意构成，行为人具有何目的不影响本罪的成立。

2. 注意区分罪与非罪的界限

在认定操纵证券、期货市场罪时，应注意确认行为人在主观上是否具有操纵证券、期货市场的故意和客观上是否造成证券、期货市场的剧烈波动。在认定本罪时，行为人是否在主观上具有操纵证券、期货交易价格的故意一般可以通过其行为的不正常性加以认定。在客观方面操纵证券、期货市场的行为是否造成了证券、期货交易价格的上涨或者下跌，则可从证券、期货交易记录中加以确认。构成本罪，必须具有情节严重的情形。即本罪需达到“情节严重”的程度才成立，应当考察行为人操纵市场的行为是否造成了证券、期货市场的剧烈波动，行为人是否已经获取较大的不正当利益或者转移了较大程度的风险等。如果违规操纵证券、期货交易价格的行为，尚不属情节严重的，属于一般违法行为，可由证券、期货管理部门依法予以行政处罚。

3. 本罪与内幕交易罪的界限

两者的主要区别在于所利用的证券、期货交易信息不同。本罪所利用的信息，是指已经公开，但在公开前行为人已经掌握或者了解，已预先作了准备的信息。行为人能在该信息公开一日或几日内即进行大量的证券、期货买入或者卖出行为，达到操纵证券、期货交易价格、非法获利或者转嫁风险的目的。内幕交易罪所利用的内幕信息，是指尚未公开前，行为人即利用来进行证券、期货交易，达到非法获利的目的的信息。

4. 本罪与编造并传播证券、期货交易虚假信息罪的界限

依据《刑法》第 181 条的规定，编造并传播证券、期货交易虚假信息罪指的是编造并且传播影响证券、期货交易的虚假信息，扰乱证券、期货交易市场，后果严重的行为。两罪相同点表现为：第一，主体相同；第二，主观方面都表现为故意；第三，客体基本重合。区别的关键点在于：(1) 客观行为方式不同。在行为人利用虚假信息进行市场操作的情况下，操纵证券、期货市场罪不但要求行为人散布虚假信息，而且还要实施法律禁止的操纵证券、期货市场行为，而所散布的虚假信息既可以是操纵市场者自己编造的，也可以是利用他人编造的虚假信息；而编造并传播证券、期货交易虚假信息罪的行为人所散布的虚假信息必须是自己编造的。(2) 两罪分属不同的形态。操纵证券、期货市场罪是情节犯，并不一定要求发生严重后果作为犯罪既遂的标志；编造并传播证券、期货交易虚假信息罪是结果犯，只有在行为造成了严重结果的情况下犯罪才既遂。

(三) 量刑标准

依照《刑法》第 182 条的规定，犯操纵证券、期货市场罪，处 5 年以下有期徒刑或者拘役，并处或者单处罚金；情节特别严重的，处 5 年以上 10 年以下有期徒刑，并处罚金。单位犯前款罪的，对单位判处罚金，并对其直接负责的主管人员和其他直接责任人员，依照前款的规定处罚。

二十二、背信运用受托财产案

中华人民共和国刑法(节选)

第一百八十五条之一[据《刑法修正案(六)》增加] 商业银行、证券交易所、期货交易所、证券公司、期货经纪公司、保险公司或者其他金融机构,违背受托义务,擅自运用客户资金或者其他委托、信托的财产,情节严重的,对单位判处罚金,并对其直接负责的主管人员和其他直接责任人员,处三年以下有期徒刑或者拘役,并处三万元以上三十万元以下罚金;情节特别严重的,处三年以上十年以下有期徒刑,并处五万元以上五十万元以下罚金。

背信运用受托财产罪,是指商业银行、证券交易所、期货交易所、证券公司、期货经纪公司、保险公司或者其他金融机构,违背受托义务,擅自运用客户资金或者其他委托、信托的财产,情节严重的行为。

(一)立案标准

根据中央纪委、国家监委印发的《国家监察委员会管辖规定(试行)》,公职人员涉嫌背信运用受托财产犯罪案件,应当由监察机关管辖;公职人员以外的其他人员涉嫌背信运用受托财产犯罪案件,由公安机关管辖。

本罪是《刑法修正案(六)》增设的罪名。

商业银行、证券交易所、期货交易所、证券公司、期货公司、保险公司或者其他金融机构,违背受托义务,擅自运用客户资金或者其他委托、信托的财产,涉嫌下列情形之一的,应予立案:

(1)擅自运用客户资金或者其他委托、信托的财产数额在30万元以上的;

(2)虽未达到上述数额标准,但多次擅自运用客户资金或者其他委托、信托的财产,或者擅自运用多个客户资金或者其他委托、信托的财产的;

(3)其他情节严重的情形。

(二)定罪标准

1. 本罪的构成

(1)本罪侵犯的客体是商业银行、证券交易所、期货交易所、证券公司、期货经纪公司、保险公司或者其他金融机构对受托财产的管理制度。

(2)本罪在客观上表现为商业银行、证券交易所、期货交易所、证券公司、期货经纪公司、保险公司或者其他金融机构，违背受托义务，擅自运用客户资金或者其他委托、信托的财产，情节严重的行为。

(3)本罪的主体是特殊主体，即只有商业银行、证券交易所、期货交易所、证券公司、期货经纪公司、保险公司或者其他金融机构才能构成本罪。

(4)本罪在主观方面是故意。

2. 罪与非罪的界限

本罪是情节犯，构成本罪，必须达到"情节严重"的标准，即必须符合本罪立案追诉的三种情形之一。

(三)量刑标准

依照《刑法》第185条之一的规定，犯背信运用受托财产罪，对单位判处罚金，并对其直接负责的主管人员和其他直接责任人员，处3年以下有期徒刑或者拘役，并处3万元以上30万元以下罚金；情节特别严重的，处3年以上10年以下有期徒刑，并处5万元以上50万元以下罚金。

二十三、违法运用资金案

中华人民共和国刑法(节选)

第一百八十五条之一[根据《刑法修正案(六)》增加]　商业银行、证券交易所、期货交易所、证券公司、期货经纪公司、保险公司或者其他金融机构，违背受托义务，擅自运用客户资金或者其他委托、信托的财产，情节严重的，对单位判处罚金，并对其直接负责的主管人员和其他直接责任人员，处三年以下有期徒刑或者拘役，并处三万元以上三十万元以下罚金；情节特别严重的，处三年以上十年以下有期徒刑，并处五万元以上五十万元以下罚金。

社会保障基金管理机构、住房公积金管理机构等公众资金管理机构，以及保险公司、保险资产管理公司、证券投资基金管理公司，违反国家规定运用资金的，对其直接负责的主管人员和其他直接责任人员，依照前款的规定处罚。

违法运用资金罪，是指社会保障基金管理机构、住房公积金管理机构等公众资金管理机构，以及保险公司、保险资产管理公司、证券投资基金管理公司，违反国家规定运用资金，情节严重的行为。

(一)立案标准

根据中央纪委、国家监委印发的《国家监察委员会管辖规定(试行)》，公职人员涉嫌违法运用资金犯罪案件，应当由监察机关管辖；公职人员以外的其他人员涉嫌违法运用资金犯罪案件，由公安机关管辖。

本罪是《刑法修正案(六)》增设的新罪名。

社会保障基金管理机构、住房公积金管理机构等公众资金管理机构，以及保险公司、保险资产管理公司、证券投资基金管理公司，违反国家规定运用资金，涉嫌下列情形之一的，应予立案：

(1)违反国家规定运用资金数额在30万元以上的；

(2)虽未达到上述数额标准，但多次违反国家规定运用资金的；

(3)其他情节严重的情形。

(二)定罪标准

1. 本罪的构成

(1)本罪侵犯的客体是社会保障基金管理机构、住房公积金管理机构等公众资金管理机构，以及保险公司、保险资产管理公司、证券投资基金管理公司对资金的管理制度。

(2)本罪在客观上表现为社会保障基金管理机构、住房公积金管理机构等公众资金管理机构，以及保险公司、保险资产管理公司、证券投资基金管理公司，违反国家规定运用资金的行为。

(3)本罪的主体是特殊主体，即只有社会保障基金管理机构、住房公积金管理机构等公众资金管理机构，以及保险公司、保险资产管理公司、证券投资基金管理公司才能构成本罪。

(4)本罪在主观方面是故意。

2. 罪与非罪的界限

本罪是情节犯，构成本罪，必须达到"情节严重"的标准，即必须符合本罪立案追诉的三种情形之一。

(三)量刑标准

依照《刑法》第185条之一的规定，犯违法运用资金罪的，对其直接负责的主管人员和其他直接责任人员，处3年以下有期徒刑或者拘役，并处3万元以上30万元以下罚金；情节特别严重的，处3年以上10年以下有期徒刑，并处5万元以上50万元以下罚金。

本罪属于实行单罚制的单位犯罪。因此，刑法对本罪仅处罚犯罪单位中直接负责的主管人员和其他直接责任人员，而不处罚单位。

二十四、违法发放贷款案

中华人民共和国刑法(节选)

第一百八十六条第一款[根据《刑法修正案(六)》修正]　银行或者其他金融机构的工作人员违反国家规定发放贷款,数额巨大或者造成重大损失的,处五年以下有期徒刑或者拘役,并处一万元以上十万元以下罚金;数额特别巨大或者造成特别重大损失的,处五年以上有期徒刑,并处二万元以上二十万元以下罚金。

第一百八十六条第二款[根据《刑法修正案(六)》修正]　银行或者其他金融机构的工作人员违反国家规定,向关系人发放贷款的,依照前款的规定从重处罚。

单位犯前两款罪的,对单位判处罚金,并对其直接负责的主管人员和其他直接责任人员,依照前两款的规定处罚。

关系人的范围,依照《中华人民共和国商业银行法》和有关金融法规确定。

违法发放贷款罪,是指银行或者其他金融机构的工作人员违反国家规定发放贷款,数额巨大或者造成重大损失的行为。

(一)立案标准

根据中央纪委、国家监委印发的《国家监察委员会管辖规定(试行)》,公职人员涉嫌违法发放贷款犯罪案件,应当由监察机关管辖;公职人员以外的其他人员涉嫌违法发放贷款犯罪案件,由公安机关管辖。

银行或者其他金融机构及其工作人员违反国家规定发放贷款,涉嫌下列情形之一的,应予立案:

(1)违法发放贷款,数额在100万元以上的;

(2)违法发放贷款,造成直接经济损失数额在20万元以上的。

本罪最初是从全国人大常委会《关于惩治破坏金融管理秩序犯罪的决定》第9条的规定,吸收修改为刑法的具体规定的,当时的罪名为“违法向关系人发放贷款罪”和“违法发放贷款罪”,《刑法修正案(六)》将对本罪的罪状作了修改,因而罪名也由原来的两个合并为一个。

本罪属于结果犯,只有在行为人因违法发放贷款数额巨大或造成重大损失时,才能以犯罪论处。具体来说,构成违法发放贷款罪主要有两种情形:一是违反国家规定发放贷款数额巨大。也就是说,只要是违法发放贷款,且数额巨大,不管是否造成损失都构成本罪。二是违反国家规定发放贷款造成重大损失的。对违法发放贷款造成实际损失的认定，主要是通过对因违法发放贷款而造成的逾期贷款数额来确定，只要是逾期的贷款，并且这些贷款逾期是由于违法发放造成的，在立案后至移送起诉前仍没有归还就可认定为损失，而无论用款人是否承诺归还。在此期间，如果贷款被归还，则归还的部分只可作为定罪量刑的依据，仍界定为损失，予以立案追究。

（二）定罪标准

1. 本罪的构成

（1）本罪所侵害的客体是国家的金融制度。银行等金融机构用它所聚集的社会上的各种闲置资金，有计划地发放贷款，进行资金分配，对调节国民经济起着杠杆作用。为保证贷款的安全，银行等金融机构对贷款都规定了一定的条件，有的通过法律形式规定，有的通过行政法规或规章制度加以规定。如果发放贷款人员徇私情，不按条件发放贷款，或者玩忽职守发放贷款，使贷款不能按期收回，必然给银行或其他金融机构造成重大财产损失，严重扰乱和破坏国家贷款管理制度，同时也损害了金融机构的信誉。

（2）客观上表现为银行或者其他金融机构的工作人员违反国家规定发放贷款，数额巨大或者造成重大损失的行为。所谓“国家规定”，应包括法律、行政法规，如《商业银行法》《银行管理条例》等，但不限于法律、行政法规，还应当包括规定了有关信贷管理内容的规定。《贷款通则》中对于借款人的要求：有按期还本付息的能力，原应付贷款利息和到期贷款已清偿，没有清偿的，已经做了贷款人认可的偿还计划；对贷款程序的要求：信贷人员要对贷款进行调查，贷款人受理借款人申请后，应当对借款人的信用等级以及借款的合法性、安全性、盈利性等情况进行调查，核实抵押物、质物、保证人的情况，测定贷款的风险度；在贷后检查上要求：贷款发放后，贷款人应当对借款人执行借款合同情况及借款人的经营情况进行追踪调查和检查。《商业银行法》第 35 条第 1 款规定，商业银行贷款，应当对借款人的借款用途、偿还能力、还款方式等情况进行严格审查。第 36 条第 1、2 款规定，商业银行贷款，借款人应当提供担保。商业银行应当对保证人的偿还能力，抵押物、质物的权属和价值以及实现抵押权、质权的可行性进行严格审查。

（3）主体是特殊主体，只限于银行或者其他金融机构及其工作人员，单位可以成为本罪的主体。这里所称的单位是指银行或者其他金融机构。这里的“银行”，是指有信贷业务的各商业银行、政策性银行以及其他在我国境内设立的中外合资银行和外资银行。“其他金融机构”,是指除银行以外的可以经营信贷业务的信托投资公司、农村信用社、城市信用社等金融机构。

(4)在主观方面可能是故意,也可能是过失。故意,是指行为人明知其发放贷款的行为违反了法律、行政法规的规定,仍故意为之。过失,是指行为人对于造成的后果即重大损失因为疏忽大意而没有预见,或者虽然预见到,却轻信能够避免,以致发生这种结果。在实际工作中,信贷人员往往玩忽职守,该调查的不调查,该检查的不检查,而只是闭门放贷,凭主观任意发放贷款,常常表现为放任的心态。例如,信贷人员只是经朋友介绍而未经调查,凭哥们义气就将贷款发放给某一贷户,贷款到手后,贷款人又将贷款挪作他用,信贷人员没有履行贷后检查的职责,致使形成贷款风险。这种行为从主观来说就是一种故意。

应当注意的是,在通常情况下,无论行为人是故意滥用职权发放贷款,还是过失玩忽职守发放贷款,其违反法律、行政法规的规定则必定是故意的,无论行为人是不认真履行自己职责,还是故意滥用职权违法发放贷款,都可以构成本罪。

2. 关于向关系人发放贷款的认定

《刑法》第 186 条第 2 款规定,银行或者其他金融机构的工作人员违反国家规定,向关系人发放贷款的,以违法发放贷款罪从重处罚。所谓关系人,不是泛指与银行或者其他金融机构有关系的人员。根据《商业银行法》第 40 条第 2 款的规定,关系人是指商业银行的董事、监事、管理人员、信贷业务人员及其近亲属,以及这些人员投资或者担任高级管理职务的公司、企业或其他经济组织。所谓违反国家规定,向关系人发放贷款,是指银行或者其他金融机构的工作人员违反有关信贷管理内容的规定,以优于其他借款人同类贷款的条件向关系人发放贷款的行为。所谓优于其他借款人同等贷款的条件,是指银行或者其他金融机构工作人员向关系人提供贷款时采用了比普通贷款人更为优惠的条件,如对关系人所要求其提供担保的数额低于对其他人要求的数额,或者对关系人提供的贷款所收取的利率比较低,期限比较长等优惠条件。

3. 划清一罪与数罪

行为人犯本罪时往往兼有以贷谋私,收受贿赂的情形。如果行为人因收受贿赂,数额较大的,同时也构成了受贿罪,应以受贿罪和违法发放贷款罪实行数罪并罚。

(三)量刑标准

根据《刑法》第 186 条的规定,犯违法发放贷款罪,处 5 年以下有期徒刑或者拘役,并处 1 万元以上 10 万元以下罚金;数额特别巨大或者造成特别重大损失的,处 5 年以上有期徒刑,并处 2 万元以上 20 万元以下罚金。银行或者其他金融机构的工作人员违反国家规定,向关系人发放贷款的,依照前款的规定从重处罚。单位犯前两款罪的,对单位判处罚金,并对其直接负责的主管人员和其他直接责任人员,依照前两款的规定处罚。

二十五、吸收客户资金不入账案

中华人民共和国刑法(节选)

第一百八十七条第一款[根据《刑法修正案(六)》修正] 银行或者其他金融机构的工作人员吸收客户资金不入账,数额巨大或者造成重大损失的,处五年以下有期徒刑或者拘役,并处二万元以上二十万元以下罚金;数额特别巨大或者造成特别重大损失的,处五年以上有期徒刑,并处五万元以上五十万元以下罚金。

单位犯前款罪的,对单位判处罚金,并对其直接负责的主管人员和其他直接责任人员,依照前款的规定处罚。

吸收客户资金不入账罪,是指银行或者其他金融机构的工作人员吸收客户资金不入账,数额巨大或者造成重大损失的行为。

(一)立案标准

根据中央纪委、国家监委印发的《国家监察委员会管辖规定(试行)》,公职人员涉嫌吸收客户资金不入账犯罪案件,应当由监察机关管辖;公职人员以外的其他人员涉嫌吸收客户资金不入账犯罪案件,由公安机关管辖。

银行或者其他金融机构及其工作人员吸收客户资金不入账,涉嫌下列情形之一的,应予立案:

(1)吸收客户资金不入账,数额在 100 万元以上的;

(2)吸收客户资金不入账,造成直接经济损失数额在 20 万元以上的。

《刑法修正案(六)》对 1997 年《刑法》第 187 条规定的犯罪构成作了修改,删去了“以牟利为目的”和“将资金用于非法拆借、发放贷款”的构成要件,在犯罪构成要件上除维持原来的“造成重大损失”的条件外,增加了吸收客户资金不入账“数额巨大”,也可构成犯罪的规定。将吸收客户资金不入账“数额特别巨大”,增加作为加重处罚的情节之一。

（二）定罪标准

1. 本罪的构成

（1）侵犯的客体是复杂客体，即国家的票据管理制度和金融机构的信誉。银行和其他金融机构为保证资金的安全，对资金拆借、发放贷款都规定了一定的条件和手续，有的通过法律形式规定，有的通过行政法规或规章制度加以规定。如果银行或者其他金融机构工作人员徇私舞弊，违反规定将吸收的客户资金不入账，必然会给银行或者其他金融机构造成重大损失，严重侵害国家金融管理制度和存贷款管理制度。

（2）客观方面表现为银行或者其他金融机构的工作人员吸收客户资金不入账，数额巨大或者造成重大损失的行为。所谓吸收客户资金不入账，是指不记入金融机构的法定存款账目，以逃避国家金融监管，至于是否记入法定账目以外设立的账目不影响该罪成立。构成吸收客户资金不入账罪，必须达到"数额巨大"或者造成重大损失的标准。《刑法修正案（六）》第 14 条将本罪的成立要件由单一的造成重大损失改变为虽未造成重大损失，但吸收客户资金不入账数额巨大或者造成重大损失，两者具备其一即可。

（3）主体是特殊主体，即银行或者其他金融机构及其工作人员，非银行机构或者单位及其工作人员，不能成为本罪的主体。所谓银行，主要包括中国人民银行，各商业银行如中国工商银行、中国建设银行、中国农业银行、中国银行以及政策性银行等。其他金融机构，主要包括经营信贷业务的信托投资公司、农村信用社、城市信用社等金融机构。行为人实施用账外客户资金非法拆借、发放贷款的行为是否利用其职务上的便利，不影响本罪的构成。

（4）主观方面由故意构成，即故意不将收储客户的资金入账。

2. 注意区分罪与非罪的界限

根据刑法规定，本罪罪与非罪的认定标准主要看是否达到"数额巨大"或者造成重大损失的标准。如果未达到"数额巨大"或者没有造成重大损失，则属于一般违法行为，可由有关部门给予行政处理。

3. 本罪与挪用公款罪的界限

经过《刑法修正案（六）》第 14 条对本罪修正后，两者的主要区别在于：（1）犯罪主体不同。本罪的主体是银行和其他金融机构及其工作人员，非银行或其他金融机构工作人员不可能构成本罪；而挪用公款罪的主体是国家工作人员。（2）客观方面表现不同。《刑法修正案（六）》对本罪的构成要件进行了修改，不再要求客观上具备非法拆借、发放贷款的要件，只要求客观上吸收客户资金不入账，数额巨大或者造成重大损失即可，从而使本罪与挪用公款罪之间的区别更加明显。而挪用公款罪表现为挪用公款归个人使用，进行非法活动，或者挪用公款数额较大进行营利活动，或者挪物公款数额较大超过3个月未还。(3)犯罪对象不同。本罪对象仅限于收储户的资金；而挪用公款罪的犯罪对象则包括任何公款。

4. 本罪与贷款诈骗罪的界限

两者虽然在犯罪对象上有一定的相同点，但两者的构成要件不同。具体表现为：前罪侵犯的是国家对信贷资金的管理制度，在客观方面表现为吸收客户资金不入账的行为。其主体是特殊主体，只能由从事银行、金融机构工作的人员或者单位构成；而后罪侵犯的客体是国家的金融制度，在客观方面表现为行为人采用欺骗手段，向银行或者其他金融机构进行诈骗以骗取贷款，其主体为一般主体。

(三)量刑标准

根据《刑法》第187条的规定，犯吸收客户资金不入账罪，数额巨大或者造成重大损失的，处5年以下有期徒刑或者拘役，并处2万元以上20万元以下罚金；数额特别巨大或者造成特别重大损失的，处5年以上有期徒刑，并处5万元以上50万元以下罚金。单位犯本罪的，对单位判处罚金，并对其直接负责的主管人员和其他直接责任人员，依照上述规定处罚。

二十六、违规出具金融票证案

中华人民共和国刑法(节选)

第一百八十八条第一款[根据《刑法修正案(六)》修正] 银行或者其他金融机构的工作人员违反规定，为他人出具信用证或者其他保函、票据、存单、资信证明，情节严重的，处五年以下有期徒刑或者拘役；情节特别严重的，处五年以上有期徒刑。

单位犯前款罪的，对单位判处罚金，并对其直接负责的主管人员和其他直接责任人员，依照前款的规定处罚。

违规出具金融票证罪，是指银行或者其他金融机构的工作人员违反规定，为他人出具信用证或者其他保函、票据、存单、资信证明，情节严重的行为。

(一)立案标准

根据中央纪委、国家监委印发的《国家监察委员会管辖规定(试行)》，公职人员涉嫌违规则出具金融票证犯罪案件，应当由监察机关管辖；公职人员以外的其他人员涉嫌违规则出具金融票证犯罪案件，由公安机关管辖。

银行或者其他金融机构及其工作人员违反规定，为他人出具信用证或者其他保函、票据、存单、资信证明，涉嫌下列情形之一的，应予立案：

（1）违反规定为他人出具信用证或者其他保函、票据、存单、资信证明，数额在100万元以上的；

（2）违反规定为他人出具信用证或者其他保函、票据、存单、资信证明，造成直接经济损失数额在20万元以上的；

（3）多次违规出具信用证或者其他保函、票据、存单、资信证明的；

（4）接受贿赂违规出具信用证或者其他保函、票据、存单、资信证明的；

（5）其他情节严重的情形。

本罪是从全国人大常委会《关于惩治破坏金融秩序犯罪的决定》第15条的规定，吸收为1997年《刑法》规定的。《刑法修正案（六）》对本罪作了修改，将"造成较大损失""造成重大损失"修改为"情节严重""情节特别严重"。银行或者其他金融机构的工作人员违反规定，为他人出具信用证或者其他保函、票据、存单、资信证明，情节严重的，就应当立案追究。

（二）定罪标准

1. 本罪的构成

（1）侵犯的客体是国家的金融管理秩序及金融机构的财产所有权。为了保证经济活动的正常运行及银行等金融机构的利益不受损失，银行等金融机构对于出具信用证或者其他保函、票据、存单、资信证明作了严格的规定，违反这些规定出具假证明文件，会给社会造成严重危害，从而破坏金融票证管理制度。

（2）客观方面表现为行为人实施了违反规定为他人出具信用证或者其他保函、票据、存单、资信证明，情节严重的行为。所谓违反规定，是指违反有关金融法律、法规以及金融机构内部制定的一些重要业务规则和规章制度。这里的"为他人"包括为其他个人或者单位。这里的"金融票证"，是指信用证、保函、票据、存单、资信证明。"信用证"，是指银行应卖方的要求开具的，保证实际有支付能力的一种凭证，按用途分为商业信用证和旅行信用证。"保函"，是指银行以其自身的信用为他人承担责任的担保文件，是重要的银行资信文件。根据法律规定，为他人提供担保业务只限于商业银行，人民银行不能从事此项业务。各商业银行的工作人员违反规定，为他人出具保函或者人民银行的工作人员擅自为他人出具保函,都属于违反规定为他人出具保函。“票据”,是指《票据法》规定的汇票、本票以及支票。“存单”,是指银行等金融机构签发给存款人的存款凭证,即存款单。“资信证明”,是指证明一个人或者一个单位经济实力的文件。广义地讲,票据、银行存单、房契、地契以及其他各种产权证明等,都是财产所有人的资信证明。此外,由银行出具的有关财产方面的委托书、协议书、意向书等,也都能成为持有人的资信证明。

(3)主体是特殊主体,即必须是银行或者其他金融机构及其工作人员。这里的“银行”是广义的银行,包括中国人民银行、各商业银行、政策性银行以及其他在我国境内设立的中外合资银行和外资银行。“其他金融机构”,是指除银行以外的其他金融机构,即所谓非银行金融机构。单位犯本罪的,对单位和个人实行双罚制。

(4)本罪主观上为故意。

2. 注意区分罪与非罪的界限

本罪属于情节犯,只有具备“情节严重”的,才构成犯罪,没有达到“情节严重”的,不以犯罪论处,可依照商业银行法等有关规定,给予行政处罚或者纪律处分。

3. 划清一罪与数罪

行为人犯本罪时往往兼有以权谋私,收受贿赂的情形。如果行为人因此收受贿赂,数额较大的,同时也构成了受贿罪,应以受贿罪和本罪实行数罪并罚。

4. 本罪与伪造、变造金融票证罪的界限

两罪在犯罪对象上有相同之处,但在犯罪成立的其他要件上却不同。第一,本罪是金融机构及其工作人员违反规定出具信用证明文件,不一定是假信用证明,而伪造、变造金融票证罪其所伪造、变造的金融票证却是假信用证明。第二,在主体上,伪造、变造金融票证罪的主体是一般主体,而本罪的主体为特殊主体,即必须是银行或者其他金融机构及其工作人员。第三,是否要求出现“情节严重”作为犯罪成立的要件。对本罪而言,是否“情节严重”是区分罪与非罪的重要条件之一,只有具备“情节严重”,才成立违规出具金融票证罪。而伪造、变造金融票证罪的行为人只要实施了伪造、变造金融票证的行为,无须具备“情节严重”即构成犯罪,“情节严重”只是该罪法定刑升格的条件。

(三)量刑标准

根据《刑法》第188条的规定,犯违规出具金融票证罪,处5年以下有期徒刑或者拘役;情节特别严重的,处5年以上有期徒刑。单位犯本罪的,对单位判处罚金,并对其直接负责的主管人员和其他直接责任人员,依照上述规定处罚。

二十七、对违法票据承兑、付款、保证案

中华人民共和国刑法(节选)

第一百八十九条　银行或者其他金融机构的工作人员在票据业务中,对违反票据法规定的票据予以承兑、付款或者保证,造成重大损失的,处五年以下有期徒刑或者拘役;造成特别重大损失的,处五年以上有期徒刑。

单位犯前款罪的,对单位判处罚金,并对其直接负责的主管人员和其他直接责任人员,依照前款的规定处罚。

对违法票据承兑、付款、保证罪,是指银行或者其他金融机构及其工作人员,在票据业务中,对违反票据法规定的票据予以承兑、付款或者保证,造成重大损失的行为。

(一)立案标准

根据中央纪委、国家监委印发的《国家监察委员会管辖规定(试行)》,公职人员涉嫌对违法票据承兑、付款、保证犯罪案件,应当由监察机关管辖;公职人员以外的其他人员涉嫌对违法票据承兑、付款、保证犯罪案件,由公安机关管辖。

银行或者其他金融机构及其工作人员在票据业务中,对违反票据法规定的票据予以承兑、付款或者保证,造成直接经济损失数额在 20 万元以上的,应当立案。

办理票据的承兑、付款、保证是金融机构的一项重要业务,直接关系到金融机构以及票据当事人的资金安全,因此,金融机构工作人员在办理票据业务中应对票据进行认真审查,对合法票据才能予以承兑、付款和保证。如果行为人不认真履行职责,不按照规定认真审查票据承兑申请人和被保证人的资金状况,随意地将违反票据法规定的票据进行承兑、付款或保证,就会造成很大风险,形成重大资金损失。所谓承兑,是指汇票付款人承诺在汇票到期日支付汇票金额的票据行为。所谓付款,是指票据的付款人或者代理付款人支付票据金额以消灭票据关系的票据行为。所谓保证,是指由票据债务人以外的人,因承担票据债务保证责任,在汇票到期后因持票人得不到付款,而须向持票人付款的票据行为。无论个人对违法票据予以承兑、付款、保证是一次还是几次,只要给银行或者其他金融机构造成直接经济损失累计达到 20 万元以上的,就应当立案。

（二）定罪标准

1. 本罪的构成

（1）侵犯的客体是国家对金融票据的管理制度。

（2）客观方面表现为银行和其他金融机构及其工作人员在票据业务中，对违反票据法规定的票据予以承兑、付款或者保证，造成重大损失的行为。构成本罪，必须造成重大损失。行为人客观上虽然对不合规定的票据进行了承兑、付款或者保证，但是未造成重大损失的，不构成本罪。这里所指的是造成重大损失而非造成一般性损失或者造成较大损失。

（3）主体是特殊主体，即只能由金融机构及其工作人员构成。这里的“金融机构”包括各商业银行、政策性银行及在中国境内的中外合资银行、外资银行及其他具有上述业务的非银行金融机构。

（4）主观方面由过失构成，即对造成重大损失是过失的心态。包括应当预见这种重大损失而没有预见，或者根据常识，已经预见到可能造成重大损失而轻信能够避免两种情况。但是，行为人需对于给予承兑、付款或保证的票据的不符合票据法规定的违章性是明知的。如果不是明知其不合规定性而受骗给予承兑、付款或者保证的，则不构成本罪。是否明知应根据具体情况、票据的不合规定性程度、当事人的鉴别经验等进行综合评判，而不能仅以当事人的陈述为准。

2. 注意区分罪与非罪的界限

本罪属于结果犯，只有行为人对违反票据法规定的票据予以承兑、付款或者保证，造成重大损失时，才能以犯罪论处。对于没有造成损失或者损失不大的，不构成犯罪，应按照票据法的有关规定给予处理。

3. 本罪与金融诈骗罪共犯的界限

银行或者其他金融机构的工作人员，与进行金融诈骗活动的犯罪分子串通，为其诈骗活动提供帮助的，以共犯论。这与本罪有一些牵连关系，在适用中应注意区分。金融诈骗罪的共犯是事前与诈骗犯串通，事中积极为诈骗犯罪分子提供帮助，属于直接故意，往往具有骗取公私财物的目的，构成诈骗犯罪的共犯。而本罪上述事前的串通，事中积极提供帮助并不明显，但具有获取非法利益的目的。

4. 本罪与渎职罪的界限

渎职罪是指国家工作人员滥用职权或者玩忽职守，致使公共财产、国家和人民利益遭受重大损失的行为。本罪在客观上表现为一种渎职行为。在本罪设立前，对金融机构工作人员的这种渎职行为，按玩忽职守罪处理，但在本罪设立后，对这种行为就应依本罪处理。

（三）量刑标准

根据《刑法》第189条的规定，犯对违法票据予以承兑、付款、保证罪，造成重大损失的，处5年以下有期徒刑或者拘役；造成特别重大损失的，处5年以上有期徒刑。单位构成本罪的，对单位判处罚金，并对其直接负责的主管人员和其他直接责任人员依照前款的规定处罚。

二十八、逃汇案

中华人民共和国刑法（节选）

第一百九十条［根据全国人民代表大会常务委员会《关于惩治骗购外汇、逃汇和非法买卖外汇犯罪的决定》修正］　公司、企业或者其他单位，违反国家规定，擅自将外汇存放境外，或者将境内的外汇非法转移到境外，数额较大的，对单位判处逃汇数额百分之五以上百分之三十以下罚金，并对其直接负责的主管人员和其他直接责任人员处五年以下有期徒刑或者拘役；数额巨大或者有其他严重情节的，对单位判处逃汇数额百分之五以上百分之三十以下罚金，并对其直接负责的主管人员和其他直接责任人员处五年以上有期徒刑。

逃汇罪，是指公司、企业或者其他单位，违反国家规定，擅自将外汇存放境外，或者将境内的外汇非法转移到境外，数额较大的行为。

（一）立案标准

根据最高人民检察院、公安部《关于公安机关管辖的刑事案件立案追诉标准的规定（二）》第46条规定，公司、企业或者其他单位，违反国家规定，擅自将外汇存放境外，或者将境内的外汇非法转移到境外，单笔在200万美元以上或者累计数额在500万美元以上的，应予立案追诉。

本罪是从1988年1月21日第六届全国人大常委会第二十四次会议通过的《关于惩治走私罪的补充规定》第9条第1款吸收改为1997年《刑法》规定的，1979年《刑法》没有关于本罪的规定。1997年《刑法》第190条规定"情节严重"构成本罪，而《关于惩治骗购外汇、逃汇和非法买卖外汇犯罪的决定》将"情节严重"修改为"数额较大"就构成本罪，应当立案追究。

（二）定罪标准

1. 本罪的构成

（1）侵犯的客体是国家的外汇管理制度。外汇是国家的主要储备，是用于国际支付的手段。根据《外汇管理条例》的有关规定，国家实行国际收支统计申报制度。凡是国际收支活动的单位和个人，必须进行国际收支统计申报。境内机构的经营项目外汇收入必须调回境内，不得违反国家有关规定将外汇擅自存放境外。境内机构的资本项目外汇收入，除国家另有规定外，应当调回境内。数额较大的逃汇行为，无疑严重侵害了国家对外汇的管理制度。逃汇罪所侵犯的外汇管理制度，主要是国家对外汇的输入输出、进出境及使用等方面的管理规定。

（2）客观方面表现为违反国家规定，擅自将外汇存放境外，或者将境内的外汇非法转移境外，数额较大的行为。所谓违反国家规定，是指违反全国人民代表大会及其常务委员会制定的法律和决定，国务院制定的行政法规、规定的行政措施、发布的决定和命令。例如，《外汇管理暂行条例》《违反外汇管理处罚施行细则》等。所谓外汇，是指以外国货币表示的，用于国际结算的信用凭证和支付手段。如果逃汇不是美元而是其他外汇，则应当按照犯罪时银行同期兑换比率进行换算。

（3）主体是特殊主体，包括公司、企业或者其他单位。《刑法》第 190 条规定的逃汇罪的主体仅限于国有公司、企业或者其他国有单位。《关于惩治骗购外汇、逃汇和非法买卖外汇犯罪的决定》的规定扩大了犯罪主体的范围，即不限于“国有”范围，所有的公司、企业、单位都可以构成本罪的主体。

（4）主观方面由故意构成，即明知自己的行为是违反国家规定的逃汇行为而故意实施该行为的。过失不能构成本罪。至于其动机是否谋利，不影响本罪的成立。

2. 本罪与骗取出口退税罪的界限

两者的主要区别在于：（1）犯罪的主体不同。逃汇罪的主体仅限于公司、企业和其他单位；而骗取出口退税罪的主体是纳税人，包括自然人和单位。（2）客观方面表现不同。本罪的客观方面主要表现为逃汇和套汇行为；而骗取出口退税罪的客观方面主要表现为骗取国家出口退税税款。（3）侵犯的客体不同。逃汇罪侵犯的是国家外汇管理制度；而骗取出口退税罪针对的是国家税收，实行的是如何面对特定方法偷逃税款的行为，其行为侵犯的是税收管理制度。

3. 本罪与走私罪的界限

两者的主要区别在于：（1）客体不同。逃汇罪所侵犯的客体是国家外汇管理制度；而走私罪所侵犯的客体是国家对外贸易制度。（2）客观方面不同。逃汇罪在客观方面表现为逃汇、套汇；而走私罪在客观方面表现为非法运输、携带、邮寄货物、物品进出国(边)境。(3)主体不同。逃汇罪的主体是特殊主体，即公司、企业或者其他单位；而走私罪的主体则是一般主体。

(三)量刑标准

根据《刑法》第190条规定，犯逃汇罪，数额较大的，对单位判处逃汇数额5%以上30%以下罚金，并对其直接负责的主管人员和其他直接责任人员处5年以下有期徒刑或者拘役；数额巨大或者有其他严重情节的，对单位判处逃汇数额5%以上30%以下罚金，并对其直接负责的主管人员和其他直接责任人员处5年以上有期徒刑。

二十九、骗购外汇案

全国人民代表大会常务委员会1998年12月29日颁布实施的《关于惩治骗购外汇、逃汇和非法买卖外汇犯罪的决定》增加规定了骗购外汇罪。有关规定如下：

一、有下列情形之一，骗购外汇，数额较大的，处五年以下有期徒刑或者拘役，并处骗购外汇数额百分之五以上百分之三十以下罚金；数额巨大或者有其他严重情节的，处五年以上十年以下有期徒刑，并处骗购外汇数额百分之五以上百分之三十以下罚金；数额特别巨大或者有其他特别严重情节的，处十年以上有期徒刑或者无期徒刑，并处骗购外汇数额百分之五以上百分之三十以下罚金或者没收财产：

(一)使用伪造、变造的海关签发的报关单、进口证明、外汇管理部门核准件等凭证和单据的；

(二)重复使用海关签发的报关单、进口证明、外汇管理部门核准件等凭证和单据的；

(三)以其他方式骗购外汇的。

伪造、变造海关签发的报关单、进口证明、外汇管理部门核准件等凭证和单据，并用于骗购外汇的，依照前款的规定从重处罚。

明知用于骗购外汇而提供人民币资金的，以共犯论处。

单位犯前三款罪的，对单位依照第一款的规定判处罚金，并对其直接负责的主管人员和其他直接责任人员，处五年以下有期徒刑或者拘役；数额巨大或者有其他严重情节的，处五年以上十年以下有期徒刑；数额特别巨大或者有其他特别严重情节的，处十年以上有期徒刑或者无期徒刑。

……

五、海关、外汇管理部门以及金融机构、从事对外贸易经营活动的公司、企业或者其他单位的工作人员与骗购外汇或者逃汇的行为人通谋，为其提供购买外汇的有关凭证或者其他便利的，或者明知是伪造、变造的凭证和单据而售汇、付汇的，以共犯论，依照本决定从重处罚。

……

八、犯本决定规定之罪，依法被追缴、没收的财物和罚金，一律上缴国库。

九、本决定自公布之日起施行。

骗购外汇罪，是指用各种方法骗购外汇，数额较大的行为。

（一）立案标准

根据最高人民检察院、公安部《关于公安机关管辖的刑事案件立案追诉标准的规定（二）》第47条规定，骗购外汇，数额在50万美元以上的，应予立案追诉。

本罪是1998年12月29日全国人大常委会《关于惩治骗购外汇、逃汇和非法买卖外汇犯罪的决定》新增的罪名。构成本罪，必须达到骗购外汇“数额较大”的标准。全国人大常委会《关于惩治骗购外汇、逃汇和非法买卖外汇犯罪的决定》规定了三种骗购外汇的方式：一是使用伪造、变造的海关签发的报关单、进口证明、外汇管理部门核准件凭证和单据；二是重复使用海关签发的报关单、进口证明、外汇管理部门核准件等凭证和单据；三是以其他方式骗购外汇的。行为人无论采取哪种方式进行骗购外汇，也不管行为人是一次还是几次骗购外汇，只要骗购外汇的单笔或者累计数额达到50万美元以上的，公安机关就应当立案侦查。如果行为人所骗购的不是外汇，则应当按照银行同期外汇比率进行兑换计算。

（二）定罪标准

1. 本罪的构成

（1）侵犯的客体是国家的外汇管理制度。外汇的买卖应当严格按照法律、法规的规定进行，骗购外汇的行为必然破坏我国的外汇管理制度，应当依法严厉制裁。

（2）客观方面表现为用各种方法骗购外汇，数额较大的行为。构成本罪，必须达到“数额较大”的标准。

（3）主体是一般主体，自然人和单位均可构成本罪的主体。

（4）主观方面由故意构成，过失不构成本罪。犯罪动机一般是为了牟取非法利益，但行为人是否谋利，不影响本罪的成立。

2. 根据全国人大常委会《关于惩治骗购外汇、逃汇和非法买卖外汇犯罪的决定》，伪造、变造海关签发的报关单、进口证明、外汇管理部门核准件等凭证和单据，并用于骗购外汇的，依照本罪的规定从重处罚。明知用于骗购外汇而提供人民币资金的，以共犯论处。海关、外汇管理部门以及金融机构、从事对外贸易经营活动的公司、企业或者其他单位的工作人员与骗购外汇的行为人通谋，为其提供购买外汇的有关凭证和单据而售汇、付汇的，以共犯论，并且从重处罚。

3. 根据最高人民法院《关于审理骗购外汇、非法买卖外汇刑事案件具体应用法律若干问题的解释》的有关规定，以进行走私、逃汇、洗钱、骗税等犯罪活动为目的，使用虚假、无效的凭证、商业单据或者采取其他手段向外汇指定银行骗购外汇的，应当分别按照刑法分则第三章第二节、第 190 条、第 191 条和第 204 条等规定定罪处罚。骗购外汇、非法买卖外汇的，其违法所得予以追缴，用于骗购外汇的资金予以没收，上缴国库。

（三）量刑标准

根据《关于惩治骗购外汇、逃汇和非法买卖外汇犯罪的决定》的规定，犯骗购外汇罪，数额较大的，处 5 年以下有期徒刑或者拘役，并处骗购外汇数额 5% 以上 30% 以下罚金；数额巨大或者有其他严重情节的，处 5 年以上 10 年以下有期徒刑，并处骗购外汇数额 5% 以上 30% 以下罚金；数额特别巨大或者有其他特别严重情节的，处 10 年以上有期徒刑或者无期徒刑，并处骗购外汇数额 5% 以上 30% 以下罚金或者没收财产。单位犯本罪的，对单位判处罚金，并对其直接负责的主管人员和其他直接责任人员，处 5 年以下有期徒刑或者拘役；数额巨大或者有其他严重情节的，处 5 年以上 10 年以下有期徒刑；数额特别巨大或者有其他特别严重情节的，处 10 年以上有期徒刑或者无期徒刑。

三十、洗钱案

中华人民共和国刑法（节选）

第一百九十一条第一款［根据《刑法修正案（六）》修正］ 明知是毒品犯罪、黑社会性质的组织犯罪、恐怖活动犯罪、走私犯罪、贪污贿赂犯罪、破坏金融管理秩序犯罪、金融诈骗犯罪的所得及其产生的收益，为掩饰、隐瞒其来源和性质，有下列行为之一的，没收实施以上犯罪的所得及其产生的收益，处五年以下有期徒刑或者拘役，并处或者单处洗钱数额百分之五以上百分之二十以下罚金；情节严重的，处五年以上十年以下有期徒刑，并处洗钱数额百分之五以上百分之二十以下罚金：

（一）提供资金账户的；

（二）协助将财产转换为现金、金融票据、有价证券的；

（三）通过转账或者其他结算方式协助资金转移的；

（四）协助将资金汇往境外的；

（五）以其他方法掩饰、隐瞒犯罪所得及其收益的来源和性质的。

单位犯前款罪的，对单位判处罚金，并对其直接负责的主管人员和其他直接责任人员，处五年以下有期徒刑或者拘役；情节严重的，处五年以上十年以下有期徒刑。

洗钱罪，是指明知是毒品犯罪、黑社会性质的组织犯罪、恐怖活动犯罪、走私犯罪、贪污贿赂犯罪、破坏金融管理秩序犯罪、金融诈骗犯罪的违法所得及其产生的收益，为掩饰、隐瞒其来源的性质，而通过存入金融机构、投资为企业或市场上流通等手段使其合法化的行为。

（一）立案标准

根据最高人民检察院、公安部《关于公安机关管辖的刑事案件立案追诉标准的规定（二）》第48条规定，明知是毒品犯罪、黑社会性质的组织犯罪、恐怖活动犯罪、走私犯罪、贪污贿赂犯罪、破坏金融管理秩序犯罪、金融诈骗犯罪的所得及其产生的收益，为掩饰、隐瞒其来源和性质，涉嫌下列情形之一的，应予立案追诉：

（1）提供资金账户的。这里“提供资金账户”，是指将犯罪收入的现金、支票存入自己在金融机构拥有的账户，或者在金融机构开立假户头。

（2）协助将财产转换为现金、金融票据、有价证券的。这里“协助将财产转换为现金、金融票据、有价证券的”，是指帮助犯罪分子将不动产、船舶、股票、汽车、贵重金属等变卖出去，换为现金、金融票据、有价证券的。

（3）通过转账或者其他结算方式协助资金转移的。指将犯罪收入混入合法收入中，通过金融机构把犯罪收入转移为合法收入。

（4）协助将资金汇往境外的。指在境内保密制度很严的金融机构中开户头或用自己的银行账户，将犯罪收入通过银行汇出境外。

（5）以其他方法掩饰、隐瞒犯罪所得及其收益的来源和性质的。根据最高人民法院《关于审理洗钱等刑事案件具体应用法律若干问题的解释》（法释〔2009〕15号）第2条规定，具有下列情形之一的，可以认定为《刑法》第191条第1款第5项规定的“以其他方法掩饰、隐瞒犯罪所得及其收益的来源和性质”：一是通过典当、租赁、买卖、投资等方式，协助转移、转换犯罪所得及其收益的；二是通过与商场、饭店、娱乐场所等现金密集型场所的经营收入相混合的方式，协助转移、转换犯罪所得及其收益的；三是通过虚构交易、虚设债权债务、虚假担保、虚报收入等方式，协助将犯罪所得及其收益转换为“合法”财物的；四是通过买卖彩票、奖券等方式，协助转换犯罪所得及其收益的；五是通过赌博方式，协助将犯罪所得及其收益转换为赌博收益的；六是协助将犯罪所得及其收益携带、运输或者邮寄出入境的；七是通过前述规定以外的方式协助转移、转换犯罪所得及其收益的。

本罪在1979年《刑法》中没有规定，全国人大常委会《关于禁毒的决定》第4条规定了掩饰、隐瞒毒赃性质、来源罪。《刑法修正案(三)》和《刑法修正案(六)》又两次修改了本罪的罪状，修改的重点在于扩大了洗钱罪的上游犯罪的范围，同时严密了洗钱罪的行为方式。经过两次修订，洗钱罪的上游犯罪已经由最初的毒品犯罪、黑社会性质的组织犯罪、走私犯罪扩大为毒品犯罪、黑社会性质的组织犯罪、恐怖活动犯罪、走私犯罪、贪污贿赂犯罪、破坏金融管理秩序犯罪、金融诈骗犯罪。

(二)定罪标准

1. 本罪的构成

(1)本罪侵犯的客体主要是我国的金融管理秩序。这一点从洗钱罪被归类于刑法第三章“破坏社会主义经济秩序罪”下第四节“破坏金融管理秩序罪”之中就可以看出。正常的金融管理秩序是一国经济秩序的重要组成部分，而洗钱犯罪活动的介入，使正常的金融活动受到了干扰，严重破坏了中国人民银行对其他金融机构的有效管理，降低了金融机构的资信，危害很大，必须予以严厉打击。

(2)客观方面表现为明知是毒品犯罪、黑社会性质的组织犯罪、走私犯罪、恐怖活动犯罪、贪污贿赂犯罪、破坏金融管理秩序犯罪、金融诈骗犯罪违法所得及其产生的收益，为了掩饰、隐瞒其来源和性质，而实施了洗钱行为。只要行为人实行了刑法规定的五种洗钱行为之一，不管是否已完成洗钱行为以及是否达到掩饰、隐瞒其来源和性质的目的，均构成本罪。

(3)主体是一般主体。根据刑法的规定，自然人和单位均可以成为本罪的主体，但必须是上游犯罪人以外的人。否则，应以上游犯罪处罚，不构成洗钱罪。

(4)主观方面只能是故意，不仅要求行为人明知是毒品犯罪、黑社会性质的组织犯罪、恐怖活动犯罪、走私犯罪、贪污贿赂犯罪、破坏金融管理秩序犯罪、金融诈骗犯罪的所得及其产生的收益，还要求行为人主观上具有掩饰、隐瞒上游犯罪的违法所得及其收益的性质和来源的目的。本罪犯罪的动机是多种多样的，如为继续犯罪作资金准备，包庇罪犯，贪赃图利等，但不论出自何种动机，均不影响本罪的成立。如确实不知道资金系违法所得及其产生的收益,则不构成本罪。

2. 注意区分罪与非罪的界限

本罪在犯罪构成上属于行为犯,行为人只要对明知是毒品犯罪、黑社会性质的组织犯罪、走私犯罪的违法所得及其收益加以掩饰或隐瞒,实施了本罪在客观方面所表现的五种行为之一,就构成犯罪。对于情节显著轻微、危害不大,不构成犯罪的,可以根据《刑法》第 13 条的规定,不予立案追究。

3. 本罪与掩饰、隐瞒犯罪所得、犯罪所得收益罪的界限

两者的主要区别在于:(1)侵犯的客体不同。洗钱罪侵犯的是复杂客体,既侵犯了金融管理秩序,又侵犯了社会管理秩序,但主要是破坏了国家的正常金融管理活动;而掩饰、隐瞒犯罪所得、犯罪所得收益罪侵犯的是司法机关的正常活动。(2)客观表现不同。洗钱罪表现为掩饰、隐瞒违法所得的非法性质和来源,而不是违法所得本身;而掩饰、隐瞒犯罪所得、犯罪所得收益罪则表现为掩饰、隐瞒犯罪所得、犯罪所得收益本身。(3)行为方式不同。洗钱罪是利用提供银行账号、转账、汇款等掩饰、隐瞒的手法进行;而掩饰、隐瞒犯罪所得、犯罪所得收益罪则不采取提供隐藏处所的行为方式。(4)行为对象的范围不同。洗钱罪的上游犯罪限于七种,即毒品犯罪、黑社会性质组织犯罪、恐怖活动犯罪、走私犯罪、贪污贿赂犯罪、破坏金融管理秩序犯罪、金融诈骗犯罪的所得及其产生的收益。而掩饰、隐瞒犯罪所得、犯罪所得收益罪的行为对象包括刑法规定的所有犯罪所得赃物。(5)主体不同。洗钱罪可以由自然人和单位构成;而掩饰、隐瞒犯罪所得、犯罪所得收益罪只能由自然人构成。

根据最高人民法院《关于审理洗钱等刑事案件具体应用法律若干问题的解释》(法释〔2009〕15 号)第 3 条规定,明知是犯罪所得及其产生的收益而予以掩饰、隐瞒,构成《刑法》第 312 条规定的犯罪,同时又构成《刑法》第 191 条或者第 349 条规定的犯罪的,依照处罚较重的规定定罪处罚。

4. 本罪与主罪共同犯罪的界限

本罪只能发生在毒品犯罪、黑社会性质组织犯罪、恐怖活动犯罪、走私犯罪、贪污贿赂犯罪、破坏金融管理秩序犯罪、金融诈骗犯罪等主罪获得违法收益之后,而且事先没有通谋。如果行为人事前与主罪犯罪分子有通谋,事后又掩饰、隐瞒犯罪所得的非法性质和来源的,构成与主罪的共同犯罪。其事后的洗钱行为属于共同犯罪的继续,属于事后不可罚行为,应以主罪的共犯论处。如果行为人事前与主罪犯罪分子没有通谋,只是在事后掩饰、隐瞒犯罪所得财物的非法性质和来源的,就应以本罪论处。

5. 关于本罪涉及的"明知"的认定

根据最高人民法院《关于审理洗钱等刑事案件具体应用法律若干问题的解释》(法释〔2009〕15号)第1条规定,《刑法》第191条、第312条规定的"明知",应当结合被告人的认知能力,接触他人犯罪所得及其收益的情况,犯罪所得及其收益的种类、数额,犯罪所得及其收益的转换、转移方式以及被告人的供述等主、客观因素进行认定。具有下列情形之一的,可以认定被告人明知系犯罪所得及其收益,但有证据证明确实不知道的除外:(1)知道他人从事犯罪活动,协助转换或者转移财物的;(2)没有正当理由,通过非法途径协助转换或者转移财物的;(3)没有正当理由,以明显低于市场的价格收购财物的;(4)没有正当理由,协助转换或者转移财物,收取明显高于市场的"手续费"的;(5)没有正当理由,协助他人将巨额现金散存于多个银行账户或者在不同银行账户之间频繁划转的;(6)协助近亲属或者其他关系密切的人转换或者转移与其职业或者财产状况明显不符的财物的;(7)其他可以认定行为人明知的情形。被告人将《刑法》第191条规定的某一上游犯罪的犯罪所得及其收益误认为《刑法》第191条规定的上游犯罪范围内的其他犯罪所得及其收益的,不影响《刑法》第191条规定的"明知"的认定。

6. 根据最高人民法院《关于审理洗钱等刑事案件具体应用法律若干问题的解释》(法释〔2009〕15号)第4条规定,《刑法》第191条、第312条、第349条规定的犯罪,应当以上游犯罪事实成立为认定前提。上游犯罪尚未依法裁判,但查证属实的,不影响《刑法》第191条、第312条、第349条规定的犯罪的审判。上游犯罪事实可以确认,因行为人死亡等原因依法不予追究刑事责任的,不影响《刑法》第191条、第312条、第349条规定的犯罪的认定。上游犯罪事实可以确认,依法以其他罪名定罪处罚的,不影响《刑法》第191条、第312条、第349条规定的犯罪的认定。本条所称"上游犯罪",是指产生《刑法》第191条、第312条、第349条规定的犯罪所得及其收益的各种犯罪行为。

(三)量刑标准

根据《刑法》第191条的规定,犯洗钱罪,没收实施洗钱上游犯罪的所得及其产生的收益,处5年以下有期徒刑或者拘役,并处或者单处洗钱数额5%以上20%以下罚金;情节严重的,处5年以上10年以下有期徒刑,并处洗钱数额5%以上20%以下罚金;单位犯本罪的,对单位判处罚金,并对其直接负责的主管人员和其他直接责任人员,处5年以下有期徒刑或者拘役,情节严重的,处五年以上十年以下有期徒刑。

第六章　金融诈骗案件立案、定罪、量刑标准

一、集资诈骗案

中华人民共和国刑法(节选)

第一百九十二条　以非法占有为目的,使用诈骗方法非法集资,数额较大的,处五年以下有期徒刑或者拘役,并处二万元以上二十万元以下罚金;数额巨大或者有其他严重情节的,处五年以上十年以下有期徒刑,并处五万元以上五十万元以下罚金;数额特别巨大或者有其他特别严重情节的,处十年以上有期徒刑或者无期徒刑,并处五万元以上五十万元以下罚金或者没收财产。

第二百条[根据《刑法修正案(八)》修正]　单位犯本节第一百九十二条、第一百九十四条、第一百九十五条规定之罪的,对单位判处罚金,并对其直接负责的主管人员和其他直接责任人员,处五年以下有期徒刑或者拘役,可以并处罚金;数额巨大或者有其他严重情节的,处五年以上十年以下有期徒刑,并处罚金;数额特别巨大或者有其他特别严重情节的,处十年以上有期徒刑或者无期徒刑,并处罚金。

集资诈骗罪,是指以非法占有为目的,使用诈骗方法非法集资,数额较大的行为。

(一)立案标准

根据最高人民检察院、公安部《关于公安机关管辖的刑事案件立案追诉标准的规定(二)》第49条规定,以非法占有为目的,使用诈骗方法非法集资,涉嫌下列情形之一的,应予立案追诉:

(1)个人集资诈骗,数额在10万元以上的;

(2)单位集资诈骗,数额在50万元以上的。

本罪是数额犯，构成本罪必须达到非法集资"数额较大"的标准。最高人民法院1996年12月16日发布施行了《关于审理诈骗案件具体应用法律的若干问题的解释》，对本罪的定罪量刑标准作出过规定。即个人进行集资诈骗数额在2000元至4000元以上，单位进行集资诈骗数额在5万元至10万元以上的，应当立案追究；个人进行集资诈骗数额在20万元以上的，属于"数额巨大"；个人进行集资诈骗数额在100万元以上的，属于"数额特别巨大"。单位进行集资诈骗数额在50万元以上的，属于"数额巨大"；单位进行集资诈骗数额在250万元以上的，属于"数额特别巨大"。最高人民检察院、公安部《关于公安机关管辖的刑事案件立案追诉标准的规定（二）》对本罪的立案标准进行了调整，规定"个人集资诈骗数额在10万元以上，单位集资诈骗数额在50万元以上"的，应当立案追究。

对于本罪的立案标准，可以作如下理解：

（1）本罪立案标准第1项规定，"个人集资诈骗数额在10万元以上"的，应当立案。这主要是指以非法占有为目的，使用诈骗方法非法集资，个人集资诈骗数额累计达到10万元以上的。所谓以非法占有为目的，是指犯罪行为人在主观上具有将非法募集的资金据为己有的目的。所谓诈骗方法，是指行为人采取虚构集资用途，以虚假的证明文件和高回报率为诱饵，骗取集资款等手段。根据最高人民法院《关于审理诈骗案件具体应用法律的若干问题的解释》，具有下列情形之一的，应当认定其行为属于"以非法占有为目的，使用诈骗方法非法集资"：①携带集资款逃跑的；②挥霍集资款，致使集资款无法返还的；③使用集资款进行违法犯罪活动，致使集资款无法返还的；④具有其他欺诈行为，拒不返还集资款，或者致使集资款无法返还的。对于实施上述非法集资的行为之一，数额达到10万元以上的，公安机关就应当立案侦查。

（2）本罪立案标准第2项规定，"单位集资诈骗数额在50万元以上"的，应当立案。由于个人非法集资与单位非法集资的立案标准在数额上要求不同，所以应当把个人集资行为与单位集资行为区别开来。一般来说，公司、企业或者其他组织非法集资，募集的资金归单位所有的，即属于单位集资诈骗案。通常情况下，个人非法集资也多是以单位名义进行的，如果非法募集的资金归个人所有，即属于个人非法集资。

（二）定罪标准

1. 本罪的构成

（1）侵害的客体是国家的金融管理制度和公私财产所有权。

(2)客观方面表现为行为人使用诈骗方法非法集资，数额较大的行为。这包括三个方面的内容：一是集资是通过诈骗方法实施的，即行为人以非法占有为目的，采用虚构资金用途，以虚假的证明文件或者高利率为诱饵，编造谎言，捏造或者隐瞒事实真相，骗取他人资金。二是违反法律、法规在社会上进行非法集资活动。“非法集资”是构成本罪的行为实质所在。所谓非法集资，是指公司、企业、其他组织或者个人未经有权机关批准或者违反法律、法规，通过不正当的渠道，向社会公众募集资金的行为。至于行为人是否已实际将募集的资金据为己有，并不影响本罪的成立。三是非法集资的行为，必须达到数额较大的程度，才构成犯罪。

(3)主体是一般主体，自然人和单位均可以构成本罪主体。

(4)主观方面由故意构成，并且行为人必须是以非法占有为目的。这里的“非法占有目的”，不是指暂时占有、使用的目的，而是指不法所有的目的，包括使第三者或者单位不法所有。

2. 罪与非罪的界限

只要行为人以非法占有为目的，采用虚构事实或者隐瞒真相的方法，非法向社会公众或者集体募集资金，骗取集资款，数额较大的，就构成集资诈骗罪，而不论行为人是否已经将他人的集资款据为己有。但是，非法集资数额不大的，属于一般违法行为，应当由有关部门给予行政处罚。

3. 本罪与非法吸收公众存款罪的界限

两者的主要区别在于：(1)犯罪的目的不同。集资诈骗罪的目的是占有所募集的资金；而非法吸收公众存款罪的行为人在主观上不具有非法占有的目的，而是企图通过这种活动进行营利，如将所吸收的资金用于高利贷或者进行其他方面的投资，但尚有偿还本息的目的。(2)客观方面表现不同。集资诈骗罪行为人必须使用诈骗的方法，而非法吸收存款的行为人则不以使用诈骗方法作为犯罪的构成要件之一。(3)犯罪对象不同。非法吸收存款罪侵犯的对象是公众的资金；而集资诈骗罪侵犯的对象可以是公众的资金，也可以是单位、组织的资金。

4. 关于办理非法集资刑事案件应当注意的问题

根据最高人民法院、最高人民检察院、公安部《关于办理非法集资刑事案件若干问题的意见》(高检会〔2019〕2号)，办理非法集资刑事案件应当注意以下问题：

(1)关于非法集资的“非法性”认定依据问题。人民法院、人民检察院、公安机关认定非法集资的“非法性”，应当以国家金融管理法律法规作为依据。对于国家金融管理法律法规仅作原则性规定的，可以根据法律规定的精神并参考中国人民银行、中国银行保险监督管理委员会、中国证券监督管理委员会等行政主管部门依照国家金融管理法律法规制定的部门规章或者国家有关金融管理的规定、办法、实施细则等规范性文件的规定予以认定。

(2)关于单位犯罪的认定问题。单位实施非法集资犯罪活动,全部或者大部分违法所得归单位所有的,应当认定为单位犯罪。个人为进行非法集资犯罪活动而设立的单位实施犯罪的,或者单位设立后,以实施非法集资犯罪活动为主要活动的,不以单位犯罪论处,对单位中组织、策划、实施非法集资犯罪活动的人员应当以自然人犯罪依法追究刑事责任。判断单位是否以实施非法集资犯罪活动为主要活动,应当根据单位实施非法集资的次数、频度、持续时间、资金规模、资金流向、投入人力物力情况、单位进行正当经营的状况以及犯罪活动的影响、后果等因素综合考虑认定。

(3)关于涉案下属单位的处理问题。办理非法集资刑事案件中,人民法院、人民检察院、公安机关应当全面查清涉案单位,包括上级单位(总公司、母公司)和下属单位(分公司、子公司)的主体资格、层级、关系、地位、作用、资金流向等,区分情况依法作出处理。上级单位已被认定为单位犯罪,下属单位实施非法集资犯罪活动,且全部或者大部分违法所得归下属单位所有的,对该下属单位也应当认定为单位犯罪。上级单位和下属单位构成共同犯罪的,应当根据犯罪单位的地位、作用,确定犯罪单位的刑事责任。上级单位已被认定为单位犯罪,下属单位实施非法集资犯罪活动,但全部或者大部分违法所得归上级单位所有的,对下属单位不单独认定为单位犯罪。下属单位中涉嫌犯罪的人员,可以作为上级单位的其他直接责任人员依法追究刑事责任。上级单位未被认定为单位犯罪,下属单位被认定为单位犯罪的,对上级单位中组织、策划、实施非法集资犯罪的人员,一般可以与下属单位按照自然人与单位共同犯罪处理。上级单位与下属单位均未被认定为单位犯罪的,一般以上级单位与下属单位中承担组织、领导、管理、协调职责的主管人员和发挥主要作用的人员作为主犯,以其他积极参加非法集资犯罪的人员作为从犯,按照自然人共同犯罪处理。

(4)关于主观故意的认定问题。认定犯罪嫌疑人、被告人是否具有非法吸收公众存款的犯罪故意,应当依据犯罪嫌疑人、被告人的任职情况、职业经历、专业背景、培训经历、本人因同类行为受到行政处罚或者刑事追究情况以及吸收资金方式、宣传推广、合同资料、业务流程等证据,结合其供述,进行综合分析判断。犯罪嫌疑人、被告人使用诈骗方法非法集资,符合最高人民法院《关于审理非法集资刑事案件具体应用法律若干问题的解释》第 4 条规定的,可以认定为集资诈骗罪中"以非法占有为目的"。办案机关在办理非法集资刑事案件中,应当根据案件具体情况注意收集运用涉及犯罪嫌疑人、被告人的以下证据：是否使用虚假身份信息对外开展业务；是否虚假订立合同、协议；是否虚假宣传，明显超出经营范围或者夸大经营、投资、服务项目及盈利能力；是否吸收资金后隐匿、销毁合同、协议、账目；是否传授或者接受规避法律、逃避监管的方法；等等。

(5)关于犯罪数额的认定问题。非法吸收或者变相吸收公众存款构成犯罪，具有下列情形之一的，向亲友或者单位内部人员吸收的资金应当与向不特定对象吸收的资金一并计入犯罪数额：一是在向亲友或者单位内部人员吸收资金的过程中，明知亲友或者单位内部人员向不特定对象吸收资金而予以放任的；二是以吸收资金为目的，将社会人员吸收为单位内部人员，并向其吸收资金的；三是向社会公开宣传，同时向不特定对象、亲友或者单位内部人员吸收资金的。非法吸收或者变相吸收公众存款的数额，以行为人所吸收的资金全额计算。集资参与人收回本金或者获得回报后又重复投资的数额不予扣除，但可以作为量刑情节酌情考虑。

(6)关于宽严相济刑事政策把握问题。办理非法集资刑事案件，应当贯彻宽严相济刑事政策，依法合理把握追究刑事责任的范围，综合运用刑事手段和行政手段处置和化解风险，做到惩处少数、教育挽救大多数。要根据行为人的客观行为、主观恶性、犯罪情节及其地位、作用、层级、职务等情况，综合判断行为人的责任轻重和刑事追究的必要性，按照区别对待原则分类处理涉案人员，做到罚当其罪、罪责刑相适应。重点惩处非法集资犯罪活动的组织者、领导者和管理人员，包括单位犯罪中的上级单位（总公司、母公司）的核心层、管理层和骨干人员，下属单位（分公司、子公司）的管理层和骨干人员，以及其他发挥主要作用的人员。对于涉案人员积极配合调查、主动退赃退赔、真诚认罪悔罪的，可以依法从轻处罚；其中情节轻微的，可以免除处罚；情节显著轻微、危害不大的，不作为犯罪处理。

(7)关于管辖问题。跨区域非法集资刑事案件按照国务院《关于进一步做好防范和处置非法集资工作的意见》（国发〔2015〕59号）确定的工作原则办理。如果合并侦查、诉讼更为适宜的，可以合并办理。办理跨区域非法集资刑事案件，如果多个公安机关都有权立案侦查的，一般由主要犯罪地公安机关作为案件主办地，对主要犯罪嫌疑人立案侦查和移送审查起诉；由其他犯罪地公安机关作为案件分办地根据案件具体情况，对本地区犯罪嫌疑人立案侦查和移送审查起诉。管辖不明或者有争议的，按照有利于查清犯罪事实、有利于诉讼的原则，由其共同的上级公安机关协调确定或者指定有关公安机关作为案件主办地立案侦查。需要提请批准逮捕、移送审查起诉、提起公诉的，由分别立案侦查的公安机关所在地的人民检察院、人民法院受理。对于重大、疑难、复杂的跨区域非法集资刑事案件,公安机关应当在协调确定或者指定案件主办地立案侦查的同时,通报同级人民检察院、人民法院。人民检察院、人民法院参照前款规定,确定主要犯罪地作为案件主办地,其他犯罪地作为案件分办地,由所在地的人民检察院、人民法院负责起诉、审判。本条规定的"主要犯罪地",包括非法集资活动的主要组织、策划、实施地,集资行为人的注册地、主要营业地、主要办事机构所在地,集资参与人的主要所在地等。

(8)关于办案工作机制问题。案件主办地和其他涉案地办案机关应当密切沟通协调,协同推进侦查、起诉、审判、资产处置工作,配合有关部门最大限度追赃挽损。案件主办地办案机关应当统一负责主要犯罪嫌疑人、被告人涉嫌非法集资全部犯罪事实的立案侦查、起诉、审判,防止遗漏犯罪事实;并应就全案处理政策、追诉主要犯罪嫌疑人、被告人的证据要求及诉讼时限、追赃挽损、资产处置等工作要求,向其他涉案地办案机关进行通报。其他涉案地办案机关应当对本地区犯罪嫌疑人、被告人涉嫌非法集资的犯罪事实及时立案侦查、起诉、审判,积极协助主办地处置涉案资产。案件主办地和其他涉案地办案机关应当建立和完善证据交换共享机制。对涉及主要犯罪嫌疑人、被告人的证据,一般由案件主办地办案机关负责收集,其他涉案地提供协助。案件主办地办案机关应当及时通报接收涉及主要犯罪嫌疑人、被告人的证据材料的程序及要求。其他涉案地办案机关需要案件主办地提供证据材料的,应当向案件主办地办案机关提出证据需求,由案件主办地收集并依法移送。无法移送证据原件的,应当在移送复制件的同时,按照相关规定作出说明。

(9)关于涉案财物追缴处置问题。办理跨区域非法集资刑事案件,案件主办地办案机关应当及时归集涉案财物,为统一资产处置做好基础性工作。其他涉案地办案机关应当及时查明涉案财物,明确其来源、去向、用途、流转情况,依法办理查封、扣押、冻结手续,并制作详细清单,对扣押款项应当设立明细账,在扣押后立即存入办案机关唯一合规账户,并将有关情况提供案件主办地办案机关。人民法院、人民检察院、公安机关应当严格依照刑事诉讼法和相关司法解释的规定,依法移送、审查、处理查封、扣押、冻结的涉案财物。对审判时尚未追缴到案或者尚未足额退赔的违法所得,人民法院应当判决继续追缴或者责令退赔,并由人民法院负责执行,处置非法集资职能部门、人民检察院、公安机关等应当予以配合。人民法院对涉案财物依法作出判决后,有关地方和部门应当在处置非法集资职能部门统筹协调下,切实履行协作义务,综合运用多种手段,做好涉案财物清运、财产变现、资金归集、资金清退等工作,确保最大限度减少实际损失。根据有关规定,查封、扣押、冻结的涉案财物,一般应在诉讼终结后返还集资参与人。涉案财物不足全部返还的,按照集资参与人的集资额比例返还。退赔集资参与人的损失一般优先于其他民事债务以及罚金、没收财产的执行。

(10)关于集资参与人权利保障问题。集资参与人,是指向非法集资活动投入资金的单位和个人,为非法集资活动提供帮助并获取经济利益的单位和个人除外。人民法院、人民检察院、公安机关应当通过及时公布案件进展、涉案资产处置情况等方式,依法保障集资参与人的合法权利。集资参与人可以推选代表人向人民法院提出相关意见和建议;推选不出代表人的,人民法院可以指定代表人。人民法院可以视案件情况决定集资参与人、代表人参加或者旁听庭审,对集资参与人提起附带民事诉讼等请求不予受理。

(11)关于行政执法与刑事司法衔接问题。处置非法集资职能部门或者有关行政主管部门,在调查非法集资行为或者行政执法过程中,认为案情重大、疑难、复杂的,可以商请公安机关就追诉标准、证据固定等问题提出咨询或者参考意见;发现非法集资行为涉嫌犯罪的,应当按照《行政执法机关移送涉嫌犯罪案件的规定》等规定,履行相关手续,在规定的期限内将案件移送公安机关。人民法院、人民检察院、公安机关在办理非法集资刑事案件过程中,可商请处置非法集资职能部门或者有关行政主管部门指派专业人员配合开展工作,协助查阅、复制有关专业资料,就案件涉及的专业问题出具认定意见。涉及需要行政处理的事项,应当及时移交处置非法集资职能部门或者有关行政主管部门依法处理。

(12)关于国家工作人员相关法律责任问题。国家工作人员具有下列行为之一,构成犯罪的,应当依法追究刑事责任:一是明知单位和个人所申请机构或者业务涉嫌非法集资,仍为其办理行政许可或者注册手续的;二是明知所主管、监管的单位有涉嫌非法集资行为,未依法及时处理或者移送处置非法集资职能部门的;三是查处非法集资过程中滥用职权、玩忽职守、徇私舞弊的;四是徇私舞弊不向司法机关移交非法集资刑事案件的;五是其他通过职务行为或者利用职务影响,支持、帮助、纵容非法集资的。

根据最高人民法院《关于审理非法集资刑事案件具体应用法律若干问题的解释》(法释〔2010〕18 号)第 4 条规定,以非法占有为目的,使用诈骗方法实施本解释第 2 条规定所列行为的,应当依照《刑法》第 192 条的规定,以集资诈骗罪定罪处罚。使用诈骗方法非法集资,具有下列情形之一的,可以认定为"以非法占有为目的":(1)集资后不用于生产经营活动或者用于生产经营活动与筹集资金规模明显不成比例,致使集资款不能返还的;(2)肆意挥霍集资款,致使集资款不能返还的;(3)携带集资款逃匿的;(4)将集资款用于违法犯罪活动的;(5)抽逃、转移资金、隐匿财产,逃避返还资金的;(6)隐匿、销毁账目,或者搞假破产、假倒闭,逃避返还资金的;(7)拒不交代资金去向,逃避返还资金的;(8)其他可以认定非法占有目的的情形。

集资诈骗罪中的非法占有目的,应当区分情形进行具体认定。行为人部分非法集资行为具有非法占有目的的,对该部分非法集资行为所涉集资款以集资诈骗罪定罪处罚;非法集资共同犯罪中部分行为人具有非法占有目的,其他行为人没有非法占有集资款的共同故意和行为的,对具有非法占有目的的行为人以集资诈骗罪定罪处罚。

(三)量刑标准

根据《刑法》第192条的规定,犯集资诈骗罪,数额较大的,处5年以下有期徒刑或者拘役,并处2万元以上20万元以下罚金;数额巨大或者有其他严重情节的,处5年以上10年以下有期徒刑,并处5万元以上50万元以下罚金;数额特别巨大或者有其他特别严重情节的,处10年以上有期徒刑或者无期徒刑,并处5万元以上50万元以下罚金或者没收财产。

根据最高人民法院《关于审理非法集资刑事案件具体应用法律若干问题的解释》(法释〔2010〕18号)第5条规定,个人进行集资诈骗,数额在10万元以上的,应当认定为"数额较大";数额在30万元以上的,应当认定为"数额巨大";数额在100万元以上的,应当认定为"数额特别巨大"。单位进行集资诈骗,数额在50万元以上的,应当认定为"数额较大";数额在150万元以上的,应当认定为"数额巨大";数额在500万元以上的,应当认定为"数额特别巨大"。集资诈骗的数额以行为人实际骗取的数额计算,案发前已归还的数额应予扣除。行为人为实施集资诈骗活动而支付的广告费、中介费、手续费、回扣,或者用于行贿、赠与等费用,不予扣除。行为人为实施集资诈骗活动而支付的利息,除本金未归还可予折抵本金以外,应当计入诈骗数额。

根据《刑法》第200条的规定,单位犯集资诈骗罪的,对单位判处罚金,并对其直接负责的主管人员和其他直接责任人员,处5年以下有期徒刑或者拘役,可以并处罚金;数额巨大或者有其他严重情节的,处5年以上10年以下有期徒刑,并处罚金;数额特别巨大或者有其他特别严重情节的,处10年以上有期徒刑或者无期徒刑,并处罚金。

二、贷款诈骗案

中华人民共和国刑法(节选)

第一百九十三条 有下列情形之一,以非法占有为目的,诈骗银行或者其他金融机构的贷款,数额较大的,处五年以下有期徒刑或者拘役,并处二万元以上二十万元以下罚金;数额巨大或者有其他严重情节的,处五年以上十年以下有期徒刑,并处五万元以上五十万元以下罚金;数额特别巨大或者有其他特别严重情节的,处十年以上有期徒刑或者无期徒刑,并处五万元以上五十万元以下罚金或者没收财产:

(一)编造引进资金、项目等虚假理由的;

(二)使用虚假的经济合同的;

(三)使用虚假的证明文件的;

(四)使用虚假的产权证明作担保或者超出抵押物价值重复担保的;

(五)以其他方法诈骗贷款的。

贷款诈骗罪,是指以非法占有为目的,采用虚构事实或者隐瞒真相的方法,骗取银行或者其他金融机构的贷款,数额较大的行为。

(一)立案标准

根据最高人民检察院、公安部《关于公安机关管辖的刑事案件立案追诉标准的规定(二)》第 50 条规定,以非法占有为目的,诈骗银行或者其他金融机构的贷款,数额在 2 万元以上的,应予立案追诉。

本罪是数额犯,即诈骗银行或者其他金融机构的贷款必须达到"数额较大"的标准,才构成本罪。关于数额较大的标准,最高人民法院 1996 年 12 月 16 日发布施行的《关于审理诈骗案件具体应用法律的若干问题的解释》,对本罪的定罪量刑标准作出过规定。即个人进行贷款诈骗数额在 1 万元以上的,属于"数额较大";个人进行贷款诈骗数额在 5 万元以上的,属于"数额巨大";个人进行贷款诈骗数额在 20 万元以上的,属于"数额特别巨大"。

本罪立案标准规定,"以非法占有为目的,诈骗银行或者其他金融机构的贷款数额在 2 万元以上"的,应当立案追究。这里的"银行",主要包括中国人民银行、商业银行、政策性银行以及其他在我国境内设立的合资、外资银行。"其他金融机构",是指除银行以外的信托投资公司、农村信用合作社、城市信用合作社以及经中国人民银行批准设立的其他金融组织。只要行为诈骗贷款数额累计达到2万元以上的,公安机关就应当立案追究。

（二）定罪标准

1. 本罪的构成

（1）侵犯的客体是国家的信贷管理制度和公私财产所有权。

（2）客观方面表现为以欺骗的方法获取银行或者其他金融机构贷款的行为。即违反金融法规,以非法占有为目的,采取捏造事实、隐瞒真相或者其他不正当手段,使银行或其他金融机构误认为符合贷款条件而将款项贷给他人,骗取数额较大的贷款的行为。刑法规定了五种贷款诈骗行为。不论行为人以何种方法诈骗贷款,都应依本罪追究刑事责任。另外,构成本罪,还要求行为人诈骗贷款数额较大,如果诈骗贷款数额不大,则属于一般违法行为,不作为犯罪论处。

（3）主体是一般主体。但是,单位不能成为本罪的主体。

（4）主观上只能由故意构成,并且必须具有非法占有的目的。这里的"非法占有目的",不是指暂时占有、使用的目的,而是指不法所有的目的,包括使第三者或者单位不法所有。行为人犯罪动机是多种多样的,有的贷款是为了挥霍享受,有的是为了进行其他犯罪活动,无论动机如何,都不影响本罪的构成。

2. 关于贷款诈骗行为的认定

贷款诈骗行为主要包括五种情况:一是编造引进资金、项目等虚假理由骗取银行或者其他金融机构贷款。即以假引资,提供优惠条件,骗取银行的贷款和手续费,或者编造效益良好的投资项目等事由骗取银行等金融机构的贷款。二是使用虚假的经济合同诈骗银行或者其他金融机构的贷款。经济合同是双方当事人权利义务的凭证,银行等金融机构为了支援商品生产,鼓励出口,使资金增值,有时也根据经济合同发放贷款。有些犯罪分子伪造并使用虚假的经济合同,诈骗银行或者其他金融机构的贷款。三是使用虚假的证明文件诈骗银行或者其他金融机构贷款。所谓证明文件,包括银行的存款证明、公司和金融机构的担保函、划款证明、营业执照等在向银行或其他金融机构申请贷款时所需要的文件。四是使用虚假的产权证明作担保,或者超出抵押物价值重复担保,骗取银行或者其他金融机构贷款。这主要是指使用伪造、变造的能证明行为人对房屋、设备等不动产或汽车、货币、可即时兑付的票据等动产具有所有权的一切文件或者超出抵押物价值的重复担保。抵押物是我国法律规定可以作抵押的不动产和动产。五是以其他方法诈骗银行或者其他金融机构贷款。所谓其他方法,是指上述四种情形之外的诈骗方法,如伪造单位公章、印鉴骗取贷款,以假货币作抵押骗取贷款的,以非法占有为目的先借贷后采用欺诈手段拒不还贷等。

3. 罪与非罪的界限

构成贷款诈骗罪,一是行为人必须以非法占有为目的,如果行为人在申请贷款时,虽然也使用了欺骗手段,只要到期后能够偿还,就不构成本罪。二是犯罪数额必须达到较大的标准,诈骗银行或者其他金融机构贷款数额不大的,不以犯罪论处。

4. 本罪与借贷纠纷的界限

两者的主要区别在于:一是贷款到期不偿还时,要认真分析原因,如果无法履约的原因形成于获得贷款之后,或者行为人对履行约定义务不十分了解,即使到期不还,也不应以贷款诈骗罪论处,而应以借贷纠纷处理。二是获得贷款后,如果行为人积极将贷款用于借贷合同所规定的用途,即使到期后无法偿还,也不能认定为贷款诈骗行为。三是贷款到期后,如果行为人承认欠款,但实际上没有积极筹备归还,也不能作为贷款诈骗罪论处。

(三)量刑标准

依照《刑法》第 193 条的规定,犯贷款诈骗罪,数额较大的,处 5 年以下有期徒刑或者拘役,并处 2 万元以上 20 万元以下罚金;数额巨大或者有其他严重情节的,处 5 年以上 10 年以下有期徒刑,并处 5 万元以上 50 万元以下罚金;数额特别巨大或者有其他特别严重情节的,处 10 年以上有期徒刑或者无期徒刑,并处 5 万元以上 50 万元以下罚金或者没收财产。至于数额较大、巨大、特别巨大的标准,应当根据有关司法解释确定。所谓"其他严重情节",一般是指:(1)为骗取贷款,向银行或者金融机构的工作人员行贿,数额较大的;(2)挥霍贷款,或者用贷款进行违法活动,致使贷款到期无法偿还的;(3)隐匿贷款去向,贷款期限届满后,拒不偿还的;(4)提供虚假的担保申请贷款,贷款期限届满后,拒不偿还的;(5)假冒他人名义申请贷款,贷款期限届满后,拒不偿还的。所谓"其他特别严重情节",是指:(1)为骗取贷款,向银行或者金融机构的工作人员行贿,数额巨大的;(2)携带集资款逃跑的;(3)使用贷款进行犯罪活动的。

三、票据诈骗案

中华人民共和国刑法(节选)

第一百九十四条第一款 有下列情形之一,进行金融票据诈骗活动,数额较大的，处五年以下有期徒刑或者拘役，并处二万元以上二十万元以下罚金；数额巨大或者有其他严重情节的，处五年以上十年以下有期徒刑，并处五万元以上五十万元以下罚金；数额特别巨大或者有其他特别严重情节的，处十年以上有期徒刑或者无期徒刑，并处五万元以上五十万元以下罚金或者没收财产：

（一）明知是伪造、变造的汇票、本票、支票而使用的；

（二）明知是作废的汇票、本票、支票而使用的；

（三）冒用他人的汇票、本票、支票的；

（四）签发空头支票或者与其预留印鉴不符的支票，骗取财物的；

（五）汇票、本票的出票人签发无资金保证的汇票、本票或者在出票时作虚假记载，骗取财物的。

第二百条［根据《刑法修正案（八）》修正］　单位犯本节……第一百九十四条……规定之罪的，对单位判处罚金，并对其直接负责的主管人员和其他直接责任人员，处五年以下有期徒刑或者拘役，可以并处罚金；数额巨大或者有其他严重情节的，处五年以上十年以下有期徒刑，并处罚金；数额特别巨大或者有其他特别严重情节的，处十年以上有期徒刑或者无期徒刑，并处罚金。

票据诈骗罪，是指用虚构事实或者隐瞒真相的方法，利用金融票据骗取财物，数额较大的行为。

（一）立案标准

根据最高人民检察院、公安部《关于公安机关管辖的刑事案件立案追诉标准的规定（二）》第51条规定，进行金融票据诈骗活动，涉嫌下列情形之一的，应予立案追诉：

（1）个人进行金融票据诈骗，数额在1万元以上的；

（2）单位进行金融票据诈骗，数额在10万元以上的。

本罪是数额犯，构成本罪必须达到“数额较大”的标准。最高人民法院为1996年12月16日发布施行了《关于审理诈骗案件具体应用法律的若干问题的解释》对本罪的定罪量刑标准作过规定。即个人进行票据诈骗数额在5000元以上的，属于“数额较大”；个人进行票据诈骗数额在5万元以上的，属于“数额巨大”；个人进行票据诈骗数额在10万元以上的，属于“数额特别巨大”。单位进行票据诈骗数额在10万元以上的，属于“数额较大”；单位进行票据诈骗数额在30万元以上的，属于“数额巨大”；单位进行票据诈骗数额在100万元以上的，属于“数额特别巨大”。

对于本罪的立案标准,可以作如下理解:

(1)本罪立案标准第1项规定,"个人进行金融票据诈骗数额在1万元以上"的,应当立案。这里的"票据",包括汇票、本票、支票。所谓汇票,是指出票人签发的,委托付款人在见面时或者在指定日期无条件支付确定的金额给收款人或者持票人的票据。所谓本票,是指由出票人签发的,承诺自己在见面时无条件支付确定的金额给收款人或者持票人的票据。所谓支票,是指由出票人签发的,委托办理支票存款业务的银行或者持票人的票据。只要个人利用上述金融票据诈骗财物累计达到1万元以上,公安机关就应当立案追究。

(2)本罪立案标准第2项规定,"单位进行金融票据诈骗数额在10万元以上"的,应当立案。由于个人进行金融票据诈骗与单位进行金融票据诈骗的立案标准在数额上要求不同,所以应当把个人的金融票据诈骗行为与单位金融票据诈骗行为区别开来。一般来说,公司、企业或者其他组织进行金融票据诈骗,所诈骗的资金归单位所有的,即属于单位金融票据诈骗案。个人进行金融票据诈骗,所骗资金归个人所有,即属于个人金融票据诈骗案。对于单位利用上述金融票据诈骗财物累计达到10万元以上的,公安机关就应当立案侦查。

(二)定罪标准

1.本罪的构成

(1)侵犯的客体是国家对金融票据的管理秩序和公私财物的所有权。

(2)客观方面表现为利用各种伪造、变造或者作废的本票、支票、汇票据进行诈骗活动。刑法规定了五种犯罪情形,行为人只要具有上述五种情形之一的,就构成本罪。具有两种或者两种以上行为的,也按一罪定罪量刑,不实行数罪并罚。此外,构成本罪,还必须达到数额较大的标准,否则属于一般违法行为,不以犯罪论处。

(3)主体是一般主体,自然人和单位均可构成本罪的主体。

(4)主观方面由故意构成,过失不构成本罪。应当注意的是,虽然刑法分则第三章第五节仅对部分犯罪规定了以"非法占有为目的",但应当认为,非法占有目的(实质是不法所有的目的)是所有金融诈骗罪的不成文的主观构成要件要素。

2.关于票据诈骗行为的认定

刑法规定了五种主要的行为方式:一是明知是伪造、变造的汇票、本票、支票而使用。主要是指行为人在主观上知道所使用的汇票、本票、支票是伪造、变造的,而故意冒充真的票据进行诈骗活动的行为。二是明知是作废的汇票、本票、支票而使用。主要是指行为人在主观上知道所使用的汇票、本票、支票已经作废,而故意冒充真的票据进行诈骗活动的行为。三是冒用他人的汇票、本票或者支票。主要是指行为人擅自以持票人的名义,支配、使用、转让自己不具备支配票据权利的行为。四是签发空头支票或者与其预留印鉴不符的支票,骗取财物。所谓签发空头支票,是指行为人签发的支票金额超过其在银行实有的金额的行为。所谓与其预留印鉴不符的支票,是指票据签发人在其签发的支票上加盖与其预留在银行或者其他金融机构的印鉴不一致的财务公章或者支票签发人的名章的行为。五是汇票、本票的出票人签发无资金保证的汇票、本票或者在出票时作虚假记载,骗取财物。所谓资金保证,是指票据的出票人在承兑票据时具有按票据支付的能力。

3. 本罪与伪造、变造金融票证罪的界限

两者的主要区别在于:伪造、变造金融票证罪所惩治是伪造、变造行为本身,而票证诈骗罪所惩治的是使用这些金融票据进行诈骗的行为。如果行为人仅仅伪造、变造金融票证,而没有使用的,则这种行为仅构成伪造、变造金融票证罪。

(三)量刑标准

依照《刑法》第194条的规定,犯票据诈骗罪,数额较大的,处5年以下有期徒刑或者拘役,并处2万元以上20万元以下罚金;数额巨大或者有其他严重情节的,处5年以上10年以下有期徒刑,并处5万元以上50元以下罚金;数额特别巨大或者有其他特别严重情节的,处10年以上有期徒刑或者无期徒刑,并处5万元以上50万元以下罚金或者没收财产。

根据《刑法》第200条的规定,单位犯本罪的,对单位判处罚金,并对其直接负责的主管人员和其他直接责任人员,处5年以下有期徒刑或者拘役,可以并处罚金;数额巨大或者有其他严重情节的,处5年以上10年以下有期徒刑,并处罚金;数额特别巨大或者有其他特别严重情节的,处10年以上有期徒刑或者无期徒刑,并处罚金。

四、金融凭证诈骗案

中华人民共和国刑法(节选)

第一百九十四条第二款　使用伪造、变造的委托收款凭证、汇款凭证、银行存单等其他银行结算凭证的,依照前款的规定处罚。

第二百条[根据《刑法修正案(八)》修正]　单位犯本节第一百九十二条、第一百九十四条、第一百九十五条规定之罪的,对单位判处罚金,并对其直接负责的主管人员和其他直接责任人员,处五年以下有期徒刑或者拘役,可以并处罚金;数额巨大或者有其他严重情节的,处五年以上十年以下有期徒刑,并处罚金;数额特别巨大或者有其他特别严重情节的,处十年以上有期徒刑或者无期徒刑,并处罚金。

金融凭证诈骗罪,是指使用伪造、变造的委托收款凭证、汇款凭证、银行存单等其他银行结算凭证进行诈骗活动,数额较大的行为。

(一)立案标准

根据最高人民检察院、公安部《关于公安机关管辖的刑事案件立案追诉标准的规定(二)》第52条规定,使用伪造、变造的委托收款凭证、汇款凭证、银行存单等其他银行结算凭证进行诈骗活动,涉嫌下列情形之一的,应予立案追诉:

(1)个人进行金融凭证诈骗,数额在1万元以上的;

(2)单位进行金融凭证诈骗,数额在10万元以上的。

本罪是数额犯,构成犯罪必须达到"数额较大"的标准。最高人民法院1996年12月16日发布施行了《关于审理诈骗案件具体应用法律的若干问题的解释》对本罪的定罪量刑标准作出过规定。即个人进行金融凭证诈骗数额在5000元以上的,属于"数额较大";个人进行金融凭证诈骗数额在5万元以上的,属于"数额巨大";个人进行金融凭证诈骗数额在10万元以上的,属于"数额特别巨大"。单位进行金融凭证诈骗数额在10万元以上的,属于"数额较大";单位进行金融凭证诈骗数额在30万元以上的,属于"数额巨大";单位进行金融凭证诈骗数额在100万元以上的,属于"数额特别巨大"。

对于本罪的立案标准,可以作如下理解:

(1)本罪立案标准第1项规定,个人进行金融凭证诈骗数额在1万元以上的,应当立案。这里的"金融凭证",包括委托收款凭证、汇款凭证、银行存单等其他银行结算凭证。所谓委托收款凭证,是指行为人在委托银行向付款人收取款项时所填写、提供的凭据和证明。所谓汇款凭证,是指汇款人委托银行将款项汇给外地收款时,所填写的凭据和证明。所谓银行存单,是指由储户向银行交存款项,办理开户,银行签发载有户名、账号、存款金额、存入期限、到期日、利率等内容的存单。所谓其他银行结算凭证,是指除本票、汇票、支票、委托收款凭证、汇款凭证、银行存单以外的办理银行结算的凭证和证明。只要行为人使用伪造、变造的上述金融凭证进行诈骗活动,个人诈骗数额累计达到1万元以上的,公安机关就应当立案侦查。所谓伪造,是指行为人未经国家有关部门批准,非法印制银行结算凭证的行为。所谓变造,是指行为人在真实、合法的银行结算凭证的基础上或者以真实的银行结算凭证为基本材料，通过剪接、挖补、涂改等手段，对银行结算凭证的主要内容，非法加以改变的行为。

（2）本罪立案标准第 2 项规定，单位进行金融凭证诈骗数额在 10 万元以上的，应当立案。由于个人进行金融凭证诈骗与单位进行金融凭证诈骗的立案标准在数额上要求不同，所以应当把个人的金融凭证诈骗行为与单位金融凭证诈骗行为区别开来。一般来说，公司、企业或者其他组织进行金融凭证诈骗，所诈骗的资金归单位所有的，即属于单位金融凭证诈骗案。个人进行金融凭证诈骗，所骗资金归个人所有，即属于个人金融凭证诈骗案。对于单位诈骗达到上述数额标准的，公安机关就应当立案侦查。

（二）定罪标准

1. 本罪的构成

（1）侵犯的客体是复杂客体，即单位、个人的公私财物所有权和金融票据管理制度。

（2）客观方面表现为利用各种伪造、变造的委托收款凭证、汇款凭证、银行存单等其他银行结算凭证，骗取财物的行为。构成本罪，必须达到数额较大的标准。

（3）主体是一般主体，自然人和单位均可构成本罪的主体。

（4）主观方面表现为故意，行为人必须明知其所使用的是伪造的、变造的委托收款凭证、汇款凭证、银行存单等其他银行结算凭证，否则不能构成本罪。应当注意的是，虽然刑法分则第三章第五节仅对部分犯罪规定了以“非法占有为目的”，但应当认为，非法占有目的（实质是不法所有的目的）是所有金融诈骗罪的不成文的主观构成要件要素。据此，本罪在主观方面必须要以非法占有为目的。

2. 罪与非罪的界限

两者区别的关键在于诈骗数额的大小，即行为人利用金融凭证进行诈骗，数额较大的，才构成犯罪；数额未达到较大标准的，属于一般违法行为，可由公安机关给予治安行政处罚。

3. 本罪与伪造、变造金融票证罪的界限

两罪的根本区别在于：后者所惩治的是伪造、变造行为本身，而本罪所惩治的是使用这些金融票据进行诈骗的行为。如果行为人仅仅伪造、变造金融票证，而没有使用的，则只构成伪造、变造金融票证罪。实践中，这两种犯罪又往往交织在一起，表现为行为人先伪造、变造委托收款凭证、汇款凭证、银行存单等其他银行结算凭证,然后使用该伪造的票证进行诈骗活动。这种情形实际上属于一种牵连犯的情形,应当从一重罪论处,即应以金融凭证诈骗罪处罚,一般不实行数罪并罚。

(三)量刑标准

依照《刑法》第194条第2款的规定,犯金融凭证诈骗罪,数额较大的,处5年以下有期徒刑或者拘役,并处2万元以上20万元以下罚金;数额巨大或者有其他严重情节的,处5年以上10年以下有期徒刑,并处5万元以上50元以下罚金;数额特别巨大或者有其他特别严重情节的,处10年以上有期徒刑或者无期徒刑,并处5万元以上50万元以下罚金或者没收财产。

根据《刑法》第200条的规定,单位犯本罪的,对单位判处罚金,并对其直接负责的主管人员和其他直接责任人员,处5年以下有期徒刑或者拘役,可以并处罚金;数额巨大或者有其他严重情节的,处5年以上10年以下有期徒刑,并处罚金;数额特别巨大或者有其他特别严重情节的,处10年以上有期徒刑或者无期徒刑,并处罚金。

五、信用证诈骗案

中华人民共和国刑法(节选)

第一百九十五条 有下列情形之一,进行信用证诈骗活动的,处五年以下有期徒刑或者拘役,并处二万元以上二十万元以下罚金;数额巨大或者有其他严重情节的,处五年以上十年以下有期徒刑,并处五万元以上五十万元以下罚金;数额特别巨大或者有其他特别严重情节的,处十年以上有期徒刑或者无期徒刑,并处五万元以上五十万元以下罚金或者没收财产:

(一)使用伪造、变造的信用证或者附随的单据、文件的;

(二)使用作废的信用证的;

(三)骗取信用证的;

(四)以其他方法进行信用证诈骗活动的。

第二百条[根据《刑法修正案(八)》修正] 单位犯本节第一百九十二条、第一百九十四条、第一百九十五条规定之罪的,对单位判处罚金,并对其直接负责的主管人员和其他直接责任人员,处五年以下有期徒刑或者拘役,可以并处罚金;数额巨大或者有其他严重情节的,处五年以上十年以下有期徒刑,并处罚金;数额特别巨大或者有其他特别严重情节的,处十年以上有期徒刑或者无期徒刑,并处罚金。

信用证诈骗罪,是指使用伪造、变造信用证或附随的单据、文件,使用作废的信用证,骗取信用证以及以其他方法进行信用证诈骗活动的行为。

(一)立案标准

根据最高人民检察院、公安部《关于公安机关管辖的刑事案件立案追诉标准的规定(二)》第53条规定,进行信用证诈骗活动,涉嫌下列情形之一的,应予立案追诉:

(1)使用伪造、变造的信用证或者附随的单据、文件的;

(2)使用作废的信用证的;

(3)骗取信用证的;

(4)以其他方法进行信用证诈骗活动的。

本罪是行为犯,只要行为人实施了信用证诈骗的行为,就构成犯罪,应当立案。最高人民法院1996年12月16日发布施行的《关于审理诈骗案件具体应用法律的若干问题的解释》,只规定了数额巨大、数额特别巨大的标准。即个人进行信用证诈骗数额在10万元以上的,属于"数额巨大";个人进行信用证诈骗数额在50万元以上的,属于"数额特别巨大"。单位进行信用证诈骗数额在50万元以上的,属于"数额巨大";单位进行信用证诈骗数额在250万元以上的,属于"数额特别巨大"。

对于本罪的立案标准,可以作如下理解:

(1)本罪立案标准第1项规定,"使用伪造、变造的信用证或者附随的单据、文件的",应当立案追究。所谓信用证,是指银行应买方要求,按买方所指定的条件开给卖方的一种保证付款的凭证。信用证上规定一定的金额及付款期限。具体过程是:买方请求银行向卖方开出信用证,并把货款的一部分或全部交付银行;银行在付款时应审查证明发货的单据;卖方收到信用证后按信用证所列条件发货后,凭信用证及发货单据要求银行付款。信用证结算方式在异地贸易,特别是国际贸易中广泛使用,是当今世界各国进出口贸易中的一种主要结算方式。一些犯罪分子利用信用证诈骗钱财,一般数额都比较大,给被骗单位造成严重的经济损失,因此,必须依法予以严惩。对于使用伪造、变造的信用证或者使用伪造、变造的提单等必须附随信用证的单据,骗取钱财的行为,公安机关应当立案侦查。

(2)本罪立案标准第2项规定,"使用作废的信用证的",应当立案追究。主要是指使用过期的信用证,使用无效的信用证,使用明知是他人涂改的信用证进行诈骗的行为。

(3)本罪立案标准第3项规定,“骗取信用证的”,应当立案追究。主要是指行为人编造虚假的事实或者隐瞒事实真相,欺骗银行为其开具信用证的行为。

(4)本罪立案标准第4项规定,“以其他方法进行信用证诈骗活动的”,应当立案追究。主要是指行为人用以上三种以外的其他方法进行信用证诈骗的行为。

(二)定罪标准

1.本罪的构成

(1)侵犯的客体是国际金融秩序和他人的财产所有权。

(2)客观方面表现为行为人利用信用证诈骗的行为。刑法规定了四种方式,行为人只要实施上述行为之一,就构成本罪;行为人实施上述两种或两种以上行为的,也构成本罪,不实行数罪并罚。

(3)主体是一般主体,自然人和单位均可以成为本罪的主体。

(4)主观方面由故意构成,过失不能构成本罪。应当注意的是,虽然刑法分则第三章第五节仅对部分犯罪规定了以“非法占有为目的”,但应当认为,非法占有目的是所有金融诈骗罪的主观构成要件要素。据此,本罪应当为目的犯,行为人必须具有非法占有目的方成立本罪。

2.注意区分罪与非罪的界限

本罪属于行为犯,即行为人只要实施了刑法规定的四项行为之一的就构成本罪,不要求造成实际的危害后果。但是,在司法实践中,对于情节显著轻微危害不大的,也应根据《刑法》第13条的规定,不以犯罪论处。

3.本罪与伪造、变造金融票证罪的界限

实践中存在着行为人先伪造、变造信用证,然后又利用伪造或者变造的信用证进行诈骗活动,在这种情况下,应适用牵连犯的处罚原则,从一重罪即以信用证诈骗罪处罚。

4.本罪与贷款诈骗罪的界限

实践中,一些不法分子为骗取银行贷款,预先编造虚假的事实,骗取进口商与其订立货物买卖合同后为其开具信用证,得到信用证后,向自己所在地银行作抵押,申请贷款。由于有信用证作抵押,不法分子很容易取得银行的信任,骗得贷款,得款后挪作他用或携款潜逃。这种行为,既构成本罪,又触犯了《刑法》第193条的贷款诈骗罪的规定,属于法条竞合犯,根据法条竞合的处理原则,对这种行为应按本罪定罪量刑。

(三)量刑标准

根据《刑法》第195条的规定,犯信用证诈骗罪,处5年以下有期徒刑或者拘役,并处2万元以上20万元以下罚金;数额巨大或者有其他严重情节的,处5年以上10年以下有期徒刑,并处5万元以上50万元以下罚金;数额特别巨大或者有其他特别严重情节的,处10年以上有期徒刑或者无期徒刑,并处5万元以上50万元以下罚金或者没收财产。

根据《刑法》第200条的规定,单位犯本罪的,对单位判处罚金,并对其直接负责的主管人员和其他直接责任人员,处5年以下有期徒刑或者拘役,可以并处罚金;数额巨大或者有其他严重情节的,处5年以上10年以下有期徒刑,并处罚金;数额特别巨大或者有其他特别严重情节的,处10年以上有期徒刑或者无期徒刑,并处罚金。

六、信用卡诈骗案

中华人民共和国刑法(节选)

第一百九十六条第一款[根据《刑法修正案(五)》修正] 有下列情形之一,进行信用卡诈骗活动,数额较大的,处五年以下有期徒刑或者拘役,并处二万元以上二十万元以下罚金;数额巨大或者有其他严重情节的,处五年以上十年以下有期徒刑,并处五万元以上五十万元以下罚金;数额特别巨大或者有其他特别严重情节的,处十年以上有期徒刑或者无期徒刑,并处五万元以上五十万元以下罚金或者没收财产:

(一)使用伪造的信用卡,或者使用以虚假的身份证明骗领的信用卡的;

(二)使用作废的信用卡的;

(三)冒用他人信用卡的;

(四)恶意透支的。

前款所称恶意透支,是指持卡人以非法占有为目的,超过规定限额或者规定期限透支,并且经发卡银行催收后仍不归还的行为。

信用卡诈骗罪,是指用虚构事实或者隐瞒真相的方法,利用信用卡进行诈骗,骗取财物数额较大的行为。

(一)立案标准

根据最高人民检察院、公安部《关于公安机关管辖的刑事案件立案追诉标准的规定(二)》第54条规定和最高人民法院、最高人民检察院《关于办理妨害信用卡管理刑事案件具体应用法律若干问题的解释》(法释〔2009〕19 号,根据法释〔2018〕19 号《关于修改〈关于办理妨害信用卡管理刑事案件具体应用法律若干问题的解释〉的决定》修正)第 8 条规定,进行信用卡诈骗活动,涉嫌下列情形之一的,应予立案追诉:

(1)使用伪造的信用卡,或者使用以虚假的身份证明骗领的信用卡,或者使用作废的信用卡,或者冒用他人信用卡,进行诈骗活动,数额在 5000 元以上的;

(2)恶意透支,数额在 5 万元以上的。

本罪是数额犯,利用信用卡诈骗必须达到“数额较大”的,才构成本罪。最高人民法院 1996 年 12 月 16 日发布施行的《关于审理诈骗案件具体应用法律的若干问题的解释》,对本罪的定罪量刑标准作出过规定。即行为人实施“使用伪造的信用卡,或者使用作废的信用卡,或者冒用他人信用卡”的行为,诈骗数额在 5000 元以上的,属于“数额较大”;恶意透支 5000 元以上的,属于“数额较大”。应当注意,最高人民法院、最高人民检察院《关于办理妨害信用卡管理刑事案件具体应用法律若干问题的解释》(法释〔2009〕19 号,根据法释〔2018〕19 号《关于修改〈关于办理妨害信用卡管理刑事案件具体应用法律若干问题的解释〉的决定》修正)对恶意透支“数额较大”标准作了修改,即恶意透支,数额在 5 万元以上不满 50 万元的,应当认定为《刑法》第 196 条规定的“数额较大”,原立案追诉标准应当相应提高。对于使用伪造的信用卡,或者使用以虚假的身份证明骗领的信用卡,或者使用作废的信用卡,或者冒用他人信用卡进行诈骗的,仍然以 5000 元为“数额较大”标准。

恶意透支,数额在 5 万元以上不满 50 万元的,在公安机关立案前已偿还全部透支款息,情节显著轻微的,可以依法不追究刑事责任。

对于本罪的立案标准,可以作如下理解:

(1)使用伪造的信用卡,或者使用以虚假的身份证明骗领的信用卡,或者使用作废的信用卡,或者冒用他人信用卡,进行诈骗活动,数额在 5000 元以上的,应当立案追究。这里主要包括四种情形:一是使用伪造的信用卡进行诈骗,累计数额达到 5000 元以上的,应当立案。所谓伪造的信用卡,是指仿照信用卡的样式、图案、色彩,采取印刷、描绘、影印或者其他方法,非法制造出来,以冒充真的信用卡的假信用卡。所谓使用,是指以非法占有他人财物为目的,利用伪造的信用卡,骗取他人财物的行为,包括用伪造的信用卡购买商品、支取现金,以及用伪造的信用卡接受用信用卡进行支付结算的各种服务等。二是使用以虚假的身份证明骗领的信用卡进行诈骗,累计数额达到 5000 元以上的,应当立案。所谓使用以虚假的身份证明骗领的信用卡，是指行为人为获得信用卡而故意编造并提供虚假的身份证明材料，从而获取真实的信用卡的行为。三是使用作废的信用卡进行诈骗，累计数额达到5000元以上的，应当立案。所谓作废的信用卡，是指根据法律和有关规定不能继续使用的过期的信用卡、无效的信用卡、被依法宣布作废的信用卡以及持卡人在信用卡的有效期内中途停止使用，并将其交回发卡银行的信用卡。四是冒用他人的信用卡进行诈骗的，累计数额达到5000元以上的，应当立案。根据我国有关信用卡的规定，信用卡均限于合法的持卡人本人使用，不得转借或者转让。所谓冒用，是指行为人以持卡人的身份，非法使用他人的信用卡，骗取公私财物的行为。

(2)恶意透支，数额在5万元以上的，应当立案追究。所谓透支，是指信用卡的持卡人在发卡银行信用的账户上资金不足或者已无资金的情况下，经该银行批准，持卡人仍可以超过其账户现有资金的额度进行消费的行为。最高人民法院《关于审理诈骗案件具体应用法律的若干问题的解释》曾对"恶意透支"作过解释，即指持卡人以非法占有为目的，或者明知无力偿还，透支数额超过信用卡准许透支的数额较大，逃避追查，或者自收到发卡银行催收通知之日起3个月内仍不归还的行为。1997年《刑法》对"恶意透支"作了立法解释，即指持卡人以非法占有为目的，超过规定限额或者规定期限透支，并且经发卡银行催收后仍不归还的行为。

根据最高人民法院、最高人民检察院《关于办理妨害信用卡管理刑事案件具体应用法律若干问题的解释》(法释〔2009〕19号，根据法释〔2018〕19号《关于修改〈关于办理妨害信用卡管理刑事案件具体应用法律若干问题的解释〉的决定》修正)第6条规定，持卡人以非法占有为目的，超过规定限额或者规定期限透支，经发卡银行两次有效催收后超过3个月仍不归还的，应当认定为《刑法》第196条规定的"恶意透支"。对于是否以非法占有为目的，应当综合持卡人信用记录、还款能力和意愿、申领和透支信用卡的状况、透支资金的用途、透支后的表现、未按规定还款的原因等情节作出判断。不得单纯依据持卡人未按规定还款的事实认定非法占有目的。具有以下情形之一的，应当认定为《刑法》第196条第2款规定的"以非法占有为目的"，但有证据证明持卡人确实不具有非法占有目的的除外：(1)明知没有还款能力而大量透支，无法归还的；(2)使用虚假资信证明申领信用卡后透支，无法归还的；(3)透支后通过逃匿、改变联系方式等手段，逃避银行催收的；(4)抽逃、转移资金，隐匿财产，逃避还款的；(5)使用透支的资金进行犯罪活动的；(6)其他非法占有资金，拒不归还的情形。

根据最高人民法院、最高人民检察院《关于办理妨害信用卡管理刑事案件具体应用法律若干问题的解释》第 7 条规定，催收同时符合下列条件的，应当认定为本解释第 6 条规定的“有效催收”：(1)在透支超过规定限额或者规定期限后进行；(2)催收应当采用能够确认持卡人收悉的方式，但持卡人故意逃避催收的除外；(3)两次催收至少间隔 30 日；(4)符合催收的有关规定或者约定。对于是否属于有效催收，应当根据发卡银行提供的电话录音、信息送达记录、信函送达回执、电子邮件送达记录、持卡人或者其家属签字以及其他催收原始证据材料作出判断。发卡银行提供的相关证据材料，应当有银行工作人员签名和银行公章。

公安部经侦局《关于办理信用卡犯罪案件若干法律适用问题工作意见的通知》(公经金融〔2010〕139 号)对公安机关办理信用卡犯罪案件中遇到的若干法律适用问题进行了解释：(1)关于一人持有多张信用卡进行恶意透支能否累加计算金额问题。对于一人持有多张信用卡进行恶意透支，每张信用卡透支数额均未达到 1 万元的立案追诉标准的，原则上可以累计数额进行追诉。但考虑到一人办多张信用卡的情况复杂，如累计透支数额不大的，应分别不同情况慎重处理。(2)关于恶意透支中银行催收的法律认定问题。发卡银行的“催收”应有电话录音、持卡人或其家属签字等证据证明。“两次催收”一般应分别采用电话、信函、上门等两种以上催收形式。(3)关于持卡人透支后“欠大还小”能否构成恶意透支问题。若持卡人在透支大额款项后，仅向发卡行偿还远低于最低还款额的欠款，具有非法占有目的的，可以认定为“恶意透支”；行为人确实不具有非法占有目的的，不能认定为“恶意透支”。(4)关于非法套现犯罪的证据规格问题。非法套现犯罪的证据规格，应遵循刑事诉讼法规定的证据确实、充分的证明标准。原则上应向各持卡人询问并制作笔录。如因持卡人数量众多、下落不明等客观原因导致无法取证，且其他证据已能确实、充分地证明使用信用卡非法套现的犯罪事实及套现数额的，则可以不向所有持卡人询问并制作笔录。

(二)定罪标准

1. 本罪的构成

(1)侵犯的客体是国家的金融管理制度和公私财产所有权。犯罪对象是信用卡。按照全国人大常委会《关于〈中华人民共和国刑法〉有关信用卡规定的解释》(2004 年 12 月 29 日通过)的规定，刑法规定的“信用卡”，是指由商业银行或者其他金融机构发行的具有消费支付、信用贷款、转账结算、存取现金等全部功能或者部分功能的电子支付卡。据此，“信用卡”含义被扩大到商业银行和其他金融机构发放的电子支付卡。这是随着商业银行和其他金融机构业务的发展，出现了多种形式的电子支付卡。中国人民银行为了加强对电子支付卡的管理，将银行和其他金融机构发行的各种形式的电子支付卡细分为信用卡、借记卡,并将信用卡再细分为贷记卡和准贷记卡。这样,司法实践中对伪造或者利用商业银行或者其他金融机构发行的电子支付卡进行的犯罪活动,在适用法律上出现了不同认识。有的案件按照信用卡诈骗罪处理,有的按照金融凭证诈骗罪处理,有的按照普通诈骗罪处理,有的未作犯罪处理。最高人民法院、公安部、中国人民银行等部门建议全国人大常委会对刑法规定的信用卡的含义作出明确的解释,以利于统一执法,打击犯罪。此法律解释解决了信用卡犯罪活动法律适用中存在的分歧,有利于在打击信用卡犯罪活动中实现统一执法,确保我国金融活动的正常进行。

(2)客观方面表现为采用虚构事实或者隐瞒真相的方法,利用信用卡进行诈骗,骗取财物数额较大的行为。刑法规定了四种利用信用卡进行诈骗的行为方式:

一是使用伪造的信用卡,或者使用以虚假的身份证明骗领的信用卡的行为。其中,"使用以虚假的身份证明骗领的信用卡"是《刑法修正案(五)》新增的行为方式。这是立法者考虑到骗领信用卡后大量透支是当前多发的一种信用卡犯罪活动,而使用虚假的身份证明骗领信用卡则是实施上述犯罪的必备环节,对于使用虚假的身份证明骗领信用卡的行为予以定罪处罚,有利于从源头上阻断信用卡诈骗犯罪活动。但应该注意的是,如果申请人为了顺利取得信用卡或者获得较高的授信额度,而在申请信用卡时对自己的收入状况等作了不实陈述,因其主观上没有非法占有的目的,在性质上不能认定为是骗领信用卡并予以定罪。

二是使用作废的信用卡的行为。"作废的信用卡",是指根据法律和有关规定不能继续使用的过期的信用卡、无效的信用卡、被依法宣布作废的信用卡和持卡人在信用卡的有效期内中途停止使用,并将其交回发卡银行的信用卡,以及因挂失而失效的信用卡。此外,使用作废的信用卡还包括使用涂改卡。所谓涂改卡是指被涂改过卡号的无效信用卡。这些信用卡本身因挂失或取消而被列入止付名单,但卡上某一个号码被压平后再压上另一个新号码用于逃避"黑名单"的检索。因此,涂改卡也是伪卡的一个种类。

三是冒用他人信用卡。"冒用",是指非持卡人以持卡人的名义使用持卡人的信用卡而骗取财物的行为。根据我国有关信用卡的规定,信用卡均限于合法的持卡人本人使用,不得转借或转让,这也是各国普遍遵循的一项原则。但是,如果信用卡与身份证合放在一起而同时丢失,则可能给拾得者或窃得者创造冒用的机会。这些拾得者或窃得者在取得他人的信用卡后,可能会冒充卡主身份,模仿卡主签名,到信用卡特约商户或银行购物取款或享受服务,属于冒用他人的信用卡进行诈骗犯罪。根据最高人民法院、最高人民检察院《关于办理妨害信用卡管理刑事案件具体应用法律若干问题的解释》(法释〔2009〕19 号,根据法释〔2018〕19 号《关于修改〈关于办理妨害信用卡管理刑事案件具体应用法律若干问题的解释〉的决定》修正)第 5 条规定,《刑法》第 196 条第 1 款第 3 项所称“冒用他人信用卡”,包括以下四种情形:拾得他人信用卡并使用的;骗取他人信用卡并使用的;窃取、收买、骗取或者以其他非法方式获取他人信用卡信息资料,并通过互联网、通讯终端等使用的;其他冒用他人信用卡的情形。

四是恶意透支的。“恶意透支”,是指持卡人以非法占有为目的,超过规定限额或者规定期限透支,并且经发卡银行催收后仍不归还的行为。

(3)主体是一般主体,凡是达到刑事责任年龄、具备刑事责任能力的人,均可以成为本罪的主体,但单位不能成为本罪的主体。

(4)主观方面为故意,且必须具有非法占有的目的。过失不能构成本罪。

2. 罪与非罪的界限

区别的关键在于诈骗数额的大小,即行为人利用信用卡进行诈骗,数额较大的,才构成犯罪;如果数额不大,即使有上述行为,也属违法行为,不构成犯罪,可由公安机关给予治安管理处罚。

3. 本罪与伪造、变造金融票证罪的界限

两者在犯罪主体、主观方面的表现是相同的。不同之处在于:(1)侵犯的客体不同。前者侵犯的是国家的金融管理制度和公私财产的所有权;而后者侵犯的是国家的金融票证管理制度。(2)客观方面表现不同。前者表现为利用信用卡诈骗他人财物的行为;而后者则表现为伪造、变造信用卡等金融票证的行为。应当注意的是,根据《刑法》第 177 条的规定,对于“伪造信用卡”的行为,应当以伪造金融票证罪定罪处罚。而使用伪造的信用卡进行诈骗活动的,则应当依信用卡诈骗罪定罪处罚。对于行为人伪造信用卡后又自己使用的,其伪造行为和使用行为同时触犯了伪造金融票证罪和信用卡诈骗罪两个罪名。这种情形实际上属于一种牵连犯的情形,这里伪造行为是手段行为,而使用行为则是目的行为。因此,根据对牵连犯“择一重罪从重处罚”的一般原则,应当按行为人的犯罪情节、数额大小等情况分别确定其在各个罪中相适应的法定刑幅度,然后比较这两个法定刑的轻重,择其重者从重处罚,而不能进行数罪并罚。如果行为人伪造信用卡的目的不仅是使用信用卡进行诈骗,还为了出售或者牟取其他利益,则应当以信用卡诈骗罪和伪造金融票证罪,实行数罪并罚。

4. 正确区分善意透支与恶意透支的界限

两者的本质区别在于行为人具有不同的主观故意。两者在客观上虽然都是造成了透支,但前者的行为人是为了先用后还,届时将归还透支款和利息;而后者是为了将透支款占为己有,根本不想偿还或者没有能力偿还,因此,在行为上必须表现为千方百计地逃避有关部门的催款,甚至采用多种方式躲避债务。

根据最高人民检察院《关于拾得他人信用卡并在自动柜员机(ATM 机)上使用的行为如何定性问题的批复》(高检发释字〔2008〕1 号)规定,拾得他人信用卡并在自动柜员机(ATM 机)上使用的行为,属于《刑法》第 196 条第 1 款第 3 项规定的"冒用他人信用卡"的情形,构成犯罪的,以信用卡诈骗罪追究刑事责任。

根据最高人民法院、最高人民检察院《关于办理妨害信用卡管理刑事案件具体应用法律若干问题的解释》(法释〔2009〕19 号,根据法释〔2018〕19 号《关于修改〈关于办理妨害信用卡管理刑事案件具体应用法律若干问题的解释〉的决定》修正)第 11 条规定,发卡银行违规以信用卡透支形式变相发放贷款,持卡人未按规定归还的,不适用《刑法》第 196 条"恶意透支"的规定。构成其他犯罪的,以其他犯罪论处。第 12 条规定,违反国家规定,使用销售点终端机具(POS 机)等方法,以虚构交易、虚开价格、现金退货等方式向信用卡持卡人直接支付现金,情节严重的,应当依据《刑法》第 225 条的规定,以非法经营罪定罪处罚。实施前款行为,数额在 100 万元以上的,或者造成金融机构资金 20 万元以上逾期未还的,或者造成金融机构经济损失 10 万元以上的,应当认定为《刑法》第 225 条规定的"情节严重";数额在 500 万元以上的,或者造成金融机构资金 100 万元以上逾期未还的,或者造成金融机构经济损失 50 万元以上的,应当认定为《刑法》第 225 条规定的"情节特别严重"。持卡人以非法占有为目的,采用上述方式恶意透支,应当追究刑事责任的,依照《刑法》第 196 条的规定,以信用卡诈骗罪定罪处罚。

(三)量刑标准

依照《刑法》第 196 条的规定,犯信用卡诈骗罪,处 5 年以下有期徒刑或者拘役,并处 2 万元以上 20 万元以下罚金;数额巨大或者有其他严重情节的,处 5 年以上 10 年以下有期徒刑,并处 5 万元以上 50 万元以下罚金;数额特别巨大或者有其他特别严重情节的,处 10 年以上有期徒刑或者无期徒刑,并处 5 万元以上 50 万元以下罚金或者没收财产。

根据最高人民法院、最高人民检察院《关于办理妨害信用卡管理刑事案件具体应用法律若干问题的解释》(法释〔2009〕19 号,根据法释〔2018〕19 号《关于修改〈关于办理妨害信用卡管理刑事案件具体应用法律若干问题的解释〉的决定》修正)第5条规定,使用伪造的信用卡、以虚假的身份证明骗领的信用卡、作废的信用卡或者冒用他人信用卡,进行信用卡诈骗活动,数额在5000元以上不满5万元的,应当认定为《刑法》第196条规定的"数额较大";数额在5万元以上不满50万元的,应当认定为《刑法》第196条规定的"数额巨大";数额在50万元以上的,应当认定为《刑法》第196条规定的"数额特别巨大"。《刑法》第196条第1款第3项所称"冒用他人信用卡",包括以下情形:(1)拾得他人信用卡并使用的;(2)骗取他人信用卡并使用的;(3)窃取、收买、骗取或者以其他非法方式获取他人信用卡信息资料,并通过互联网、通信终端等使用的;(4)其他冒用他人信用卡的情形。

根据最高人民法院、最高人民检察院《关于办理妨害信用卡管理刑事案件具体应用法律若干问题的解释》第8条规定,恶意透支,数额在5万元以上不满50万元的,应当认定为《刑法》第196条规定的"数额较大";数额在50万元以上不满500万元的,应当认定为《刑法》第196条规定的"数额巨大";数额在500万元以上的,应当认定为《刑法》第196条规定的"数额特别巨大"。

根据最高人民法院、最高人民检察院《关于办理妨害信用卡管理刑事案件具体应用法律若干问题的解释》第9条规定,恶意透支的数额,是指公安机关刑事立案时尚未归还的实际透支的本金数额,不包括利息、复利、滞纳金、手续费等发卡银行收取的费用。归还或者支付的数额,应当认定为归还实际透支的本金。检察机关在审查起诉、提起公诉时,应当根据发卡银行提供的交易明细、分类账单(透支账单、还款账单)等证据材料,结合犯罪嫌疑人、被告人及其辩护人所提辩解、辩护意见及相关证据材料,审查认定恶意透支的数额;恶意透支的数额难以确定的,应当依据司法会计、审计报告,结合其他证据材料审查认定。人民法院在审判过程中,应当在对上述证据材料查证属实的基础上,对恶意透支的数额作出认定。发卡银行提供的相关证据材料,应当有银行工作人员签名和银行公章。

根据最高人民法院、最高人民检察院《关于办理妨害信用卡管理刑事案件具体应用法律若干问题的解释》第10条规定,恶意透支数额较大,在提起公诉前全部归还或者具有其他情节轻微情形的,可以不起诉;在一审判决前全部归还或者具有其他情节轻微情形的,可以免予刑事处罚。但是,曾因信用卡诈骗受过两次以上处罚的除外。

根据最高人民法院、最高人民检察院《关于办理妨害信用卡管理刑事案件具体应用法律若干问题的解释》第13条规定,单位实施本解释规定的行为,适用本解释规定的相应自然人犯罪的定罪量刑标准。

七、有价证券诈骗案

中华人民共和国刑法(节选)

第一百九十七条　使用伪造、变造的国库券或者国家发行的其他有价证券,进行诈骗活动,数额较大的,处五年以下有期徒刑或者拘役,并处二万元以上二十万元以下罚金;数额巨大或者有其他严重情节的,处五年以上十年以下有期徒刑,并处五万元以上五十万元以下罚金;数额特别巨大或者有其他特别严重情节的,处十年以上有期徒刑或者无期徒刑,并处五万元以上五十万元以下罚金或者没收财产。

有价证券诈骗罪,是指使用伪造、变造的国库券或者国家发行的其他有价证券进行诈骗活动,数额较大的行为。

(一)立案标准

根据最高人民检察院、公安部《关于公安机关管辖的刑事案件立案追诉标准的规定(二)》第 55 条规定,使用伪造、变造的国库券或者国家发行的其他有价证券进行诈骗活动,数额在 1 万元以上的,应予立案追诉。

本罪是 1997 年《刑法》新增设的罪名。进行有价证券诈骗,"数额较大"的,才构成犯罪。犯罪对象必须是国库券和国家发行的其他有价证券。国库券和其他有价证券,是政府为筹集资金,按照法定手续发行的,在指定时间内还本付息的一种有价证券,它是以国家作担保的,具有很强的可靠性。犯罪分子利用国债的特点,使用伪造、变造的国库券和国家发行的其他有价证券进行诈骗活动,从而骗取国家、单位和他人的财产,不仅侵害了国家债券管理制度,扰乱正常的证券市场秩序和经济秩序,而且侵犯了被骗单位、他人及国家的财产所有权。所谓伪造,是指依照国家发行的有价证券的颜色、形状和内容,采用各种方法制作假证券冒充真有价证券的行为。所谓变造,是指在真有价证券基础上,采用挖补、剪贴、涂改等方法,增大票面面额的行为。只要行为人使用伪造、变造的国库券或者国家发行的其他有价证券进行诈骗活动,累计数额达到 1 万元以上的,就应当立案追究刑事责任。

(二)定罪标准

1. 本罪的构成

(1)侵犯的客体是国家对有价证券的发行和管理制度以及公私财产的所有权。

(2)客观方面表现为使用伪造、变造的国库券或者国家发行的其他有价证券进行诈骗活动的行为。行为人在明知有价证券是伪造、变造的情况下，仍然用以骗取公私财物。如果这些有价证券是行为人自己伪造、变造的，则又触犯了伪造、变造国家有价证券罪，应视为牵连犯，从一重罪处罚，不适用数罪并罚。此外，使用伪造、变造的有价证券进行诈骗，必须是数额较大的才构成犯罪。如果数额小，数量少，则不构成犯罪。

(3)主体是一般主体，即达到刑事责任年龄、具备刑事责任能力的自然人，均可以构成本罪的主体。

(4)主观方面为故意，即行为人明知使用的是伪造、变造的有价证券而进行诈骗犯罪活动，从而骗取数额较大的公私财物。过失不能构成本罪。应当注意的是，本罪应当为目的犯，行为人必须具有非法占有目的方成立本罪。因为非法占有目的(实质是不法所有的目的)是所有金融诈骗罪的主观构成要件要素，本罪也不例外。

2. 罪与非罪的界限

依照《刑法》第 197 条的规定，使用伪造、变造的国库券或者国家发行的其他有价证券，进行诈骗活动，数额较大的，才构成犯罪。数额未达到较大的，是一般违法行为，由有关部门给予相应的行政处罚。根据《刑法》第 197 条和本罪的立案追诉标准规定，使用伪造、变造的国库券或者国家发行的其他有价证券进行诈骗活动，数额在 1 万元以上的，应予追诉。由此可见，有价证券诈骗数额在 1 万元以上为“数额较大”，应当立案侦查。

3. 本罪与伪造、变造有价证券罪的界限

两者的主要区别在于：(1)侵犯的客体不同。伪造、变造有价证券罪侵犯的是国家对有价证券的管理活动，本罪侵犯的是国家对有价证券的管理秩序和公私财产的所有权。(2)客观方面表现不同。伪造、变造有价证券罪惩罚的是伪造、变造有价证券的行为，而本罪惩罚的是使用伪造、变造有价证券进行的诈骗活动。本罪以伪造、变造有价证券为前提，如果行为人不是使用伪造、变造的有价证券，而是使用其他方法进行诈骗活动，则不构成本罪，而构成诈骗罪。

4. 本罪与诈骗罪的界限

两罪的犯罪主体都是自然人，在客观方面都是以欺骗手段骗取他人财物，但两者的不同之处在于：(1)客观方面表现不同。本罪是使用特殊的手段即使用伪造、变造的国库券和国家发行的其他有价证券去进行诈骗活动，而诈骗罪使用的是虚构事实或者隐瞒真相的方法。(2)侵犯的客体不同。诈骗罪侵犯的是公私财产所有权，而本罪主要侵犯的是国家对有价证券的管理秩序和公私财产的所有权。

(三)量刑标准

依照《刑法》第 197 条规定,犯有价证券诈骗罪,数额较大的,处 5 年以下有期徒刑或者拘役,并处 2 万元以上 20 万元以下罚金;数额巨大或者有其他严重情节的,处 5 年以上 10 年以下有期徒刑,并处 5 万元以上 50 万元以下罚金;数额特别巨大或者有其他特别严重情节的,处 10 年以上有期徒刑或者无期徒刑,并处 5 万元以上 50 万元下罚金或者没收财产。至于数额较大、数额巨大以及数额特别巨大的具体标准,应当根据有关司法解释确定。

八、保险诈骗案

中华人民共和国刑法(节选)

第一百九十八条　有下列情形之一,进行保险诈骗活动,数额较大的,处五年以下有期徒刑或者拘役,并处一万元以上十万元以下罚金;数额巨大或者有其他严重情节的,处五年以上十年以下有期徒刑,并处二万元以上二十万元以下罚金;数额特别巨大或者有其他特别严重情节的,处十年以上有期徒刑,并处二万元以上二十万元以下罚金或者没收财产:

(一)投保人故意虚构保险标的,骗取保险金的;

(二)投保人、被保险人或者受益人对发生的保险事故编造虚假的原因或者夸大损失的程度,骗取保险金的;

(三)投保人、被保险人或者受益人编造未曾发生的保险事故,骗取保险金的;

(四)投保人、被保险人故意造成财产损失的保险事故,骗取保险金的;

(五)投保人、受益人故意造成被保险人死亡、伤残或者疾病,骗取保险金的。

有前款第四项、第五项所列行为,同时构成其他犯罪的,依照数罪并罚的规定处罚。

单位犯第一款罪的,对单位判处罚金,并对其直接负责的主管人员和其他直接责任人员,处五年以下有期徒刑或者拘役;数额巨大或者有其他严重情节的,处五年以上十年以下有期徒刑;数额特别巨大或者有其他特别严重情节的,处十年以上有期徒刑。

保险事故的鉴定人、证明人、财产评估人故意提供虚假的证明文件,为他人诈骗提供条件的,以保险诈骗的共犯论处。

保险诈骗罪,是指投保人、被保险人或者受益人,违反保险法规定,用虚构事实或者隐瞒真相的方法,骗取保险金,数额较大的行为。

(一)立案标准

根据最高人民检察院、公安部《关于公安机关管辖的刑事案件立案追诉标准的规定(二)》第56条规定,进行保险诈骗活动,涉嫌下列情形之一的,应予立案追诉:

(1)个人进行保险诈骗,数额在1万元以上的;

(2)单位进行保险诈骗,数额在5万元以上的。

本罪是数额犯,进行保险诈骗活动"数额较大"的,才构成本罪。最高人民法院1996年12月24日讨论通过的《关于审理诈骗案件具体应用法律的若干问题的解释》,对本罪的定罪量刑标准作出过规定。即个人进行保险诈骗数额在1万元以上的,属于"数额较大";个人进行保险诈骗数额在5万元以上的,属于"数额巨大";个人进行保险诈骗数额在20万元以上的,属于"数额特别巨大"。单位进行保险诈骗数额在5万元以上的,属于"数额较大";单位进行保险诈骗数额在25万元以上的,属于"数额巨大";单位进行保险诈骗数额在100万元以上的,属于"数额特别巨大"。

对于本罪的立案标准,可以作如下理解:

(1)本罪立案标准第1项规定,"个人进行保险诈骗,数额在1万元以上的",应当立案追究。这主要是指投保人、被保险人或者受益人,违反保险法规定,用虚构事实或者隐瞒真相的方法,骗取保险金,累计数额达到1万元以上的。所谓投保人,是指与保险人订立保险合同,并且根据保险合同支付保险费的人。所谓被保险人,是指在保险事故发生或者约定的期间届满时,依据保险合同有权向保险人请求补偿损失或者领取保险金的人。所谓受益人,是指由保险合同明确指定的或者依照法律规定有权取得保险金的人。个人进行保险诈骗案,主要包括五种情形:一是投保人故意虚构保险标的,骗取保险金数额在1万元以上的。主要是指保险人为骗取保险金,虚构根本不存在的保险对象与保险人订立保险合同。二是投保人、被投保人或者受益人对发生保险事故编造虚假的原因或者夸大损失的程度,骗取保险金数额在1万元以上的。所谓编造虚假原因,主要是指投保人、被投保人或者受益人为了骗取保险金,在发生保险事故后,对造成保险事故的原因作虚假的陈述或者隐瞒真实情况的行为。三是投保人、被保险人或者受益人编造未曾发生的保险事故,骗取保险金的数额在1万元以上的。主要是指投保人、被保险人或者受益人在未发生保险事故的情况下,虚构事实,谎称发生保险事故而骗取保险金的行为。四是投保人、被保险人故意造成财产损失的保险事故,骗取保险金数额在1万元以上的。主要是指投保财产险的投保人、被保险人在保险合同有效期内,故意人为地制造保险标的出险的保险事故,造成财产损失,骗取保险金的行为。五是投保人、受益人故意造成被保险人死亡、伤残或者疾病,骗取保险金数额在 1 万元以上的。主要是指投保人、受益人采用杀害、伤害、虐待、遗弃、投毒、传播传染病以及利用其他方法故意造成人身事故,致使被保险人死亡、伤残或者生病,以取得保险金的行为。

(2)本罪立案标准第 2 项规定,“单位进行保险诈骗,数额在 5 万元以上的”,应当立案追究。单位进行保险诈骗,所骗得的保险金归单位所有,累计数额达到 5 万元以上的,公安机关应当立案。至于单位具体的骗保方式,与上述个人骗保的五种方式基本相同。

(二)定罪标准

1. 本罪的构成

(1)侵犯的客体是国家的保险制度和公共财产所有权。犯罪对象是保险金。我国承办保险业务的机关是中国人民保险集团股份有限公司和其他保险机构。保险人按照保险合同规定所收取的保险费属于保险公司的公共财产。投保人只有在约定的条件下发生保险事故时,才有权向保险公司索取保险金,而保险诈骗行为是企图非法占有保险金,其行为无疑侵犯了公共财产的所有权,同时也侵犯了我国的保险制度。保险事业一方面有利于保证企业正常的生产和经营,安定人民生活,减少社会财产的损失;另一方面也是积聚建设资金的一个重要渠道,是国民经济活动中不可缺少的资金来源。保险在国民经济活动和人民生活中的地位越来越重要,加强对保险制度的法律保护具有重要意义。对保险诈骗活动,必须予以严厉打击。

(2)客观方面表现为违反保险法规定,用虚构事实或者隐瞒真相的方法,骗取保险金,数额较大的行为。构成保险诈骗罪必须以行为人与被诈骗的保险人之间已经存在的保险合同关系为前提。利用保险合同进行诈骗必须达到数额较大的标准,才构成犯罪,否则属于一般违法行为,由有关部门给予行政处罚。

(3)主体是特殊主体,即投保人、被保险人和受益人,包括自然人和单位。

(4)主观方面由故意构成。行为人必须具有骗取保险金的目的,保险诈骗的犯罪故意可能产生于投保以前,也可能产生于投保之后。过失不构成本罪。

2. 根据《刑法》第 198 条第 2 款的规定,投保人、被保险人实施故意造成财产损失的保险事故,骗取保险金的行为或者投保人、受益人实施故意造成被保险人死亡、伤残或者疾病,骗取保险金的行为,同时构成其他犯罪的,依照数罪并罚的规定处罚。依照《刑法》第 198 条第 4 款的规定,保险事故的鉴定人、证明人、财产评估人故意提供虚假的证明文件,为他人诈骗提供条件的,以保险诈骗罪的共犯论处。

(三)量刑标准

根据《刑法》第 198 条的规定,犯保险诈骗罪,数额较大的,处 5 年以下有期徒刑或者拘役,并处 1 万元以上 10 万元以下罚金;数额巨大或者有其他严重情节的,处 5 年以上 10 年以下有期徒刑,并处 2 万元以上 20 万元以下罚金;数额特别巨大或者有其他特别严重情节的,处 10 年以上有期徒刑,并处 2 万元以上 20 万元以下罚金或者没收财产。至于数额较大、数额巨大以及数额特别巨大的具体标准,应当根据有关司法解释确定。

单位犯本罪的,对单位判处罚金,并对其直接负责的主管人员和其他直接责任人员,处 5 年以下有期徒刑或者拘役;数额巨大或者有其他严重情节的,处 5 年以上 10 年以下有期徒刑;数额特别巨大或者有其他特别严重情节的,处 10 年以上有期徒刑。

第七章　危害税收征管案件立案、定罪、量刑标准

一、逃税案

中华人民共和国刑法(节选)

第二百零一条[根据《刑法修正案(七)》修正]　纳税人采取欺骗、隐瞒手段进行虚假纳税申报或者不申报,逃避缴纳税款数额较大并且占应纳税额百分之十以上的,处三年以下有期徒刑或者拘役,并处罚金;数额巨大并且占应纳税额百分之三十以上的,处三年以上七年以下有期徒刑,并处罚金。

扣缴义务人采取前款所列手段,不缴或者少缴已扣、已收税款,数额较大的,依照前款的规定处罚。

对多次实施前两款行为,未经处理的,按照累计数额计算。

有第一款行为,经税务机关依法下达追缴通知后,补缴应纳税款,缴纳滞纳金,已受行政处罚的,不予追究刑事责任;但是,五年内因逃避缴纳税款受过刑事处罚或者被税务机关给予二次以上行政处罚的除外。

第二百一十一条　单位犯本节第二百零一条……对单位判处罚金,并对其直接负责的主管人员和其他直接责任人员,依照各该条的规定处罚。

第二百一十二条　犯本节第二百零一条至第二百零五条规定之罪,被判处罚金、没收财产的,在执行前,应当先由税务机关追缴税款和所骗取的出口退税款。

逃税罪,是指纳税人采取欺骗、隐瞒手段进行虚假纳税申报或者不申报,逃避缴纳税款数额较大并且占应纳税额10%以上,或者扣缴义务人不缴或者少缴已扣、已收税款,数额较大的行为。

（一）立案标准

根据最高人民检察院、公安部《关于公安机关管辖的刑事案件立案追诉标准的规定（二）》第57条规定，逃避缴纳税款，涉嫌下列情形之一的，应予立案追诉：

（1）纳税人采取欺骗、隐瞒手段进行虚假纳税申报或者不申报，逃避缴纳税款，数额在5万元以上并且占各税种应纳税总额10%以上，经税务机关依法下达追缴通知后，不补缴应纳税款、不缴纳滞纳金或者不接受行政处罚的；

（2）纳税人5年内因逃避缴纳税款受过刑事处罚或者被税务机关给予2次以上行政处罚，又逃避缴纳税款，数额在5万元以上并且占各税种应纳税总额10%以上的；

（3）扣缴义务人采取欺骗、隐瞒手段，不缴或者少缴已扣、已收税款，数额在5万元以上的。

纳税人在公安机关立案后再补缴应纳税款、缴纳滞纳金或者接受行政处罚的，不影响刑事责任的追究。

立案时，应当注意两个问题：一是对初犯有条件不予立案追诉。《刑法修正案（七）》规定："有第一款行为，经税务机关依法下达追缴通知后，补缴应纳税款，缴纳滞纳金，已受行政处罚的，不予追究刑事责任；但是，五年内因逃避缴纳税款受过刑事处罚或者被税务机关给予二次以上行政处罚的除外。"凡是符合条件的初犯，不予追究刑事责任。二是正确处理税务机关行政处罚与公安机关立案侦查的关系。《刑法修正案（七）》规定："有第一款行为，经税务机关依法下达追缴通知后，补缴应纳税款，缴纳滞纳金，已受行政处罚的，不予追究刑事责任。"对于这种情况，公安机关不宜主动介入立案侦查。这是因为，对逃税行为是否够追究刑事责任主要看逃税人是否满足法律规定的三个先决条件才能确定，而这三个条件主要看逃税人能否积极与税务机关配合，补缴税款和缴纳滞纳金，接受税务机关行政处罚。所以，对需要追究刑事责任的逃税案件，公安机关应当等待税务机关的移送。除此之外的涉税案件，公安机关还是应当依法立案追诉。

本罪原名为偷税罪。1997年《刑法》第201条规定："纳税人采取伪造、变造、隐匿、擅自销毁账簿、记账凭证，在账簿上多列支出或者不列、少列收入，经税务机关通知申报而拒不申报或者进行虚假的纳税申报的手段，不缴或者少缴应纳税款，偷税数额占应纳税额的百分之十以上不满百分之三十并且偷税数额在一万元以上不满十万元的，或者因偷税被税务机关给予二次行政处罚又偷税的，处三年以下有期徒刑或者拘役，并处偷税数额一倍以上五倍以下罚金；偷税数额占应纳税额的百分之三十以上并且偷税数额在十万元以上的，处三年以上七年以下有期徒刑，并处偷税数额一倍以上五倍以下罚金。扣缴义务人采取前款所列手段，不缴或者少缴已扣、已收税款，数额占应缴税额的百分之十以上并且数额在一万元以上的，依照前款的规定处罚。对多次犯有前两款行为，未经处理的，按照累计数额计算。”《刑法修正案（七）》对本罪作了以下修改：一是修改了本罪的罪状表述，将罪名由“偷税罪”改为“逃税罪”。二是对逃税的手段不再作具体列举，而采用概括性表述。三是对逃避缴纳税款数额占应纳税额10%以上构成犯罪的具体数额标准，以及逃税数额占应纳税额30%以上，构成数额巨大的具体数额标准没再作规定。四是对逃税罪的初犯规定了不予追究刑事责任的特别条款。

（二）定罪标准

1. 本罪的构成

（1）侵犯的客体是国家的税收管理制度。税收是国家财政收入的重要来源，直接关系到整个国计民生。因此，随着社会经济的发展和需要，国家根据工商、服务、建筑等行业的不同情况，颁布了一系列税收管理法规，以加强对税收工作的管理和监督，主要有《税收征收管理法》《个人所得税法》《增值税暂行条例》《货物税收暂行条例》《城市房地产税暂行条例》等。一切负有纳税义务的自然人和法人，都应当根据有关的税收法规准时交纳税款，任何偷税漏税的行为，都是对国家税收管理制度的破坏。本罪的犯罪对象为应纳税款，即纳税人按照税法规定应当交纳的税款。

（2）客观方面表现为两个方面的行为：一是纳税人采取欺骗、隐瞒手段进行虚假纳税申报。对这一类行为比较好理解，与刑法条文修改前的偷税具体手段无大的区别，常见的有设立虚假的账簿、记账凭证，对账簿、记账凭证进行涂改等，未经税务主管机关批准而擅自将正在使用中或尚未过期的账簿、记账凭证销毁处理等，在账簿上多列支出或者不列、少列收入。二是不向税务机关进行纳税申报。这也是纳税人逃避纳税义务的一种常用手法，主要包括已经领取工商营业执照的法人实体不到税务机关办理纳税登记，或者已经办理纳税登记的法人实体有经营活动，却不向税务机关申报或者经税务机关通知申报而拒不申报的行为，等等。

（3）主体为特殊主体，只有纳税人和扣缴义务人才能构成本罪主体。根据《税收征收管理法》第4条的规定，纳税人，是指法律、行政法规规定负有纳税义务的单位和个人；扣缴义务人，是指法律、行政法规规定负有代扣代缴、代收代缴税款义务的单位和个人。

（4）主观方面由直接故意构成，行为人一般具有逃避应纳税款和非法获利的目的。但行为人是否具有故意逃避应纳税款和非法获利的目的，不影响本罪的成立。过失不构成本罪，如因为有关人员的疏忽或其他原因而发生的漏税和欠税行为，不以本罪论处。

2. 罪与非罪的界限

行为人的逃税虽系故意所为，但未达到逃税罪要求的法定情节，如数额、比例标准等情节未达到法定要求的，不构成逃税罪，应按税法有关规定给予行政处罚。特别是对逃税罪的初犯可以有条件地不予追究刑事责任，即已经达到逃税的数额、比例，已经构成逃税罪初犯，但是符合三个条件：一是税务机关依法下达追缴通知后，补缴应纳税款；二是缴纳滞纳金；三是已受到税务机关的行政处罚。但 5 年内因逃税受过刑事处罚或者被税务机关给予二次以上行政处罚的不免除刑事责任。但是，“五年内曾因逃避缴纳税款受到过刑事处罚或者被税务机关给予二次行政处罚的除外”，对于这种情形，即使补交了税款也要追究刑事责任。这就充分体现了对有逃税行为屡教不改的人从严打击处理的立法思想。应当注意的是，这里所说的“被税务机关给予二次以上行政处罚的除外”，并不是指逃税受过两次行政处罚的，到第三次逃税该受到行政处罚时，就应当定罪，无须再达到构成逃税罪数额、比例标准的要求。这样理解是不正确的，因逃避缴纳税款被税务机关给予二次以上行政处罚的人又逃税的，还必须达到逃税罪的数额、比例标准，才依法追究刑事责任。

（三）量刑标准

根据《刑法》第 201 条和第 211 条的规定，个人犯逃税罪，逃税数额较大并且占应纳税额 10% 以上的，处 3 年以下有期徒刑或者拘役，并处罚金；逃税数额巨大并且占应纳税额 30% 以上的，处 3 年以上 7 年以下有期徒刑，并处罚金。单位犯逃税罪，对单位判处罚金，并对其直接负责的主管人员和其他直接责任人员，依照个人犯罪的规定处罚。

二、抗税案

中华人民共和国刑法（节选）

第二百零二条 以暴力、威胁方法拒不缴纳税款的，处三年以下有期徒刑或者拘役，并处拒缴税款一倍以上五倍以下罚金；情节严重的，处三年以上七年以下有期徒刑，并处拒缴税款一倍以上五倍以下罚金。

第二百一十二条 犯本节第二百零一条至第二百零五条规定之罪，被判处罚金、没收财产的，在执行前，应当先由税务机关追缴税款和所骗取的出口退税款。

抗税罪，是指纳税人和扣缴义务人以暴力、威胁方法拒不缴纳税款的行为。

（一）立案标准

根据最高人民检察院、公安部《关于公安机关管辖的刑事案件立案追诉标准的规定（二）》第58条规定，以暴力、威胁方法拒不缴纳税款，涉嫌下列情形之一的，应予立案追诉：

（1）造成税务工作人员轻微伤以上的；

（2）以给税务工作人员及其亲友的生命、健康、财产等造成损害为威胁，抗拒缴纳税款的；

（3）聚众抗拒缴纳税款的；

（4）以其他暴力、威胁方法拒不缴纳税款的。

本罪是行为犯，行为人只要实施了暴力抗税的行为，不论抗税数额的大小，原则上都应当依法追究刑事责任。应当注意的是，对于抗税案件的立案，首先，要查明是否存在“不缴纳税款”这一前提条件。如果纳税人和扣缴义务人拒绝缴纳本不应该缴纳的税款，即使在争执中使用了暴力或威胁的方法，也不能构成本罪。其次，使用了暴力、威胁的方法。暴力的方法包括对人的暴力和对物的暴力两种情况。对人的暴力，是指对履行税收职责的税务人员的身体实行强制或打击，使其不能正常履行税收职责，如殴打、捆绑税务人员等。对物的暴力，是指打砸税务机关，使税务机关不能从事正常的税收活动。威胁，是指对税务人员实行精神上的强制，如杀伤身体、毁坏财物、损害名誉等。这种威胁，可以是直接的，也可以是间接的，如对税务人员的亲属进行威胁等。行为人使用暴力、威胁的目的，是拒绝缴纳应该缴纳的税款。

（二）定罪标准

1. 本罪的构成

（1）侵犯的客体是复杂客体，不仅侵犯了国家的税收管理制度，而且也侵犯了税务人员的人身权利。如果行为人因使用暴力方法抗税，致使他人重伤或者死亡，就应定为伤害罪、杀人罪。

（2）客观方面表现为违反国家税收法规，以暴力、威胁方法拒不缴纳税款的行为。应当注意的是，此处的“暴力”既包括对人暴力，也包括对物暴力。暴力、威胁是手段行为，目的行为是拒绝缴纳税款。

（3）主体为特殊主体，只有纳税人和扣缴义务人个人才能构成本罪主体。根据税收征收管理法的规定,纳税人是指法律、行政法规规定负有纳税义务的个人;扣缴义务人,是指法律、行政法规规定负有代扣代缴,代收代缴税款义务的个人。

(4)主观方面由故意构成,即行为人明知应该依法缴纳税款,却故意以暴力、威胁方法拒不缴纳,并具有非法获利的目的。过失不构成本罪。

2. 注意区分罪与非罪的界限

只要纳税人或扣缴义务人实施了以暴力、威胁方法拒不缴纳税款的行为,原则上就构成犯罪,但并不意味着不问案件的具体情节,一律定罪判刑。对于情节显著轻微危害不大的,不以犯罪论处,可以由税务机关追缴其拒缴的税款,并处以拒缴税款5倍以下的罚款。

3. 本罪与妨害公务罪的界限

区别两者的关键是看行为人是否具有抗税的目的。抗税罪是指纳税人或扣缴义务人,基于抗税的目的,采用暴力、威胁方法,阻挠税务人员依法执行税收工作。因此,对于那些不具有纳税义务的公民,并非出于抗税的目的,而以暴力、威胁方法阻挠税务人员依法执行职务的,或者虽为有纳税义务的公民,但并非出于抗税的目的,而以暴力、威胁方法阻挠税务人员依法执行职务的,都不能认定为抗税罪,而应以妨害公务罪论处。

4. 本罪与欠税行为的界限

抗税罪是纳税人违反税收法规,以暴力、威胁方法拒绝履行纳税义务的行为,欠税是纳税人因故在税法规定或者税务机关核定的纳税期限内,没有缴纳或者缴足税款,而导致税款没有及时上缴,两者的性质是不同的。抗税罪行为人主观上具有以暴力、威胁方法抗拒缴税款的目的,而欠税人主观上没有抗拒缴纳税款的目的,只是由于一些客观原因而无法按时纳税。

(三)量刑标准

根据《刑法》第202条的规定,犯抗税罪的,处3年以下有期徒刑或者拘役,并处拒缴税款1倍以上5倍以下的罚金。情节严重的,处3年以上7年以下有期徒刑,并处拒缴税款1倍以上5倍以下的罚金。所谓情节严重,一般是指:冲击税务机关或者严重干扰税务机关正常工作的;抗税数额在1万元以上的;因抗税受过刑事、行政处罚又抗税的;污辱、报复税务人员的;聚众抗税的首要分子;抗税手段特别恶劣的等。根据《刑法》第212条的规定,犯抗税罪,被判处罚金、没收财产的,在执行前,应当先由税务机关追缴税款。

根据最高人民法院《关于审理偷税抗税刑事案件具体应用法律若干问题的解

释》第5条规定,实施抗税行为具有下列情形之一的,属于《刑法》第202条规定的“情节严重”:(1)聚众抗税的首要分子;(2)抗税数额在10万元以上的;(3)多次抗税的;(4)故意伤害致人轻伤的;(5)具有其他严重情节。第6条规定,实施抗税行为致人重伤、死亡,构成故意伤害罪、故意杀人罪的,分别依照《刑法》第234条第2款、第232条的规定定罪处罚。与纳税人或者扣缴义务人共同实施抗税行为的,以抗税罪的共犯依法处罚。

三、逃避追缴欠税案

中华人民共和国刑法(节选)

第二百零三条　纳税人欠缴应纳税款,采取转移或者隐匿财产的手段,致使税务机关无法追缴欠缴的税款,数额在一万元以上不满十万元的,处三年以下有期徒刑或者拘役,并处或者单处欠缴税款一倍以上五倍以下罚金;数额在十万元以上的,处三年以上七年以下有期徒刑,并处欠缴税款一倍以上五倍以下罚金。

第二百一十一条　单位犯本节……第二百零三条……规定之罪的,对单位判处罚金,并对其直接负责的主管人员和其他直接责任人员,依照各该条的规定处罚。

第二百一十二条　犯本节第二百零一条至第二百零五条规定之罪,被判处罚金、没收财产的,在执行前,应当先由税务机关追缴税款和所骗取的出口退税款。

逃避追缴欠税罪,是指纳税人欠缴应纳税款,采取转移或者隐匿财产的手段,致使税务机关无法追缴欠缴的税款,数额在1万元以上的行为。

(一)立案标准

根据最高人民检察院、公安部《关于公安机关管辖的刑事案件立案追诉标准的规定(二)》第59条规定,纳税人欠缴应纳税款,采取转移或者隐匿财产的手段,致使税务机关无法追缴欠缴的税款,数额在1万元以上的,应予立案追诉。

本罪是数额犯,纳税人逃避追缴欠税款数额达到1万元以上的,就应当立案追究。对于这类案件的立案,应当注意:一是要查明“纳税人是否有欠缴应纳税款的事实”。所谓欠缴应纳税款,是指纳税人超过税务机关核定的纳税期限,未按时缴纳或者缴足应纳税款的行为,即欠税。如果还在纳税期限之内,即使一时未缴纳或者缴足应纳税款,也不存在追缴欠税、妨碍追缴欠税的问题。二是要查明“纳税人是否采取了转移或者隐匿财产的手段”。行为人转移或者隐匿财产,必然影响税务机关依法追缴欠税款。如果行为人没有采取这两种法定手段,即使采取其他方式逃避应纳税款,如纳税人外逃等,也不能构成本罪。三是要查明是否存在“致使税务机关无法追缴欠缴的税款”。如果纳税人虽有转移或者隐匿部分财产的行为,但不足以妨碍税务机关追缴欠税的,也不构成本罪。四是要查明“无法追缴的欠税数额是否达到1万元以上”。这里的数额,既不是指纳税人欠缴应纳税款数额,也不是指纳税人转移或者隐匿的财产数额,而是指由于纳税人转移或者隐匿财产致使税务机关无法追缴的欠税数额。

(二)定罪标准

1. 本罪的构成

(1)侵犯的客体是国家的税收管理制度。为了保障国家税金的收入,根据税收征收管理法的有关规定,对纳税人的欠税,可以令其限期补缴所欠税款和相应的滞纳金,还可以采用追缴手段,如通知其开户银行扣纳入库等。因此,如纳税人实施转移或者隐匿财产的行为,致使税务机关无法追缴欠缴税款的,严重侵犯了国家的税收管理制度,应当依法严惩。

(2)客观方面表现为纳税人欠缴应纳税款,并采取转移或者隐匿财产的手段,致使税务机关无法追缴欠缴的税款的行为。

(3)主体为特殊主体,只有纳税人(包括扣缴义务人)才能成为本罪的主体。既可以是个人,也可以是单位。

(4)主观方面由直接故意构成,但在行为人的其他目的与逃税故意并存的情况下实施本罪行为时,不影响本罪的成立。间接故意和过失不构成本罪。

2. 罪与非罪的界限

应当注意:一是以数额为标准来划清罪与非罪的界限。数额达到1万元以上的以犯罪论处;数额不满1万元的,则属于一般违法行为,依照税收征收管理法的有关规定,由税务机关追缴欠缴的税款,处以欠缴税款5倍以下的罚款。二是以时间标准来划分欠缴应纳税款罪与一般逃税行为的界限。超过纳税期限不缴应纳税款的为欠税,为逃避追缴欠税而转移或者隐匿财产的构成犯罪;而在纳税期内如有转移或隐匿财产的行为的,税务机关可以采取税收保全措施。采取税收保全措施不当,或者纳税人在限期内已缴纳税款,税务机关未立即解除税收保全措施,使纳税人的合法利益遭受损失的,税务机关应当承担赔偿责任。

3. 本罪与抗税罪的界限

本罪与抗税罪都是公开拒绝缴纳税款的行为,两者的区别主要在于客观方面表现不同。本罪主要表现为纳税人采取转移或者隐匿财产的手段，致使税务机关无法追缴欠缴税款的行为；而抗税罪表现为纳税人采用暴力、威胁方法拒不缴纳税款的行为。

（三）量刑标准

根据《刑法》第203条的规定，犯逃避追缴欠税罪，数额在1万元以上不满10万元的，处3年以下有期徒刑或者拘役，并处或者单处欠缴税款1倍以上5倍以下的罚金。数额在10万元以上的，处3年以上7年以下有期徒刑，并处欠缴税款数额1倍以上5倍以下的罚金。

根据《刑法》第211条的规定，单位犯本罪的，对单位判处罚金，并对其直接负责的主管人员和其他直接责任人员，依照上述规定处罚。

根据《刑法》第212条的规定，犯逃避追缴欠税罪，被判处罚金、没收财产的，在执行前，应当先由税务机关追缴税款。

四、骗取出口退税案

中华人民共和国刑法（节选）

第二百零四条　以假报出口或者其他欺骗手段，骗取国家出口退税款，数额较大的，处五年以下有期徒刑或者拘役，并处骗取税款一倍以上五倍以下罚金；数额巨大或者有其他严重情节的，处五年以上十年以下有期徒刑，并处骗取税款一倍以上五倍以下罚金；数额特别巨大或者有其他特别严重情节的，处十年以上有期徒刑或者无期徒刑，并处骗取税款一倍以上五倍以下罚金或者没收财产。

纳税人缴纳税款后，采取前款规定的欺骗方法，骗取所缴纳的税款的，依照本法第二百零一条的规定定罪处罚；骗取税款超过所缴纳的税款部分，依照前款的规定处罚。

第二百一十一条　单位犯本节……第二百零四条……规定之罪的，对单位判处罚金，并对其直接负责的主管人员和其他直接责任人员，依照各该条的规定处罚。

第二百一十二条　犯本节第二百零一条至第二百零五条规定之罪，被判处罚金、没收财产的，在执行前，应当先由税务机关追缴税款和所骗取的出口退税款。

骗取出口退税罪，是指以假报出口或者其他欺骗手段，骗取国家出口退税款，数额较大的行为。

(一)立案标准

根据最高人民检察院、公安部《关于公安机关管辖的刑事案件立案追诉标准的规定(二)》第60条规定,以假报出口或者其他欺骗手段,骗取国家出口退税款,数额在5万元以上的,应予立案追诉。

本罪是数额犯,构成本罪必须达到"数额较大"的标准,即骗取国家出口退税款数额达到5万元以上的情形。本罪的犯罪对象是国家的出口退税款。根据我国税法的有关规定,一切负有纳税义务的单位和个人都应依法纳税。国家实行出口退税的优惠政策,即通过退还出口商品已纳的国内税,包括产品税、增值税、营业税、特别消费税等,使我国出口商品和其他国家的商品一样,以不含税成本进入国际市场,在同等税收条件下参与竞争。但是,一些不法分子为了牟取非法利益,采取各种手段,大肆进行骗取国家出口退税的犯罪活动,直接危害了我国的税收管理秩序,也严重影响了我国税制改革的顺利进行。因此,对这类犯罪,必须依法予以严惩。实践中,骗取国家出口退税款的行为主要表现为:伪造、变造假发票、假完税证明,搞假出口,骗取退税款;将销往国内的产品,假报出口骗取税款;谎报较多的出口商品,将少量的出口商品报为较多的出口商品;将低税产品报为高税产品;虚报出口产品价格;伪造出口报关单,将没有出口的商品,通过伪造出口报关单谎报已经出口等。只要行为人骗取国家出口退税款累计达到5万元以上,就应当立案追究。

(二)定罪标准

1. 本罪的构成

(1)侵犯的客体是国家的税收管理制度,主要是国家的出口退税管理制度。

(2)客观方面表现为以假报出口或者其他欺骗手段,骗取国家出口退税款,数额较大的行为。具体表现在:一是行为人未交纳税款。如果行为人交纳税款后又采取假报出口或者其他欺骗手段,骗取其所交纳的税款,依照刑法应以逃税罪定罪处罚。但是,如果行为人所骗取的税款超过其交纳的税款,则超过部分并不是行为人所交纳的税款,就视为未交纳税款。如果数额较大,则构成本罪。二是采取了假报出口或者其他欺骗手段。三是骗取了数额较大的国家出口退税款。如果未达到数额较大的标准,则不构成本罪。

(3)主体为一般主体,自然人和单位均可构成本罪。既可以是纳税人,也可是非纳税人。这里的"单位",不限于具有进出口经营权的单位,包括所有的单位,只要是采取了假报出口或者其他欺骗手段,骗取国家出口退税款数额较大的,都构成本罪。

(4)主观方面由故意构成,并且具有骗取国家出口退税款的目的。过失不构成本罪。

2. 关于本罪中“假报出口”行为和“其他欺骗手段”的认定

根据最高人民法院2002年9月9日通过、9月23日起施行的《关于审理骗取出口退税刑事案件具体应用法律若干问题的解释》第1条规定,《刑法》第204条规定的“假报出口”,是指以虚构已税货物出口事实为目的,具有下列情形之一的行为:(1)伪造或者签订虚假的买卖合同;(2)以伪造、变造或者其他非法手段取得出口货物报关单、出口收汇核销单、出口货物专用缴款书等有关出口退税单据、凭证;(3)虚开、伪造、非法购买增值税专用发票或者其他可以用于出口退税的发票;(4)其他虚构已税货物出口事实的行为。第2条规定,具有下列情形之一的,应当认定为《刑法》第204条规定的“其他欺骗手段”:(1)骗取出口货物退税资格的;(2)将未纳税或者免税货物作为已税货物出口的;(3)虽有货物出口,但虚构该出口货物的品名、数量、单价等要素,骗取未实际纳税部分出口退税款的;(4)以其他手段骗取出口退税款的。

根据《关于审理骗取出口退税刑事案件具体应用法律若干问题的解释》第6条的规定,有进出口经营权的公司、企业,明知他人意欲骗取国家出口退税款,仍违反国家有关进出口经营权的规定,允许他人自带客户、自带货源、自带汇票并自行报关,骗取国家出口退税款的,依照《刑法》第204条第1款、第211条的规定定罪处罚。该解释第9条规定,实施骗取出口退税犯罪,同时构成虚开增值税专用发票罪等其他犯罪的,依照刑法处罚较重的规定定罪处罚。

3. 罪与非罪的界限

骗取国家出口退税款,数额较大的才构成犯罪,但具体的起刑点,刑法未作规定,应根据有关司法解释确定。行为人骗取国家出口退税款,未达到数额较大的标准的,属于一般违法行为,不构成犯罪,应由税务机关追缴其骗取的出口退税款,并处骗取税款一定比例的罚金。

根据最高人民法院1998年8月28日发布的《关于审理骗购外汇、非法买卖外汇刑事案件具体应用法律若干问题的解释》规定,以骗税为目的,使用虚假、无效的凭证、商业单据或者采取其他手段向外汇指定银行骗购外汇的,应当按照《刑法》第204条的规定以骗取出口退税罪定罪处罚。

(三)量刑标准

根据《刑法》第204条的规定,犯骗取出口退税罪,数额较大的,处5年以下有期徒刑或者拘役,并处骗取税款 1 倍以上 5 倍以下罚金;数额巨大或者有其他严重情节的,处 5 年以上 10 年以下有期徒刑,并处骗取税款 1 倍以上 5 倍以下罚金;数额特别巨大或者有其他特别严重情节的,处 10 年以上有期徒刑或者无期徒刑,并处骗取税款 1 倍以上 5 倍以下罚金或者没收财产。根据《刑法》第 211 条的规定,单位犯本罪的,对单位判处罚金,并对其直接负责的主管人员和其他直接责任人员,依照上述规定处罚。根据《刑法》第 212 条的规定,犯骗取出口退税罪,被判处罚金、没收财产的,在执行前,应当先由税务机关追缴税款和所骗取的出口退税款。

根据《关于审理骗取出口退税刑事案件具体应用法律若干问题的解释》第 3 条规定,骗取国家出口退税款 5 万元以上的,为《刑法》第 204 条规定的"数额较大";骗取国家出口退税款 50 万元以上的,为《刑法》第 204 条规定的"数额巨大";骗取国家出口退税款 250 万元以上的,为《刑法》第 204 条规定的"数额特别巨大"。第 4 条规定,具有下列情形之一的,属于《刑法》第 204 条规定的"其他严重情节":(1)造成国家税款损失 30 万元以上并且在第一审判决宣告前无法追回的;(2)因骗取国家出口退税行为受过行政处罚,两年内又骗取国家出口退税款数额在 30 万元以上的;(3)情节严重的其他情形。第 5 条规定,具有下列情形之一的,属于《刑法》第 204 条规定的"其他特别严重情节":(1)造成国家税款损失 150 万元以上并且在第一审判决宣告前无法追回的;(2)因骗取国家出口退税行为受过行政处罚,两年内又骗取国家出口退税款数额在 150 万元以上的;(3)情节特别严重的其他情形。第 7 条规定,实施骗取国家出口退税行为,没有实际取得出口退税款的,可以比照既遂犯从轻或者减轻处罚。第 8 条规定,国家工作人员参与实施骗取出口退税犯罪活动的,依照《刑法》第 204 条第 1 款的规定从重处罚。

五、虚开增值税专用发票、用于骗取出口退税、抵扣税款发票案

中华人民共和国刑法(节选)

第二百零五条[根据《刑法修正案(八)》修正] 虚开增值税专用发票或者虚开用于骗取出口退税、抵扣税款的其他发票的,处三年以下有期徒刑或者拘役,并处二万元以上二十万元以下罚金;虚开的税款数额较大或者有其他严重情节的,处三年以上十年以下有期徒刑,并处五万元以上五十万元以下罚金;虚开的税款数额巨大或者有其他特别严重情节的,处十年以上有期徒刑或者无期徒刑,并处五万元以上五十万元以下罚金或者没收财产。

单位犯本条规定之罪的，对单位判处罚金，并对其直接负责的主管人员和其他直接责任人员，处三年以下有期徒刑或者拘役；虚开的税款数额较大或者有其他严重情节的，处三年以上十年以下有期徒刑；虚开的税款数额巨大或者有其他特别严重情节的，处十年以上有期徒刑或者无期徒刑。

虚开增值税专用发票或者虚开用于骗取出口退税、抵扣税款的其他发票，是指有为他人虚开、为自己虚开、让他人为自己虚开、介绍他人虚开行为之一的。

第二百零八条第二款　非法购买增值税专用发票或者购买伪造的增值税专用发票又虚开或者出售的，分别依照本法第二百零五条……的规定定罪处罚。

第二百一十二条　犯本节第二百零一条至第二百零五条规定之罪，被判处罚金、没收财产的，在执行前，应当先由税务机关追缴税款和所骗取的出口退税款。

虚开增值税专用发票、用于骗取出口退税、抵扣税款发票罪，是指违反国家增值税专用发票管理法规，为他人虚开、为自己虚开、让他人为自己虚开、介绍他人虚开增值税专用发票或者用于骗取出口退税、抵扣税款的其他发票的行为。

（一）立案标准

根据最高人民检察院、公安部《关于公安机关管辖的刑事案件立案追诉标准的规定（二）》第 61 条规定，虚开增值税专用发票或者虚开用于骗取出口退税、抵扣税款的其他发票，虚开的税款数额在 1 万元以上或者致使国家税款被骗数额在 5000 元以上的，应予立案追诉。

本罪是行为犯，只要行为人实施了虚开增值税专用发票或者虚开用于骗取出口退税、抵扣税款发票的行为，原则上就构成犯罪，应当立案。但是，为了便于操作，切实有效地打击此类犯罪，最高人民法院 1996 年 10 月 17 日发布的《关于适用〈全国人民代表大会常务委员会关于惩治虚开、伪造和非法出售增值税专用发票犯罪的决定〉的若干问题的解释》对本罪的定罪量刑标准作了详细解释。该解释规定，虚开税款数额 1 万元以上的或者虚开增值税专用发票致使国家税款被骗取 5000 元以上的，应当依法定罪处罚。虚开税款数额 10 万元以上的，属于"虚开的税款数额较大"；具有下列情形之一的，属于"有其他严重情节"：（1）因虚开增值税专用发票致使国家税款被骗取 5 万元以上的；（2）具有其他严重情节的。虚开税款数额 50 万元以上的，属于"虚开的税款数额巨大"；具有下列情形之一的，属于"有其他特别严重情节"：（1）因虚开增值税专用发票致使国家税款被骗取 30 万元以上的；（2）虚开的税款数额接近巨大并有其他严重情节的；（3）具有其他特别严重情节的。利用虚开的增值税专用发票实际抵扣税款或者骗取出口退税 100 万元以上的,属于“骗取国家税款数额特别巨大”;造成国家税款损失 50 万元以上并且在侦查终结前仍无法追回的,属于“给国家利益造成特别重大损失”。利用虚开的增值税专用发票骗取国家税款数额特别巨大、给国家利益造成特别重大损失,为“情节特别严重”的基本内容。该解释还规定,虚开用于骗取出口退税、抵扣税款的其他发票的,构成虚开专用发票罪,依照《全国人民代表大会常务委员会关于惩治虚开、伪造和非法出售增值税专用发票犯罪的决定》第 1 条的规定处罚。

对于本罪的立案标准,可以作如下理解:

(1)本罪立案标准第 1 种情形,“虚开的税款数额在 1 万元以上的”,应当立案追究。本罪虚开的对象是增值税专用发票或者用于骗取出口退税、抵扣税款的其他发票。所谓虚开,是指开具与营业收入不相符的增值税专用发票或者用于领取出口退税、抵扣税款的其他发票。有的单位和个人把非法为他人、为自己、让他人为自己、介绍他人虚开增值各专用发票作为“创收”、骗取出口退税的途径,仅以一张桌子、一本发票就公开挂牌营业。通过虚开增值税专用发票,为一些企事业单位偷逃税收提供方便。开票者从中收取所开票面额一定比例的“管理费”。虚开增值税专用发票犯罪活动不仅使逃税、骗取出口退税犯罪更加严重,造成国家税款大量流失,而且严重干扰了国家税制改革的顺利进行,严重破坏了社会主义市场经济秩序。因此,对这类犯罪必须依法予以严惩。虚开增值税专用发票或者虚开用于骗取出口退税、抵扣税款的其他发票主要有四种形式,即为他人虚开、为自己虚开、让他人为自己虚开和介绍他人虚开。无论行为人实施了上述一种或者几种虚开的行为,也不管是一次还是几次实施了虚开行为,只要虚开的税款数额累计达到 1 万元以上,就应当立案侦查。

(2)本罪立案标准的第 2 种情形,“致使国家税款被骗数额在 5000 元以上的”,应予立案追诉。这里的“致使国家税款被骗数额”,是指行为人实施虚开增值税专用发票、用于骗取出口退税、抵扣税款发票的行为,给国家已经造成了税款被骗的结果。无论是一次还是几次骗取国家税款,只要骗取国家税款的数额累计达到 5000 元以上,就应当立案侦查。

(二)定罪标准

1. 本罪的构成

(1)侵犯的客体是国家的发票管理制度,主要是指能够骗取出口退税、抵扣税款的发票的监督管理制度。本罪虚开的对象是增值税专用发票或者用于骗取出口退税税、抵扣税款的其他发票。关于出口退税、抵扣税款的其他发票的含义,2005 年 12 月全国人大常委会在《关于〈中华人民共和国刑法〉有关出口退税、抵扣税款的其他发票规定的解释》中,将刑法规定的“出口退税、抵扣税款的其他发票”,解释为指除增值税专用发票以外的,具有出口退税、抵扣税款功能的收付款凭证或者完税凭证。

(2)本罪的客观方面表现为违反国家发票管理规定,为他人虚开、为自己虚开、让他人为自己虚开、介绍他人虚开增值税专用发票或者用于领取出口退税、抵扣税款的其他发票的行为。刑法规定了四种形式:一是为他人虚开增值税专用发票或者用于领取出口退税、抵扣税款的其他发票。主要是指合法拥有增值税专用发票或者用于领取出口退税、抵扣税款的其他发票的单位和个人,为他人开具与营业收入不相符的增值税专用发票或者用于骗取出口退税、抵扣税款的其他发票的行为。二是为自己虚开增值税专用发票或者用于骗取出口退税、抵扣税款的其他发票。主要是指合法拥有增值税专用发票或者用于骗取出口退税、抵扣税款的其他发票的单位和个人,为自己开具与营业收入不相符的增值税专用发票或者用于骗取出口退税、抵扣税款的其他发票的行为。三是让他人为自己虚开增值税专用发票或者用于领取出口退税、抵扣税款的其他发票。主要是指要求合法拥有增值税专用发票或者用于骗取出口退税、抵扣税款的其他发票的单位和个人为自己开具与营业收入不相符的增值税专用发票或者用于骗取出口退税、抵扣税款的其他发票的行为。四是介绍他人虚开增值税专用发票或者用于骗取出口退税、抵扣税款的其他发票。主要是指在合法拥有增值税专用发票或者用于领取出口退税、抵扣税款的其他发票的单位和个人与要求虚开增值税专用发票或者用于骗取出口退税、抵扣税款的其他发票的单位和个人之间沟通联系的行为。行为人只要实施了上述四种情形之一的,就构成本罪。同时实施两种以上行为的,也作一罪处理,不实行数罪并罚。

(3)主体为一般主体,自然人和单位均可构成本罪主体。

(4)主观方面由直接故意构成,并且一般具有营利的目的。间接故意和过失不构成本罪。实践中,为他人虚开增值税专用发票或者用于骗取出口退税、抵扣税款的其他发票的单位和个人,一般都以收取高额的手续费为目的;为自己虚开、让他人为自己虚开增值税专用发票或者用于骗取出口退税、抵扣税款的其他发票的单位和个人都是以骗取出口退税、抵扣税款为目的;介绍他人虚开增值税专用发票或者用于骗取出口退税、抵扣税款的其他发票的单位和个人,一般都是以收取高额的中介费、信息费为目的。是否营利不是本罪构成的必要条件,行为人只要实施了虚开增值税专用发票、用于骗取出口退税、抵扣税款发票的行为,就构成本罪。

2. 罪与非罪的界限

虚开增值税专用发票、用于骗取出口退税、抵扣税款发票罪在犯罪构成数额上刑法没有明确规定,但这并不意味着所有的虚开增值税专用发票或者虚开用于骗取出口退税、抵扣税款的其他发票的行为都构成犯罪。根据《发票管理办法》第 35 条的规定,对未按照规定开具增值税专用发票的,可以由税务机关责令限期改正,没收非法所得,可以并处 1 万元以下的罚款。由此可见,对虚开增值税专用发票或者虚开用于骗取出口退税、抵扣税款的其他发票数额较小、危害不大的,可以不作为犯罪处理。

利用虚开的增值税专用发票抵扣税款或者骗取出口退税的,应当以虚开增值税专用发票罪定罪处罚;以其他手段骗取国家税款的,则应根据具体情况,分别以诈骗罪、逃税罪定罪处罚。

根据《刑法》第 208 条第 2 款的规定,非法购买增值税专用发票或者购买伪造的增值税专用发票又虚开的,依照《刑法》第 205 条的规定以虚开增值税专用发票罪定罪处罚。

(三)量刑标准

根据《刑法》第 205 条的规定,犯虚开增值税专用发票、用于骗取出口退税、抵扣税款发票罪的,处 3 年以下有期徒刑或者拘役,并处 2 万元以上 20 万元以下罚金;虚开的税款数额较大或者有其他严重情节的,处 3 年以上 10 年以下有期徒刑,并处 5 万元以上 50 万元以下罚金;虚开的税款数额巨大或者有其他特别严重情节的,处 10 年以上有期徒刑或者无期徒刑,并处 5 万元以上 50 万元以下罚金或者没收财产。

应当注意的是,根据《刑法修正案(八)》的规定,取消原《刑法》第 205 条第 2 款"有前款行为骗取国家税款,数额特别巨大,情节特别严重,给国家利益造成特别重大损失的,处无期徒刑或者死刑,并处没收财产"的规定,即取消了本罪的死刑。

单位犯本罪的,对单位判处罚金,并对其直接负责的主管人员和其他直接责任人员,处 3 年以下有期徒刑或者拘役;虚开的税款数额较大或者有其他严重情节的,处 3 年以上 10 年以下有期徒刑;虚开的税款数额巨大或者有其他特别严重情节的,处 10 年以上有期徒刑或者无期徒刑。至于"数额较大或者有其他严重情节""数额巨大或者有其他特别严重情节""数额特别巨大、情节特别严重、给国家利益造成特别重大损失"的具体标准,刑法未作具体规定,应当根据有关司法解释确定。

根据《刑法》第 212 条的规定,犯虚开增值税专用发票、用于骗取出口退税、抵扣税款发票罪,被判处罚金、没收财产的,在执行前,应当先由税务机关追缴税款和所骗取进出口退税款。

关于数额与情节的认定,可参见最高人民法院 1996 年 10 月 17 日《关于适用〈全国人大常委会关于惩治虚开、伪造和非法出售增值税专用发票犯罪的决定〉的若干问题的解释》第 1 条的规定。

六、虚开发票案

中华人民共和国刑法(节选)

第二百零五条之一[根据《刑法修正案(八)》增加]　虚开本法第二百零五条规定以外的其他发票,情节严重的,处二年以下有期徒刑、拘役或者管制,并处罚金;情节特别严重的,处二年以上七年以下有期徒刑,并处罚金。

单位犯前款罪的,对单位判处罚金,并对其直接负责的主管人员和其他直接责任人员,依照前款的规定处罚。

虚开发票罪,是指虚开增值税专用发票或者虚开用于骗取出口退税、抵扣税款的其他发票以外的其他发票,情节严重的行为。

(一)立案标准

本罪是《刑法修正案(八)》新增的罪名。

根据最高人民检察院、公安部发布的《关于公安机关管辖的刑事案件立案追诉标准的规定(二)的补充规定》第 2 条规定,虚开《刑法》第 205 条规定以外的其他发票,涉嫌下列情形之一的,应予立案追诉:

(1)虚开发票 100 份以上或者虚开金额累计在 40 万元以上的;

(2)虽未达到上述数额标准,但 5 年内因虚开发票行为受过行政处罚 2 次以上,又虚开发票的;

(3)其他情节严重的情形。

(二)定罪标准

1. 本罪的构成

(1)侵犯的客体是国家的发票管理制度。本罪虚开的对象是增值税专用发票或者用于骗取出口退税、抵扣税款的其他发票以外的发票。既包括真的,也包括伪造、变造的普通发票。

(2)本罪的客观方面表现为违反国家发票管理规定,为他人虚开、为自己虚开、让他人为自己虚开、介绍他人虚开发票的行为。虚开的手段则多种多样,如大头小尾开阴阳票、改变品目、使用地税营业税发票开国税业务发票,甚至使用假发票等。

(3)主体为一般主体,自然人和单位均可构成本罪主体。

(4)主观方面由直接故意构成,并且一般具有营利的目的。虚开的目的,既可以是为了赚取手续费,也可以是通过虚开发票少报收入,偷税、骗税,甚至是用于非法经营、贪污贿赂、侵占等违法犯罪活动。

2. 罪与非罪的界限

构成本罪,必须达到"情节严重"的程度,未达到情节严重的程度,可以根据《发票管理办法》的规定,由税务机关没收违法所得,虚开金额在1万元以下的,可以并处5万元以下罚款;虚开金额超越1万元的,并处5万元以上50万元以下罚款。

(三)量刑标准

根据《刑法》第205条之一的规定,犯虚开发票罪,处2年以下有期徒刑、拘役或者管制,并处罚金;情节特别严重的,处2年以上7年以下有期徒刑,并处罚金。

单位犯本罪的,对单位判处罚金,并对其直接负责的主管人员和其他直接责任人员,依照前款的规定处罚。

七、伪造、出售伪造的增值税专用发票案

中华人民共和国刑法(节选)

第二百零六条[根据《刑法修正案(八)》修正] 伪造或者出售伪造的增值税专用发票的,处三年以下有期徒刑、拘役或者管制,并处二万元以上二十万元以下罚金;数量较大或者有其他严重情节的,处三年以上十年以下有期徒刑,并处五万元以上五十万元以下罚金;数量巨大或者有其他特别严重情节的,处十年以上有期徒刑或者无期徒刑,并处五万元以上五十万元以下罚金或者没收财产。

单位犯本条规定之罪的,对单位判处罚金,并对其直接负责的主管人员和其他直接责任人员,处三年以下有期徒刑、拘役或者管制;数量较大或者有其他严重情节的,处三年以上十年以下有期徒刑;数量巨大或者有其他特别严重情节的,处十年以上有期徒刑或者无期徒刑。

第二百零八条第二款 非法购买增值税专用发票或者购买伪造的增值税专用发票又虚开或者出售的,分别依照本法……第二百零六条……的规定定罪处罚。

伪造、出售伪造的增值税专用发票罪，是指违反国家发票管理法规，伪造或者出售伪造的增值税专用发票的行为。

(一)立案标准

根据最高人民检察院、公安部《关于公安机关管辖的刑事案件立案追诉标准的规定(二)》第62条规定，伪造或者出售伪造的增值税专用发票25份以上或者票面额累计在10万元以上的，应予立案追诉。

本罪是行为犯，构成本罪不以数额、情节作为必要条件。但是，为了便于操作，切实有效地打击此类犯罪，最高人民法院1996年10月17日发布的《关于适用〈全国人民代表大会常务委员会关于惩治虚开、伪造和非法出售增值税专用发票犯罪的决定〉的若干问题的解释》对本罪的定罪量刑标准作了解释。该解释规定，伪造或者出售伪造的增值税专用发票25份以上或者票面额(百元版以每份100元，千元版以每份1000元，万元版以每份1万元计算，以此类推。下同)累计10万元以上的应当依法定罪处罚。伪造或者出售伪造的增值税专用发票100份以上或者票面额累计50万元以上的，属于"数量较大"；具有下列情形之一的，属于"有其他严重情节"：(1)违法所得数额在1万元以上的；(2)伪造并出售伪造的增值税专用发票60份以上或者票面额累计30万元以上的；(3)造成严重后果或者具有其他严重情节的。

伪造或者出售伪造的增值税专用发票500份以上或者票面额累计250万元以上的，属于"数量巨大"；具有下列情形之一的，属于"有其他特别严重情节"：(1)违法所得数额在5万元以上的；(2)伪造并出售伪造的增值税专用发票300份以上或者票面额累计200万元以上的；(3)伪造或者出售伪造的增值税专用发票接近"数量巨大"并有其他严重情节的；(4)造成特别严重后果或者具有其他特别严重情节的。

伪造并出售伪造的增值税专用发票1000份以上或者票面额累计1000万元以上的，属于"伪造并出售伪造的增值税专用发票数量特别巨大"；具有下列情形之一的，属于"情节特别严重"：(1)违法所得数额在5万元以上的；(2)因伪造、出售伪造的增值税专用发票致使国家税款被骗取100万元以上的；(3)给国家税款造成实际损失50万元以上的；(4)具有其他特别严重情节的。对于伪造并出售伪造的增值税专用发票数量达到特别巨大，又具有特别严重情节，严重破坏经济秩序的，应当依照《全国人民代表大会常务委员会关于惩治虚开、伪造和非法出售增值税专用发票犯罪的决定》第2条第2款的规定处罚。伪造并出售同一宗增值税专用发票的，数量或者票面额不重复计算。变造增值税专用发票的，按照伪造增值税专用发票行为处理。

对于本罪的立案标准,可以作如下理解:

(1)本罪立案标准第一种情形,“伪造或者出售伪造的增值税专用发票25份以上的”,应当立案追究。所谓伪造增值税专用发票,是指未取得有关税务主管机关颁发的发票准印证的单位以及个人,伪造增值税专用发票的内容和式样,非法私自印制假增值税专用发票的行为。所谓出售伪造的增值税专用发票,是指将自己伪造的或明知他人伪造的增值税专用发票予以出售的行为。无论行为人是一次还是几次实施伪造或者出售伪造的增值税专用发票的行为,只要发票份数累计达到25份以上,就应当立案侦查。对于既伪造又出售的,不得重复累计计算。

(2)本罪立案标准的第二种情形,“伪造或者出售伪造的增值税专用发票票面额累计在10万元以上的”,应予立案追诉。无论行为人是一次还是几次实施伪造或者出售伪造的增值税专用发票的行为,只要发票票面金额累计达到10万元以上的,就应当立案追究刑事责任。

(二)定罪标准

1. 本罪的构成

(1)侵犯的客体是国家对增值税专用发票的管理制度。增值税专用发票制度是我国增值税制度的核心内容,是我国税收制度的重要组成部分,也是我国发票制度的重要组成部分。根据《税收征收管理法》《发票管理办法》等法律、法规的规定,增值税专用发票由国家税务总局统一印制;印制增值税专用发票的企业必须取得发票准印证,并按照国家税务总局批准的式样和数量印制发票;禁止私自印制、伪造、变造增值税专用发票。伪造增值税专用发票或者出售伪造的增值税专用发票,不仅破坏了我国的增值税发票管理制度,而且必然造成国家的税收流失,破坏国家的税收管理制度,因此,对这种犯罪行为必须依法予以严惩。

(2)客观方面表现为违反国家发票管理法规,伪造或者出售伪造的增值税专用发票的行为。本罪属于选择性罪名,行为人实施伪造或者出售伪造的增值税专用发票行为之一的,即可构成本罪。如果行为人同时实施了两个行为的,也只定一个罪,不实行数罪并罚。确定罪名时,要以其实施的具体行为为标准,分别确定罪名,如果两个行为都实施的,即为本罪名。

(3)主体为一般主体,自然人和单位均可构成本罪的主体。

(4)主观方面由直接故意构成,并且一般具有营利的目的,即明知伪造或者出售伪造的增值税专用发票行为是非法的,但为了牟取暴利,仍故意伪造或者出售。

间接故意和过失不构成本罪。

2. 罪与非罪的界限

本罪属于行为犯，行为人只要实施了伪造或者出售伪造的增值税专用发票的行为，即可构成犯罪，并没有犯罪数量上的限制。但是，对于情节显著轻微、危害不大的，不应作犯罪处理。根据《发票管理办法》的规定，对伪造或者出售伪造的增值税专用发票情节显著轻微，危害不大，尚不构成犯罪的，可以由税务机关依法予以查封、扣押或者销毁，没收非法所得和作案工具，并处 1 万元以上 5 万元以下的罚款。

3. 本罪与非法出售增值税专用发票罪的界限

应当注意的是，构成本罪，行为人非法出售的“增值税专用发票”，不是国家统一印制的增值税专用发票，而是伪造的增值税专用发票。如果行为人出售的是国家统一印制的增值税专用发票，则不构成本罪，应当依照《刑法》第 207 条的规定，按非法出售增值税专用发票罪处罚。

4. 本罪的罪数认定

伪造并出售伪造的同一宗增值税专用发票的，按本罪处理，数量不重复计算，不实行数罪并罚。但如果不是同一宗伪造的增值税专用发票，如在自己伪造增值税专用发票的同时又出售他人伪造的增值税专用发票，则分别定罪处罚。

根据《刑法》第 208 条的规定，购买伪造的增值税专用发票又出售的，依照《刑法》第 206 条规定以伪造、出售伪造的增值税专用发票罪定罪处罚。

（三）量刑标准

根据《刑法》第 206 条的规定，犯伪造、出售伪造的增值税专用发票罪的，处 3 年以下有期徒刑、拘役或者管制，并处 2 万元以上 20 万元以下罚金；数量较大或者有其他严重情节的，处 3 年以上 10 年以下有期徒刑，并处 5 万元以上 50 万元以下罚金；数量巨大或者有其他特别严重情节的，处 10 年以上有期徒刑或者无期徒刑，并处 5 万元以上 50 万元以下罚金或者没收财产。

应当注意的是，《刑法修正案（八）》取消了原《刑法》第 206 条第 2 款“伪造或者出售伪造的增值税专用发票，数量特别巨大、情节特别严重破坏社会秩序的，处无期徒刑或者死刑，并处没收财产”的规定，即取消本罪的死刑。

单位犯本罪的，对单位判处罚金，并对其直接负责的主管人员和其他直接责任人员，处 3 年以下有期徒刑、拘役或者管制；数量较大或者有其他严重情节的，处 3 年以上 10 年以下有期徒刑；数量巨大或者有其他特别严重情节的，处 10 年以上有期徒刑或者无期徒刑。至于“数量较大或者有其他严重情节”“数量巨大或者有其他特别严重情节”“数量特别巨大、情节特别严重”的具体标准，刑法未作规定，应当根据有关司法解释确定。

八、非法出售增值税专用发票案

中华人民共和国刑法(节选)

第二百零七条 非法出售增值税专用发票的,处三年以下有期徒刑、拘役或者管制,并处二万元以上二十万元以下罚金;数量较大的,处三年以上十年以下有期徒刑,并处五万元以上五十万元以下罚金;数量巨大的,处十年以上有期徒刑或者无期徒刑,并处五万元以上五十万元以下罚金或者没收财产。

第二百零八条第二款 非法购买增值税专用发票或者购买伪造的增值税专用发票又虚开或者出售的,分别依照本法……第二百零七条的规定定罪处罚。

第二百一十一条 单位犯本节……第二百零七条……规定之罪的,对单位判处罚金,并对其直接负责的主管人员和其他直接责任人员,依照各该条的规定处罚。

非法出售增值税专用发票罪,是指违反国家发票管理法规,非法出售增值税专用发票的行为。

(一)立案标准

根据最高人民检察院、公安部《关于公安机关管辖的刑事案件立案追诉标准的规定(二)》第63条规定,非法出售增值税专用发票25份以上或者票面额累计在10万元以上的,应予立案追诉。

本罪是行为犯,行为人非法出售增值税专用发票的行为,除非情节显著轻微、危害不大,都构成犯罪,应当立案追究。最高人民法院1996年10月17日发布的《关于适用〈全国人民代表大会常务委员会关于惩治虚开、伪造和非法出售增值税专用发票犯罪的决定〉的若干问题的解释》(以下简称《解释》)对本罪的定罪量刑标准作了详细解释。《解释》规定,“非法出售增值税专用发票案件的定罪量刑数量标准按照本解释第二条第二、三、四款的规定执行”。即非法出售增值税专用发票25份以上或者票面额(百元版以每份100元,千元版以每份1000元,万元版以每份1万元计算,以此类推。下同)累计10万元以上的应当依法定罪处罚。非法出售增值税专用发票100份以上或者票面额累计50万元以上的,属于“数量较大”;非法出售增值税专用发票500份以上或者票面额累计250万元以上的,属于“数量巨大”。

对于本罪的立案标准,可以作如下理解:

(1)本罪立案标准第一种情形,“非法出售增值税专用发票25份以上的”,应当立案追究。非法出售增值税专用发票的行为主要有三种情况:一是增值税专用发票合法领购者出售增值税专用发票的行为。在实践中,有的一般纳税人利用自己能合法领购增值税专用发票的便利条件,大肆转手倒卖牟取非法利益。这种情况占非法出售增值税专用发票行为的多数。二是依法不能拥有增值税专用发票者出售增值税专用发票的行为。主要是通过购买方式获得的,也可以是用骗取或拾取等方式获得的。三是税务部门或其工作人员违反规定,向不能领购增值税专用发票的单位或个人发售增值税专用发票的行为。无论属于上述哪一种情况,无论行为人是一次还是几次实施非法出售增值税专用发票的行为,只要被出售的增值税发票份数累计达到25份以上,公安机关就应当立案侦查。

(2)本罪立案标准第二种情形,“非法出售增值税专用发票票面额累计在10万元以上的”,应予立案追诉。无论行为人是一次还是几次实施非法出售增值税专用发票的行为,只要被非法出售的增值税专用发票票面金额累计达到10万元以上的,公安机关就应当立案侦查。

(二)定罪标准

1.本罪的构成

(1)侵犯的客体是国家的发票管理制度,主要是增值税专用发票的监督管理制度。犯罪对象是增值税专用发票。根据我国《发票管理办法》等规定,增值税专用发票只能由税务部门依法出售。纳税单位和个人应按有关规定向税务部门提出领购增值税专用发票的申请,经税务部门审核,认为申请人属于符合使用增值税专用发票条件的,才发售增值税专用发票。由于增值税专用发票可直接用于抵扣税款,因此,应当由税务部门依法统一负责增值税专用发票的发售工作。凡是非法出售增值税专用发票的行为,都是对我国增值税专用发票制度的破坏,不仅会造成税务部门对增值税专用发票使用情况的监督、管理失控,而且会造成国家税款的大量流失。因此,对这类犯罪行为,应当依法予以严惩。

(2)客观方面表现为违反国家发票管理法规,非法出售增值税专用发票的行为。所谓违反国家发票管理法规,主要是指违反《发票管理办法》及其实施细则等。所谓出售,是指将增值税专用发票作为商品出售的行为。由于增值税专用发票可以抵扣税款、骗取出口退税,因此一些不法分子便四处购买增值税专用发票,一些持有增值税专用发票的单位和个人,为了牟取暴利,便非法将增值税专用发票加以出售。需要注意的是,行为人非法出售的对象只能是真正的增值税专用发票。如果行为人出售的是伪造的增值税专用发票的，则构成出售伪造的增值税专用发票罪。

(3)主体是一般主体，自然人和单位均可构成本罪的主体。实践中主要是拥有增值税专用发票的单位和个人，税务机关的工作人员中违反规定出售增值税专用发票的，也可以成为本罪的主体。

(4)主观方面表现为直接故意，并且一般具有牟利的目的。间接故意和过失不构成本罪。

2. 罪与非罪的界限

本罪属于行为犯，只要行为人实施了非法出售增值税专用发票的行为，原则上即可构成犯罪，刑法没有规定本罪的起刑点。但是，根据本罪的立案追诉标准，非法出售增值税专用发票 25 份以上或者票面额累计在 10 万元以上的，应予立案追诉。对于非法出售增值税专用发票情节显著轻微，危害不大，尚不构成犯罪的，可以由税务机关依法予以查封、扣押或者销毁，没收非法所得和作案工具，并处 1 万元以上 5 万元以下罚款。

3. 本罪与出售伪造的增值税专用发票罪的界限

两者在犯罪主体、犯罪主观方面和犯罪客体等方面都是基本相同的，主要区别在于犯罪对象的不同。前者出售的是真正的增值税专用发票，只不过这种出售行为是非法的；后者出售的是伪造的增值税专用发票，这种发票本身是伪造出来的，是假的增值税专用发票。

根据《刑法》第 208 条规定，非法购买增值税专用发票又出售的，依照《刑法》第 207 条的规定以非法出售增值税专用发票罪定罪处罚。

(三)量刑标准

根据《刑法》第 207 条的规定，犯非法出售增值税专用发票罪的，处 3 年以下有期徒刑、拘役或者管制，并处 2 万元以上 20 万元以下罚金；数量较大的，处 3 年以上 10 年以下有期徒刑，并处 5 万元以上 50 万元以下罚金；数量巨大的，处 10 年以上有期徒刑或者无期徒刑，并处 5 万元以上 50 万元以下罚金或者没收财产。至于“数量较大”“数量巨大”的具体标准，刑法未作具体规定，应当根据有关司法解释确定。

依照《刑法》第 211 条的规定，单位犯本罪的，对单位判处罚金，并对其直接负责的主管人员和其他直接责任人员，依照自然人犯本罪的处罚的规定处罚。

九、非法购买增值税专用发票、购买伪造的增值税专用发票案

中华人民共和国刑法(节选)

第二百零八条第一款 非法购买增值税专用发票或者购买伪造的增值税专用

发票的，处五年以下有期徒刑或者拘役，并处或者单处二万元以上二十万元以下罚金。

第二百一十一条　单位犯本节……第二百零八条……规定之罪的，对单位判处罚金，并对其直接负责的主管人员和其他直接责任人员，依照各该条的规定处罚。

非法购买增值税专用发票、购买伪造的增值税专用发票罪，是指违反国家发票管理法规，非法购买增值税专用发票或者购买伪造的增值税专用发票的行为。

（一）立案标准

根据最高人民检察院、公安部《关于公安机关管辖的刑事案件立案追诉标准的规定（二）》第64条规定，非法购买增值税专用发票或者购买伪造的增值税专用发票25份以上或者票面额累计在10万元以上的，应予立案追诉。

本罪是行为犯，刑法对本罪的起刑点没有规定明确的数量、数额标准。但是，为了便于操作，切实有效地打击此类犯罪，最高人民法院1996年10月17日发布的《关于适用〈全国人民代表大会常务委员会关于惩治虚开、伪造和非法出售增值税专用发票犯罪的决定〉的若干问题的解释》（以下简称《解释》）对本罪的定罪量刑标准作了详细解释。《解释》规定，"非法购买增值税专用发票或者购买伪造的增值税专用发票25份以上或者票面额累计10万元以上的，应当依法定罪处罚"。

对于本罪的立案标准，可以作如下理解：

（1）本罪立案标准第一种情形，"非法购买增值税专用发票或者购买伪造的增值税专用发票25份以上的"，应当立案追究。行为人非法购买真、伪两种增值税专用发票的，数量累计计算。无论行为人是非法购买增值税专用发票，或者购买伪造的增值税专用发票，或者同时实施上述两种行为，无论是一次实施的还是几次实施的，只要购买真、伪增值税发票份数累计达到25份以上，就应当立案侦查。

（2）本罪立案标准的第二种情形，"非法购买增值税专用发票或者购买伪造的增值税专用发票票面额累计在10万元以上的"，应予立案追诉。无论行为人是一次还是几次实施购买真、伪增值税发票份数的行为，只要票面金额累计达到10万元以上的，就应当立案侦查。

（二）定罪标准

1. 本罪的构成

（1）侵犯的客体是国家的税收征收管理制度和票证管理制度，主要是指国家对增值税专用发票的监督管理制度。犯罪对象是增值税专用发票和伪造的增值税专用发票。

(2)客观方面表现为违反国家的发票管理法规,非法购买增值税专用发票或者购买伪造的增值税专用发票的行为。具体表现为:一是非法购买增值税专用发票,即是从无权出售处购买专用发票的行为。二是购买伪造的增值税专用发票,即明知是伪造的增值税专用发票而予以购买的行为。行为人只要实施了其中的一种行为,即可构成本罪,同时实施以上两种行为的,真假增值税专用发票的数量应当累计计算,但仍定一罪,不实行数罪并罚。

(3)主体为一般主体,自然人和单位均可构成本罪的主体。

(4)主观方面由直接故意构成,并且一般具有营利的目的。即明知增值税专用发票不能私自买卖而予以非法购买,或者明知伪造的增值税专用发票而予以购买。间接故意和过失不构成本罪。

2. 罪与非罪的界限

本罪属于行为犯,只要行为人实施了非法购买增值税专用发票、购买伪造的增值税专用发票的行为即可构成犯罪。刑法没有规定本罪的起刑点,但是,根据本罪的立案追诉标准,非法购买增值税专用发票或者购买伪造的增值税专用发票25份以上或者票面额累计在10万元以上的,应予立案侦查。对非法出售增值税专用发票情节显著轻微,危害不大,尚不构成犯罪的,可以由税务机关依法予以查封、扣押或者销毁,没收非法所得和作案工具,可以并处1万元以上5万元以下罚款。

本罪是选择性罪名,购买的既有真的增值税专用发票,又有伪造的增值税专用发票的,定非法购买增值税专用发票、购买伪造的增值税专用发票罪;购买的是真的或者是假的增值税专用发票,则定非法购买增值税专用发票罪或者购买伪造的增值税专用发票罪。行为人非法购买真假两种增值税专用发票的,数量累计计算,不实行数罪并罚。

本罪与虚开增值税专用发票罪、出售伪造的增值税专用发票罪、非法出售增值税专用发票罪的界限。根据《刑法》第208条第2款的规定,行为人非法购买增值税专用发票或者购买伪造的增值税专用发票又虚开的,应按《刑法》第205条的规定以虚开增值各专用发票罪定罪处罚;行为人购买伪造的增值税专用发票又出售的,应按《刑法》第206条的规定以出售伪造的增值税专用发票罪定罪处罚;行为人非法购买增值税专用发票又出售的,应按《刑法》第207条的规定以非法出售增值税专用发票罪定罪处罚。

(三)量刑标准

根据《刑法》第 208 条的规定,犯非法购买增值税专用发票、购买伪造的增值税发票罪的,处 5 年以下有期徒刑或者拘役,并处或者单处 2 万元以上 20 万元以下罚金。

依照《刑法》第 211 条的规定,单位犯本罪的,对单位判处罚金,并对其直接负责的主管人员和其他直接责任人员,依照自然人犯本罪的处罚的规定处罚。

十、非法制造、出售非法制造的用于骗取出口退税、抵扣税款发票案

中华人民共和国刑法(节选)

第二百零九条第一款 伪造、擅自制造或者出售伪造、擅自制造的可以用于骗取出口退税、抵扣税款的其他发票的,处三年以下有期徒刑、拘役或者管制,并处二万元以上二十万元以下罚金;数量巨大的,处三年以上七年以下有期徒刑,并处五万元以上五十万元以下罚金;数量特别巨大的,处七年以上有期徒刑,并处五万元以上五十万元以下罚金或者没收财产。

第二百一十一条 单位犯本节……第二百零九条规定之罪的,对单位判处罚金,并对其直接负责的主管人员和其他直接责任人员,依照各该条的规定处罚。

非法制造、出售非法制造的用于骗取出口退税、抵扣税款发票罪,是指违反国家发票管理法规,伪造、擅自制造或者出售伪造、擅自制造的可以用于骗取出口退税、抵扣税款的其他发票的行为。

(一)立案标准

根据最高人民检察院、公安部《关于公安机关管辖的刑事案件立案追诉标准的规定(二)》第65 条规定,伪造、擅自制造或者出售伪造、擅自制造的可以用于骗取出口退税、抵扣税款的非增值税专用发票 50 份以上或者票面额累计在 20 万元以上的,应予立案追诉。

本罪是行为犯,刑法对本罪的起刑点没有规定明确的数量、数额标准。但是,为了便于操作,切实有效地打击此类犯罪,最高人民法院 1996 年 10 月 17 日发布的《关于适用〈全国人民代表大会常务委员会关于惩治虚开、伪造和非法出售增值税专用发票犯罪的决定〉的若干问题的解释》(以下简称《解释》)对本罪的定罪量刑标准作了详细解释。《解释》规定,伪造、擅自制造或者出售伪造、擅自制造的可以用于骗

取出口退税、抵扣税款的其他发票50份以上的,应当依法定罪处罚;伪造、擅自制造或者出售伪造、擅自制造的可以用于骗取出口退税、抵扣税款的其他发票200份以上的,属于“数量巨大”;伪造、擅自制造或者出售伪造、擅自制造的可以用于骗取出口退税、抵扣税款的其他发票1000份以上的,属于“数量特别巨大”。

(二)定罪标准

1. 本罪的构成

(1)侵犯的客体是国家发票管理制度。犯罪对象是除增值税专用发票以外可以用来骗取出口退税、抵扣的其他发票。根据我国《发票管理办法》等的有关规定,可以用于出口退税、抵扣税款的其他发票由省、自治区、直辖市税务机关指定的企业印制。印制发票的企业必须按照税务机关批准的式样和数量印制发票。因此,无印制用于出口退税、抵扣税款的其他发票资格的单位私自伪造,或者单位虽有印制量而不按税务机关批准的式样和数量擅自制造用于出口退税、抵扣税款的其他发票的行为都是违反上述规定的行为。这些行为不仅是对我国发票管理制度的侵犯,同时也是对我国税收管理制度的侵犯。对这种犯罪行为,应当依法予以严惩。

(2)客观方面表现为违反国家发票管理法规,伪造、擅自制造或者出售伪造、擅自制造的可以用于骗取出口退税、抵扣税款的其他发票的行为。主要表现为:一是伪造可以用于骗取出口退税、抵扣税款的其他发票。所谓伪造,是指伪造发票的基本内容、形状等样式,使用各种方法非法制造可以用于骗取出口退税、抵扣税款的其他发票的行为。二是擅自制造可以用于骗取出口退税、抵扣税款的其他发票。所谓擅自制造,是指行为人虽然有权制造发票,但在未经有关税务机关批准的情况下,擅自开印或者多印可以用于骗取出口退税、抵扣税款的其他发票的行为。三是出售伪造的可以用于骗取出口退税、抵扣税款的其他发票。出售的既可以是自己伪造的其他发票,也可以是他人伪造的其他发票。四是出售擅自制造的可以用于骗取出口退税、抵扣税款的其他发票。出售的既可以是自己擅自制造的其他发票,也可以是他人擅自制造的其他发票。行为人只要实施上述行为之一的,即可构成本罪,同时实施两种或两种以上行为的,仍定本罪,不实行数罪并罚,但在量刑时可以作为从重情节考虑。

(3)主体为一般主体,自然人和单位均可构成本罪的主体。但其中擅自制造用于骗取出口退税、抵扣税款的其他发票罪的主体为特殊主体,专指那些被授权制造发票的单位。

(4)主观方面由直接故意构成,并且一般都有牟利的目的。间接故意和过失不构成本罪。

2. 罪与非罪的界限

实践中，如果无印制资格的单位和个人私自印制用于骗取出口退税、抵扣税款的其他发票的，一般都可以认定为故意行为而构成本罪，但也不能排除因上当受骗等原因而过失印制的可能。如果有印制资格的单位和个人因工作不负责任等原因而多印、错印发票的，一般不能以犯罪论处；税务机关工作人员不知是伪造的或者是擅自制造的用于出口退税、抵扣税款的发票而予以发售的，也不能以本罪论处，构成其他犯罪的，按其他犯罪追究刑事责任。

3. 本罪与伪造、出售伪造的增值税专用发票罪的界限

两者的主要区别在于犯罪的对象不同。前者的犯罪对象是用于骗取出口退税、抵扣税款的其他发票，即增值税专用发票以外的其他发票；后者的犯罪对象则是增值税专用发票。

（三）量刑标准

根据《刑法》第 209 条第 1 款规定，非法制造、出售非法制造的用于骗取出口退税、抵扣税款发票罪的，处 3 年以下有期徒刑、拘役或者管制，并处 2 万元以上 20 万元以下罚金；数量巨大的，处 3 年以上 7 年以下有期徒刑，并处 5 万元以上 50 万元以下罚金；数量特别巨大的，处 7 年以上有期徒，并处 5 万元以上 50 万元以下罚金或者没收财产。

根据《刑法》第 211 条的规定，单位犯本罪的，对单位判处罚金，并对其直接负责的主管人员和其他责任人员依照自然人犯本罪的处罚的规定处罚。

十一、非法制造、出售非法制造的发票案

中华人民共和国刑法（节选）

第二百零九条第二款　伪造、擅自制造或者出售伪造、擅自制造的前款规定以外的其他发票的，处二年以下有期徒刑、拘役或者管制，并处或者单处一万元以上五万元以下罚金；情节严重的，处二年以上七年以下有期徒刑，并处五万元以上五十万元以下罚金。

第二百一十一条　单位犯本节……第二百零九条规定之罪的，对单位判处罚金，并对其直接负责的主管人员和其他直接责任人员，依照各该条的规定处罚。

非法制造、出售非法制造的发票罪,是指违反国家发票管理法规,伪造、擅自制造或者出售伪造、擅自制造的不能用于骗取出口退税、抵扣税款的普通发票的行为。

(一)立案标准

根据最高人民检察院、公安部《关于公安机关管辖的刑事案件立案追诉标准的规定(二)》第66条规定,伪造、擅自制造或者出售伪造、擅自制造的不具有骗取出口退税、抵扣税款功能的普通发票100份以上或者票面额累计在40万元以上的,应予立案追诉。

(二)定罪标准

1. 本罪的构成

(1)侵犯的客体是国家发票管理制度。犯罪对象是指除增值税专用发票以及其他用于骗取出口退税、抵扣税款的发票以外的普通发票。

(2)客观方面表现为违反国家发票管理法规,非法制造、出售非法制造的普通发票的行为。所谓"伪造、擅自制造",主要包括两种情形:一是无印制普通发票资格的单位和个人私自印制发票的行为;二是有印制普通发票资格的单位及其工作人员违反规定擅自印制发票的行为。在客观方面主要表现为四种情形:伪造发票、擅自制造发票、出售伪造的发票、出售擅自制造的发票。无论行为人是实施上述一种行为,还是同时实施上述两种或者两种以上的行为,只要发票数量累计达到100份以上或者面额累计在40万元以上的,就构成犯罪。对于伪造、擅自制造后又出售同一宗发票的,不得重复累计计算。

(3)主体为一般主体,自然人和单位均可构成本罪主体。但擅自制造发票罪的主体为特殊主体,即只有那些被授权制造发票的单位才可以构成擅自制造发票罪的主体。

(4)主观方面由直接故意构成,并且一般具有牟利的目的。间接故意和过失不构成本罪。

2. 罪与非罪的界限

应当注意:一是伪造、擅自制造或者出售伪造、擅自制造的不具有骗取出口退税、抵扣税款功能的普通发票必须达到一定的数量标准,才构成犯罪。未达到本罪立案追诉标准的,可由有关部门给予相应的行政处罚。二是认定非法制造、出售非法制造的发票罪时,应根据行为人非法制造的具体内容,确定相应的罪名,进行处罚。

（三）量刑标准

根据《刑法》第209条第2款的规定，犯非法制造、出售非法制造的发票罪的，处2年以下有期徒刑、拘役或者管制，并处或者单处1万元以上5万元以下罚金；情节严重的，处2年以上7年以下有期徒刑，并处5万元以上50万元以下罚金。所谓情节严重，一般是指：非法制造、出售发票数量巨大的，多次非法制造、出售发票的，造成严重后果的，获利数额巨大的等情形。

根据《刑法》第211条规定，单位犯本罪的，对单位判处罚金，并对其直接负责的主管人员和其他直接责任人员，依照自然人犯本罪的处罚的规定处罚。

十二、非法出售用于骗取出口退税、抵扣税款发票案

中华人民共和国刑法（节选）

第二百零九条第三款　非法出售可以用于骗取出口退税、抵扣税款的其他发票的，依照第一款的规定处罚。

第二百一十一条　单位犯本节……第二百零九条规定之罪的，对单位判处罚金，并对其直接负责的主管人员和其他直接责任人员，依照各该条的规定处罚。

非法出售用于骗取出口退税、抵扣税款发票罪，是指违反国家发票管理法规，非法出售可以用于骗取出口退税、抵扣税款的其他发票的行为。

（一）立案标准

根据最高人民检察院、公安部《关于公安机关管辖的刑事案件立案追诉标准的规定（二）》第67条规定，非法出售可以用于骗取出口退税、抵扣税款的非增值税专用发票50份以上或者票面额累计在20万元以上的，应予立案追诉。

本罪是行为犯，刑法对本罪的起刑点没有明确规定数量标准。根据本罪的立案追诉标准非法出售可以用于骗取出口退税、抵扣税款的其他发票50份以上或者票面额累计在20万元以上的，应予立案追诉。所谓非法出售可以用于骗取出口退税、抵扣税款的其他发票，是指根据有关法律、法规规定，无权发售可以用于出口退税、抵扣税款的其他发票的单位或个人私自出售发票，或者有权发售可以用于出口退税、抵扣税款的其他发票的单位及其工作人员违反规定，向不具备领购、使用上述发票条件者发售发票的行为。无论行为人是一次实施还是几次实施非法出售可以用于骗取出口退税、抵扣税款的其他发票的行为，只要发票数量累计达到50份以上或

者票面额累计在20万元以上的，公安机关就应当立案侦查。

（二）定罪标准

1.本罪的构成

（1）侵犯的客体是国家对发票的监督管理制度。犯罪对象为除增值税专用发票外可以用于骗取出口退税、抵扣税款的其他发票，这些发票不是伪造的，也不是擅自制造的。

（2）客观方面表现为违反《发票管理办法》及其实施细则的有关规定，非法出售可以用于骗取出口退税、抵扣税款的其他发票的行为。

（3）主体为一般主体，自然人和单位均可构成本罪主体。既可以是合法拥有可以用于出口退税、抵扣税款的其他发票者，也可以是非法拥有者，还可以是负责发售可以用于出口退税、抵扣税款的其他发票的税务部门及其工作人员。

（4）主观方面由直接故意构成，并且一般具有牟利的目的。间接故意和过失不构成本罪。

2.罪与非罪的界限

应当注意：一是从犯罪客观方面来看，并不是所有的非法出售可以用于骗取出口退税、抵扣税款发票的行为都构成犯罪，必须达到一定的数额标准才能定罪处罚。根据本罪的立案追诉标准，非法出售可以用于骗取出口退税、抵扣税款的发票50份以上的或者票面额累计在20万元以上的，应当立案侦查。对于达不到上述数量、面额标准的，可由有关部门给予行政处罚。二是从犯罪的主观方面来看，本罪只能由故意构成。如果行为人因工作马虎、不负责任等原因过失出售可以用于出口退税、抵扣税款的其他发票的，一般不构成犯罪。这种情况一般指有权发售可以用于出口退税、抵扣税款的其他发票的税务工作人员，因工作粗心等原因错售发票的行为。由于行为人不是故意非法出售，因此不能以本罪论处。

3.关于本罪罪数的认定

主要有以下几种情况：一是行为人因收受了贿赂而将可以用于出口退税、抵扣税款的其他发票非法出售给他人的，应对其行为分别定受贿罪和本罪，实行数罪并罚。二是行为人明知对方是进行虚开可以用于骗取出口退税、抵扣税款的其他发票的犯罪活动的犯罪分子而仍向其非法出售的，应视为骗取出口退税罪的共犯而予以处罚，不宜再定本罪。三是行为人非法出售既有真的、又有假的可以用于骗取出口退税、抵扣税款的其他发票的，如果行为人不知有的系伪造或擅自制造的，对行为人按认识错误处理，仍应以本罪论处。四是行为人先盗窃或骗取可以用于骗取出口退税、抵扣税款的其他发票然后予以非法出售的，属于牵连犯罪，根据《刑法》第 210 条的规定，对行为人应以盗窃罪或诈骗罪论处，而不再另定本罪并实行数罪并罚。

（三）量刑标准

根据《刑法》第 209 条第 1 款、第 3 款的规定，犯非法出售用于骗取出口退税、抵扣税款发票罪的，处 3 年以下有期徒刑、拘役或者管制，并处 2 万元以上 20 万元以下罚金；数量巨大的，处 3 年以上 7 年以下有期徒刑，并处 5 万元以上 50 万元以下罚金；数量特别巨大的，处 7 年以上有期徒刑，并处 5 万元以上 50 万元以下罚金或者没收财产。

根据《刑法》第 211 条的规定，单位犯本罪的，对单位判处罚金，并对其直接负责的主管人员和其他直接责任人员，依照对自然人犯本罪的处罚的规定处罚。

十三、非法出售发票案

中华人民共和国刑法（节选）

第二百零九条第四款　非法出售第三款规定以外的其他发票的，依照第二款的规定处罚。

第二百一十一条　单位犯本节……第二百零九条规定之罪的，对单位判处罚金，并对其直接负责的主管人员和其他直接责任人员，依照各该条的规定处罚。

非法出售发票罪，是指违反国家发票管理法规，非法出售不能用于骗取出口退税、抵扣税款的普通发票的行为。

（一）立案标准

根据最高人民检察院、公安部《关于公安机关管辖的刑事案件立案追诉标准的规定（二）》第 68 条规定，非法出售普通发票 100 份以上或者票面额累计在 40 万元以上的，应予立案追诉。

本罪是行为犯，刑法对本罪的起刑点没有规定具体的数量标准。根据本罪的立案追诉标准，“非法出售普通发票 100 份以上或者票面额累计在 40 万元以上的，应予立案追诉”。这里的“普通发票”是指不能用于骗取出口退税、抵扣税款的普通发票，但发票本身是真的。如果出售的是假发票，则不按本罪处理，构成犯罪需要追究刑事责任的，应当以出售非法制造的发票案立案追究。无论行为人是一次还是几次实施非法出售普通发票的行为,只要发票数量累计达到100份以上或者票面额累计在40万元以上的,公安机关就应当立案侦查。

(二)定罪标准

1. 本罪的构成

(1)侵犯的客体是国家对发票的监督管理制度和税收管理制度。犯罪对象是普通发票,即指增值税专用发票、可以用于骗取出口退税、抵扣税款的发票以外的其他发票。这些发票既不是伪造的,也不是擅自制造的。

(2)客观方面表现为违反国家发票管理法规,非法出售不能用于骗取出口退税、抵扣税款的其他发票的行为。行为人所非法出售的发票是真发票,无论其从合法渠道还是非法渠道取得,都不影响本罪的成立。如果所出售的是假发票,不能按本罪处理,应定为出售非法制造的发票罪。行为人在实施非法出售行为时,应以专用发票为交易标的,取得相应价款。如果无偿提供,则不构成本罪。

(3)主体为一般主体,自然人和单位均可构成本罪的主体。

(4)主观方面由直接故意构成,并且一般具有牟利的目的,即行为人明知出售发票这种行为是非法的,但为了牟利仍然予以出售。间接故意和过失不构成本罪。

2. 罪与非罪的界限

应当注意:一是从犯罪客观方面来看,并不是行为人非法出售普通发票的行为都以犯罪论处,必须达到一定的数量标准才能构成本罪。根据本罪的立案追诉标准,"非法出售普通发票100份以上或者票面额累计在40万元以上的,应予立案追诉"。对于未达到上述标准的,可由有关部门给予行政处罚。二是出售后他人是否使用,是否牟利,不影响本罪的成立。如果既实施出售行为,又实施虚开行为,应该数罪并罚。三是购买增值税专用发票的行为属于犯罪,刑法单独规定了一个罪名,但购买普通发票刑法没有规定。如果行为人仅仅实施购买普通发票行为的,不能以犯罪论处。如果购买后又进行出售,则可以定为非法出售发票罪。

(三)量刑标准

根据《刑法》第209条第3款、第4款的规定,犯非法出售发票罪的,处2年以下有期徒刑、拘役或者管制,并处或单处1万元以上5万元以下罚金;情节严重的,处2年以上7年以下有期徒刑,并处5万元以上50万元以下罚金。

根据《刑法》第211条的规定,单位犯本罪的,对单位判处罚金,并对其直接负责的主管人员和其他直接责任人员,依照对自然人犯本罪的处罚的规定处罚。

十四、持有伪造的发票案

中华人民共和国刑法(节选)

第二百一十条之一　明知是伪造的发票而持有,数量较大的,处二年以下有期徒刑、拘役或者管制,并处罚金;数量巨大的,处二年以上七年以下有期徒刑,并处罚金。

单位犯前款罪的,对单位判处罚金,并对其直接负责的主管人员和其他直接责任人员,依照前款的规定处罚。

持有伪造的发票罪,是指明知是伪造的发票而持有,数量较大的行为。

(一)立案标准

本罪是《刑法修正案(八)》新增加的罪名,属于"数额犯",即行为人持有伪造的发票必须达到"数量较大"的,才构成犯罪。根据最高人民检察院、公安部发布的《关于公安机关管辖的刑事案件立案追诉标准的规定(二)的补充规定》第3条规定,明知是伪造的发票而持有,具有下列情形之一的,应予立案追诉:

(1)持有伪造的增值税专用发票50份以上或者票面额累计在20万元以上的;

(2)持有伪造的可以用于骗取出口退税、抵扣税款的其他发票100份以上或者票面额累计在40万元以上的;

(3)持有伪造的第(1)项、第(2)项规定以外的其他发票200份以上或者票面额累计在80万元以上的。

(二)定罪标准

1. 本罪的构成

(1)侵犯的客体是国家对发票的监督管理制度和税收管理制度。犯罪对象既可以是伪造的普通发票,也可以是伪造的增值税专用发票,或者可以用于骗取出口退税、抵扣税款的发票。

(2)客观方面表现为违反国家发票管理法规,持有伪造发票的行为。所谓持有,是指行为人对伪造的发票处于占有、支配、控制的一种状态,不仅随身携带的伪造的发票可以认定为持有,而且在其住所、驾驶的运输工具上发现伪造的发票也同样可以认定为持有。

(3)主体为一般主体,自然人和单位均可构成本罪的主体。

(4)主观方面由直接故意构成，即明知是伪造的发票而持有，不明知的不能认定为犯罪。应当注意的是，是否明知不能只听犯罪嫌疑人的辩解，应当结合案件的有关证据材料全面分析判断。在认定“持有”之前，应当尽量查证清楚伪造的发票的真正来源，只有当有关证据确实无法获取的情况下，才能以本罪定罪处罚。

2. 罪与非罪的界限

构成犯罪，一是必须达到数量较大的标准，二是行为人主观上必须明知，否则不构成犯罪。

(三)量刑标准

根据《刑法》第210条之一的规定，犯持有伪造的发票罪，处2年以下有期徒刑、拘役或者管制，并处罚金；数量巨大的，处2年以上7年以下有期徒刑，并处罚金。

单位犯前款罪的，对单位判处罚金，并对其直接负责的主管人员和其他直接责任人员，依照前款的规定处罚。

第八章　侵犯知识产权案件立案、定罪、量刑标准

一、假冒注册商标案

中华人民共和国刑法(节选)

第二百一十三条　未经注册商标所有人许可,在同一种商品上使用与其注册商标相同的商标,情节严重的,处三年以下有期徒刑或者拘役,并处或者单处罚金;情节特别严重的,处三年以上七年以下有期徒刑,并处罚金。

第二百二十条　单位犯本节第二百一十三条至第二百一十九条规定之罪的,对单位判处罚金,并对其直接负责的主管人员和其他直接责任人员,依照本节各该条的规定处罚。

假冒注册商标罪,是指违反国家商标管理法规,未经注册商标所有人许可,在同一种商品上使用与其注册商标相同的商标,情节严重的行为。

(一)立案标准

根据最高人民检察院、公安部《关于公安机关管辖的刑事案件立案追诉标准的规定(二)》第69条规定,未经注册商标所有人许可,在同一种商品上使用与其注册商标相同的商标,涉嫌下列情形之一的,应予立案追诉:

(1)非法经营数额在5万元以上或者违法所得数额在3万元以上的。所谓非法经营数额,是指行为人假冒注册商标的商品的总值。它不同于销售金额,销售金额是指行为人出售假冒商标的商品后所得和应得的全部违法收入;在行为人已将假冒注册商标的商品全部卖掉的情况下,销售金额就是非法经营数额;如果全部或者部分假冒注册商标的商品没有卖出,则销售金额与非法经营数额不同。它也不同于获

利数额,获利数额扣除了成本。

(2)假冒两种以上注册商标,非法经营数额在3万元以上或者违法所得数额在2万元以上的。所谓假冒,是指行为人违反国家商标管理法规,未经注册商标所有人许可,无权使用他人注册商标而使用的行为。这种假冒行为必须是在同一种商品上使用与其注册商标相同的商标。所谓注册商标,是指根据《商标法》规定,依法获准注册登记,并在注册商标使用有效期内的商标。

(3)其他情节严重的情形。

应当特别注意的是,根据最高人民法院、最高人民检察院、公安部《关于办理侵犯知识产权刑事案件适用法律若干问题的意见》(法发〔2011〕3号),办理知识产权案件,还需要注意以下几个问题:

(1)关于侵犯知识产权犯罪案件的管辖问题。侵犯知识产权犯罪案件由犯罪地公安机关立案侦查。必要时,可以由犯罪嫌疑人居住地公安机关立案侦查。侵犯知识产权犯罪案件的犯罪地,包括侵权产品制造地、储存地、运输地、销售地,传播侵权作品、销售侵权产品的网站服务器所在地、网络接入地、网站建立者或者管理者所在地,侵权作品上传者所在地,权利人受到实际侵害的犯罪结果发生地。对有多个侵犯知识产权犯罪地的,由最初受理的公安机关或者主要犯罪地公安机关管辖。多个侵犯知识产权犯罪地的公安机关对管辖有争议的,由共同的上级公安机关指定管辖,需要提请批准逮捕、移送审查起诉、提起公诉的,由该公安机关所在地的同级人民检察院、人民法院受理。

对于不同犯罪嫌疑人、犯罪团伙跨地区实施的涉及同一批侵权产品的制造、储存、运输、销售等侵犯知识产权犯罪行为,符合并案处理要求的,有关公安机关可以一并立案侦查,需要提请批准逮捕、移送审查起诉、提起公诉的,由该公安机关所在地的同级人民检察院、人民法院受理。

(2)关于办理侵犯知识产权刑事案件中行政执法部门收集、调取证据的效力问题。行政执法部门依法收集、调取、制作的物证、书证、视听资料、检验报告、鉴定结论、勘验笔录、现场笔录,经公安机关、人民检察院审查,人民法院庭审质证确认,可以作为刑事证据使用。

行政执法部门制作的证人证言、当事人陈述等调查笔录,公安机关认为有必要作为刑事证据使用的,应当依法重新收集、制作。

(3)关于办理侵犯知识产权刑事案件的抽样取证问题和委托鉴定问题。公安机关在办理侵犯知识产权刑事案件时,可以根据工作需要抽样取证,或者商请同级行政执法部门、有关检验机构协助抽样取证。法律、法规对抽样机构或者抽样方法有规定的，应当委托规定的机构并按照规定方法抽取样品。公安机关、人民检察院、人民法院在办理侵犯知识产权刑事案件时，对于需要鉴定的事项，应当委托国家认可的有鉴定资质的鉴定机构进行鉴定。公安机关、人民检察院、人民法院应当对鉴定结论进行审查，听取权利人、犯罪嫌疑人、被告人对鉴定结论的意见，可以要求鉴定机构作出相应说明。

(4)关于侵犯知识产权犯罪自诉案件的证据收集问题。人民法院依法受理侵犯知识产权刑事自诉案件，对于当事人因客观原因不能取得的证据，在提起自诉时能够提供有关线索，申请人民法院调取的，人民法院应当依法调取。

(二)定罪标准

1. 本罪的构成

(1)侵犯的客体是国家对商标的管理制度和他人注册商标的专用权。专用权是商标权最主要的法律表现，保护商标专用权是维护社会主义市场经济的重要组成部分。假冒他人注册商标，不仅侵犯注册商标所有人的商标专用权和使用许可权，扰乱了国家对商标的管理制度，而且破坏了社会主义市场经济秩序，损害了商标所有人和广大消费者的利益。

(2)客观方面表现为违反商标管理法规，未经注册商标人许可，在同一种商品上使用与其注册商标相同的商标的行为。所谓相同的商标，是指与被假冒的注册商标完全相同，或者与被假冒的注册商标在视觉上基本无差别、足以对公众产生误导的商标。所谓使用，是指将注册商标或者假冒的注册商标用于商品、商品包装或者容器以及产品说明书、商品交易文书，或者将注册商标或者假冒的注册商标用于广告宣传、展览以及其他商业活动等行为。具体表现为：一是违反商标管理法规，未经注册商标人许可，违背注册商标所有人的意志，这是构成假冒他人注册商标的本质特征。二是实施了在同一种商品上使用与注册商标相同的假冒注册商标的行为。三是假冒注册商标的行为必须发生在注册商标有效期限内。假冒行为的对象必须是他人已经注册的商标，且必须在该注册商标有效期内发生，才构成假冒注册商标罪。

(3)主体是一般主体，自然人和单位均能构成假冒注册商标罪。

(4)主观方面只能是故意，动机不影响本罪的成立。

2. 罪与非罪的界限

主要是看假冒他人注册商标行为的情节是否严重，具备情节严重的，才构成犯罪。所谓“情节严重”，按照最高人民法院、最高人民检察院《关于办理侵犯知识产权刑事案件具体应用法律若干问题的解释》（法释〔2004〕19号）第1条的规定执行。如果是情节达不到严重的程度，则属一般民事侵权行为，应当依照《商标法》的规定，由工商行政管理机关责令侵权人立即停止侵权行为，没收、销毁侵权商品和专门用于制造侵权商品、伪造注册商标标识工具，并可处罚款。被侵权人可以直接向人民法院提起民事诉讼。

3. 本罪与生产、销售伪劣产品犯罪的界限

在实践中，对于既生产、销售伪劣产品，又在伪劣产品上假冒他人注册商标的犯罪行为，在法律没有特别规定的情况下，应择一重罪论处。

4. 本罪与非法制造注册商标标识罪的界限

两者的主要区别在于：其一，犯罪对象不同。前者是注册商标，后者则是注册商标标识。商标是商品的标记，商标标识则是这种标记的物质载体，即用以体现商标图样的制品，通常包括印刷制品、刻印制品、贴花等。其二，客观方面不同。前者表现为未经注册商标所有人许可，在同一种商品上使用与其注册商标相同的商标的行为，即以假冒的手段实施犯罪；后者则表现为伪造、擅自制造他人注册商标标识的行为，即以非法制造的手段实施犯罪。

5. 关于一罪与数罪的认定

实施《刑法》第213条规定的假冒注册商标犯罪，又销售该假冒注册商标的商品，构成犯罪的，应当依照《刑法》第213条的规定，以假冒注册商标罪定罪处罚。实施《刑法》第213条规定的假冒注册商标犯罪，又销售明知是他人的假冒注册商标的商品，构成犯罪的，应当实行数罪并罚。

最高人民法院、最高人民检察院联合发布并于2010年3月26日起施行的《关于办理非法生产、销售烟草专卖品等刑事案件具体应用法律若干问题的解释》（法释〔2010〕7号）第1条第2款规定，未经卷烟、雪茄烟等烟草专卖品注册商标所有人许可，在卷烟、雪茄烟等烟草专卖品上使用与其注册商标相同的商标，情节严重的，依照《刑法》第213条的规定，以假冒注册商标罪定罪处罚。

6. 关于《刑法》第213条规定的“同一种商品”的认定问题

根据最高人民法院、最高人民检察院、公安部《关于办理侵犯知识产权刑事案件适用法律若干问题的意见》（法发〔2011〕3号）第5条规定，名称相同的商品以及名称不同但指同一事物的商品，可以认定为“同一种商品”。“名称”是指国家工商行政管理总局商标局在商标注册工作中对商品使用的名称，通常即《商标注册用商品

和服务国际分类》中规定的商品名称。“名称不同但指同一事物的商品”是指在功能、用途、主要原料、消费对象、销售渠道等方面相同或者基本相同，相关公众一般认为是同一种事物的商品。认定“同一种商品”，应当在权利人注册商标核定使用的商品和行为人实际生产销售的商品之间进行比较。

7. 关于《刑法》第213条规定的“与其注册商标相同的商标”的认定问题

根据最高人民法院、最高人民检察院、公安部《关于办理侵犯知识产权刑事案件适用法律若干问题的意见》（法发〔2011〕3号）第6条规定，具有下列情形之一，可以认定为“与其注册商标相同的商标”：（1）改变注册商标的字体、字母大小写或者文字横竖排列，与注册商标之间仅有细微差别的；（2）改变注册商标的文字、字母、数字等之间的间距，不影响体现注册商标显著特征的；（3）改变注册商标颜色的；（4）其他与注册商标在视觉上基本无差别、足以对公众产生误导的商标。

（三）量刑标准

根据《刑法》第213条的规定，犯假冒注册商标罪的，处3年以下有期徒刑或者拘役，并处或者单处罚金。情节特别严重的，处3年以上7年以下有期徒刑，并处罚金。

根据最高人民法院、最高人民检察院《关于办理侵犯知识产权刑事案件具体应用法律若干问题的解释》（法释〔2004〕19号）第1条规定，未经注册商标所有人许可，在同一种商品上使用与其注册商标相同的商标，具有下列情形之一的，属于《刑法》第213条规定的“情节严重”，应当以假冒注册商标罪判处3年以下有期徒刑或者拘役，并处或者单处罚金：（1）非法经营数额在5万元以上或者违法所得数额在3万元以上的；（2）假冒两种以上注册商标，非法经营数额在3万元以上或者违法所得数额在2万元以上的；（3）其他情节严重的情形。具有下列情形之一的，属于《刑法》第213条规定的“情节特别严重”，应当以假冒注册商标罪判处3年以上7年以下有期徒刑，并处罚金：（1）非法经营数额在25万元以上或者违法所得数额在15万元以上的；（2）假冒两种以上注册商标，非法经营数额在15万元以上或者违法所得数额在10万元以上的；（3）其他情节特别严重的情形。

根据《刑法》第220条规定，单位犯假冒注册商标罪的，除判处罚金外，对直接负责的主管人员和其他直接责任人员，按照上述规定处罚。根据最高人民法院、最高人民检察院《关于办理侵犯知识产权刑事案件具体应用法律若干问题的解释》（法释〔2004〕19号）第15条规定，单位犯本罪的，按照本解释规定的相应个人犯罪的定罪量刑标准的3倍定罪量刑。

二、销售假冒注册商标的商品案

中华人民共和国刑法(节选)

第二百一十四条 销售明知是假冒注册商标的商品,销售金额数额较大的,处三年以下有期徒刑或者拘役,并处或者单处罚金;销售金额数额巨大的,处三年以上七年以下有期徒刑,并处罚金。

第二百二十条 单位犯本节第二百一十三条至第二百一十九条规定之罪的,对单位判处罚金,并对其直接负责的主管人员和其他直接责任人员,依照本节各该条的规定处罚。

销售假冒注册商标的商品罪,是指明知是假冒注册商标的商品而故意予以销售,销售金额数额较大的行为。

(一)立案标准

根据最高人民检察院、公安部《关于公安机关管辖的刑事案件立案追诉标准的规定(二)》第70条规定,销售明知是假冒注册商标的商品,涉嫌下列情形之一的,应予立案追诉:

(1)销售金额在5万元以上的。所谓销售金额,是指行为人出售假冒他人商标的商品后所得和应得的全部违法收入。它不同于非法经营数额,在行为人已将假冒注册商标的商品全部卖掉的情况下,销售数额就是非法经营数额;如果全部或者部分假冒注册商标的商品没有卖出,则销售数额与非法经营数额不同。它也不同于获利数额,获利数额扣除了成本。

(2)尚未销售,货值金额在15万元以上的。

(3)销售金额不满5万元,但已销售金额与尚未销售的货值金额合计在15万元以上的。

立案时,要查明行为人主观上是否确知属于假冒他人注册商标的商品。如果行为人不知道该商标是假冒的;或者误以为该商标是合法使用的;或者未注意该商品的商标问题;或者其他疏忽或过失,在不明知的情况下销售了假冒他人注册商标的商品的,不构成本罪,不予立案追究。但是,应当根据《商标法》的有关规定处理。

(二)定罪标准

1. 本罪的构成

(1)侵犯的客体是复杂客体,即国家商标管理秩序或商标注册人的商标专用权。本罪的犯罪对象是注册商标,未经注册的商标不能成为本罪的对象。销售假冒注册商标的商品,一方面侵犯了国家的注册商标管理制度,扰乱了注册商标管理的商品;另一方面也侵犯了商标注册人的商标专用权。

(2)客观方面表现为违反商标管理法规,销售假冒他人已经注册的商标的商品的行为。其一,该商品是必须使用注册商标的商品;其二,所使用的注册商标是第三人所有的;其三,该商品在假冒他人注册商标销售时,未征得商标所有权人同意;其四,销售金额数额较大。根据最高人民法院、最高人民检察院《关于办理侵犯知识产权刑事案件具体应用法律若干问题的解释》(法释〔2004〕19 号)第 2 条的规定,销售金额在 5 万元以上的,属于“数额较大”。

(3)主体为一般主体,无论是企事业单位还是个人,均可以构成本罪的主体。

(4)主观方面是故意。

2. 罪与非罪的界限

区别主要在于:一是故意销售假冒注册商标的商品,违法所得数额是否达到定罪的标准。对于未达到上述数额标准的,应当由有关部门给予相应的行政处罚。二是过失销售假冒注册商标的商品的,不构成犯罪。三是销售未注册商标的假冒产品的,不构成销售假冒注册商标的商品罪。但行为人经销的产品掺假、质量低劣,违法经营额巨大,或违法所得数额较大,具有其他严重情节的,可构成生产、销售伪劣产品罪。

3. 关于本罪“明知”的认定

具有下列情形之一的,应当认定为属于《刑法》第 214 条规定的“明知”:(1)知道自己销售的商品上的注册商标被涂改、调换或者覆盖的;(2)因销售假冒注册商标的商品受到过行政处罚或者承担过民事责任、又销售同一种假冒注册商标的商品的;(3)伪造、涂改商标注册人授权文件或者知道该文件被伪造、涂改的;(4)其他知道或者应当知道是假冒注册商标的商品的情形。

4. 本罪与假冒注册商标罪的界限

两者的主要区别在于:(1)犯罪对象不同。前者犯罪对象是假冒商标的商品,后者的犯罪对象是他人的注册商标。(2)客观方面表现不同。前者在客观方面的表现是行为人销售明知是假冒注册商标的商品,后者则表现为行为人未经注册商标所有人的许可,在同一种商品上使用与其注册商标相同的商标。

5. 划清一罪与数罪的界限

行为人未经注册商标所有人的许可,在同一种商品上使用与其注册商标相同的商标后,又将该种商品出售,获取非法利益的,属于吸收犯,其吸收行为与被吸收行为,属假冒注册商标罪的整个犯罪过程的组成部分,彼此间存在着联系,后行为是前行为的必然结果。行为人在自己的商品上使用他人注册商标,多是为了将自己的商品出售,在此情况下,可认定行为人的行为构成假冒注册商标罪,而不能实行数罪并罚。

最高人民法院、最高人民检察院联合发布并于 2010 年 3 月 26 日起施行的《关于办理非法生产、销售烟草专卖品等刑事案件具体应用法律若干问题的解释》(法释〔2010〕7 号)第 1 条第 3 款规定,销售明知是假冒他人注册商标的卷烟、雪茄烟等烟草专卖品,销售金额较大的,依照《刑法》第 214 条的规定,以销售假冒注册商标的商品罪定罪处罚。

6. 关于销售假冒注册商标的商品犯罪案件中尚未销售或者部分销售情形的定罪量刑问题

根据最高人民法院、最高人民检察院、公安部《关于办理侵犯知识产权刑事案件适用法律若干问题的意见》(法发〔2011〕3 号)第 8 条规定,销售明知是假冒注册商标的商品,具有下列情形之一的,依照《刑法》第 214 条的规定,以销售假冒注册商标的商品罪(未遂)定罪处罚:(1)假冒注册商标的商品尚未销售,货值金额在 15 万元以上的;(2)假冒注册商标的商品部分销售,已销售金额不满 5 万元,但与尚未销售的假冒注册商标的商品的货值金额合计在 15 万元以上的。假冒注册商标的商品尚未销售,货值金额分别达到 15 万元以上不满 25 万元、25 万元以上的,分别依照《刑法》第 214 条规定的各法定刑幅度定罪处罚。销售金额和未销售货值金额分别达到不同的法定刑幅度或者均达到同一法定刑幅度的,在处罚较重的法定刑或者同一法定刑幅度内酌情从重处罚。

7. 关于尚未附着或者尚未全部附着假冒注册商标标识的侵权产品价值是否计入非法经营数额的问题

根据最高人民法院、最高人民检察院、公安部《关于办理侵犯知识产权刑事案件适用法律若干问题的意见》(法发〔2011〕3 号)第 7 条规定,在计算制造、储存、运输和未销售的假冒注册商标侵权产品价值时,对于已经制作完成但尚未附着(含加贴)或者尚未全部附着(含加贴)假冒注册商标标识的产品,如果有确实、充分证据证明该产品将假冒他人注册商标,其价值计入非法经营数额。

(三)量刑标准

根据《刑法》第214条的规定，犯销售假冒注册商标的商品罪，处3年以下有期徒刑或者拘役，并处或者单处罚金；销售金额数额巨大的，处3年以上7年以下有期徒刑，并处罚金。

根据最高人民法院、最高人民检察院《关于办理侵犯知识产权刑事案件具体应用法律若干问题的解释》(法释〔2004〕19号)第2条规定，销售明知是假冒注册商标的商品，销售金额在5万元以上的，属于《刑法》第214条规定的"数额较大"，应当以销售假冒注册商标的商品罪判处3年以下有期徒刑或者拘役，并处或者单处罚金。销售金额在25万元以上的，属于《刑法》第214条规定的"数额巨大"，应当以销售假冒注册商标的商品罪判处3年以上7年以下有期徒刑，并处罚金。

根据《刑法》第220条规定，单位犯本罪的，对单位判处罚金，并对直接负责的主管人员和其他直接责任人员，按照上述规定处罚。根据最高人民法院、最高人民检察院《关于办理侵犯知识产权刑事案件具体应用法律若干问题的解释》(法释〔2004〕19号)第15条规定，单位犯本罪的，按照本解释规定的相应个人犯罪的定罪量刑标准的3倍定罪量刑。

三、非法制造、销售非法制造的注册商标标识案

中华人民共和国刑法(节选)

第二百一十五条　伪造、擅自制造他人注册商标标识或者销售伪造、擅自制造的注册商标标识，情节严重的，处三年以下有期徒刑、拘役或者管制，并处或者单处罚金；情节特别严重的，处三年以上七年以下有期徒刑，并处罚金。

第二百二十条　单位犯本节第二百一十三条至第二百一十九条规定之罪的，对单位判处罚金，并对其直接负责的主管人员和其他直接责任人员，依照本节各该条的规定处罚。

非法制造、销售非法制造的注册商标标识罪，是指伪造、擅自制造他人注册商标标识或者销售伪造、擅自制造的他人注册商标标识，违法所得数额较大或者有其他严重情节的行为。

(一)立案标准

根据最高人民检察院、公安部《关于公安机关管辖的刑事案件立案追诉标准的

规定(二)》第71条规定,伪造、擅自制造他人注册商标标识或者销售伪造、擅自制造的注册商标标识,涉嫌下列情形之一的,应予立案追诉:

(1)伪造、擅自制造或者销售伪造、擅自制造的注册商标标识数量在2万件以上,或者非法经营数额在5万元以上,或者违法所得数额在3万元以上的。所谓伪造,是指仿造他人注册商标的字母、文字、图形或者图样进行的非法制造注册商标标识的行为。所谓擅自制造,是指具备商标标识印制资格的企业,超过注册商标所有人授予的权限,私自超量印制商标标识,从中牟利的行为。所谓注册商标,是指根据《商标法》规定,依法获准注册登记,并在注册商标使用有效期内的商标。所谓商标标识,是表明注册商标的商品显著特征的识别标记。商标所有人对此享有著作权。所谓非法经营数额,是指行为人非法制造、销售非法制造的注册商标标识的总额。所谓违法所得数额,是指行为人扣除成本后的获利数额。

(2)伪造、擅自制造或者销售伪造、擅自制造两种以上注册商标标识数量在1万件以上,或者非法经营数额在3万元以上,或者违法所得数额在2万元以上的。

(3)其他情节严重的情形。

(二)定罪标准

1. 本罪的构成

(1)侵犯的客体是国家对商标的管理制度和注册商标的专用权。本罪的犯罪对象是注册商标标识。

(2)客观方面表现为行为人实施了伪造、擅自制造他人注册商标标识或者销售伪造、擅自制造的他人注册商标标识的行为。

(3)主体为一般主体,即自然人和单位都可成为本罪的主体。

(4)主观方面表现为故意。即明知自己没有承印注册商标的资格、没有得到注册商标所有人的委托、许可,为牟取非法利益,而故意非法制造,获得非法利益。销售伪造、擅自制造的注册商标标识,是指以获取非法利润的目的,故意销售伪造、擅自制造的他人注册商标标识的行为。

2. 罪与非罪的界限

一是应判定行为人主观上是否具有故意,如果是过失制造、销售他人注册商标标识的,不构成犯罪。二是非法制造、销售非法制造的注册商标标识只有情节严重的,才构成犯罪。三是从犯罪对象上来看,非法制造、销售非法制造的驰名商标标识的,属于情节严重。四是从犯罪手段上看,利用贿赂等非法手段推销非法制造的注册商标标识的,属于情节严重。只要符合上述情形之一的,就应当立案侦查。此外,对于情节不严重的，不构成犯罪，属于民事侵权行为，应当由有关工商行政管理部门依照《商标法》的有关规定，责令被侵权人立即停止侵权行为、赔偿损失或者处以罚款。被侵权人也可以直接向人民法院起诉。

3. 本罪与假冒注册商标罪的界限

在实践中，行为人既非法制造他人注册商标标识，又将此商标标识用于假冒他人注册商标的商品上，从刑法理论上讲，属牵连犯，只定一重罪名。如果仅是非法制造或者销售非法制造的注册商标标识的，则构成本罪。

最高人民法院、最高人民检察院《关于办理非法生产、销售烟草专卖品等刑事案件具体应用法律若干问题的解释》（法释〔2010〕7 号）第 1 条第 4 款规定，伪造、擅自制造他人卷烟、雪茄烟注册商标标识或者销售伪造、擅自制造的卷烟、雪茄烟注册商标标识，情节严重的，依照《刑法》第 215 条的规定，以非法制造、销售非法制造的注册商标标识罪定罪处罚。

4. 关于销售他人非法制造的注册商标标识犯罪案件中尚未销售或者部分销售情形的定罪问题

根据最高人民法院、最高人民检察院、公安部《关于办理侵犯知识产权刑事案件适用法律若干问题的意见》（法发〔2011〕3 号）第 9 条规定，销售他人伪造、擅自制造的注册商标标识，具有下列情形之一的，依照《刑法》第 215 条的规定，以销售非法制造的注册商标标识罪（未遂）定罪处罚：（1）尚未销售他人伪造、擅自制造的注册商标标识数量在 6 万件以上的；（2）尚未销售他人伪造、擅自制造的两种以上注册商标标识数量在 3 万件以上的；（3）部分销售他人伪造、擅自制造的注册商标标识，已销售标识数量不满 2 万件，但与尚未销售标识数量合计在 6 万件以上的；（4）部分销售他人伪造、擅自制造的两种以上注册商标标识，已销售标识数量不满 1 万件，但与尚未销售标识数量合计在 3 万件以上的。

（三）量刑标准

根据《刑法》第 215 条的规定，犯非法制造、销售非法制造的注册商标标识罪，处 3 年以下有期徒刑、拘役或者管制，并处或者单处罚金；情节特别严重的，处 3 年以上 7 年以下有期徒刑，并处罚金。

最高人民法院、最高人民检察院《关于办理侵犯知识产权刑事案件具体应用法律若干问题的解释》（法释〔2004〕19 号）第 3 条规定，伪造、擅自制造他人注册商标标识或者销售伪造、擅自制造的注册商标标识，具有下列情形之一的，属于《刑法》第 215 条规定的“情节严重”，应当以非法制造、销售非法制造的注册商标标识罪判处 3

年以下有期徒刑、拘役或者管制,并处或者单处罚金:(1)伪造、擅自制造或者销售伪造、擅自制造的注册商标标识数量在2万件以上,或者非法经营数额在5万元以上,或者违法所得数额在3万元以上的;(2)伪造、擅自制造或者销售伪造、擅自制造两种以上注册商标标识数量在1万件以上,或者非法经营数额在3万元以上,或者违法所得数额在2万元以上的;(3)其他情节严重的情形。具有下列情形之一的,属于《刑法》第215条规定的"情节特别严重",应当以非法制造、销售非法制造的注册商标标识罪判处3年以上7年以下有期徒刑,并处罚金:(1)伪造、擅自制造或者销售伪造、擅自制造的注册商标标识数量在10万件以上,或者非法经营数额在25万元以上,或者违法所得数额在15万元以上的;(2)伪造、擅自制造或者销售伪造、擅自制造两种以上注册商标标识数量在5万件以上,或者非法经营数额在15万元以上,或者违法所得数额在10万元以上的;(3)其他情节特别严重的情形。

根据《刑法》第220条的规定,单位犯本罪的,对单位判处罚金,并对直接负责的主管人员和其他直接责任人员,依照上述规定处罚。根据最高人民法院、最高人民检察院《关于办理侵犯知识产权刑事案件具体应用法律若干问题的解释》(法释〔2004〕19号)第15条规定,单位犯本罪的,按照本解释规定的相应个人犯罪的定罪量刑标准的3倍定罪量刑。

四、假冒专利案

中华人民共和国刑法(节选)

第二百一十六条 假冒他人专利,情节严重的,处三年以下有期徒刑或者拘役,并处或者单处罚金。

第二百二十条 单位犯本节第二百一十三条至第二百一十九条规定之罪的,对单位判处罚金,并对其直接负责的主管人员和其他直接责任人员,依照本节各该条的规定处罚。

假冒专利罪,是指违反国家专利管理法规,在法律规定的专利有效期限内,假冒他人或者单位被授予的专利,侵犯他人或者单位的专利权益,情节严重的行为。

(一)立案标准

根据最高人民检察院、公安部《关于公安机关管辖的刑事案件立案追诉标准的规定(二)》第72条规定,假冒他人专利,涉嫌下列情形之一的,应予立案追诉:

(1)非法经营数额在20万元以上或者违法所得数额在10万元以上的。

(2)给专利权人造成直接经济损失在50万元以上的。这里的“直接经济损失”,是指由于行为人假冒他人专利的行为导致的专利权人直接的财产损毁、减少的实际价值,不包括间接经济损失。

(3)假冒两项以上他人专利,非法经营数额在10万元以上或者违法所得数额在5万元以上的。

(4)其他情节严重的情形。

(二)定罪标准

1. 本罪的构成

(1)侵犯的客体是他人的专利权和国家的专利管理制度。所谓专利权,是指国家专利机关授予发明人、设计人或者其所在单位对发明创造在一定期限内所享有的专有权。国家为了鼓励发明创造,促进科学技术的繁荣和发展,切实保护专利权人的权益,建立了专利管理制度。假冒他人专利的行为,不仅侵犯了专利权人对专利的专有权,而且也侵犯了国家的专利管理制度。

(2)客观方面表现为违反国家专利法规,在法律规定的专利有效期内未经专利权人许可,假冒他人专利,情节严重的行为。侵犯他人专利权的行为包括两种情形:一是未经专利权人许可,以商业营利为目的使用他人专利。专利权人,既可以是个人,又可以是单位;既可以是外国人,也可是我国公民。二是行为人假冒他人专利。具体指未经专利权人许可,以营利为目的,制造、使用、销售专利产品,窃用专利方法,冒充他人专利产品的行为。应当注意的是,这里的“专利”必须是在专利权的保护期限内的专利,超过专利保护期限的不受法律保护。实施下列行为之一的,属于《刑法》第216条规定的“假冒他人专利”的行为:一是未经许可,在其制造或者销售的产品、产品的包装上标注他人专利号的;二是未经许可,在广告或者其他宣传材料中使用他人的专利号,使人将所涉及的技术误认为是他人专利技术的;三是未经许可,在合同中使用他人的专利号,使人将合同涉及的技术误认为是他人专利技术的;四是伪造或者变造他人的专利证书、专利文件或者专利申请文件的。

(3)主体为一般主体,自然人和单位都可构成本罪。

(4)主观方面表现为故意,即明知自己实施的是他人专利技术或方法,又未获得专利权人的许可,为牟取不法利益而故意实施。过失不构成犯罪。

2. 罪与非罪的界限

假冒他人专利行为,只有情节严重的,才构成犯罪。如果情节一般,则不构成犯罪。根据司法实践,对于假冒他人专利而获利的数额较大的,假冒的手段、动机恶劣,影响很坏的;给专利权人的利益造成重大损失的;在国际上造成恶劣影响的等,一般应视为情节严重。对于未经专利权人许可,而擅自实施他人专利的一般侵权行为,以及将非专利产品冒充专利产品或者将非专利方法冒充专利方法的违法行为,由专利管理机关作行政处理,或者由人民法院按民事侵权纠纷处理。

3. 本罪与诈骗罪的界限

两者的区别主要在于:(1)在客观方面,假冒他人专利也是一种欺骗行为,但有一定的经营行为,即经营假冒别人所有的专利的产品。而诈骗犯罪一般不具有经营行为。(2)在主观方面,假冒专利罪是期望通过经营活动获取非法利益,而诈骗罪的直接目的就是占有别人的财物。

4. 划清假冒专利行为与冒充专利行为的界限

假冒专利是冒充他人专利的行为。冒充专利,是指本身并未取得专利,或者取得的专利已期限届满而无效,但行为人基于营利的目的,将非专利产品冒充专利产品,或者将非法专利方法冒充专利方法的行为。根据专利法的有关规定,冒充专利的行为,属于专利侵权行为,由专利管理机关责令其停止冒充,公开更正,并处以罚款,而不作为假冒专利罪处罚。

(三)量刑标准

根据《刑法》第 216 条的规定,犯假冒他人专利罪的,处 3 年以下有期徒刑或者拘役,并处或者单处罚金。

最高人民法院、最高人民检察院《关于办理侵犯知识产权刑事案件具体应用法律若干问题的解释》(法释〔2004〕19 号)第 4 条规定,假冒他人专利,具有下列情形之一的,属于《刑法》第 216 条规定的“情节严重”,应当以假冒专利罪判处 3 年以下有期徒刑或者拘役,并处或者单处罚金:(1)非法经营数额在 20 万元以上或者违法所得数额在 10 万元以上的;(2)给专利权人造成直接经济损失 50 万元以上的;(3)假冒两项以上他人专利,非法经营数额在 10 万元以上或者违法所得数额在 5 万元以上的;(4)其他情节严重的情形。

根据《刑法》第 220 条的规定,单位犯假冒专利罪的,除判处罚金外,还要对直接负责的主管人员和其他直接责任人员依《刑法》第 216 条的规定追究刑事责任。根据最高人民法院、最高人民检察院《关于办理侵犯知识产权刑事案件具体应用法律若干问题的解释》(法释〔2004〕19 号)第 15 条规定,单位犯本罪的,按照本解释规定的相应个人犯罪的定罪量刑标准的 3 倍定罪量刑。

五、侵犯著作权案

中华人民共和国刑法(节选)

第二百一十七条　以营利为目的,有下列侵犯著作权情形之一,违法所得数额较大或者有其他严重情节的,处三年以下有期徒刑或者拘役,并处或者单处罚金;违法所得数额巨大或者有其他特别严重情节的,处三年以上七年以下有期徒刑,并处罚金:

(一)未经著作权人许可,复制发行其文字作品、音乐、电影、电视、录像作品、计算机软件及其他作品的;

(二)出版他人享有专有出版权的图书的;

(三)未经录音录像制作者许可,复制发行其制作的录音录像的;

(四)制作、出售假冒他人署名的美术作品的。

第二百二十条　单位犯本节第二百一十三条至第二百一十九条规定之罪的,对单位判处罚金,并对其直接负责的主管人员和其他直接责任人员,依照本节各该条的规定处罚。

侵犯著作权罪,是指以营利为目的,违反著作权管理法规,未经著作人或与著作权有关的人的许可,复制发行其作品,出版他人享有专有出版权的图书、复制发行其制作的录音、录像,制作、出售假冒他人署名的美术作品,违法所得数额较大或者有其他严重情节的行为。

(一)立案标准

根据最高人民检察院、公安部《关于公安机关管辖的刑事案件立案追诉标准的规定(一)》第26条的规定,以营利为目的,未经著作权人许可,复制发行其文字作品、音乐、电影、电视、录像作品、计算机软件及其他作品,或者出版他人享有专有出版权的图书,或者未经录音录像制作者许可,复制发行其制作的录音录像,或者制作、出售假冒他人署名的美术作品,涉嫌下列情形之一的,应予立案追诉:

(1)违法所得数额3万元以上的;

(2)非法经营数额5万元以上的;

(3)未经著作权人许可,复制发行其文字作品、音乐、电影、电视、录像作品、计算机软件及其他作品,复制品数量合计500张(份)以上的;

(4)未经录音录像制作者许可,复制发行其制作的录音录像制品,复制品数量合计500张(份)以上的;

(5)其他情节严重的情形。

以刊登收费广告等方式直接或者间接收取费用的情形,属于本条规定的"以营利为目的"。

本条规定的"未经著作权人许可",是指没有得到著作权人授权或者伪造、涂改著作权人授权许可文件或者超出授权许可范围的情形。

本条规定的"复制发行",包括复制、发行或者既复制又发行的行为。

通过信息网络向公众传播他人文字作品、音乐、电影、电视、录像作品、计算机软件及其他作品,或者通过信息网络传播他人制作的录音录像制品的行为,应当视为本条规定的"复制发行"。

侵权产品的持有人通过广告、征订等方式推销侵权产品的,属于本条规定的"发行"。

本条规定的"非法经营数额",是指行为人在实施侵犯知识产权行为过程中,制造、储存、运输、销售侵权产品的价值。已销售的侵权产品的价值,按照实际销售的价格计算。制造、储存、运输和未销售的侵权产品的价值,按照标价或者已经查清的侵权产品的实际销售平均价格计算。侵权产品没有标价或者无法查清其实际销售价格的,按照被侵权产品的市场中间价格计算。

(二)定罪标准

1. 本罪的构成

(1)侵犯的客体是复杂客体,即著作权人对其作品享有的著作权和国家对文化市场的管理秩序。本罪的犯罪对象是著作权,著作权包括著作人身权和著作财产权。

(2)客观方面表现为以下四种情形:一是未经著作权人许可,复制发行其文字作品、音乐、电影、电视、录像作品、计算机软件及其他作品。所谓未经著作权人许可,是指没有得到著作权人授权或者伪造、涂改著作权人授权许可文件或者超出授权许可范围的情形。所谓复制发行,是指行为人以营利为目的,未经著作权人许可而实施的复制、发行或者既复制又发行其文字作品、音乐、电影、电视、录像作品、计算机软件及其他作品的行为。通过信息网络向公众传播他人文字作品、音乐、电影、电视、录像作品、计算机软件及其他作品的行为,应当视为本罪的"复制发行"。侵权产品的持有人通过广告、征订等方式推销侵权产品的,属于本罪的"发行"。二是出版他人享有专有出版权的图书。三是未经录音录像制作者许可,复制发行其制作的录音录像。四是制作、出售假冒他人署名的美术作品。非法出版、复制、发行他人作品,侵犯著作权构成犯罪的,按照侵犯著作权罪定罪处罚。

(3)主体是一般主体,公民、法人和非法人单位均可构成本罪主体。

(4)主观方面由故意构成,以营利为目的是本罪主观上的必备要件。如果行为人复制、临摹他人作品是出于教学、研究、个人学习、欣赏等非营利目的,不构成犯罪。以刊登收费广告等方式直接或者间接收取费用的情形,属于本罪的“以营利为目的”。

2. 罪与非罪的界限

实践中应当特别注意以下两种情形:一是侵犯著作权罪与著作权纠纷的界限。例如,因职务作品、委托作品发生权属争议而擅自复制发行作品,即使最后确定著作权归属他人也不宜以犯罪论处。又如,因使用作品在报酬上发生争议的也只能按著作权纠纷处理。二是侵犯著作权罪与一般侵权行为的界限。首先,不属于刑法列举的四种侵犯著作权和与著作权有关权益的行为不构成犯罪。其次,虽属四种侵权行为之一,但如出于业务活动、教学科研等需要而非出于营利的,即使大量复制发行并收取成本费也不构成犯罪。最后,违法所得数额未达到较大程度,又无其他严重情节的不构成犯罪。

3. 本罪与生产、销售伪劣产品罪的界限

两者的区别主要在于犯罪客体、犯罪对象不同。本罪的犯罪对象是文化精神产品,侵犯的客体是著作权人的著作权及国家文化市场的管理秩序,而生产、销售伪劣产品罪的犯罪对象一般是生产、生活资料用品,侵害的客体是他人人身财产的安全及社会的经济秩序。

4. 本罪与诈骗罪的界限

两者的区别主要在于犯罪的客体不同,诈骗罪侵犯的客体为复杂客体,它不仅侵害了著作权人的财产权利、人身权利,而且侵犯了消费者的财产权,甚至损害了国家利益。此外,两者的犯罪主体也有不同,诈骗罪的犯罪主体只能是自然人,侵犯著作权犯罪的主体可以是自然人,也可以是单位。

5. 关于一罪与数罪的认定

实施《刑法》第 217 条规定的侵犯著作权犯罪,又销售该侵权复制品,构成犯罪的,应当依照《刑法》第 217 条的规定,以侵犯著作权罪定罪处罚。实施《刑法》第 217 条规定的侵犯著作权犯罪,又销售明知是他人的侵权复制品,构成犯罪的,应当实行数罪并罚。明知他人实施侵犯著作权犯罪,而为其提供贷款、资金、账号、发票、证明、许可证件,或者提供生产、经营场所或者运输、储存、代理进出口等便利条件、帮助的,以侵犯知识产权犯罪的共犯论处。

6. 关于侵犯著作权犯罪案件"以营利为目的"的认定问题

根据最高人民法院、最高人民检察院、公安部《关于办理侵犯知识产权刑事案件适用法律若干问题的意见》(法发〔2011〕3 号)第 10 条规定,除销售外,具有下列情形之一的,可以认定为"以营利为目的":(1)以在他人作品中刊登收费广告、捆绑第三方作品等方式直接或者间接收取费用的;(2)通过信息网络传播他人作品,或者利用他人上传的侵权作品,在网站或者网页上提供刊登收费广告服务,直接或者间接收取费用的;(3)以会员制方式通过信息网络传播他人作品,收取会员注册费或者其他费用的;(4)其他利用他人作品牟利的情形。

7. 关于侵犯著作权犯罪案件"未经著作权人许可"的认定问题

根据最高人民法院、最高人民检察院、公安部《关于办理侵犯知识产权刑事案件适用法律若干问题的意见》(法发〔2011〕3 号)第 11 条规定,"未经著作权人许可"一般应当依据著作权人或者其授权的代理人、著作权集体管理组织、国家著作权行政管理部门指定的著作权认证机构出具的涉案作品版权认证文书,或者证明出版者、复制发行者伪造、涂改授权许可文件或者超出授权许可范围的证据,结合其他证据综合予以认定。在涉案作品种类众多且权利人分散的案件中,上述证据确实难以一一取得,但有证据证明涉案复制品系非法出版、复制发行的,且出版者、复制发行者不能提供获得著作权人许可的相关证明材料的,可以认定为"未经著作权人许可"。但是,有证据证明权利人放弃权利、涉案作品的著作权不受我国著作权法保护,或者著作权保护期限已经届满的除外。

8. 关于《刑法》第 217 条规定的"发行"的认定及相关问题

根据最高人民法院、最高人民检察院、公安部《关于办理侵犯知识产权刑事案件适用法律若干问题的意见》(法发〔2011〕3 号)第 12 条规定,"发行",包括总发行、批发、零售、通过信息网络传播以及出租、展销等活动。非法出版、复制、发行他人作品,侵犯著作权构成犯罪的,按照侵犯著作权罪定罪处罚,不认定为非法经营罪等其他犯罪。

9. 关于通过信息网络传播侵权作品行为的定罪处罚标准问题

根据最高人民法院、最高人民检察院、公安部《关于办理侵犯知识产权刑事案件适用法律若干问题的意见》(法发〔2011〕3 号)第 13 条规定,以营利为目的,未经著作权人许可,通过信息网络向公众传播他人文字作品、音乐、电影、电视、美术、摄影、录像作品、录音录像制品、计算机软件及其他作品,具有下列情形之一的,属于《刑法》第217条规定的"其他严重情节":(1)非法经营数额在5万元以上的;(2)传播他人作品的数量合计在500件(部)以上的;(3)传播他人作品的实际被点击数达到5万次以上的;(4)以会员制方式传播他人作品,注册会员达到1000人以上的;(5)数额或者数量虽未达到第(1)项至第(4)项规定标准,但分别达到其中两项以上标准一半以上的;(6)其他严重情节的情形。实施前款规定的行为,数额或者数量达到前款第(1)项至第(5)项规定标准5倍以上的,属于《刑法》第217条规定的"其他特别严重情节"。

10.关于多次实施侵犯知识产权行为累计计算数额问题

根据最高人民法院、最高人民检察院、公安部《关于办理侵犯知识产权刑事案件适用法律若干问题的意见》(法发〔2011〕3号)第14条规定,依照《最高人民法院、最高人民检察院关于办理侵犯知识产权刑事案件具体应用法律若干问题的解释》第12条第2款的规定,多次实施侵犯知识产权行为,未经行政处理或者刑事处罚的,非法经营数额、违法所得数额或者销售金额累计计算。2年内多次实施侵犯知识产权违法行为,未经行政处理,累计数额构成犯罪的,应当依法定罪处罚。实施侵犯知识产权犯罪行为的追诉期限,适用刑法的有关规定,不受前述2年的限制。

11.关于为他人实施侵犯知识产权犯罪提供原材料、机械设备等行为的定性问题

根据最高人民法院、最高人民检察院、公安部《关于办理侵犯知识产权刑事案件适用法律若干问题的意见》(法发〔2011〕3号)第15条规定,明知他人实施侵犯知识产权犯罪,而为其提供生产、制造侵权产品的主要原材料、辅助材料、半成品、包装材料、机械设备、标签标识、生产技术、配方等帮助,或者提供互联网接入、服务器托管、网络存储空间、通信传输通道、代收费、费用结算等服务的,以侵犯知识产权犯罪的共犯论处。

12.关于侵犯知识产权犯罪竞合的处理问题

根据最高人民法院、最高人民检察院、公安部《关于办理侵犯知识产权刑事案件适用法律若干问题的意见》(法发〔2011〕3号)第16条规定,行为人实施侵犯知识产权犯罪,同时构成生产、销售伪劣商品犯罪的,依照侵犯知识产权犯罪与生产、销售伪劣商品犯罪中处罚较重的规定定罪处罚。

（三）量刑标准

根据《刑法》第217条的规定，犯侵犯著作权罪的，违法所得数额较大或者有其他严重情节的，处3年以下有期徒刑或者拘役，并处或者单处罚金。违法所得数额巨大或者有其他特别严重情节的，处3年以上7年以下有期徒刑，并处罚金。人民法院应当综合考虑犯罪的违法所得、非法经营数额、给权利人造成的损失、社会危害性等情节，依法判处罚金。罚金数额一般在违法所得的1倍以上5倍以下，或者按照非法经营数额的50%以上1倍以下确定。

根据《刑法》第220条的规定，单位犯本罪的，对单位判处罚金，并对其直接负责的主管人员和其他直接责任人，依照上述规定处罚。根据最高人民法院、最高人民检察院《关于办理侵犯知识产权刑事案件具体应用法律若干问题的解释》（法释〔2004〕19号）第15条规定，单位犯本罪的，按照本解释规定的相应个人犯罪的定罪量刑标准的3倍定罪量刑。

应当注意的是，涉及本罪量刑的标准有以下几个司法解释，内容上不尽一致的，以新的为准：

根据最高人民法院、最高人民检察院2007年4月5日起施行的《关于办理侵犯知识产权刑事案件具体应用法律若干问题的解释（二）》（法释〔2007〕6号）第1条规定，以营利为目的，未经著作权人许可，复制发行其文字作品、音乐、电影、电视、录像作品、计算机软件及其他作品，复制品数量合计在500张（份）以上的，属于《刑法》第217条规定的“有其他严重情节”；复制品数量在2500张（份）以上的，属于《刑法》第217条规定的“有其他特别严重情节”。

根据最高人民法院《关于审理非法出版物刑事案件具体应用法律若干问题的解释》第2条的规定，所谓违法所得数额较大，是指个人违法所得数额在5万元以上，单位违法所得数额在20万元以上的。所谓有其他严重情节，是指下列情形之一：一是因侵犯著作权曾经两次以上被追究行政责任或者民事责任，两年内又实施《刑法》第217条所列侵犯著作权行为之一的；二是个人非法经营数额在20万元以上，单位非法经营数额在100万元以上的；三是造成其他严重后果的。所谓违法所得数额巨大，是指个人违法所得数额在20万元以上，单位违法所得数额在100万元以上的。所谓有其他特别严重情节，是指下列情形之一：一是个人非法经营数额在100万元以上，单位非法经营数额在500万元以上的；二是造成其他特别严重后果的。

根据最高人民法院、最高人民检察院《关于办理侵犯知识产权刑事案件具体应用法律若干问题的解释》（法释〔2004〕19号）第5条规定，以营利为目的，实施《刑法》第217条所列侵犯著作权行为之一，违法所得数额在3万元以上的，属于“违法所得数额较大”；具有下列情形之一的，属于“有其他严重情节”，应当以侵犯著作权罪判处3年以下有期徒刑或者拘役，并处或者单处罚金：(1)非法经营数额在5万元以上的；(2)未经著作权人许可，复制发行其文字作品、音乐、电影、电视、录像作品、计算机软件及其他作品，复制品数量合计在1000张(份)以上的；(3)其他严重情节的情形。以营利为目的，实施《刑法》第217条所列侵犯著作权行为之一，违法所得数额在15万元以上的，属于“违法所得数额巨大”；具有下列情形之一的，属于“有其他特别严重情节”，应当以侵犯著作权罪判处3年以上7年以下有期徒刑，并处罚金：(1)非法经营数额在25万元以上的；(2)未经著作权人许可，复制发行其文字作品、音乐、电影、电视、录像作品、计算机软件及其他作品，复制品数量合计在5000张(份)以上的；(3)其他特别严重情节的情形。

六、销售侵权复制品案

中华人民共和国刑法(节选)

第二百一十八条　以营利为目的，销售明知是本法第二百一十七条规定的侵权复制品，违法所得数额巨大的，处三年以下有期徒刑或者拘役，并处或者单处罚金。

第二百二十条　单位犯本节第二百一十三条至第二百一十九条规定之罪的，对单位判处罚金，并对其直接负责的主管人员和其他直接责任人员，依照本节各该条的规定处罚。

销售侵权复制品罪，是指以营利为目的，销售明知是侵犯他人著作权、邻接权、非法复制、出版、制作的文字作品，音乐、电影、电视、录音、录像、计算机软件、他人享有专有出版权的图书、假冒他人署名的美术作品，违法所得数额巨大的行为。

(一)立案标准

根据最高人民检察院、公安部《关于公安机关管辖的刑事案件立案追诉标准的规定(一)》第27条的规定，以营利为目的，销售明知是《刑法》第217条规定的侵权复制品，涉嫌下列情形之一的，应予立案追诉：

(1)违法所得数额10万元以上的。根据最高人民法院《关于审理非法出版物刑事案件具体应用法律若干问题的解释》，这里的“违法所得数额”是指获利数额，即销售数额扣除成本后的数额。

(2)违法所得数额虽未达到上述数额标准,但尚未销售的侵权复制品货值金额达到30万元以上的。

本罪是1997年《刑法》吸收全国人大常委会《关于惩治侵犯著作权的犯罪的决定》中的有关内容而规定的罪名,1979年《刑法》没有规定此罪名。查办这类案件,应当注意:一是要把单位犯罪与个人犯罪区别开来。二是要查明行为人主观上是否确知属于侵犯他人著作权的复制品。如果行为人不知道该复制品是侵权的,或者误以为该复制品是合法使用的,或者其他疏忽或过失,在不明知的情况下销售了侵权复制品,不构成本罪,不予立案追究。但是,应当根据《著作权法》、《行政处罚法》和《著作权行政处罚实施办法》的有关规定处理。

(二)定罪标准

1. 本罪的构成

(1)侵犯的客体是著作权人中邻接权人享有的著作权或邻接权、国家文化市场的管理秩序。

(2)客观方面表现为销售侵权复制品的行为。首先,销售侵权复制品是一种侵权行为。其次,是法律特别规定的侵权行为。销售侵权复制品罪只涉及销售行为,而不涉及出租等其他行为。但也并非所有销售侵权复制品的行为,均可能构成销售侵权复制品罪,只有故意销售侵权复制品,才可能构成销售侵权复制品罪。最后,违法所得数额巨大。故意销售法律特别规定的侵权复制品,只有在违法所得数额巨大的情况下,才构成销售侵权复制品罪。这里的销售一般指将侵权复制品出卖于消费者,包括零售与批发两种形式。犯罪对象是侵权复制品。

(3)主体是一般主体,自然人或单位均可构成本罪主体。

(4)主观方面由故意构成,且要求行为人具有营利目的。过失不构成本罪。这主要是为了保护善意第三人的利益。例如,非法复制出版者将其复制出版的侵权复制品批发给一般文化用品的经营者,而经营者不知或不应知道此物品为非法复制品而销售的,其行为不构成对著作权人或邻接权人的侵权,因此也不会构成犯罪。

2. 罪与非罪的界限

主要可以从以下方面进行考察:一是看行为人是否明知销售的属于侵权复制品,如果并不明知,即使存在严重过失也不构成犯罪。二是看其销售对象是否属于刑法规定的侵权复制品,不属于上述对象的不构成犯罪。三是看行为人是否有营利目的,无营利目的的不构成犯罪。四是看其销售违法所得数额大小,如果数额不大,即使有其他严重情节的也不构成犯罪。

3. 本罪与生产、销售伪劣产品罪的界限

主要区别在于，犯罪对象不同，即“假”商品种类不同。销售侵犯他人著作复制品的，侵犯的对象是文化精神产品，且这些产品虽然侵犯了他人的著作权，但产品的质量可能是符合要求的，具有同合法产品一样的使用价值。而生产、销售伪劣商品的，其犯罪对象是生产、生活资料用品，这些假产品是名副其实的假货、劣货，使用后可能危及他人的健康，破坏社会经济秩序。

4. 本罪与侵犯著作权罪的界限

两者主要区别在于：(1)前者的主体只能是侵权复制品制作者以外的其他自然人或单位；后者的主体一般是制作者，有时可能是与制作者通谋的发行者或销售者。(2)前者客观方面表现为销售侵权复制品且违法所得数额巨大的行为；后者行为方式可以是复制发行、出版，也可以是制作、出售，且除违法所得数额较大外，有其他严重情节的也可构成犯罪。

5. 正确划分一罪与数罪

根据最高人民法院《关于审理非法出版物刑事案件具体应用法律若干问题的解释》第 5 条的规定，行为人既实施了侵犯著作权的行为，又销售该侵权复制品，违法所得数额巨大的，只定侵犯著作权罪，不实行数罪并罚。如果行为人既实施侵犯著作权的行为，又明知他人的侵权复制品而予以销售，构成犯罪的，应当实行数罪并罚。

（三）量刑标准

根据《刑法》第 218 条的规定，犯销售侵权复制品罪的，处 3 年以下有期徒刑或拘役，并处或单处罚金。应当注意的是，只有违法所得数额巨大的才依本罪定罪量刑。

根据最高人民法院、最高人民检察院《关于办理侵犯知识产权刑事案件具体应用法律若干问题的解释》（法释〔2004〕19 号）第 6 条规定，以营利为目的，实施《刑法》第 218 条规定的行为，违法所得数额在 10 万元以上的，属于“违法所得数额巨大”，应当以销售侵权复制品罪判处 3 年以下有期徒刑或者拘役，并处或者单处罚金。

根据《刑法》第 220 条的规定，单位犯有本罪的，判处罚金，并对直接负责的主管人员和其他直接责任人员，按上述规定处罚。最高人民法院、最高人民检察院《关于办理侵犯知识产权刑事案件具体应用法律若干问题的解释》（法释〔2004〕19 号）第 15 条规定，单位犯本罪的，按照本解释规定的相应个人犯罪的定罪量刑标准的 3 倍定罪量刑。

七、侵犯商业秘密案

中华人民共和国刑法(节选)

第二百一十九条 有下列侵犯商业秘密行为之一,给商业秘密的权利人造成重大损失的,处三年以下有期徒刑或者拘役,并处或者单处罚金;造成特别严重后果的,处三年以上七年以下有期徒刑,并处罚金:

(一)以盗窃、利诱、胁迫或者其他不正当手段获取权利人的商业秘密的;

(二)披露、使用或者允许他人使用以前项手段获取的权利人的商业秘密的;

(三)违反约定或者违反权利人有关保守商业秘密的要求,披露、使用或者允许他人使用其所掌握的商业秘密的。

明知或者应知前款所列行为,获取、使用或者披露他人的商业秘密的,以侵犯商业秘密论。

本条所称商业秘密,是指不为公众所知悉,能为权利人带来经济利益,具有实用性并经权利人采取保密措施的技术信息和经营信息。

本条所称权利人,是指商业秘密的所有人和经商业秘密所有人许可的商业秘密使用人。

第二百二十条 单位犯本节第二百一十三条至第二百一十九条规定之罪的,对单位判处罚金,并对其直接负责的主管人员和其他直接责任人员,依照本节各该条的规定处罚。

侵犯商业秘密罪,是指采取不正当手段,获取、披露、使用或者允许他人使用权利人的商业秘密,给商业秘密权利人造成重大损失的行为。

(一)立案标准

根据最高人民检察院、公安部《关于公安机关管辖的刑事案件立案追诉标准的规定(二)》第73条规定,侵犯商业秘密,涉嫌下列情形之一的,应予立案追诉:

(1)给商业秘密权利人造成损失数额在50万元以上的。

(2)因侵犯商业秘密违法所得数额在50万元以上的。

(3)致使商业秘密权利人破产的。指由于行为人侵犯商业秘密的行为导致享有商业秘密所有权、使用权的公司、企业破产的情形。所谓破产,是根据《中华人民共和国企业破产法》的有关规定，由于公司、企业资不抵债等原因申请宣告破产或者被人民法院依法宣告破产等情形。

（4）其他给商业秘密权利人造成重大损失的情形。

本罪是1997年《刑法》新增设的罪名。构成本罪，必须达到“给商业秘密的权利人造成重大损失”的标准。符合上述四种情形之一的，应当立案追诉。

（二）定罪标准

1. 本罪的构成

（1）侵犯的客体是国家对商业秘密权利人的无形资产专有权和社会主义市场的管理秩序。所谓商业秘密，《刑法》第219条作了立法解释，是指不为公众所知悉，能为权利人带来经济利益，具有实用性并经权利人采取保密措施的技术信息和经营信息。技术信息，是指技术配方、技术诀窍、技术流程等信息。经营信息，是指有关经营的重大决策，以及与往来客户的情况等信息。所谓权利人，是指商业秘密的所有人和经商业秘密所有人许可的商业秘密使用人。

（2）客观方面表现为侵犯商业秘密，给权利人造成重大损失的行为。具体表现为：

一是以盗窃、利诱、胁迫或者其他不正当手段获取权利人的商业秘密。盗窃，是指行为人为获取权利人的商业秘密，而采用自认为权利人不知道的方法窃取权利人的商业秘密行为。利诱，是指行为人为获取权利人的商业秘密，以金钱、物品或者其他物质性或非物质性利益为诱饵，使商业秘密的权利人本人或者因生产、工作需要掌握或使用该商业秘密的人给自己提供、披露商业秘密的行为。胁迫，是指行为人为获取权利人的商业秘密，对权利人或者保管、使用或其他知悉商业秘密的人进行恐吓、威胁，迫使其给自己提供商业秘密的行为。其他不正当手段，是指行为人采取前述三种手段之外的、违背商业秘密权利人的意愿、足以获取权利人商业秘密的违法手段，如骗取、收买等。

二是披露、使用或者允许他人使用以前项手段获取的权利人的商业秘密。这类行为是上述侵犯商业秘密行为的继续。“披露”，是指行为人将其非法获取的商业秘密告知权利人的竞争对手或者其他第三者，或者将商业秘密的内容公之于众。披露的方式没有限制，如采取口头或者书面方式将非法获取的商业秘密告知他人，利用广播、电视、报刊、广告等新闻媒介将非法获得的商业秘密公布于众，将尚未公开的模型、产品的样品等予以展示。“使用”，是指行为人自己将非法获得的商业秘密运用于生产或者经营。“允许他人使用”，是指行为人允许他人将其非法获得的商业秘密运用于生产或者经营。

三是违反约定或者权利人有关保守商业秘密的要求，披露、使用或者允许他人使用其所掌握的商业秘密。这种行为的主体包括企业等内部工作人员、曾在企业内部工作的调离人员、离退休人员以及与权利人订有保守商业秘密协议的经营者。商业秘密权利人因生产或经营需要，通常得让其雇员掌握或使用某种商业秘密，为了使商业秘密不致泄露，权利人往往对其雇员提出保守商业秘密的要求，并且制定有关保守商业秘密的纪律规定。对于雇员来说，无论其是处于在职期间还是调离到其他单位或者是离退休，都有义务保守原企业单位的商业秘密。如果上述人员对其所掌握的商业秘密进行披露，或者擅自使用或者允许他人使用其掌握的商业秘密，就构成了对商业秘密的侵犯。此外，因合同等关系知悉部分商业秘密的人，即使不是企业的雇员，但由于与权利人订有履行保守商业秘密义务的合同，他们也必须履行保守商业秘密的义务。如果违反约定，将其掌握的权利人的商业秘密予以披露、使用或允许他人使用，也构成对商业秘密的侵犯。

四是第三人明知或者应知前述三种违法行为而获得、使用或者披露他人商业秘密的行为。这里的“第三人”是指直接获得权利人商业秘密的行为人以外的人。主要表现为，已经认识到或者应当预见前述三种违法行为，而获得、使用或者披露他人商业秘密。实际上是指第三人间接从商业秘密权利人那里获得、使用或者披露商业秘密的行为。即第三人明知或者应知向其传授商业秘密的人具有上述违法行为，但没有制止或向有关机关举报，反而获取、使用或披露他人商业秘密。与前述直接侵犯商业秘密的行为不同，这种行为是间接侵犯商业秘密的行为，所以，《反不正当竞争法》将其视为侵犯商业秘密的行为。

(3)主体为一般主体，自然人和单位均可构成本罪的主体。

(4)主观方面由故意构成，包括直接故意和间接故意，过失不构成本罪。犯罪动机可能是多种多样的，如牟利、挤垮对手等。

2. 罪与非罪的界限

主要把握两点：一是侵犯行为是否出于主观故意。侵犯商业秘密罪是故意犯罪，过失不构成此罪。二是客观方面是否实际存在权利人遭受重大损失。本罪所谓造成重大损失，一般是指使权利人的生产经营受到严重经济损失，商品滞销，严重积压等。对于未达到本罪立案追诉标准的，应当按照民事侵权行为处理。

3. 本罪与为境外窃取、刺探、收买、非法提供国家秘密、情报罪的界限

两者是两种不同性质的犯罪。后者侵犯的客体是国家安全，犯罪对象是国家秘

密或者情报；前者则以商业秘密为对象，侵犯的客体是商业秘密保密权。后者不以后果论，只要行为人实施了为境外机构、组织、个人窃取、刺探、收买、非法提供国家秘密、情报的行为，即构成犯罪；前者则必须有侵犯商业秘密的行为造成权利人遭受重大损失的后果。

（三）量刑标准

根据《刑法》第 219 条的规定，犯侵犯商业秘密罪的，处 3 年以下有期徒刑或者拘役，并处或者单处罚金；造成特别严重后果的，处 3 年以上 7 以下有期徒刑，并处罚金。

根据最高人民法院、最高人民检察院《关于办理侵犯知识产权刑事案件具体应用法律若干问题的解释》（法释〔2004〕19 号）第 7 条规定，实施《刑法》第 219 条规定的行为之一，给商业秘密的权利人造成损失数额在 50 万元以上的，属于“给商业秘密的权利人造成重大损失”，应当以侵犯商业秘密罪判处 3 年以下有期徒刑或者拘役，并处或者单处罚金。给商业秘密的权利人造成损失数额在 250 万元以上的，属于《刑法》第 219 条规定的“造成特别严重后果”，应当以侵犯商业秘密罪判处 3 年以上 7 年以下有期徒刑，并处罚金。

根据《刑法》第 220 条的规定，单位犯有本罪的，判处罚金，并对直接负责的主管人员和其他直接责任人员，按上述规定予以处罚。根据最高人民法院、最高人民检察院《关于办理侵犯知识产权刑事案件具体应用法律若干问题的解释》（法释〔2004〕19 号）第 15 条规定，单位犯本罪的，按照本解释规定的相应个人犯罪的定罪量刑标准的 3 倍定罪量刑。

第九章　扰乱市场秩序案件立案、定罪、量刑标准

一、损害商业信誉、商品声誉案

中华人民共和国刑法(节选)

第二百二十一条　捏造并散布虚伪事实,损害他人的商业信誉、商品声誉,给他人造成重大损失或者有其他严重情节的,处二年以下有期徒刑或者拘役,并处或者单处罚金。

第二百三十一条　单位犯本节第二百二十一条至第二百三十条规定之罪的,对单位判处罚金,并对其直接负责的主管人员和其他直接责任人员,依照本节各该条的规定处罚。

损害商业信誉、商品声誉罪,是指行为人捏造并散布虚伪事实,损害他人的商业信誉、商品声誉,情节严重或者给他人造成重大损失的行为。

(一)立案标准

根据最高人民检察院、公安部《关于公安机关管辖的刑事案件立案追诉标准的规定(二)》第74条规定,捏造并散布虚伪事实,损害他人的商业信誉、商品声誉,涉嫌下列情形之一的,应予立案追诉:

(1)给他人造成直接经济损失数额在50万元以上的。这主要是指单位或者个人捏造并散布虚伪事实,损害他人的商业信誉、商品声誉,给他人造成直接财产损毁、减少的实际价值达到50万元以上。所谓商业信誉,是指企业因其生产、经营及其效益,在社会上所获得的好的评价和赞誉。所谓商品声誉,是指商品因其价格、质量、性能等在社会上尤其是消费者中所获得的好的评价和赞誉。

（2）虽未达到上述数额标准，但具有下列情形之一的：一是利用互联网或者其他媒体公开损害他人商业信誉、商品声誉的；二是造成公司、企业等单位停业、停产6个月以上，或者破产的。这里“虽未达到上述数额标准”，是指单位或者个人捏造并散布虚伪事实，损害他人的商业信誉、商品声誉，给他人造成的直接经济损失接近本罪立案标准第1项规定的标准，并且已经达到该标准的80%以上，即直接经济损失达到40万元以上。在这种条件下，只要同时具备“利用互联网或者其他媒体公开损害他人商业信誉、商品声誉的”或者“造成公司、企业等单位停业、停产6个月以上，或者破产的”情形之一，公安机关就应当立案侦查。

（3）其他给他人造成重大损失或者有其他严重情节的情形。至于具体标准，应当结合具体案件进行综合评定。

（二）定罪标准

1. 本罪的构成

（1）侵犯的客体是经营者的商业信誉权、商品声誉权和社会主义市场的公平竞争秩序。

（2）客观方面表现为商业诽谤行为，即捏造并散布虚伪事实损害他人的商业信誉、商品声誉的行为。该行为必须具备以下条件：一是必须要有捏造并散布一定虚伪事实的行为。一般指无中生有地编造一些实际上并不存在的“事实”并将之公之于众的行为。二是该虚伪事实必须是能够使他人的商业信誉、商品声誉下降的事实。三是该虚伪事实可以是关于任何经营者的。一般来说，行为人实施捏造并散布虚伪事实以损害他人的商业信誉、商品声誉的行为，都是为了降低他人的竞争力，以使自己从中获利，因此其行为所直接指向的一般都是他的竞争对手。

（3）主体为一般主体，自然人和单位均可构成本罪的主体。实践中，本罪主体多是从事商品经营或营利性服务的经营者。

（4）主观方面由故意构成，且具有损害他人商业信誉、商品声誉的目的。犯罪动机可能是多种多样的，如泄私愤、不正当竞争等，但无论动机如何，均不影响本罪的构成。过失不构成本罪。

2. 罪与非罪的界限

首先，应当划清合法与违法的界限。例如，一些消费者通过正常渠道反映生产者、经营者商品有掺假、低劣现象的，对这种行为应予法律保护和支持。其次，要划清违法与犯罪的界限。本罪是结果犯，构成犯罪必须具备“情节严重或者给他人造成重大损失”的条件。对于那些实施了损害商业信誉、商品声誉的行为，但是情节轻微,危害不大的,不以犯罪论处。

3. 本罪与侮辱罪、诽谤罪的界限

主要区别在于:侵犯的客体和犯罪对象不同。前者是他人的商誉权和社会经济秩序,其行为对象可以是自然人或法人;后者侵犯的客体是人身权利,其行为对象只能是自然人。

4. 本罪与假冒他人商标罪的界限

两者的主要区别在于:(1)侵犯的客体不同。前者为商誉权,后者为商标专用权。(2)客观方面表现不同。前者以语言、文字等为手段,捏造、散布虚伪事实;后者是以假冒他人商标为其客观方面特征。

(三)量刑标准

根据《刑法》第221条的规定,犯损害商业信誉、商品声誉罪的,处2年以下有期徒刑或者拘役,并处或者单处罚金。

根据《刑法》第231条规定,单位犯本罪的,对单位判处罚金,并对其直接负责的主管人员和其他直接责任人员,依照上述规定处罚。

二、虚假广告案

中华人民共和国刑法(节选)

第二百二十二条 广告主、广告经营者、广告发布者违反国家规定,利用广告对商品或者服务作虚假宣传,情节严重的,处二年以下有期徒刑或者拘役,并处或者单处罚金。

第二百三十一条 单位犯本节第二百二十一条至第二百三十条规定之罪的,对单位判处罚金,并对其直接负责的主管人员和其他直接责任人员,依照本节各该条的规定处罚。

虚假广告罪,是指广告主、广告经营者、广告发布者违反国家规定,利用广告或者服务作虚假宣传,情节严重的行为。

(一)立案标准

根据最高人民检察院、公安部《关于公安机关管辖的刑事案件立案追诉标准的规定(二)》第75条规定,广告主、广告经营者、广告发布者违反国家规定,利用广告对商品或者服务作虚假宣传,涉嫌下列情形之一的,应予立案追诉:

（1）违法所得数额在 10 万元以上的。主要是指广告主、广告经营者、广告发布者利用广告对商品或者服务作虚假宣传，所得收入扣除成本后的非法获利数额累计达到 10 万以上。根据广告法的规定，广告主，是指为推销商品或者服务，自行或者委托他人设计、制作、发布广告的法人、其他组织或者自然人。广告经营者，是指接受委托提供广告设计、制作、代理服务的法人、其他组织或者自然人。广告发布者，是指为广告主或者广告主委托的广告经营者发布广告的法人、其他组织或者自然人。所谓利用广告对商品或者服务做虚假宣传，主要是指广告主、广告经营者、广告发布者在明知或者应知的情况下代理、设计、制作、发布虚假广告，欺骗用户和消费者的行为。这里可以是商品经营者制作虚假广告交由广告经营者发布，也可以是商品经营者委托广告经营者设计、制作和发布虚假广告。

（2）给单个消费者造成直接经济损失数额在 5 万元以上的，或者给多个消费者造成直接经济损失数额累计在 20 万元以上的。主要是指广告主、广告经营者、广告发布者的虚假广告行为，导致消费者购买该商品或者接受服务，给消费者造成直接财产损毁、减少的实际价值累计达到上述标准的情形。消费者所受到的损失数额，既可以是一次造成的损失，也可以是多次造成的损失。

（3）假借预防、控制突发事件的名义，利用广告作虚假宣传，致使多人上当受骗，违法所得数额在 3 万元以上的。根据最高人民法院、最高人民检察院《关于办理妨害预防、控制突发传染病疫情等灾害的刑事案件具体应用法律若干问题的解释》（法释〔2003〕8 号）第 5 条的规定，广告主、广告经营者、广告发布者违反国家规定，假借预防、控制突发传染病疫情等灾害的名义，利用广告对所推销的商品或者服务作虚假宣传，致使多人上当受骗，违法所得数额较大或者有其他严重情节的，以虚假广告罪定罪处罚。

（4）虽未达到上述数额标准，但两年内因利用广告作虚假宣传，受过行政处罚 2 次以上，又利用广告作虚假宣传的。这里“虽未达到上述数额标准”，是指广告主、广告经营者、广告发布者的虚假广告行为，“违法所得数额”或者“给消费者造成的直接经济损失”接近本罪立案标准第 1 项、第 2 项、第 3 项规定的标准，并且已经达到该标准的 80% 以上。在这种条件下，只要同时具备“两年内因利用广告作虚假宣传，受过 2 次以上行政处罚，又利用广告作虚假宣传”的条件，公安机关就应当立案侦查。这里“受过行政处罚 2 次以上”，是指行为人两年内曾经因为虚假广告，受到广告行政主管部门（主要是各级工商行政管理机关）2 次或者 2 次以上行政处罚。至于行政处罚的种类、2 次行政处罚的具体时间等均不影响本罪的追诉。

(5)造成人身伤残的。这里的“人身伤残”,主要是指消费者购买虚假广告的商品或者接受服务后,造成轻伤、重伤或者其他严重后果的情形。

(6)其他情节严重的情形。

(二)定罪标准

1. 本罪的构成

(1)侵犯的客体是国家对广告经营的管理秩序。根据广告法的规定,所谓广告,是指商品经营者或者服务者承担费用,通过一定媒介和形式直接或者间接地介绍自己所推销的商品或者提供的服务的商业广告。虚假广告行为,不仅侵犯了国家对广告的正常管理秩序,而且也会侵犯公私财物所有权及公民的生命权、健康权。因此,对虚假广告行为构成犯罪的,必须依法予以严惩。

(2)客观方面表现为违反国家规定,利用广告对商品或者服务做虚假宣传,情节严重的行为。所谓违反国家规定,是指违反广告管理法规及国家的有关广告的规章制度,主要是指《广告法》。所谓虚假广告,是指对商品或者服务作虚假宣传的广告,主要有以下几种表现形式:一是消息虚假,即广告所宣传的商品或者服务信息本来是不存在的。二是品质虚假,即广告宣传的商品或者服务并未达到广告中所说的质量或者技术标准。三是功能虚假,即广告所宣传的商品或者服务并不具备广告中所宣传的功能或者服务内容。四是价格虚假,即消费者购买商品或者服务所支付的费用与广告宣传的商品或者服务的价格不符。五是证明虚假,即广告假借他人的言论或者采用其他带欺骗性的证据宣传商品的质量、功能等。构成本罪,还要求具有情节严重的情形,包括由于使用虚假广告使他人遭受严重损失,或者由于使用虚假广告给用户和消费者以误导,造成严重的社会影响等。如果行为人只实施了虚假广告的行为,但并未造成严重后果的,则不构成本罪。

(3)主体是特殊主体,即必须是广告主、广告经营者、广告发布者。

(4)主观方面由故意构成,即广告主、广告经营者、广告发布者明知或应知广告为虚假广告,且虚假广告会给用户或消费者带来误导,而希望或放任这种结果的发生。过失不构成本罪。

2. 罪与非罪的界限

本罪是结果犯,构成犯罪必须具备“情节严重”的条件。司法实践中,认定虚假广告罪与非罪的界限问题时应注意把握好以下几点:一是根据广告法规定,所做广告商品要具备有关方面的合法证明。二是应当考察虚假广告行为的总体危害程度。三是应当考虑广告令人误解的程度。判断广告的真实与否不仅取决于广告本身,而且还取决于受广告引导或影响的人对广告如何理解。对广告令人误解的标准来说，只要广告容易使消费者产生误解，消费者是否实际受骗并不影响本罪的成立。对于不构成犯罪的，可以由工商行政管理等部门根据《广告法》的规定，给予行政处罚或追究相应的民事责任。

3. 本罪与诈骗罪的界限

两者的区别主要在于：(1)主体不同。虚假广告罪的主体为特殊主体，仅限于广告主、广告经营者、广告发布者；诈骗罪的主体为一般主体。(2)主观方面表现不同。虚假广告罪在主观方面表现为行为人往往具有非法营利的目的，诈骗罪的行为人在主观上具有非法占有的目的。(3)客观方面表现不同。虚假广告罪在客观方面表现为行为人利用广告对商品或者服务作虚假宣传；诈骗罪则表现为捏造虚假事实、隐瞒真相，对虚构内容没有限制。(4)侵犯的客体不同。虚假广告罪侵犯的客体是广告管理制度，诈骗罪的客体则是公私财产的所有权。

根据最高人民法院《关于审理非法集资刑事案件具体应用法律若干问题的解释》(法释〔2010〕18 号)第 8 条规定，广告经营者、广告发布者违反国家规定，利用广告为非法集资活动相关的商品或者服务作虚假宣传，具有下列情形之一的，依照《刑法》第 222 条的规定，以虚假广告罪定罪处罚：(1)违法所得数额在 10 万元以上的；(2)造成严重危害后果或者恶劣社会影响的；(3)2 年内利用广告作虚假宣传，受过行政处罚 2 次以上的；(4)其他情节严重的情形。明知他人从事欺诈发行股票、债券，非法吸收公众存款，擅自发行股票、债券，集资诈骗或者组织、领导传销活动等集资犯罪活动，为其提供广告等宣传的，以相关犯罪的共犯论处。

(三)量刑标准

根据《刑法》第 222 条的规定，犯虚假广告罪的，处 2 年以下有期徒刑或者拘役，并处或者单处罚金。

根据《刑法》第 231 条的规定，单位犯本罪的，对单位判处罚金，并对其直接负责的主管人员和其他直接责任人员，依照上述规定处罚。

三、串通投标案

中华人民共和国刑法(节选)

第二百二十三条　投标人相互串通投标报价，损害招标人或者其他投标人利益，情节严重的，处三年以下有期徒刑或者拘役，并处或者单处罚金。

投标人与招标人串通投标，损害国家、集体、公民的合法利益的，依照前款的规定处罚。

第二百三十一条 单位犯本节第二百二十一条至第二百三十条规定之罪的，对单位判处罚金，并对其直接负责的主管人员和其他直接责任人员，依照本节各该条的规定处罚。

串通投标罪，是指投标人相互串通投标报价，损害招标人或者其他投标人利益，或者投标人与招标人串通投标，损害国家、集体、公民的合法利益，情节严重的行为。

（一）立案标准

根据最高人民检察院、公安部《关于公安机关管辖的刑事案件立案追诉标准的规定（二）》第76条规定，投标人相互串通投标报价，或者投标人与招标人串通投标，涉嫌下列情形之一的，应予立案追诉：

（1）损害招标人、投标人或者国家、集体、公民的合法利益，造成直接经济损失数额在50万元以上的。这里的“直接经济损失”，是指行为人串通投标的行为给招标人、其他投标人或者国家、集体、公民所造成的财产损毁、减少的实际价值，不包括间接经济损失。主要包括两种情形：一是投标人相互串通投标报价，给招标人、其他投标人造成直接经济损失数额在50万元以上的。二是投标人与招标人串通投标，给国家、集体、公民造成直接经济损失数额在50万元以上的。只要符合两种情形之一的，公安机关就应当立案，依法追究刑事责任。

（2）违法所得数额在10万元以上的。指行为人因串通投标所获得的违法收入总额，只要违法所得数额达到10万元以上的就应当立案追诉。

（3）中标项目金额在200万元以上的。

（4）采取威胁、欺骗或者贿赂等非法手段的。所谓威胁，是指行为人对投标招标活动的其他参加人，采用精神强制的方法使其产生恐惧，而被迫接受行为人提出的招投标条件的行为。所谓欺骗，是指以虚构事实或者隐瞒真相的方法，使其他招标人、投标人“自愿”地接受行为人提出的招投标条件的行为。这种“自愿”，实际上是受行为人的欺骗而上当所致，并非真正自愿接受。所谓贿赂，是指行为人在投标招标活动中，利用贿赂的方法取得中标项目的行为。

（5）虽未达到上述数额标准，但2年内因串通投标，受过行政处罚2次以上，又串通投标的。这里的“虽未达到上述数额标准”，是指损害招标人、投标人或者国家、集体、公民的合法利益，造成的直接经济损失数额接近本罪立案标准第1项、第2项规定的标准，并且已经达到该标准的80%以上。在这种情况下，只要同时具备“2年内因串通投标，受过行政处罚2次以上，又串通投标”的情形，公安机关就应当立案侦查。这里“受过行政处罚2次以上”，是指行为人2年内曾经因为串通投标，受到有关主管部门2次或者2次以上行政处罚。至于行政处罚的种类、2次行政处罚的具体时间等均不影响本罪的追诉。

（6）其他情节严重的情形。

（二）定罪标准

1. 本罪的构成

（1）侵犯的客体是市场竞争秩序以及招标人和其他投标人、国家、集体、公民的权益。招标与投标是一种进行发包工程、购买成套设备等活动中经常采用的有组织的市场交易行为。在招标投标的过程中，无论是投标人之间私下串通抬高标价或压低标价，还是招标人与投标人之间相互勾结串通报标，都违反了招标投标公开公平原则，违背了择优评标和鼓励公平竞争的宗旨，侵害了招标人或者投标人以及国家集体和公民的合法权益。

（2）客观方面表现为串通投标行为，即投标人互相串通投标报价，损害招标人或者其他招标人利益，或者投标人与招标人串通投标，损害国家、集体、公民的合法权益，情节严重的行为。具体表现为：一是投标人互相串通投标报价，损害招标人或者其他投标人利益的行为。具体包括两种情况：一种情况是投标人为了谋取高额利润，相互作弊提高标价，迫使招标人不得不在过高的标价中选择；另一种情况是投标人为了限制彼此之间的竞争，损害招标人的利益，而相互串通，故意压低标价，或者协议在类似的项目中轮流中标，使招标者无法择优选择，同时使一些竞争对手的正常标价显得过高，使其不能入围，阻止其进入本应进入的经营领域。二是招标人与投标人串通投标，损害国家、集体、公民的合法权益的行为。由于投标人与招标人相互勾结，会使其他投标人参加投标竞争时会处于不利的境地，从而破坏正常的市场竞争。同时，这种串通还会使委托招标的国家、集体、公民的合法权益遭受损失。根据刑法的规定，串通投标的行为还必须达到“情节严重”才构成本罪。

（3）主体是一般主体，自然人和单位均可构成本罪的主体。

（4）主观上只能由故意构成，即明知自己的串通投标行为会造成损害招标人、其他投标人或者国家、集体、公民的合法权益，而仍然希望并追求这种结果的发生从而实施犯罪行为。过失不构成本罪。

2. 罪与非罪的界限

本罪是结果犯，构成犯罪必须具备“情节严重”的条件。所谓情节严重，主要是指：由于串通报价，而使招标人无法达到最佳的竞标结果，或者其他投标人无法在公平竞争的条件下参与竞争投标而受到损害的；造成招标投标工作严重混乱的；使招标人蒙受重大损失等情形。如果情节并不严重或者没有损害国家、集体、公民的利益的，不应认定为犯罪。

本罪是必要的共同犯罪，即只有投标人相互串通报价或者招标人与投标人串通投标，共同实施犯罪才能完成。至于投标人、招标人在共同犯罪中的地位、作用和应负的刑事责任，应当根据案件的具体情况确定。

（三）量刑标准

根据《刑法》第 223 条的规定，犯串通投标罪的，处 3 年以下有期徒刑或者拘役，并处或单处罚金。

根据《刑法》第 231 条的规定，单位犯本罪的，对单位判处罚金，并对其直接负责的主管人员和其他直接责任人员，依照上述规定处罚。

四、合同诈骗案

中华人民共和国刑法（节选）

第二百二十四条　有下列情形之一，以非法占有为目的，在签订、履行合同过程中，骗取对方当事人财物，数额较大的，处三年以下有期徒刑或者拘役，并处或者单处罚金；数额巨大或者有其他严重情节的，处三年以上十年以下有期徒刑，并处罚金；数额特别巨大或者有其他特别严重情节的，处十年以上有期徒刑或者无期徒刑，并处罚金或者没收财产：

（一）以虚构的单位或者冒用他人名义签订合同的；

（二）以伪造、变造、作废的票据或者其他虚假的产权证明作担保的；

（三）没有实际履行能力，以先履行小额合同或者部分履行合同的方法，诱骗对方当事人继续签订和履行合同的；

（四）收受对方当事人给付的货物、货款、预付款或者担保财产后逃匿的；

（五）以其他方法骗取对方当事人财物的。

第二百三十一条　单位犯本节第二百二十一条至第二百三十条规定之罪的，对单位判处罚金，并对其直接负责的主管人员和其他直接责任人员，依照本节各该条的规定处罚。

合同诈骗罪，是指以非法占有为目的，在签订、履行合同过程中，骗取当事人财物，数额较大的行为。

（一）立案标准

根据最高人民检察院、公安部《关于公安机关管辖的刑事案件立案追诉标准的规定（二）》第77条规定，以非法占有为目的，在签订、履行合同过程中，骗取对方当事人财物，数额在2万元以上的，应予立案追诉。

（二）定罪标准

1. 本罪的构成

（1）侵犯的客体是合同管理秩序和公私财产所有权。所谓合同，是指当事人之间就权利义务关系达成的协议。由于合同诈骗犯罪直接发生在商品生产、交换的特殊领域，所以，合同诈骗犯罪与其他方式的诈骗犯罪有一定的区别。一些犯罪分子以非法占有他人财物为目的，与他人签订经济合同，骗取他人钱财，不仅侵犯了国家对合同的管理制度，也侵犯了他人的财产权益，具有严重的社会危害性，应当依法予以严惩。

（2）客观方面表现为在签订、履行合同过程中，骗取当事人财物，数额较大的行为。根据法律规定，构成本罪，还必须达到数额较大的标准。未达到法定标准，属于一般的合同欺诈行为，不以犯罪论处。

（3）主体是一般主体，自然人和单位均可以构成本罪的主体。

（4）主观方面由故意构成，且须以非法占有为目的。即行为人明知自己的行为是在骗取他人的财物，但出于非法占有的目的，积极追求犯罪结果的发生。本罪的犯罪动机可以是多种多样的。行为人主观上没有上述诈骗故意，只是由于种种客观原因，导致合同不能履行或所欠债务无法偿还的，不能以诈骗罪论处。构成诈骗罪的行为人主观上的非法占有目的，既包括行为人意图本人对非法所得的占有，也包括意图为法人、单位或第三人对非法所得的占有。

2. 关于合同诈骗行为方式的认定

刑法规定了五种犯罪行为方式：

（1）以虚构的单位或冒用他人名义签订合同，骗取对方当事人财物的行为。主要是指行为人以凭空捏造出来的某单位或未经他人授权或者同意而以单位、他人名义向受害人表示签订合同的意思，受害人出于各种原因而和行为人签订合同的行为。

(2)以伪造、变造、作废的票据或者其他虚假的产权证明作担保,诱骗对方当事人与其签订合同,从而骗取财物的行为。票据是指出票人依法签发的,约定由自己或指定他人,在一定时间、一定地点,按票面所载无条件支付一定金额的有价证券。根据我国有关法律规定,票据包括汇票、本票和支票。票据的伪造,是指行为人假冒他人名义签发票据或为其他票据行为,如承兑、背书等。票据的变造,是指没有合法权限的人在已有效成立的票据上变更除票据上的签名以外的记载内容的行为。票据的作废,是指票据由于付款、法定的判决裁定等原因已失去其效力。其他虚假的产权证明,是指伪造的或通过其他非法途径获得的证明其对某项不享有权利的财产享有权利的证明文件,如伪造房屋产权证、土地使用权证书等。一些犯罪分子为了取得对方当事人的信任,往往以伪造、变造、作废的票据或者其他虚假的产权证明作担保,以诱骗对方当事人与其订立合同,从而达到骗取钱财的目的。

(3)没有实际履行能力,以先履行小额合同或者履行部分合同的方法,诱骗对方当事人继续签订和履行合同的。这种行为是指行为人并无实际履行能力而与他人签订合同,在签订合同后,为了取得对方当事人的信任,先主动履行部分合同义务,从而使对方当事人确信其肯定会履行全部合同义务,达到骗取钱财的目的。有的犯罪分子欲骗取他人钱财数额较大,对方当事人有可能因为数额太大而不敢与其签订合同,因此犯罪分子先与对方当事人签订一数额较小的合同并主动积极地履行,以骗取对方当事人的信任,继而与对方当事人签订根本无履行能力的数额较大的合同,达到骗取他人钱财目的。

(4)收受对方当事人给付的货物、货款、预付款或者担保财产后逃匿的。这是一种比较典型的合同诈骗。行为人在签订合同,收受了对方当事人所给付的货物、货款、预付款或担保财产后,根本不想履行合同,而携款逃匿的行为。在这种情况下,无论行为人是否有履行能力,也不论行为人是否以合法途径签订合同,只要行为人实施了这种携款逃匿的行为,就构成本罪。

(5)以其他方法骗取对方当事人财物的。即除以上四种方法以外的其他方法骗取对方当事人钱财。由于合同犯罪的手段多种多样,法律规定上不可能穷尽,所以法律对此作出了弹性的规定。实践中,以其他方法骗取对方当事人钱财的情形有:收受对方当事人给付的货物、货款、预付款或者担保财产后,既不履行合同又不返还;用于其他违法犯罪活动,无法返还的等。

3. 正确认定合同诈骗行为与合同纠纷的界限

两者的最主要的区别就在于是否有实际履行能力。如果行为人在签订合同时就根本没有履行合同的能力,并且在合同履行期届满前也可预料其没有实际履行合同的能力;或者在合同订立时有履行能力,但在签订合同后,由于种种事由而丧失了履行合同的能力,却仍然以上述履行小额合同或部分履行合同的方式诱骗对方当事人继续签订和履行合同的,应当作为合同诈骗犯罪。但如果是本来有履行能力或本来可以有履行能力,签订合同后虽经努力,却仍然由于某些原因无力履行的,则应作为合同纠纷处理。由于本罪既可以由个人实施,也可以由单位实施,因此,只要单位或者个人进行合同诈骗,骗取的财物达到"数额较大"的标准,就构成犯罪,就应依法追究单位或者个人的刑事责任。对于未达到立案数额标准的,应按合同诈骗行为给予行政处罚,当事人还可以通过法律程序请求支付违约金或者赔偿损失。

4. 本罪与诈骗罪的界限

两者都是以非法占有为目的,通过虚构事实、隐瞒真相,实施骗取他人财物的行为,在本质上都是诈骗行为,属于法条竞合关系。区别的关键在于:(1)犯罪时间不同。本罪发生在经济合同的签订、履行过程中,而一般诈骗罪没有具体的时间、条件的限制。(2)犯罪手段不同。本罪的行为方式是特定的。即刑法中具体规定的五种方式之一,而一般诈骗罪却没有具体的行为方式限制。

5. 关于诈骗数额的计算

诈骗数额应当以行为人实际骗取的数额认定,合同标的数额可以作为量刑情节予以考虑。行为人利用合同多次进行诈骗或者连续进行诈骗,用后次诈骗的款项归还前次诈骗款项的,应按最后实际诈骗数额计算。

(三)量刑标准

根据《刑法》第224条的规定,犯合同诈骗罪的,处3年以下有期徒刑或者拘役,并处或者单处罚金;数额巨大或者有其他严重情节的,处3年以上10年以下有期徒刑,并处罚金;数额特别巨大或者有其他特别严重情节的,处10年以上有期徒刑或者无期徒刑,并处罚金或者没收财产。

根据《刑法》第231条的规定,单位犯本罪的,对单位判处罚金,并对其直接负责的主管人员和其他直接责任人员,依照上述规定处罚。

五、组织、领导传销活动案

中华人民共和国刑法(节选)

第二百二十四条之一[根据《刑法修正案(七)》增加]　组织、领导以推销商品、提供服务等经营活动为名,要求参加者以缴纳费用或者购买商品、服务等方式获得加入资格,并按照一定顺序组成层级,直接或者间接以发展人员的数量作为计酬或者返利依据,引诱、胁迫参加者继续发展他人参加,骗取财物,扰乱经济社会秩序的传销活动的,处五年以下有期徒刑或者拘役,并处罚金;情节严重的,处五年以上有期徒刑,并处罚金。

组织、领导传销活动罪,是指组织、领导以推销商品、提供服务等经营活动为名,要求参加者以缴纳费用或者购买商品、服务等方式获得加入资格,并按照一定顺序组成层级,直接或者间接以发展人员的数量作为计酬或者返利依据,引诱、胁迫参加者继续发展他人参加,骗取财物,扰乱经济社会秩序的传销活动的行为。

(一)立案标准

根据最高人民检察院、公安部《关于公安机关管辖的刑事案件立案追诉标准的规定(二)》第78条规定,组织、领导以推销商品、提供服务等经营活动为名,要求参加者以缴纳费用或者购买商品、服务等方式获得加入资格,并按照一定顺序组成层级,直接或者间接以发展人员的数量作为计酬或者返利依据,引诱、胁迫参加者继续发展他人参加,骗取财物,扰乱经济社会秩序的传销活动,涉嫌组织、领导的传销活动人员在30人以上且层级在3级以上的,对组织者、领导者,应予立案追诉。

本条所指的传销活动的组织者、领导者,是指在传销活动中起组织、领导作用的发起人、决策人、操纵人,以及在传销活动中担负策划、指挥、布置、协调等重要职责,或者在传销活动实施中起到关键作用的人员。

本罪是《刑法修正案(七)》新增加的罪名。在过去的司法实践中,对这类案件主要是根据实施传销犯罪的不同情况,分别按照非法经营罪、诈骗罪、集资诈骗罪等犯罪追究刑事责任的。由于"拉人头"传销不存在真实的交易行为,也没有从事非法经营活动,很难适用非法经营罪进行定罪量刑。《刑法修正案(七)》从立法上解决了这一难题,把本罪的犯罪形态规定为行为犯,只要行为人实施了组织、领导传销活动的行为,就可以构成犯罪,公安机关应当依法立案追诉。

(二)定罪标准

1. 本罪的构成

(1)侵犯的客体是社会正常的管理秩序。

(2)客观方面表现为组织、领导以推销商品、提供服务等经营活动为名,要求参加者以缴纳费用或者购买商品、服务等方式获得加入资格,并按照一定顺序组成层级,直接或者间接以发展人员的数量作为计酬或者返利依据,引诱、胁迫参加者继续发展他人参加,骗取财物,扰乱经济社会秩序的传销活动的行为。根据《禁止传销条例》第 2 条关于“传销”的定义,是指组织者或者经营者发展人员,通过对被发展人员以其直接或者间接发展的人员数量或者销售业绩为依据计算和给付报酬,或者要求被发展人员以交纳一定费用为条件取得加入资格等方式牟取非法利益,扰乱经济秩序,影响社会稳定的行为。从销售方式及范围看,一般采取无店铺经营方式,以发展下线为维系其运转的生命线,组织者往往首先利用各种社会关系,在同学朋友以致亲属间寻找销售对象,下线又用同一种方法发展下层次的参加者,从而构成一种“金字塔型”的销售网络;从推销手段看,一般以快速创业致富为幌子,许诺给予参加者高额回报或销售商品中提成的权利等;从近年来查获的销售载体看,已由原先的实际伪劣实物商品而逐渐演变为一些只具有象征性的物品,如资格证书、银行卡、期权卡等;从运作方式看,组织者往往利用后参加者所交付的部分费用支付先参加者的报酬维持运作;从获得利润的途径看,组织者的收益主要来自参加者交纳的入门费或以认购商品等方式变相交纳的费用,而先参加者从发展的下线成员所交纳费用中获取收益,且收益数额由其加入的先后顺序决定。

(3)主体是传销活动的组织、领导者。既包括处于传销网络顶端、对整个传销活动进行组织或领导的人员,也包括对传销活动的某一个部分进行组织或领导的人员。对于积极参加者和其他参加者,既是违法者又是受害者,不是本罪的犯罪主体,但可以给予相应的行政处罚和教育。单位不能构成本罪。

(4)主观方面是故意,过失不构成本罪。

2. 罪与非罪的界限

主要是要正确区分直销与传销。直销作为企业一种合法的销售方式,与传销有着本质的区别。从加入资格看,直销企业对直销人员的加入是没有任何门槛的,而传销对加入的人员是设置条件的,包括缴纳费用或者购买产品或服务等;从计酬依据看,直销企业的计酬方式主要是直销人员销售产品后按销售额的一定比例提取的,而传销是以直接或间接以发展人员的数量作为计酬或者返利依据的;从层级角度看,多层次直销是世界上众多国家直销的主流模式,但《直销管理条例》规定我国只允许单层次直销,刑法中所说的传销按层级计酬的“层级”,其实不是直销模式的多层次,而是一种“金字塔式”的“层级”,充满了引诱、胁迫与欺诈,是犯罪而不是一般违法;从结果手段看,直销企业发展直销人员是以招募形式开展的,而传销则是引诱、胁迫参加者继续发展他人参加,从而达到骗取他人财物的目的。

3. 本罪与非法经营罪、诈骗罪的区别

根据国务院《禁止传销条例》的规定，在我国所有传销活动都是非法的。由于以“拉人头”“骗取入门费”等形式进行传销，在本质上并不从事经营活动，与非法经营罪之间不存在竞合关系，也不能以非法经营罪进行打击处理；只有组织、领导以“团队计酬”形式的传销与非法经营罪之间才存在竞合关系。对此，应按照特别法优于一般法的原则处理，即应当以组织、领导传销活动罪追究刑事责任。而非法经营罪属于情节犯，分为“情节严重”和“情节特别严重”两个量刑档次，或是数额犯，即要求达到一定的经营数额或者违法所得数额才可构成非法经营罪。在本罪与诈骗罪的界限上，虽然“拉人头”“骗取入门费”等形式的传销具有诈骗性质，但是也应当按照特殊规定优于一般规定的处理原则，以组织、领导传销活动罪追究刑事责任。

4. 关于办理组织领导传销活动刑事案件的法律适用问题

最高人民法院、最高人民检察院、公安部《关于办理组织领导传销活动刑事案件适用法律若干问题的意见》(公通字〔2013〕37 号)对此作了明确规定：

(1)关于传销组织层级及人数的认定问题。以推销商品、提供服务等经营活动为名，要求参加者以缴纳费用或者购买商品、服务等方式获得加入资格，并按照一定顺序组成层级，直接或者间接以发展人员的数量作为计酬或者返利依据，引诱、胁迫参加者继续发展他人参加，骗取财物，扰乱经济社会秩序的传销组织，其组织内部参与传销活动人员在 30 人以上且层级在 3 级以上的，应当对组织者、领导者追究刑事责任。组织、领导多个传销组织，单个或者多个组织中的层级已达 3 级以上的，可将在各个组织中发展的人数合并计算。组织者、领导者形式上脱离原传销组织后，继续从原传销组织获取报酬或者返利的，原传销组织在其脱离后发展人员的层级数和人数，应当计算为其发展的层级数和人数。办理组织、领导传销活动刑事案件中，确因客观条件的限制无法逐一收集参与传销活动人员的言词证据的，可以结合依法收集并查证属实的缴纳、支付费用及计酬、返利记录，视听资料，传销人员关系图，银行账户交易记录，互联网电子数据，鉴定意见等证据，综合认定参与传销的人数、层级数等犯罪事实。

(2)关于传销活动有关人员的认定和处理问题。下列人员可以认定为传销活动的组织者、领导者：在传销活动中起发起、策划、操纵作用的人员；在传销活动中承担管理、协调等职责的人员；在传销活动中承担宣传、培训等职责的人员；曾因组织、领导传销活动受过刑事处罚，或者 1 年以内因组织、领导传销活动受过行政处罚，又直接或者间接发展参与传销活动人员在 15 人以上且层级在 3 级以上的人员；其他对传销活动的实施、传销组织的建立、扩大等起关键作用的人员。以单位名义实施组织、领导传销活动犯罪的，对于受单位指派，仅从事劳务性工作的人员，一般不予追究刑事责任。

(3)关于“骗取财物”的认定问题。传销活动的组织者、领导者采取编造、歪曲国家政策，虚构、夸大经营、投资、服务项目及盈利前景，掩饰计酬、返利真实来源或者其他欺诈手段，实施《刑法》第224条之一规定的行为，从参与传销活动人员缴纳的费用或者购买商品、服务的费用中非法获利的，应当认定为骗取财物。参与传销活动人员是否认为被骗，不影响骗取财物的认定。

(4)关于“情节严重”的认定问题。对符合本意见第1条第1款规定的传销组织的组织者、领导者，具有下列情形之一的，应当认定为《刑法》第224条之一规定的“情节严重”：组织、领导的参与传销活动人员累计达120人以上的；直接或者间接收取参与传销活动人员缴纳的传销资金数额累计达250万元以上的；曾因组织、领导传销活动受过刑事处罚，或者1年以内因组织、领导传销活动受过行政处罚，又直接或者间接发展参与传销活动人员累计达60人以上的；造成参与传销活动人员精神失常、自杀等严重后果的；造成其他严重后果或者恶劣社会影响的。

(5)关于“团队计酬”行为的处理问题。传销活动的组织者或者领导者通过发展人员，要求传销活动的被发展人员发展其他人员加入，形成上下线关系，并以下线的销售业绩为依据计算和给付上线报酬，牟取非法利益的，是“团队计酬”式传销活动。以销售商品为目的、以销售业绩为计酬依据的单纯的“团队计酬”式传销活动，不作为犯罪处理。形式上采取“团队计酬”方式，但实质上属于“以发展人员的数量作为计酬或者返利依据”的传销活动，应当依照《刑法》第224条之一的规定，以组织、领导传销活动罪定罪处罚。

(6)关于罪名的适用问题。以非法占有为目的，组织、领导传销活动，同时构成组织、领导传销活动罪和集资诈骗罪的，依照处罚较重的规定定罪处罚。犯组织、领导传销活动罪，并实施故意伤害、非法拘禁、敲诈勒索、妨害公务、聚众扰乱社会秩序、聚众冲击国家机关、聚众扰乱公共场所秩序、交通秩序等行为，构成犯罪的，依照数罪并罚的规定处罚。

(7)其他问题。本意见所称“以上”“以内”，包括本数。本意见所称“层级”和“级”，系指组织者、领导者与参与传销活动人员之间的上下线关系层次，而非组织者、领导者在传销组织中的身份等级。对传销组织内部人数和层级数的计算，以及对组织者、领导者直接或者间接发展参与传销活动人员人数和层级数的计算，包括组织者、领导者本人及其本层级在内。

(三)量刑标准

根据《刑法》第224条之一的规定,犯组织、领导传销活动罪,处5年以下有期徒刑或者拘役,并处罚金;情节严重的,处5年以上有期徒刑,并处罚金。

六、非法经营案

中华人民共和国刑法(节选)

第二百二十五条[根据《刑法修正案(七)》修正] 违反国家规定,有下列非法经营行为之一,扰乱市场秩序,情节严重的,处五年以下有期徒刑或者拘役,并处或者单处违法所得一倍以上五倍以下罚金;情节特别严重的,处五年以上有期徒刑,并处违法所得一倍以上五倍以下罚金或者没收财产:

(一)未经许可经营法律、行政法规规定的专营、专卖物品或者其他限制买卖的物品的;

(二)买卖进出口许可证、进出口原产地证明以及其他法律、行政法规规定的经营许可证或者批准文件的;

(三)未经国家有关主管部门批准非法经营证券、期货、保险业务的,或者非法从事资金支付结算业务的;

(四)其他严重扰乱市场秩序的非法经营行为。

第二百三十一条 单位犯本节第二百二十一条至第二百三十条规定之罪的,对单位判处罚金,并对其直接负责的主管人员和其他直接责任人员,依照本节各该条的规定处罚。

全国人民代表大会常务委员会《关于惩治骗购外汇、逃汇和非法买卖外汇犯罪的决定》规定:

四、在国家规定的交易场所以外非法买卖外汇,扰乱市场秩序,情节严重的,依照刑法第二百二十五条的规定定罪处罚。

单位犯前款罪的,依照刑法第二百三十一条的规定处罚。

非法经营罪,是指违反国家规定,从事非法经营,扰乱市场秩序,情节严重的行为。

(一)立案标准

本罪是1997年《刑法》新增设的罪名。1997年修订《刑法》前,司法实践中,对于非法经营构成犯罪的，主要是按照投机倒把罪定罪量刑，1997 年《刑法》对此作了单独规定。全国人民代表大会常务委员会《关于惩治骗购外汇、逃汇和非法买卖外汇犯罪的决定》对此罪进行了补充，规定：在国家规定的交易场所以外非法买卖外汇，扰乱市场秩序，情节严重的，依照《刑法》第 225 条的规定定罪处罚。单位犯前款罪的，依照《刑法》第 231 条的规定处罚。《刑法修正案（七）》对此罪作了进一步修改和完善，规定在《刑法》第 225 条增加一项，作为第 3 项：未经国家有关主管部门批准，非法经营证券、期货或者保险业务的。原第 3 项改为第 4 项。《刑法修正案（七）》对本条第 3 项再次进行了修改，“未经国家有关主管部门批准非法经营证券、期货、保险业务的，或者非法从事资金支付结算业务的”。

根据最高人民检察院、公安部《关于公安机关管辖的刑事案件立案追诉标准的规定（二）》第 79 条规定，违反国家规定，进行非法经营活动，扰乱市场秩序，涉嫌下列情形之一的，应予立案追诉：

（1）违反国家有关盐业管理规定，非法生产、储运、销售食盐，扰乱市场秩序，具有下列情形之一的：一是非法经营食盐数量在 20 吨以上的；二是曾因非法经营食盐行为受过 2 次以上行政处罚又非法经营食盐，数量在 10 吨以上的。

（2）违反国家烟草专卖管理法律法规，未经烟草专卖行政主管部门许可，无烟草专卖生产企业许可证、烟草专卖批发企业许可证、特种烟草专卖经营企业许可证、烟草专卖零售许可证等许可证明，非法经营烟草专卖品，具有下列情形之一的：一是非法经营数额在 5 万元以上，或者违法所得数额在 20 万元以上的；二是非法经营卷烟 20 万支以上的；三是曾因非法经营烟草专卖品 3 年内受过 2 次以上行政处罚，又非法经营烟草专卖品且数额在 3 万元以上的。

（3）未经国家有关主管部门批准，非法经营证券、期货、保险业务，或者非法从事资金支付结算业务，具有下列情形之一的：一是非法经营证券、期货、保险业务，数额在 30 万元以上的；二是非法从事资金支付结算业务，数额在 200 万元以上的；三是违反国家规定，使用销售点终端机具（POS 机）等方法，以虚构交易、虚开价格、现金退货等方式向信用卡持卡人直接支付现金，数额在 100 万元以上的，或者造成金融机构资金 20 万元以上逾期未还的，或者造成金融机构经济损失 10 万元以上的；四是违法所得数额在 5 万元以上的。

《刑法修正案》规定，在《刑法》第 225 条增加一项作为第 3 项，“未经国家有关主管部门批准，非法经营证券、期货或者保险业务的”。对于这类非法经营案，主要是从非法经营证券、期货或者保险业务的数额上去考察。所谓“非法经营数额”，是指非法经营证券、期货或者保险业务的涉案总值。所谓“违法所得数额”，是指扣除成本后的非法获利数额。如果达到上述规定标准，公安机关就应当立案侦查；未达到上述数量标准的，由有关部门给予相应的行政处罚。

根据《刑法修正案（七）》的规定，对于非法从事资金支付结算业务的，也应当立案追究。根据最高人民法院、最高人民检察院《关于办理非法从事资金支付结算业务、非法买卖外汇刑事案件适用法律若干问题的解释》（法释〔2019〕1 号）第 1 条规定，违反国家规定，具有下列情形之一的，属于《刑法》第 225 条第 3 项规定的“非法从事资金支付结算业务”：一是使用受理终端或者网络支付接口等方法，以虚构交易、虚开价格、交易退款等非法方式向指定付款方支付货币资金的；二是非法为他人提供单位银行结算账户套现或者单位银行结算账户转个人账户服务的；三是非法为他人提供支票套现服务的；四是其他非法从事资金支付结算业务的情形。

（4）非法经营外汇，具有下列情形之一的：一是在外汇指定银行和中国外汇交易中心及其分中心以外买卖外汇，数额在 20 万美元以上的，或者违法所得数额在 5 万元以上的；二是公司、企业或者其他单位违反有关外贸代理业务的规定，采用非法手段，或者明知是伪造、变造的凭证、商业单据，为他人向外汇指定银行骗购外汇，数额在 500 万美元以上或者违法所得数额在 50 万元以上的；三是居间介绍骗购外汇，数额在 100 万美元以上或者违法所得数额在 10 万元以上的。

全国人民代表大会常务委员会《关于惩治骗购外汇、逃汇和非法买卖外汇犯罪的决定》规定，在国家规定的交易场所以外非法买卖外汇，扰乱市场秩序，情节严重的，依照《刑法》第 225 条的规定以非法经营罪定罪处罚。在此《决定》之前，最高人民法院 1998 年 8 月 28 日通过、同年 9 月 1 日起施行的《关于审理骗购外汇、非法买卖外汇刑事案件具体应用法律若干问题的解释》，对非法经营外汇案作了司法解释。该解释第 3 条规定，在外汇指定银行和中国外汇交易中心及其分中心以外买卖外汇，扰乱金融市场秩序，具有下列情形之一的，按照《刑法》第 225 条第（3）项的规定定罪处罚：①非法买卖外汇 20 万美元以上的；②违法所得 5 万元人民币以上的。第 4 条规定，公司、企业或者其他单位，违反有关外贸代理业务的规定，采用非法手段，或者明知是伪造、变造的凭证、商业单据，为他人向外汇指定银行骗购外汇，数额在 500 万美元以上或者违法所得 50 万元人民币以上的，按照《刑法》第 225 条第（3）项的规定定罪处罚。居间介绍骗购外汇 100 万美元以上或者违法所得 10 万元人民币以上的，按照《刑法》第 225 条第（3）项的规定定罪处罚。对于这类非法经营案，主要是从非法购买、骗购、居间介绍骗购外汇的数额上去考察。如果达到上述规定标准,公安机关就应当立案侦查;未达到上述数额标准的,由国家外汇业务主管部门给予相应的行政处罚。

应当注意,最高人民法院、最高人民检察院《关于办理非法从事资金支付结算业务、非法买卖外汇刑事案件适用法律若干问题的解释》(法释〔2019〕1 号)对“情节严重”作了新的解释,实践中应当以此解释为准。该解释第 3 条规定,非法从事资金支付结算业务或者非法买卖外汇,具有下列情形之一的,应当认定为非法经营行为“情节严重”:(1)非法经营数额在 500 万元以上的;(2)违法所得数额在 10 万元以上的。非法经营数额在 250 万元以上,或者违法所得数额在 5 万元以上,且具有下列情形之一的,可以认定为非法经营行为“情节严重”:(1)曾因非法从事资金支付结算业务或者非法买卖外汇犯罪行为受过刑事追究的;(2)二年内因非法从事资金支付结算业务或者非法买卖外汇违法行为受过行政处罚的;(3)拒不交代涉案资金去向或者拒不配合追缴工作,致使赃款无法追缴的;(4)造成其他严重后果的。

(5)出版、印刷、复制、发行严重危害社会秩序和扰乱市场秩序的非法出版物,具有下列情形之一的:一是个人非法经营数额在 5 万元以上的,单位非法经营数额在 15 万元以上的。二是个人违法所得数额在 2 万元以上的,单位违法所得数额在 5 万元以上的。三是个人非法经营报纸 5000 份或者期刊 5000 本或者图书 2000 册或者音像制品、电子出版物 500 张(盒)以上的,单位非法经营报纸 1.5 万份或者期刊 1.5 万本或者图书 5000 册或者音像制品、电子出版物 1500 张(盒)以上的。四是虽未达到上述数额标准,但具有下列情形之一的:第一,两年内因出版、印刷、复制、发行非法出版物受过行政处罚 2 次以上的,又出版、印刷、复制、发行非法出版物的;第二,因出版、印刷、复制、发行非法出版物造成恶劣社会影响或者其他严重后果的。

最高人民法院《关于审理非法出版物刑事案件具体应用法律若干问题的解释》对此类犯罪涉及的“情节严重”“情节特别严重”等问题作了明确解释。根据规定,对于违反国家规定,出版、印刷、复制、发行非法出版物,如果构成侵犯著作权罪、销售侵权复制品罪的,依照这两类犯罪的规定定罪处罚。对于从事出版、印刷、复制、发行这两类犯罪以外的其他严重危害社会秩序和扰乱市场秩序的非法出版物,构成犯罪的,依照《刑法》第 225 条的规定,以非法经营罪定罪处罚。对于按照“非法经营罪”定罪处罚的情形,又分三种情况:一是个人实施上述行为,“情节严重”是指:①经营数额在 5 万元至 10 万元以上的;②违法所得数额在 2 万元至 3 万元以上的;③经营报纸 5000 份或者期刊 5000 本或者图书 2000 册或者音像制品、电子出版物 500 张(盒)以上的。二是单位实施上述行为,“情节严重”是指:①经营数额在 15 万元至30万元以上的；②违法所得数额在5万元至10万元以上的；③经营报纸1.5万份或者期刊1.5万本或者图书5000册或者音像制品、电子出版物1500张（盒）以上的。三是经营数额、违法所得数额或者经营数量接近非法经营行为“情节严重”的数额、数量起点标准，并具有下列情形之一的，可以认定为非法经营行为“情节严重”：①两年内因出版、印刷、复制、发行非法出版物受过行政处罚2次以上的；②因出版、印刷、复制、发行非法出版物造成恶劣社会影响或者其他严重后果的。所谓“经营数额”，是指以非法出版物的定价数额乘以行为人经营的非法出版物数量所得的数额。所谓“违法所得数额”，是指获利数额。非法出版物没有定价或者以境外货币定价的，其单价数额应当按照行为人实际出售的价格认定。

（6）非法从事出版物的出版、印刷、复制、发行业务，严重扰乱市场秩序，具有下列情形之一的：一是个人非法经营数额在15万元以上的，单位非法经营数额在50万元以上的；二是个人违法所得数额在5万元以上的，单位违法所得数额在15万元以上的；三是个人非法经营报纸1.5万份或者期刊1.5万本或者图书5000册或者音像制品、电子出版物1500张（盒）以上的，单位非法经营报纸5万份或者期刊5万本或者图书1.5万册或者音像制品、电子出版物5000张（盒）以上的；四是虽未达到上述数额标准，两年内因非法从事出版物的出版、印刷、复制、发行业务受过行政处罚2次以上的，又非法从事出版物的出版、印刷、复制、发行业务的。

最高人民法院《关于审理非法出版物刑事案件具体应用法律若干问题的解释》第15条规定，非法从事出版物的出版、印刷、复制、发行业务，严重扰乱市场秩序，情节特别严重，构成犯罪的，可以依照《刑法》第225条第3项的规定，以非法经营罪定罪处罚。这主要是针对目前图书行业中普遍存在的“非法书商”“二渠道”而言的，这些单位或者个人往往没有合法的主体资格，但是为了牟取非法暴利，铤而走险，非法从事图书的出版、印刷、复制、发行业务，严重扰乱图书市场秩序，对构成犯罪的，必须依法追究刑事责任。对于尚不构成犯罪的，可由有关主管部门给予相应的行政处罚。

（7）采取租用国际专线、私设转接设备或者其他方法，擅自经营国际电信业务或者涉港澳台电信业务进行营利活动，扰乱电信市场管理秩序，具有下列情形之一的：一是经营去话业务数额在100万元以上的；二是经营来话业务造成电信资费损失数额在100万元以上的；三是虽未达到上述数额标准，但具有下列情形之一的：第一，两年内因非法经营国际电信业务或者涉港澳台电信业务行为受过行政处罚2次以上，又非法经营国际电信业务或者涉港澳台电信业务的；第二，因非法经营国际电信业务或者涉港澳台电信业务行为造成其他严重后果的。所谓“经营去话业务数额”，是指以行为人非法经营国际电信业务或者涉港澳台电信业务的总时长(分钟数)乘以行为人每分钟收取的用户使用费所得的数额。所谓“电信资费损失数额”，是指以行为人非法经营国际电信业务或者涉港澳台电信业务的总时长(分钟数)乘以在合法电信业务中我国应当得到的每分钟国际结算价格所得的数额。

对于第3项规定，应当注意：一是这里“虽未达到上述数额标准”，是指接近第1项、第2项规定的数额标准且已达到该数额的80%以上，即经营去话业务数额在80万元以上的，或者经营来话业务造成电信资费损失数额在80万元以上的。二是“受过行政处罚2次以上”，是指行为人违反国家规定经营去话业务或者来话业务被电信业务主管部门处罚2次或者2次以上。至于两年内处罚的种类、具体时间等均不影响立案追究刑事责任。三是只要属于“违法经营去话业务数额在80万元以上，同时因非法经营国际电信业务或者涉港澳台电信业务，受过行政处罚2次以上，又进行非法经营活动的”，或者“违法经营来话业务造成电信资费损失数额在80万元以上，同时因非法经营国际电信业务或者涉港澳台电信业务，受过行政处罚2次以上，又进行非法经营活动或者造成其他严重后果的”，公安机关应当立案侦查。对于未达到上述数额标准的或者不符合上述规定的立案情形，由电信业务主管部门给予相应的行政处罚。

(8)从事其他非法经营活动，具有下列情形之一的：一是个人非法经营数额在5万元以上，或者违法所得数额在1万元以上的；二是单位非法经营数额在50万元以上，或者违法所得数额在10万元以上的；三是虽未达到上述数额标准，但两年内因同种非法经营行为受过2次以上行政处罚，又进行同种非法经营行为的；四是其他情节严重的情形。

(二)定罪标准

1. 本罪的构成

(1)侵犯的客体是市场管理秩序。本罪的犯罪对象主要是专营、专卖物品，禁止或限制买卖的物品；进出口许可证，进出口原产地证明以及其他法律、法规规定的经营许可证、批准文件等。

(2)客观方面表现为违反国家规定，非法经营，扰乱市场秩序，情节严重的行为。所谓违反国家规定，是指违反国家关于专营、专卖物品及其他限制物品，关于进出口许可证，进出口原产地证明及其他经营许可证或者批准文件，以及其他关于维护正常的社会主义市场经济的法律、法规、规章、决定、命令等的行为。构成本罪，除要求违反国家规定,实施了非法经营行为外,还必须要求行为达到情节严重的程度方可构成。所谓情节严重,主要应当以非法经营额或非法获利额作为基础,并综合考虑其他情节确定,如造成严重后果,屡教不改等。对于情节不严重的行为,只能作为一般违法行为由有关部门给予行政处罚。

(3)主体为一般主体,自然人和单位均可以成为本罪的主体。

(4)主观方面由故意构成。即行为人明知其行为是可能扰乱市场秩序的非法经营行为而仍然非法经营。过失不构成本罪。

2. 关于非法经营行为的认定

根据刑法规定,行为人违反国家规定,实施非法经营行为主要包括:

(1)未经许可经营法律、行政法规规定的专营、专卖物品或者其他限制买卖的物品的行为。所谓专营、专卖物品或者其他限制买卖物品,是指国家为了保证国民经济或其他限制民间自由买卖的社会秩序的稳定而由国家专营部门专营、专卖的或其他限制民间自由买卖的物资。主要包括:国家限制或禁止自由买卖的物资,金银及其物品,军工产品,火药产品,天然金刚石,麻醉药品,卷烟等。但本罪不包括刑法已列为特定犯罪对象的物资,如枪支、弹药、鸦片等。

(2)买卖进出口许可证、进出口原产地证明以及其他法律、行政法规规定的许可或者批准文件的行为。所谓进出口许可证,是指国家为加强对进出口商品的管理,对于依法须凭许可证进出口的货物,按照国家的审批权限经主管部门审查批准后由外贸主管部门向进口人或出口人颁发的许可证明。所谓进出口原产地证明,是指对于进出口商品的原产地、来源处或出处加以确认的证明。以上文件均不得自由买卖,因此,凡以此为标的进行买卖的行为均为非法行为。

(3)其他严重扰乱市场秩序的非法经营行为。即除前两项行为及本节内其他扰乱市场秩序的非法经营行为外的所有严重扰乱市场秩序的非法经营行为,如垄断货源、哄抬物价、非法传销等。

3. 非法经营行为的扩大化

自1997年《刑法》实施以来,先后通过单行刑法、修正案、司法解释将非法经营的行为方式多次扩大化,以下行为应当认定为非法经营行为:

(1)非法经营外汇买卖业务的行为。1998年12月29日第九届全国人大常委会第六次会议通过的《关于惩治骗购外汇、逃汇和非法买卖外汇犯罪的决定》,对骗购外汇、逃汇和非法买卖外汇的犯罪行为作了补充规定。其中,按非法经营罪处理的有三种情形:一是在国家规定的交易场所以外非法买卖外汇,扰乱市场秩序,情节严重的，依照《刑法》第 225 条的规定定罪处罚。根据最高人民法院、最高人民检察院《关于办理非法从事资金支付结算业务、非法买卖外汇刑事案件适用法律若干问题的解释》（法释〔2019〕1 号）第 2 条规定，违反国家规定，实施倒买倒卖外汇或者变相买卖外汇等非法买卖外汇行为，扰乱金融市场秩序，情节严重的，依照《刑法》第 225 条第 4 项的规定，以非法经营罪定罪处罚。二是公司、企业或者其他单位，违反有关外贸代理业务的规定，采用非法手段，或者明知是伪造、变造的凭证、商业单据，为他人向外汇指定银行骗购外汇，数额在 500 万美元以上或者违法所得 50 万元人民币以上的，按照《刑法》第 225 条的规定定罪处罚。三是居间介绍骗购外汇 100 万美元以上或者违法所得 10 万元人民币以上的，按照《刑法》第 225 条的规定定罪处罚。

（2）非法经营证券、期货或者保险业务以及非法从事资金支付结算业务的行为。1999 年 12 月 25 日第九届全国人大常委会第十三次会议通过的《刑法修正案》规定，将《刑法》第 225 条增加一项，作为第 3 项，“未经国家有关主管部门批准，非法经营证券、期货或者保险业务的”，原第 3 项改为第 4 项。《刑法修正案（七）》将本条第 3 项修改为：“未经国家有关主管部门批准非法经营证券、期货、保险业务的，或者非法从事资金支付结算业务的。”也就是说，非法经营证券、期货或者保险业务的行为，以及非法从事资金支付结算业务的行为，都属于非法经营的一种，应当按照非法经营罪定罪量刑。

（3）非法经营出版物的行为。1998 年 12 月 11 日最高人民法院审判委员会第 1032 次会议通过、自 1998 年 12 月 23 日起施行的《关于审理非法出版物刑事案件具体应用法律若干问题的解释》第 11 条规定，违反国家规定，出版、印刷、复制、发行本解释第 1 条至第 10 条规定以外的其他严重危害社会秩序和扰乱市场秩序的非法出版物，情节严重的，依照《刑法》第 225 条的规定，以非法经营罪定罪处罚。

（4）非法经营电信业务的行为。2000 年 4 月 28 日最高人民法院审判委员会第 1113 次会议通过的《关于审理扰乱电信市场管理秩序案件具体应用法律若干问题的解释》第 1 条规定，违反国家规定，采取租用国际专线、私设转接设备或者其他方法，擅自经营国际电信业务或者涉港澳台电信业务进行营利活动，扰乱电信市场管理秩序，情节严重的，依照《刑法》第 225 条第 4 项的规定，以非法经营罪定罪处罚。

（5）非法买卖与森林、林木、林地有关的允许进出口证明书等经营许可证的行为。2000 年 11 月 17 日最高人民法院审判委员会第 1141 次会议通过、同年 12 月 11 日起施行的《关于审理破坏森林资源刑事案件具体应用法律若干问题的解释》第 13

条第2款规定，对于买卖允许进出口证明书等经营许可证，同时触犯《刑法》第225条、第280条规定之罪的，依照处罚较重的规定定罪处罚。

(6)非法买卖野生动物允许进出口证明书的行为。2000年11月17日最高人民法院审判委员会第1141次会议通过、同年12月11日起施行的《关于审理破坏野生动物资源刑事案件具体应用法律若干问题的解释》规定，对于买卖野生动物允许进出口证明书，同时构成《刑法》第225条第2项规定的非法经营罪的，依照处罚较重的规定定罪处罚。

(7)关于生产、销售、使用“瘦肉精”的行为。为了依法惩治非法生产、销售、使用盐酸克仑特罗(俗称“瘦肉精”)等禁止在饲料和动物饮用水中使用的药品等犯罪活动，维护社会主义市场经济秩序，保护公民的身体健康，最高人民法院、最高人民检察院2002年8月16日公告、8月23日起施行的《关于办理非法生产、销售、使用禁止在饲料和动物饮用水中使用的药品等刑事案件具体应用法律若干问题的解释》，对这类行为的定罪量刑作了明确解释。该司法解释第1条规定，未取得药品生产、经营许可证件和批准文号，非法生产、销售盐酸克仑特罗等禁止在饲料和动物饮用水中使用的药品，扰乱药品市场秩序，情节严重的，依照《刑法》第225条第1项的规定，以非法经营罪追究刑事责任。该司法解释第2条规定，在生产、销售的饲料中添加盐酸克仑特罗等禁止在饲料和动物饮用水中使用的药品，或者销售明知是添加有该类药品的饲料，情节严重的，依照《刑法》第225条第4项的规定，以非法经营罪追究刑事责任。第5条规定，实施本解释规定的行为，同时触犯刑法规定的两种以上犯罪的，依照处罚较重的规定追究刑事责任。该司法解释第6条规定，禁止在饲料和动物饮用水中使用的药品，依照国家有关部门公告的禁止在饲料和动物饮用水中使用的药物品种目录确定。

(8)关于违反国家有关盐业管理规定，非法生产、储运、销售食盐，扰乱市场秩序，情节严重的行为。根据最高人民检察院《关于办理非法经营食盐刑事案件具体应用法律若干问题的解释》(高检发释字〔2002〕6号)第1条的规定，违反国家有关盐业管理规定，非法生产、储运、销售食盐，扰乱市场秩序，情节严重的，应当依照《刑法》第225条的规定，以非法经营罪追究刑事责任。

(9)关于违反国家在预防、控制突发传染病疫情等灾害期间有关市场经营、价格管理等规定，哄抬物价、牟取暴利，严重扰乱市场秩序的行为。根据最高人民法院、最高人民检察院颁布的《关于办理妨害预防、控制突发传染病疫情等灾害的刑事案件具体应用法律若干问题的解释》(法释〔2003〕8号)第6条的规定，违反国家在预防、控制突发传染病疫情等灾害期间有关市场经营、价格管理等规定，哄抬物价、牟取暴利，严重扰乱市场秩序，违法所得数额较大或者有其他严重情节的，以非法经营罪定罪，依法从重处罚。

（10）关于未经国家批准擅自发行、销售彩票行为的定性。根据最高人民法院、最高人民检察院发布的《关于办理赌博刑事案件具体应用法律若干问题的解释》（法释〔2005〕3 号）第 6 条的规定，未经国家批准擅自发行、销售彩票，构成犯罪的，以非法经营罪定罪处罚。

（11）关于涉及信用卡的非法经营犯罪。根据最高人民法院、最高人民检察院《关于办理妨害信用卡管理刑事案件具体应用法律若干问题的解释》（法释〔2009〕19 号）第 7 条规定，违反国家规定，使用销售点终端机具（POS 机）等方法，以虚构交易、虚开价格、现金退货等方式向信用卡持卡人直接支付现金，情节严重的，应当依据《刑法》第 225 条的规定，以非法经营罪定罪处罚。实施前款行为，数额在 100 万元以上的，或者造成金融机构资金 20 万元以上逾期未还的，或者造成金融机构经济损失 10 万元以上的，应当认定为《刑法》第 225 条规定的“情节严重”；数额在 500 万元以上的，或者造成金融机构资金 100 万元以上逾期未还的，或者造成金融机构经济损失 50 万元以上的，应当认定为《刑法》第 225 条规定的“情节特别严重”。持卡人以非法占有为目的，采用上述方式恶意透支，应当追究刑事责任的，依照《刑法》第 196 条的规定，以信用卡诈骗罪定罪处罚。

（12）关于非法经营烟草专卖品问题。最高人民法院、最高人民检察院联合发布并于 2010 年 3 月 26 日起施行的《关于办理非法生产、销售烟草专卖品等刑事案件具体应用法律若干问题的解释》（法释〔2010〕7 号）第 1 条第 5 款规定，违反国家烟草专卖管理法律法规，未经烟草专卖行政主管部门许可，无烟草专卖生产企业许可证、烟草专卖批发企业许可证、特种烟草专卖经营企业许可证、烟草专卖零售许可证等许可证明，非法经营烟草专卖品，情节严重的，依照《刑法》第 225 条的规定，以非法经营罪定罪处罚。

《关于办理非法生产、销售烟草专卖品等刑事案件具体应用法律若干问题的解释》第 3 条规定，非法经营烟草专卖品，具有下列情形之一的，应当认定为《刑法》第 225 条规定的“情节严重”：①非法经营数额在 5 万元以上的，或者违法所得数额在 2 万元以上的；②非法经营卷烟 20 万支以上的；③曾因非法经营烟草专卖品 3 年内受过 2 次以上行政处罚，又非法经营烟草专卖品且数额在 3 万元以上的。具有下列情形之一的，应当认定为《刑法》第 225 条规定的“情节特别严重”：①非法经营数额在

25 万元以上,或者违法所得数额在 10 万元以上的;②非法经营卷烟 100 万支以上的。

《关于办理非法生产、销售烟草专卖品等刑事案件具体应用法律若干问题的解释》第 4 条规定,非法经营烟草专卖品,能够查清销售或者购买价格的,按照其销售或者购买的价格计算非法经营数额。无法查清销售或者购买价格的,按照下列方法计算非法经营数额:①查获的卷烟、雪茄烟的价格,有品牌的,按照该品牌卷烟、雪茄烟的查获地省级烟草专卖行政主管部门出具的零售价格计算;无品牌的,按照查获地省级烟草专卖行政主管部门出具的上年度卷烟平均零售价格计算。②查获的复烤烟叶、烟叶的价格按照查获地省级烟草专卖行政主管部门出具的上年度烤烟调拨平均基准价格计算。③烟丝的价格按照第②项规定价格计算标准的 1.5 倍计算。④卷烟辅料的价格,有品牌的,按照该品牌辅料的查获地省级烟草专卖行政主管部门出具的价格计算;无品牌的,按照查获地省级烟草专卖行政主管部门出具的上年度烟草行业生产卷烟所需该类卷烟辅料的平均价格计算。⑤非法生产、销售、购买烟草专用机械的价格按照国务院烟草专卖行政主管部门下发的全国烟草专用机械产品指导价格目录进行计算;目录中没有该烟草专用机械的,按照省级以上烟草专卖行政主管部门出具的目录中同类烟草专用机械的平均价格计算。

《关于办理非法生产、销售烟草专卖品等刑事案件具体应用法律若干问题的解释》第 5 条规定,行为人实施非法生产、销售烟草专卖品犯罪,同时构成生产、销售伪劣产品罪、侵犯知识产权犯罪、非法经营罪的,依照处罚较重的规定定罪处罚。

《关于办理非法生产、销售烟草专卖品等刑事案件具体应用法律若干问题的解释》第 8 条规定,以暴力、威胁方法阻碍烟草专卖执法人员依法执行职务,构成犯罪的,以妨害公务罪追究刑事责任。煽动群众暴力抗拒烟草专卖法律实施,构成犯罪的,以煽动暴力抗拒法律实施罪追究刑事责任。

(13)根据最高人民法院《关于审理非法集资刑事案件具体应用法律若干问题的解释》(法释〔2010〕18 号)第 7 条规定,违反国家规定,未经依法核准擅自发行基金份额募集基金,情节严重的,依照《刑法》第 225 条的规定,以非法经营罪定罪处罚。

(14)根据最高人民法院《关于审理走私、非法经营、非法使用兴奋剂刑事案件适用法律若干问题的解释》(法释〔2019〕16 号)第 2 条规定,违反国家规定,未经许可经营兴奋剂目录所列物质,涉案物质属于法律、行政法规规定的限制买卖的物品,扰乱市场秩序,情节严重的,应当依照《刑法》第 225 条的规定,以非法经营罪定罪处罚。

4. 非法经营案中关于扰乱电信市场管理秩序犯罪案件的定罪问题

最高人民法院《关于审理扰乱电信市场管理秩序案件具体应用法律若干问题的解释》，对本罪的定性、一罪与数罪等有关问题作了规定。一是违反国家规定，采取租用国际专线、私设转接设备或者其他方法，擅自经营国际电信业务或者涉港澳台电信业务进行营利活动，扰乱电信市场管理秩序，情节严重的，依照《刑法》第 225 条第 4 项的规定，以非法经营罪定罪处罚。二是违反国家规定，擅自设置、使用无线电台（站），或者擅自占用频率，非法经营国际电信业务或者涉港澳台电信业务进行营利活动，同时构成非法经营罪和《刑法》第 288 条规定的扰乱无线电通讯管理秩序罪的，依照处罚较重的规定定罪处罚。三是国有电信企业的工作人员，由于严重不负责任或者滥用职权，造成国有电信企业破产或者严重损失，致使国家利益遭受重大损失的，依照《刑法》第 168 条的规定定罪处罚。四是将电信卡非法充值后使用，造成电信资费损失数额较大的，依照《刑法》第 264 条的规定，以盗窃罪定罪处罚。五是盗用他人公共信息网络上网账号、密码上网，造成他人电信资费损失数额较大的，依照《刑法》第 264 条的规定，以盗窃罪定罪处罚。六是以虚假、冒用的身份证件办理入网手续并使用移动电话，造成电信资费损失数额较大的，依照《刑法》第 266 条的规定，以诈骗罪定罪处罚。

5. 关于办理非法生产销售使用“伪基站”设备案件问题

最高人民法院、最高人民检察院、公安部、国家安全部 2014 年 3 月 14 日发布《关于依法办理非法生产销售使用“伪基站”设备案件的意见》（公通字〔2014〕13 号）对此作了明确规定：

（1）准确认定行为性质。一是非法生产、销售“伪基站”设备，具有以下情形之一的，依照《刑法》第 225 条的规定，以非法经营罪追究刑事责任：个人非法生产、销售“伪基站”设备 3 套以上，或者非法经营数额 5 万元以上，或者违法所得数额 2 万元以上的；单位非法生产、销售“伪基站”设备 10 套以上，或者非法经营数额 15 万元以上，或者违法所得数额 5 万元以上的；虽未达到上述数额标准，但 2 年内曾因非法生产、销售“伪基站”设备受过 2 次以上行政处罚，又非法生产、销售“伪基站”设备的。实施前款规定的行为，数量、数额达到前款规定的数量、数额 5 倍以上的，应当认定为《刑法》第 225 条规定的“情节特别严重”。非法生产、销售“伪基站”设备，经鉴定为专用间谍器材的，依照《刑法》第 283 条的规定，以非法生产、销售间谍专用器材罪追究刑事责任；同时构成非法经营罪的，以非法经营罪追究刑事责任。二是非法使用“伪基站”设备干扰公用电信网络信号，危害公共安全的，依照《刑法》第 124

条第 1 款的规定，以破坏公用电信设施罪追究刑事责任；同时构成虚假广告罪、非法获取公民个人信息罪、破坏计算机信息系统罪、扰乱无线电通信管理秩序罪的，依照处罚较重的规定追究刑事责任。除法律、司法解释另有规定外，利用“伪基站”设备实施诈骗等其他犯罪行为，同时构成破坏公用电信设施罪的，依照处罚较重的规定追究刑事责任。三是明知他人实施非法生产、销售“伪基站”设备，或者非法使用“伪基站”设备干扰公用电信网络信号等犯罪，为其提供资金、场所、技术、设备等帮助的，以共同犯罪论处。四是对于非法使用“伪基站”设备扰乱公共秩序，侵犯他人人身权利、财产权利，情节较轻，尚不构成犯罪，但构成违反治安管理行为的，依法予以治安管理处罚。

（2）严格贯彻宽严相济刑事政策。对犯罪嫌疑人、被告人的处理，应当结合其主观恶性大小、行为危害程度以及在案件中所起的作用等因素，切实做到区别对待。对组织指挥、实施非法生产、销售、使用“伪基站”设备的首要分子、积极参加的犯罪分子，以及曾因非法生产、销售、使用“伪基站”设备受到行政处罚或者刑事处罚，又实施非法生产、销售、使用“伪基站”设备的犯罪分子，应当作为打击重点依法予以严惩；对具有自首、立功、从犯等法定情节的犯罪分子，可以依法从宽处理。对情节显著轻微、危害不大的，依法不作为犯罪处理。

（3）合理确定管辖。一是案件一般由犯罪地公安机关管辖，犯罪嫌疑人居住地公安机关管辖更为适宜的，也可以由犯罪嫌疑人居住地公安机关管辖。对案件管辖有争议的，可以由共同的上级公安机关指定管辖；情况特殊的，上级公安机关可以指定其他公安机关管辖。二是上级公安机关指定下级公安机关立案侦查的案件，需要逮捕犯罪嫌疑人的，由侦查该案件的公安机关提请同级人民检察院审查批准，人民检察院应当依法作出批准逮捕或者不批准逮捕的决定；需要移送审查起诉的，由侦查该案件的公安机关移送同级人民检察院审查起诉。三是人民检察院对于审查起诉的案件，按照刑事诉讼法的管辖规定，认为应当由上级人民检察院或者同级其他人民检察院起诉的，将案件移送有管辖权的人民检察院，或者报上级检察机关指定管辖。四是符合最高人民法院、最高人民检察院、公安部、国家安全部、司法部、全国人大法工委《关于实施刑事诉讼法若干问题的规定》有关并案处理规定的，人民法院、人民检察院、公安机关可以在职责范围内并案处理。

（4）加强协作配合。人民法院、人民检察院、公安机关、国家安全机关要认真履行职责，加强协调配合，形成工作合力。国家安全机关要依法做好相关鉴定工作；公安机关要全面收集证据，特别是注意做好相关电子数据的收集、固定工作，对疑难、复杂案件,及时向人民检察院、人民法院通报情况,对已经提请批准逮捕的案件,积极跟进、配合人民检察院的审查批捕工作,认真听取意见;人民检察院对于公安机关提请批准逮捕、移送审查起诉的案件,符合批捕、起诉条件的,应当依法尽快予以批捕、起诉;人民法院应当加强审判力量,制订庭审预案,并依法及时审结。

应当注意的是,最高人民法院、最高人民检察院《关于办理扰乱无线电通讯管理秩序等刑事案件适用法律若干问题的解释》(法释〔2017〕11 号)第 4 条规定,非法生产、销售"黑广播"、"伪基站"、无线电干扰器等无线电设备,具有下列情形之一的,应当认定为《刑法》第 225 条规定的"情节严重":(1)非法生产、销售无线电设备 3 套以上的;(2)非法经营数额 5 万元以上的;(3)其他情节严重的情形。实施前款规定的行为,数量或者数额达到前款第 1 项、第 2 项规定标准 5 倍以上,或者具有其他情节特别严重的情形的,应当认定为《刑法》第 225 条规定的"情节特别严重"。在非法生产、销售无线电设备窝点查扣的零件,以组装完成的套数以及能够组装的套数认定;无法组装为成套设备的,每 3 套广播信号调制器(激励器)认定为一套"黑广播"设备,每 3 块主板认定为 1 套"伪基站"设备。

6. 关于办理非法放贷刑事案件法律适用问题

根据最高人民法院、最高人民检察院、公安部、司法部 2019 年 7 月 23 日印发、10 月 21 日起施行的《关于办理非法放贷刑事案件若干问题的意见》,在办理非法放贷刑事案件中,应当注意把握以下标准:

(1)违反国家规定,未经监管部门批准,或者超越经营范围,以营利为目的,经常性地向社会不特定对象发放贷款,扰乱金融市场秩序,情节严重的,依照《刑法》第 225 条第 4 项的规定,以非法经营罪定罪处罚。前款规定中的"经常性地向社会不特定对象发放贷款",是指 2 年内向不特定多人(包括单位和个人)以借款或其他名义出借资金 10 次以上。贷款到期后延长还款期限的,发放贷款次数按照 1 次计算。

(2)以超过 36% 的实际年利率实施符合本意见第 1 条规定的非法放贷行为,具有下列情形之一的,属于《刑法》第 225 条规定的"情节严重",但单次非法放贷行为实际年利率未超过 36% 的,定罪量刑时不得计入:一是个人非法放贷数额累计在 200 万元以上的,单位非法放贷数额累计在 1000 万元以上的;二是个人违法所得数额累计在 80 万元以上的,单位违法所得数额累计在 400 万元以上的;三是个人非法放贷对象累计在 50 人以上的,单位非法放贷对象累计在 150 人以上的;四是造成借款人或者其近亲属自杀、死亡或者精神失常等严重后果的。

具有下列情形之一的,属于《刑法》第 225 条规定的"情节特别严重":一是个人非法放贷数额累计在1000万元以上的，单位非法放贷数额累计在5000万元以上的；二是个人违法所得数额累计在400万元以上的，单位违法所得数额累计在2000万元以上的；三是个人非法放贷对象累计在250人以上的，单位非法放贷对象累计在750人以上的；四是造成多名借款人或者其近亲属自杀、死亡或者精神失常等特别严重后果的。

(3)非法放贷数额、违法所得数额、非法放贷对象数量接近本意见第2条规定的“情节严重”“情节特别严重”的数额、数量起点标准，并具有下列情形之一的，可以分别认定为“情节严重”“情节特别严重”：一是2年内因实施非法放贷行为受过行政处罚2次以上的；二是以超过72%的实际年利率实施非法放贷行为10次以上的。前款规定中的“接近”，一般应当掌握在相应数额、数量标准的80%以上。

(4)仅向亲友、单位内部人员等特定对象出借资金，不得适用本意见第1条的规定定罪处罚。但具有下列情形之一的，定罪量刑时应当与向不特定对象非法放贷的行为一并处理：一是通过亲友、单位内部人员等特定对象向不特定对象发放贷款的；二是以发放贷款为目的，将社会人员吸收为单位内部人员，并向其发放贷款的；三是向社会公开宣传，同时向不特定多人和亲友、单位内部人员等特定对象发放贷款的。

(5)非法放贷数额应当以实际出借给借款人的本金金额认定。非法放贷行为人以介绍费、咨询费、管理费、逾期利息、违约金等名义和以从本金中预先扣除等方式收取利息的，相关数额在计算实际年利率时均应计入。非法放贷行为人实际收取的除本金之外的全部财物，均应计入违法所得。非法放贷行为未经处理的，非法放贷次数和数额、违法所得数额、非法放贷对象数量等应当累计计算。

(6)为从事非法放贷活动，实施擅自设立金融机构、套取金融机构资金高利转贷、骗取贷款、非法吸收公众存款等行为，构成犯罪的，应当择一重罪处罚。为强行索要因非法放贷而产生的债务，实施故意杀人、故意伤害、非法拘禁、故意毁坏财物、寻衅滋事等行为，构成犯罪的，应当数罪并罚。纠集、指使、雇佣他人采用滋扰、纠缠、哄闹、聚众造势等手段强行索要债务，尚不单独构成犯罪，但实施非法放贷行为已构成非法经营罪的，应当按照非法经营罪的规定酌情从重处罚。以上规定的情形，刑法、司法解释另有规定的除外。

(7)有组织地非法放贷，同时又有其他违法犯罪活动，符合黑社会性质组织或者恶势力、恶势力犯罪集团认定标准的，应当分别按照黑社会性质组织或者恶势力、恶势力犯罪集团侦查、起诉、审判。黑恶势力非法放贷的，据以认定“情节严重”“情节特别严重”的非法放贷数额、违法所得数额、非法放贷对象数量起点标准，可以分别按照本意见第2条规定中相应数额、数量标准的50%确定；同时具有本意见第3条第1款规定情形的，可以分别按照相应数额、数量标准的40%确定。

(三)量刑标准

根据《刑法》第225条规定，犯非法经营罪，情节严重的，处5年以下有期徒刑或者拘役，并处或单处违法所得1倍以上5倍以下的罚金；情节特别严重的，处5年以上有期徒刑，并处违法所得1倍以上5倍以下罚金或没收财产。根据《刑法》第231条的规定，单位犯本罪的，对单位判处罚金，并对其直接负责的主管人员和其他直接责任人员，依照上述规定处罚。

关于涉及本罪定罪量刑问题的“情节严重”“情节特别严重”的几个司法解释：

1. 关于非法经营电信业务类犯罪

根据最高人民法院《关于审理扰乱电信市场管理秩序案件具体应用法律若干问题的解释》，具有下列情形之一的，属于非法经营行为“情节严重”：经营去话业务数额在100万元以上的；经营来话业务造成电信资费损失数额在100万元以上的。具有下列情形之一的，属于非法经营行为“情节特别严重”：经营去话业务数额在500万元以上的；经营来话业务造成电信资费损失数额在500万元以上的。经营数额或者造成电信资费损失数额接近非法经营行为“情节严重”“情节特别严重”的数额起点标准，并具有下列情形之一的，可以分别认定为非法经营行为“情节严重”“情节特别严重”：(1)两年内因非法经营国际电信业务或者涉港澳台电信业务行为受过行政处罚两次以上的；(2)因非法经营国际电信业务或者涉港澳台电信业务行为造成其他严重后果的。单位实施本解释第1条规定的行为构成犯罪的，对单位判处罚金，并对其直接负责的主管人员和其他直接责任人员，依照本解释第2条、第3条的规定处罚。

2. 非法经营出版物类犯罪

根据最高人民法院《关于审理非法出版物刑事案件具体应用法律若干问题的解释》，具有下列情形之一的，属于个人非法经营行为“情节严重”：经营数额在5万元至10万元以上的；违法所得数额在2万元至3万元以上的；经营报纸5000份或者期刊5000本或者图书2000册或者音像制品、电子出版物500张(盒)以上的。具有下列情形之一的，属于个人非法经营行为“情节特别严重”：经营数额在15万元至30万元以上的；违法所得数额在5万元至10万元以上的；经营报纸15,000份或者期刊15,000本或者图书5000册或者音像制品、电子出版物1500张(盒)以上的。单位具有下列情形之一的，属于非法经营行为“情节严重”：经营数额在15万元至30

万元以上的；违法所得数额在 5 万元至 10 万元以上的；经营报纸 15,000 份或者期刊 15,000 本或者图书 5000 册或者音像制品、电子出版物 1500 百张（盒）以上的。单位具有下列情形之一的，属于非法经营行为“情节特别严重”：经营数额在 50 万元至 100 万元以上的；违法所得数额在 15 万元至 30 万元以上的；经营报纸 5 万份或者期刊 5 万本或者图书 15,000 册或者音像制品、电子出版物 5000 张（盒）以上的。经营数额、违法所得数额或者经营数量接近非法经营行为“情节严重”“情节特别严重”的数额、数量起点标准，并具有下列情形之一的，可以认定为非法经营行为“情节严重”“情节特别严重”：2 年内因出版、印刷、复制、发行非法出版物受过行政处罚 2 次以上的；因出版、印刷、复制、发行非法出版物造成恶劣社会影响或者其他严重后果的。

出版单位与他人事前通谋，向其出售、出租或者以其他形式转让该出版单位的名称、书号、刊号、版号，他人实施侵犯著作权、销售侵权复制品，或者非法经营出版物，构成犯罪的，对该出版单位应当以共犯论处。

3. 非法从事资金支付结算业务、非法买卖外汇犯罪

最高人民法院《关于审理骗购外汇、非法买卖外汇刑事案件具体应用法律若干问题的解释》规定：具有下列情形之一的，按照《刑法》第 225 条第 3 项的规定定罪处罚：非法买卖外汇 20 万美元以上的；违法所得 5 万元人民币以上的。公司、企业或者其他单位，违反有关外贸代理业务的规定，采用非法手段，或者明知是伪造、变造的凭证、商业单据，为他人向外汇指定银行骗购外汇，数额在 500 万美元以上或者违法所得 50 万元人民币以上的，按照《刑法》第 225 条第 3 项的规定定罪处罚。居间介绍骗购外汇 100 万美元以上或者违法所得 10 万元人民币以上的，按照《刑法》第 225 条第 3 项的规定定罪处罚。

最高人民法院、最高人民检察院《关于办理非法从事资金支付结算业务、非法买卖外汇刑事案件适用法律若干问题的解释》（法释〔2019〕1 号）对“情节严重”“情节特别严重”等问题作了新的解释，司法实践中应当以此为准。第 3 条规定，非法从事资金支付结算业务或者非法买卖外汇，具有下列情形之一的，应当认定为非法经营行为“情节严重”：（1）非法经营数额在 500 万元以上的；（2）违法所得数额在 10 万元以上的。非法经营数额在 250 万元以上，或者违法所得数额在 5 万元以上，且具有下列情形之一的，可以认定为非法经营行为“情节严重”：一是曾因非法从事资金支付结算业务或者非法买卖外汇犯罪行为受过刑事追究的；二是 2 年内因非法从事资金支付结算业务或者非法买卖外汇违法行为受过行政处罚的；三是拒不交

代涉案资金去向或者拒不配合追缴工作，致使赃款无法追缴的；四是造成其他严重后果的。

最高人民法院、最高人民检察院《关于办理非法从事资金支付结算业务、非法买卖外汇刑事案件适用法律若干问题的解释》第 4 条规定，非法从事资金支付结算业务或者非法买卖外汇，具有下列情形之一的，应当认定为非法经营行为“情节特别严重”：(1)非法经营数额在 2500 万元以上的；(2)违法所得数额在 50 万元以上的。非法经营数额在 1250 万元以上，或者违法所得数额在 25 万元以上，且具有本解释第 3 条第 2 款规定的四种情形之一的，可以认定为非法经营行为“情节特别严重”。

最高人民法院、最高人民检察院《关于办理非法从事资金支付结算业务、非法买卖外汇刑事案件适用法律若干问题的解释》第 5 条规定，非法从事资金支付结算业务或者非法买卖外汇，构成非法经营罪，同时又构成《刑法》第 120 条之一规定的帮助恐怖活动罪或者第 191 条规定的洗钱罪的，依照处罚较重的规定定罪处罚。

最高人民法院、最高人民检察院《关于办理非法从事资金支付结算业务、非法买卖外汇刑事案件适用法律若干问题的解释》第 6 条规定，二次以上非法从事资金支付结算业务或者非法买卖外汇，依法应予行政处理或者刑事处理而未经处理的，非法经营数额或者违法所得数额累计计算。同一案件中，非法经营数额、违法所得数额分别构成情节严重、情节特别严重的，按照处罚较重的数额定罪处罚。

最高人民法院、最高人民检察院《关于办理非法从事资金支付结算业务、非法买卖外汇刑事案件适用法律若干问题的解释》第 7 条规定，非法从事资金支付结算业务或者非法买卖外汇违法所得数额难以确定的，按非法经营数额的千分之一认定违法所得数额，依法并处或者单处违法所得 1 倍以上 5 倍以下罚金。

最高人民法院、最高人民检察院《关于办理非法从事资金支付结算业务、非法买卖外汇刑事案件适用法律若干问题的解释》第 8 条规定，符合本解释第 3 条规定的标准，行为人如实供述犯罪事实，认罪悔罪，并积极配合调查，退缴违法所得的，可以从轻处罚；其中犯罪情节轻微的，可以依法不起诉或者免予刑事处罚。符合刑事诉讼法规定的认罪认罚从宽适用范围和条件的，依照刑事诉讼法的规定处理。

最高人民法院、最高人民检察院《关于办理非法从事资金支付结算业务、非法买卖外汇刑事案件适用法律若干问题的解释》第 9 条规定，单位实施本解释第 1 条、第 2 条规定的非法从事资金支付结算业务、非法买卖外汇行为，依照本解释规定的定罪量刑标准，对单位判处罚金，并对其直接负责的主管人员和其他直接责任人员定罪处罚。

最高人民法院、最高人民检察院《关于办理非法从事资金支付结算业务、非法买卖外汇刑事案件适用法律若干问题的解释》第10条规定,非法从事资金支付结算业务、非法买卖外汇刑事案件中的犯罪地,包括犯罪嫌疑人、被告人用于犯罪活动的账户开立地、资金接收地、资金过渡账户开立地、资金账户操作地,以及资金交易对手资金交付和汇出地等。

最高人民法院、最高人民检察院《关于办理非法从事资金支付结算业务、非法买卖外汇刑事案件适用法律若干问题的解释》第11条规定,涉及外汇的犯罪数额,按照案发当日中国外汇交易中心或者中国人民银行授权机构公布的人民币对该货币的中间价折合成人民币计算。中国外汇交易中心或者中国人民银行授权机构未公布汇率中间价的境外货币,按照案发当日境内银行人民币对该货币的中间价折算成人民币,或者该货币在境内银行、国际外汇市场对美元汇率,与人民币对美元汇率中间价进行套算。

4. 非法经营药品类犯罪

根据最高人民法院、最高人民检察院《关于办理危害药品安全刑事案件适用法律若干问题的解释》(法释〔2014〕14号)第7条规定,违反国家药品管理法律法规,未取得或者使用伪造、变造的药品经营许可证,非法经营药品,情节严重的,依照《刑法》第225条的规定以非法经营罪定罪处罚。以提供给他人生产、销售药品为目的,违反国家规定,生产、销售不符合药用要求的非药品原料、辅料,情节严重的,依照《刑法》第225条的规定以非法经营罪定罪处罚。实施前两款行为,非法经营数额在10万元以上,或者违法所得数额在5万元以上的,应当认定为《刑法》第225条规定的“情节严重”;非法经营数额在50万元以上,或者违法所得数额在25万元以上的,应当认定为《刑法》第225条规定的“情节特别严重”。

七、强迫交易案

中华人民共和国刑法(节选)

第二百二十六条[根据《刑法修正案(八)》修正] 以暴力、威胁手段,实施下列行为之一,情节严重的,处三年以下有期徒刑或者拘役,并处或者单处罚金;情节特别严重的,处三年以上七年以下有期徒刑,并处罚金:

(一)强买强卖商品的;

(二)强迫他人提供或者接受服务的;

（三）强迫他人参与或者退出投标、拍卖的；

（四）强迫他人转让或者收购公司、企业的股份、债券或者其他资产的；

（五）强迫他人参与或者退出特定的经营活动的。

第二百三十一条　单位犯本节第二百二十一条至第二百三十条规定之罪的，对单位判处罚金，并对其直接负责的主管人员和其他直接责任人员，依照本节各该条的规定处罚。

强迫交易罪，是指以暴力、威胁手段强买强卖商品，强迫他人提供服务或强迫他人接受服务，情节严重的行为。

（一）立案标准

《刑法修正案（八）》对原《刑法》第 226 条作了补充，一是原条文只规定了强买强卖商品的、强迫他人提供或者接受服务两种情形，《刑法修正案（八）》新增了三种犯罪情形，即强迫他人参与或者退出投标、拍卖的；强迫他人转让或者收购公司、企业的股份、债券或者其他资产的；强迫他人参与或者退出特定的经营活动的。二是将该罪的法定刑由原来的 3 年提高到 7 年。

根据最高人民检察院、公安部《关于公安机关管辖的刑事案件立案追诉标准的规定（一）》第 28 条的规定，以暴力、威胁手段强买强卖商品、强迫他人提供服务或者强迫他人接受服务，涉嫌下列情形之一的，应予立案追诉：

（1）造成被害人轻微伤或者其他严重后果的；

（2）造成直接经济损失 2000 元以上的；

（3）强迫交易 3 次以上或者强迫 3 人以上交易的；

（4）强迫交易数额 1 万元以上，或者违法所得数额 2000 元以上的；

（5）强迫他人购买伪劣商品数额 5000 元以上，或者违法所得数额 1000 元以上的；

（6）其他情节严重的情形。

应当注意的是，最高人民检察院、公安部《关于公安机关管辖的刑事案件立案追诉标准的规定（一）的补充规定》对本罪的立案追诉标准作了修改，即以暴力、威胁手段强买强卖商品，强迫他人提供服务或者接受服务，涉嫌下列情形之一的，应予立案追诉：

（1）造成被害人轻微伤的；

（2）造成直接经济损失 2000 元以上的；

(3)强迫交易3次以上或者强迫3人以上交易的;

(4)强迫交易数额1万元以上,或者违法所得数额2000元以上的;

(5)强迫他人购买伪劣商品数额5000元以上,或者违法所得数额1000元以上的;

(6)其他情节严重的情形。

以暴力、威胁手段强迫他人参与或者退出投标、拍卖,强迫他人转让或者收购公司、企业的股份、债券或者其他资产,强迫他人参与或者退出特定的经营活动,具有多次实施、手段恶劣、造成严重后果或者恶劣社会影响等情形之一的,应予立案追诉。

由此可见,对本罪的立案追诉标准,主要是根据《刑法修正案(八)》进行修改,第1款沿用《关于公安机关管辖的刑事案件立案追诉标准的规定(一)》第28条的规定,对强买强卖商品、强迫他人提供或者接受服务的应予立案追诉的情形作出规定。第2款根据地方的建议和近年来查办的强迫交易案件情况,从强迫投标拍卖,强迫转让收购股份债券资产,强迫特定经营活动的实施次数、手段程度、造成的后果和影响方面作出原则规定。

(二)定罪标准

1. 本罪的构成

(1)侵犯的客体是正常的市场商品交易秩序。商品交易是发生在平等民事主体之间的经济关系,所以,应当遵循市场交易中的自愿、公平、等价有偿、诚实信用等原则。但在现实生活中,交易双方强买强卖、强迫他人提供服务,或者强迫他人接受服务的现象时有发生,这种行为严重违背了市场交易原则,破坏了市场交易秩序,同时也侵害了消费者或者经营者的合法权益。如果行为人以暴力、威胁手段强行交易的,就具有严重的社会危害性,情节严重的,应依法追究其刑事责任。

(2)客观方面表现为以暴力、威胁手段,实施五种犯罪情形之一的行为。所谓威胁,是指行为人对被害人以立即实行暴力侵害相威胁,或以其他方式进行精神强制,使被害人出于恐惧而被迫作出的行为。行为人以暴力、威胁手段实施上述行为,必须达到情节严重的标准,才构成犯罪。

(3)主体是一般主体,自然人和单位均可以构成本罪的主体。

(4)主观方面由故意构成,过失不构成本罪。

2. 罪与非罪的界限

由于暴力和威胁是构成本罪的主要条件,同时规定必须情节严重,这是区分罪与非罪的关键,所以对于本罪所要求的暴力和威胁方法的程度应当予以正确的把握。对于一些轻微的暴力和威胁方法不能视为犯罪。如果这些行为不足以使对方当事人产生恐惧心理或身体受强制而被迫作出上述行为,则只应作为一般违法行为给予相应行政处罚。

3. 本罪与相关犯罪的界限

根据最高人民检察院 2014 年 4 月 11 日通过、同年 4 月 17 日公布施行的《关于强迫借贷行为适用法律问题的批复》规定,以暴力、胁迫手段强迫他人借贷,属于《刑法》第 226 条第 2 项规定的"强迫他人提供或者接受服务",情节严重的,以强迫交易罪追究刑事责任;同时构成故意伤害罪等其他犯罪的,依照处罚较重的规定定罪处罚。以非法占有为目的,以借贷为名采用暴力、胁迫手段获取他人财物,符合《刑法》第 263 条或者第 274 条规定的,以抢劫罪或者敲诈勒索罪追究刑事责任。

(三)量刑标准

根据《刑法》第 226 条的规定,犯强迫交易罪的,处 3 年以下有期徒刑或者拘役,并处或者单处罚金;情节特别严重的,处 3 年以上 7 年以下有期徒刑,并处罚金。

根据《刑法》第 231 条的规定,单位犯本罪的,对单位判处罚金,并对其直接负责的主管人员和其他直接责任人员,依照上述规定处罚。

八、伪造、倒卖伪造的有价票证案

中华人民共和国刑法(节选)

第二百二十七条第一款　伪造或者倒卖伪造的车票、船票、邮票或者其他有价票证,数额较大的,处二年以下有期徒刑、拘役或者管制,并处或者单处票证价额一倍以上五倍以下罚金;数额巨大的,处二年以上七年以下有期徒刑,并处票证价额一倍以上五倍以下罚金。

第二百三十一条　单位犯本节第二百二十一条至第二百三十条规定之罪的,对单位判处罚金,并对其直接负责的主管人员和其他直接责任人员,依照本节各该条的规定处罚。

伪造、倒卖伪造的有价票证罪,是指伪造或者倒卖伪造的车票、船票、邮票或者其他有价票证,数额较大的行为。

(一)立案标准

根据最高人民检察院、公安部《关于公安机关管辖的刑事案件立案追诉标准的

规定(一)》第29条的规定,伪造或者倒卖伪造的车票、船票、邮票或者其他有价票证,涉嫌下列情形之一的,应予立案追诉:

(1)车票、船票票面数额累计2000元以上,或者数量累计50张以上的;

(2)邮票票面数额累计5000元以上,或者数量累计1000枚以上的;

(3)其他有价票证价额累计5000元以上,或者数量累计100张以上的;

(4)非法获利累计1000元以上的;

(5)其他数额较大的情形。

至于本罪数额较大的具体标准,应依据上述规定确定。对于不构成犯罪的,应当根据治安管理处罚法的有关规定处罚。所谓有价票证,是指中央或地方有关部门制定和发行的,具有一定价值,在规定范围内流通或使用的书面凭证,如车票、船票、邮票等。所谓伪造有价票证,是指仿照真的有效的有价票证的形状、规格、色彩、图案等方面的式样,采用印刷、手描、影印等方法制作假票证的行为。如果行为人依照真的或有效的票证的式样,通过涂改、剪拼、挖补、褪色等手段将作废或无效的有价票证进行修整以假充真的,同样属于伪造的行为,应当以伪造有价票证论。所谓倒卖有价票证,是指先低价收买然后高价出售,或者为了出卖而收买伪造的有价票证的行为。

(二)定罪标准

1.本罪的构成

(1)侵犯的客体是国家对有价票证的管理制度。其犯罪对象是有价票证。

(2)客观方面表现为伪造或者倒卖伪造的车票、船票、邮票或者其他有价票证,数额较大的行为。

(3)主体为一般主体,自然人和单位均可以成为本罪主体。

(4)主观方面由故意构成,一般是出于营利目的。即行为人明知自己的行为是伪造、倒卖伪造的有价票证的行为,并且会造成破坏国家对有关有价票证的正常管理制度,而仍然实施伪造、倒卖伪造的有价票证的行为。对于本罪,法律未规定必须是出于营利的目的,因此,行为人只要实施伪造、倒卖伪造的有价票证的行为,是否营利,并不影响本罪的构成。

2.罪与非罪的界限

主要是对行为次数、伪造和倒卖伪造的有价票证的数量、票证价值、行为原因、主观状态,以及非法获利等情况进行综合分析。对于行为人偶尔伪造或倒卖伪造有价票证的,伪造、倒卖伪造的票证数量较少的,伪造票证价额不大的,以及不具备营利目的等行为，应当由工商行政管理部门或者公安机关依法给予相应的行政处罚，不以犯罪论处。

3. 本罪与破坏金融管理秩序方面的伪造型犯罪的界限

本罪与破坏金融管理秩序方面的伪造型犯罪，如伪造货币、金融票证、金融债券等有价证券的行为，具有相似之处，一般都以营利为目的，客观上都表现为伪造或变造的行为。不同之处在于侵犯的直接客体不同，犯罪对象不同。后者侵犯的是金融票证管理秩序，以金融票证等为犯罪对象；而本罪侵犯的客体是有价票证的管理活动，以有价票证为犯罪对象。

4. 关于对变造、倒卖变造邮票行为如何适用法律问题

2000 年 11 月 15 日最高人民法院审判委员会第 1139 次会议通过公布、同年 12 月 9 日起施行《关于对变造、倒卖变造邮票行为如何适用法律问题的解释》规定，对变造或者倒卖变造的邮票数额较大的，应当依照《刑法》第 227 条第 1 款的规定以伪造、倒卖伪造的有价票证罪定罪处罚。

（三）量刑标准

根据《刑法》第 227 条的规定，犯伪造、倒卖伪造的有价票证罪，数额较大的，处 2 年以下有期徒刑、拘役或管制，并处或单处票证价额 1 倍以上 5 倍以下罚金，数额巨大的，处 2 年以上 7 年以下有期徒刑，并处票证价额 1 倍以上 5 倍以下罚金。

根据《刑法》第 231 条的规定，单位犯本罪的，对单位判处罚金，并对直接负责的主管人员和其他直接责任人员，依照上述规定处罚。

九、倒卖车票、船票案

中华人民共和国刑法（节选）

第二百二十七条第二款　倒卖车票、船票，情节严重的，处三年以下有期徒刑、拘役或者管制，并处或者单处票证价额一倍以上五倍以下罚金。

第二百三十一条　单位犯本节第二百二十一条至第二百三十条规定之罪的，对单位判处罚金，并对其直接负责的主管人员和其他直接责任人员，依照本节各该条的规定处罚。

倒卖车票、船票罪，是指倒卖车票、船票，情节严重的行为。

（一）立案标准

根据最高人民检察院、公安部《关于公安机关管辖的刑事案件立案追诉标准的

规定(一)》第30条的规定,倒卖车票、船票或者倒卖车票坐席、卧铺签字号以及订购车票、船票凭证,涉嫌下列情形之一的,应予立案追诉:

(1)票面数额累计5000元以上的;

(2)非法获利累计2000元以上的;

(3)其他情节严重的情形。

所谓"倒卖",是指先以原价从售票处套购车票、船票,而后高价、变相加价转手出售。所谓"非法获利数额",是指行为人倒卖车票扣除成本后的非法所得数额。

(二)定罪标准

1. 本罪的构成

(1)侵犯的客体是车票、船票的管理秩序。犯罪对象是车票、船票。车票、船票也属于有价票证。倒卖车、船票的行为,主要是利用陆路、水路交通运输任务繁重、车票、船票的即售和预售紧张的情况下,套购车票、船票而后高价转手出售。这种行为,破坏了国家对车票、船票的管理制度,严重扰乱了交通营运秩序,损害了广大乘客的合法利益。因此,倒卖车票、船票,情节严重的,应依法予以严惩。

(2)客观方面表现为倒卖车票、船票,情节严重的行为。根据刑法的规定,倒卖车票、船票情节严重的,才构成犯罪。所谓情节严重,主要是指倒卖车票、船票面额较大、获利数额较大的或者屡教不改的等情形。

(3)主体是一般主体,自然人和单位均可成为本罪的主体。

(4)主观方面表现为故意,即行为人一般是出于营利的目的。但不论行为人出于何种目的,只要故意实施了倒卖车票、船票的行为,数额较大,情节严重,即可构成本罪。如果行为人不是为了牟利,而是以原价出售多购车、船票数额较小,情节轻微,不应以犯罪论处。

2. 罪与非罪的界限

主要应当考察行为人倒卖车票、船票的情节是否严重,即倒卖数额是否较大、次数是否较多、手段是否恶劣等。如果情节不够严重的,则不构成犯罪,应当作为一般违法行为由公安机关依法给予行政处罚。

(三)量刑标准

根据《刑法》第227条第2款规定,犯倒卖车票、船票罪的,处3年以下有期徒刑、拘役或者管制,并处或单处票证价额1倍以上5倍以下罚金。根据《刑法》第231条的规定,单位犯本罪的,对单位判处罚金,并对其直接负责的主管人员和其他直接责任人员,依照上述规定处罚。

根据最高人民法院《关于审理倒卖车票刑事案件有关问题的解释》的有关规定，对于铁路职工倒卖车票或者与其他人员勾结倒卖车票，组织倒卖车票的首要分子，曾因倒卖车票受过治安处罚两次以上或者被劳动教养一次以上，两年内又倒卖车票，构成倒卖车票罪的，依法从重处罚。

十、非法转让、倒卖土地使用权案

中华人民共和国刑法（节选）

第二百二十八条　以牟利为目的，违反土地管理法规，非法转让、倒卖土地使用权，情节严重的，处三年以下有期徒刑或者拘役，并处或者单处非法转让、倒卖土地使用权价额百分之五以上百分之二十以下罚金；情节特别严重的，处三年以上七年以下有期徒刑，并处非法转让、倒卖土地使用权价额百分之五以上百分之二十以下罚金。

第二百三十一条　单位犯本节第二百二十一条至第二百三十条规定之罪的，对单位判处罚金，并对其直接负责的主管人员和其他直接责任人员，依照本节各该条的规定处罚。

非法转让、倒卖土地使用权罪，是指以牟利为目的，违反土地管理法规，非法转让、倒卖土地使用权，情节严重的行为。

（一）立案标准

根据中央纪委、国家监委印发的《国家监察委员会管辖规定（试行）》，公职人员涉嫌非法转让、倒卖土地使用权犯罪案件，应当由监察机关管辖；公职人员以外的其他人员涉嫌非法转让、倒卖土地使用权犯罪案件，由公安机关管辖。

以牟利为目的，违反土地管理法规，非法转让、倒卖土地使用权，涉嫌下列情形之一的，应予立案：

（1）非法转让、倒卖基本农田5亩以上的。所谓非法转让，是指行为人通过出让和划拨方式取得土地使用权后，为牟取非法暴利，违反国家法律和行政法的规定，擅自将土地转让给他人使用的行为。所谓非法倒卖，是指土地受让者未支付全部土地使用权出让金，也未取得土地使用权证书，或者不进行任何开发建设，只等地价上涨后转手倒卖，从中牟取暴利的行为。这里的“5亩以上”，包括累计达到5亩。至于基本农田的范围，可以根据《土地管理法》的有关规定确定。

（2）非法转让、倒卖基本农田以外的耕地10亩以上的。这里的“10亩以上”，包括累计达到10亩。至于基本农田以外的耕地的范围，可以根据《土地管理法》的有关规定确定。

（3）非法转让、倒卖其他土地20亩以上的。这里的“20亩以上”，包括累计达到20亩。所谓“其他土地”，是指根据《土地管理法》的有关规定，除本罪追诉标准第1项、第2项规定的“基本农田”“基本农田以外的耕地”之外的土地。

（4）违法所得数额在50万元以上的。所谓违法所得，是指行为人非法转让、倒卖土地使用权扣除成本后所获得的非法利益。这里的50万元以上，包括违法所得累计达到50万元。

（5）虽未达到上述数额标准，但因非法转让、倒卖土地使用权受过行政处罚，又非法转让、倒卖土地的。这里“虽未达到上述数额标准”，是指行为人非法转让、倒卖土地的数额、违法所得接近本罪追诉标准第1项至第4项规定的数额标准，并且已经达到上述标准的80%以上，即“非法转让、倒卖基本农田4亩以上的，或者非法转让、倒卖基本农田以外的耕地8亩以上的，或者非法转让、倒卖其他土地16亩以上的，或者违法所得数额在40万元以上”。所谓“受过行政处罚”，是指行为人因非法转让、倒卖土地使用权被有关土地主管部门给予行政处罚。至于处罚的种类、具体时间等，均不影响本罪的成立。只要上述两个条件同时具备，就应当立案追究。

（6）其他情节严重的情形。至于具体标准，应当结合具体案情进行综合评定。

（二）定罪标准

1. 本罪的构成

（1）侵犯的客体是国家的土地管理秩序和土地使用权。国家依法实行国有土地有偿、有限期使用制度。国家作为土地的所有者，将土地的使用权转移给土地使用者，土地使用者取得一定期限的土地使用权，但必须支付给土地所有者一定的费用。土地有偿、有期限使用制度可以采取不同形式。目前，我国主要实行出让和转让两种形式，它们是土地有偿、有限期使用制度最基本、最重要的形式。其目的就在于保持社会主义土地公有制的前提下，使土地使用权进入市场，并通过法律、法规的形式严格规范房地产交易行为，以维护市场秩序。非法转让、倒卖土地使用权，情节严重的，应依法追究其刑事责任。

（2）客观方面表现为违反土地管理法规规定，非法转让、倒卖土地使用权、情节严重的行为。所谓违反土地管理法规，根据2001年8月31日通过的《全国人民代表大会常务委员会关于〈中华人民共和国刑法〉第二百二十八条、第三百四十二条、

第四百一十条的解释》,《刑法》第228条规定的“违反土地管理法规”,是指违反土地管理法、森林法、草原法等法律以及有关行政法规中关于土地管理的规定。非法转让、倒卖土地使用权,必须达到“情节严重”的标准,才构成犯罪。最高人民法院2000年6月19日发布、同年6月22日起施行《关于审理破坏土地资源刑事案件具体应用法律若干问题的解释》,对“情节严重”作了司法解释:以牟利为目的,违反土地管理法规,非法转让、倒卖土地使用权,具有下列情形之一的,属于非法转让、倒卖土地使用权“情节严重”,依照《刑法》第228条的规定,以非法转让、倒卖土地使用权罪定罪处罚:非法转让、倒卖基本农田5亩以上的;非法转让、倒卖基本农田以外的耕地10亩以上的;非法转让、倒卖其他土地20亩以上的;非法获利50万元以上的;非法转让、倒卖土地接近上述数量标准并具有其他恶劣情节的,如曾因非法转让、倒卖土地使用权受过行政处罚或者造成严重后果等。单位犯本罪的定罪量刑标准,依照前款规定执行。

(3)主体是一般主体,自然人和单位均可以构成本罪的主体。

(4)主观方面由故意构成,并且必须以牟利为目的,即行为人明知自己的行为是在非法转让、倒卖土地使用权,出于牟利的目的而积极地追求犯罪结果的发生。犯罪动机可以是多种多样的,但不影响本罪的成立。

2. 罪与非罪的界限

主要应当从三个方面考察:一是看行为人在主观上是否具有牟利的目的;二是看是否违反了法律和行政法规的规定,实施了非法转让、倒卖土地使用权的行为;三是看情节是否严重,即非法转让、倒卖使用权的土地数量是否大,价额是否高,其行为是否严重扰乱国家的土地管理秩序等。只有同时具备上述条件的,才构成本罪。

3. 划清一罪与数罪

本罪属于选择性罪名,只实施非法转让行为的,定非法转让土地使用权罪;只实施非法倒卖行为的,定非法倒卖土地使用权罪;既实施非法转让土地使用权的行为,又实施非法倒卖土地使用权的,定非法转让、倒卖土地使用权罪,不实行数罪并罚。

4. 本罪与徇私舞弊低价折股、出售国有资产罪的界限

前者是转让、炒买土地使用权的行为;如果行为人以土地入股,压低土地价格损害国家利益的,则构成徇私舞弊低价折股、出售国有资产罪。

(三)量刑标准

根据《刑法》第228条的规定,犯非法转让、倒卖土地使用权罪的,处3年以下有期徒刑或者拘役,并处或者单处非法转让、倒卖土地使用权价额5%以上20%以下

罚金;情节特别严重的,处3年以上7年以下有期徒刑,并处非法转让、倒卖土地使用权价额5%以上20%以下罚金。根据《刑法》第231条的规定,单位犯本罪的,对单位判处罚金,并对直接负责的主管人员和其他直接责任人员,依照上述规定处罚。

根据最高人民法院《关于审理破坏土地资源刑事案件具体应用法律若干问题的解释》第2条规定,实施第1条规定的行为,具有下列情形之一的,属于非法转让、倒卖土地使用权"情节特别严重":(1)非法转让、倒卖基本农田10亩以上的;(2)非法转让、倒卖基本农田以外的耕地20亩以上的;(3)非法转让、倒卖其他土地40亩以上的;(4)非法获利100万元以上的;(5)非法转让、倒卖土地接近上述数量标准并具有其他恶劣情节,如造成严重后果等。

十一、提供虚假证明文件案

中华人民共和国刑法(节选)

第二百二十九条 承担资产评估、验资、验证、会计、审计、法律服务等职责的中介组织的人员故意提供虚假证明文件,情节严重的,处五年以下有期徒刑或者拘役,并处罚金。

前款规定的人员,索取他人财物或者非法收受他人财物,犯前款罪的,处五年以上十年以下有期徒刑,并处罚金。

第一款规定的人员,严重不负责任,出具的证明文件有重大失实,造成严重后果的,处三年以下有期徒刑或者拘役,并处或者单处罚金。

第二百三十一条 单位犯本节第二百二十一条至第二百三十条规定之罪的,对单位判处罚金,并对其直接负责的主管人员和其他直接责任人员,依照本节各该条的规定处罚。

提供虚假证明文件罪,是指承担资产评估、验资、验证、会计、审计、法律服务等职责的中介组织及其工作人员故意提供虚假中介证明文件,情节严重的行为。

(一)立案标准

根据最高人民检察院、公安部《关于公安机关管辖的刑事案件立案追诉标准的规定(二)》第81条规定,承担资产评估、验资、验证、会计、审计、法律服务等职责的中介组织的人员故意提供虚假证明文件,涉嫌下列情形之一的,应予立案追诉:

(1)给国家、公众或者其他投资者造成直接经济损失数额在50万元以上的。这里的"直接经济损失",是指承担资产评估、验资、验证、会计、审计、法律服务等职责的中介组织人员故意提供虚假中介证明文件,给国家、公众或者其他投资者造成的直接财产损毁、减少的实际数额累计达到50万元以上。

(2)违法所得数额在10万元以上的。

(3)虚假证明文件虚构数额在100万元且占实际数额30%以上的。

(4)虽未达到上述数额标准,但具有下列情形之一的:①在提供虚假证明文件过程中索取或者非法接受他人财物的;②两年内因提供虚假证明文件,受过行政处罚2次以上,又提供虚假证明文件的。

(5)其他情节严重的情形。

(二)定罪标准

1. 本罪的构成

(1)侵犯的客体是正常的社会主义市场经济秩序。国家对经济主体实行登记管理制度,通过资产评估确定申请登记的法人或个体经营户的资金,以年度验资、验证方式审查经济主体的合法资格,并经过审计财务收支和经济效益情况评价其经济能力。本罪的犯罪对象为资产评估报告、验资、验证、会计、审计、法律服务的证明文件。所谓资产评估,是指法定资产评估机构中的会计师等承担资产评估职责的人员,依照公司法、会计法、注册会计师法等有关法律规定,在国有企业改建为公司时,或者在有限责任公司和股份有限公司的成立、解散或者其他必要的情况下,对其机器、厂房等固定资产、知识产权和债权债务以及流动资金等进行的折抵作价,以便核实和确定财产总额。所谓验资,是指法定的验资机构中的注册会计师等承担验资职责的人员,依照公司法、会计法、注册会计师法等有关法律规定,在有限责任公司和股份有限公司成立时,对股东是否出资、是否按规定数额出资以及出资是否及时到位所作的验证并出具相应的证明。所谓验证,是指依照公司法的规定,法定的验资机构对公司财务报告的真实性、准确性和可信性作出的审查。所谓审计,是指国家审计机关依照法律规定的职权和程序,对国务院各部门和地方各级人民政府及其各部门的财政收支、国有的金融机构和企事业组织的财务收支,以及其他依审计法规定应当接受审计的财政收支、财务收支的真实、合法效益,依法进行审计监督。所谓法律服务,是指由律师事务所等提供法律服务的机构的人员依照法律的规定,在对公司进行审查后作出关于公司各项情况是否均已符合法律规定的证明文件的活动。

(2)客观方面表现为提供虚假的资产证明、验资证明、验证证明、会计证明、审计证明或法律建议书等证明文件，情节严重的行为。行为方式表现为在资产评估、资证检验、财务审查过程中，弄虚作假，隐瞒真实情况，出具与现实不相符合的证明文件。构成本罪，还必须达到情节严重的标准。所谓情节严重，是行为本身的性质或行为的后果、影响等较为严重，并不包括本条规定的人员索取他人财物或者非法收受他人财物的行为，因为这一行为已被定为处以更重刑罚的情节。

(3) 主体是特殊主体，即承担资产评估、验证、会计、审计法律服务等职责中介机构及其工作人员。在我国，承担这些职责的机构包括：持有国务院或省、自治区、直辖市人民政府国有资产管理部门颁发的资产评估资格证书的资产评估公司、会计师事务所、审计师事务所，经国务院或者省、自治区、直辖市人民政府国有资产管理行政主管部门认可的临时评估机构及其组成人员，会计师事务所及其注册会计师，审计师事务所及其审计师，律师事务所，法律服务中心等。

(4) 主观方面由故意构成，即明知自己提供的是虚假的证明文件，并且这些证明文件提供后会发生扰乱正常经济秩序的危害后果，而仍然提供虚假证明文件的。如果是出于过失，如由于工作失误等，则不构成犯罪。

2. 本罪与提供虚假财会报告罪的界限

两者在提供虚假报告方面具有相似之处，但在侵犯的客体、犯罪主体等方面不同。后者的主体，是对股东和社会公众负有提供其真实的财务会计报告义务的公司，其侵犯的客体是国家对公司的管理秩序。此外，在行为动机上有所不同。前者多是出于为他人谋利的动机而达到自己获益的目的；后者则是基于欺骗他人的动机实现自己非法获益的目的。

3. 本罪与伪证罪的界限

两者的区别主要表现在：(1) 犯罪主体不同。伪证罪的犯罪主体是刑事诉讼参与人，包括证人、鉴定人、记录人及翻译人员；而本罪的犯罪主体是主持评估、验资或验证的评估师、注册会计师、审计师等。(2) 侵犯的客体不同。伪证罪侵犯的客体是公民的人身权利和司法机关的正常活动，而本罪侵犯的客体是国家对工商企业的管理活动。(3) 行为的表现方式不同。伪证罪的行为人行为方式表现在刑事案件的侦查、审判过程中，故意出具虚假的证言、鉴定结论以及翻译文件等。本罪行为人的行为是在公司申请登记或对公司经营进行验资、验证的过程中，所出具的虚假证明文件也都是有关公司成立、经营内容的。

根据最高人民法院、最高人民检察院《关于办理妨害信用卡管理刑事案件具体应用法律若干问题的解释》(法释〔2009〕19 号，根据法释〔2018〕19 号《关于修改〈关于办理妨害信用卡管理刑事案件具体应用法律若干问题的解释〉的决定》修正）第 4 条规定，承担资产评估、验资、验证、会计、审计、法律服务等职责的中介组织或其人员，为信用卡申请人提供虚假的财产状况、收入、职务等资信证明材料，应当追究刑事责任的，依照《刑法》第 229 条的规定，分别以提供虚假证明文件罪和出具证明文件重大失实罪定罪处罚。

4. 关于办理药品、医疗器械注册申请材料造假刑事案件法律适用问题

根据最高人民法院、最高人民检察院《关于办理药品、医疗器械注册申请材料造假刑事案件适用法律若干问题的解释》（法释〔2017〕15 号）第 1 条规定，药物非临床研究机构、药物临床试验机构、合同研究组织的工作人员，故意提供虚假的药物非临床研究报告、药物临床试验报告及相关材料的，应当认定为《刑法》第 229 条规定的“故意提供虚假证明文件”。实施前款规定的行为，具有下列情形之一的，应当认定为《刑法》第 229 条规定的“情节严重”，以提供虚假证明文件罪处 5 年以下有期徒刑或者拘役，并处罚金：（1）在药物非临床研究或者药物临床试验过程中故意使用虚假试验用药品的；（2）瞒报与药物临床试验用药品相关的严重不良事件的；（3）故意损毁原始药物非临床研究数据或者药物临床试验数据的；（4）编造受试动物信息、受试者信息、主要试验过程记录、研究数据、检测数据等药物非临床研究数据或者药物临床试验数据，影响药品安全性、有效性评价结果的；（5）曾因在申请药品、医疗器械注册过程中提供虚假证明材料受过刑事处罚或者两年内受过行政处罚，又提供虚假证明材料的；（6）其他情节严重的情形。

根据最高人民法院、最高人民检察院《关于办理药品、医疗器械注册申请材料造假刑事案件适用法律若干问题的解释》第 2 条规定，实施本解释第 1 条规定的行为，索取或者非法收受他人财物的，应当依照《刑法》第 229 条第 2 款规定，以提供虚假证明文件罪处 5 年以上 10 年以下有期徒刑，并处罚金；同时构成提供虚假证明文件罪和受贿罪、非国家工作人员受贿罪的，依照处罚较重的规定定罪处罚。

根据最高人民法院、最高人民检察院《关于办理药品、医疗器械注册申请材料造假刑事案件适用法律若干问题的解释》第 3 条规定，药品注册申请单位的工作人员，故意使用符合本解释第 1 条第 2 款规定的虚假药物非临床研究报告、药物临床试验报告及相关材料，骗取药品批准证明文件生产、销售药品的，应当依照《刑法》第 141 条规定，以生产、销售假药罪定罪处罚。

根据最高人民法院、最高人民检察院《关于办理药品、医疗器械注册申请材料造假刑事案件适用法律若干问题的解释》第 4 条规定，药品注册申请单位的工作人员

指使药物非临床研究机构、药物临床试验机构、合同研究组织的工作人员提供本解释第1条第2款规定的虚假药物非临床研究报告、药物临床试验报告及相关材料的，以提供虚假证明文件罪的共同犯罪论处。具有下列情形之一的，可以认定为前款规定的“指使”，但有相反证据的除外：(1)明知有关机构、组织不具备相应条件或者能力，仍委托其进行药物非临床研究、药物临床试验的；(2)支付的价款明显异于正常费用的。药品注册申请单位的工作人员和药物非临床研究机构、药物临床试验机构、合同研究组织的工作人员共同实施第1款规定的行为，骗取药品批准证明文件生产、销售药品，同时构成提供虚假证明文件罪和生产、销售假药罪的，依照处罚较重的规定定罪处罚。

根据最高人民法院、最高人民检察院《关于办理药品、医疗器械注册申请材料造假刑事案件适用法律若干问题的解释》第5条规定，在医疗器械注册申请中，故意提供、使用虚假的医疗器械临床试验报告及相关材料的，参照适用本解释第1条至第4条规定。

根据最高人民法院、最高人民检察院《关于办理药品、医疗器械注册申请材料造假刑事案件适用法律若干问题的解释》第6条规定，单位犯《关于办理药品、医疗器械注册申请材料造假刑事案件适用法律若干问题的解释》第1条至第5条规定之罪的，对单位判处罚金，并依照本解释规定的相应自然人犯罪的定罪量刑标准对直接负责的主管人员和其他直接责任人员定罪处罚。

根据最高人民法院、最高人民检察院《关于办理药品、医疗器械注册申请材料造假刑事案件适用法律若干问题的解释》第7条规定，对药品、医疗器械注册申请负有核查职责的国家机关工作人员，滥用职权或者玩忽职守，导致使用虚假证明材料的药品、医疗器械获得注册，致使公共财产、国家和人民利益遭受重大损失的，应当依照《刑法》第397条规定，以滥用职权罪或者玩忽职守罪追究刑事责任。

根据最高人民法院、最高人民检察院《关于办理药品、医疗器械注册申请材料造假刑事案件适用法律若干问题的解释》第8条规定，对是否属于虚假的药物非临床研究报告、药物或者医疗器械临床试验报告及相关材料，是否影响药品或者医疗器械安全性、有效性评价结果，以及是否属于严重不良事件等专门性问题难以确定的，可以根据国家药品监督管理部门设置或者指定的药品、医疗器械审评等机构出具的意见，结合其他证据作出认定。

根据最高人民法院、最高人民检察院《关于办理药品、医疗器械注册申请材料造假刑事案件适用法律若干问题的解释》第9条规定，本解释所称“合同研究组织”，是指受药品或者医疗器械注册申请单位、药物非临床研究机构、药物或者医疗器械临床试验机构的委托，从事试验方案设计、数据统计、分析测试、监查稽查等与非临床研究或者临床试验相关活动的单位。

（三）量刑标准

根据《刑法》第229条的规定，犯故意提供虚假证明文件罪，处5年以下有期徒刑或者拘役，并处罚金。中介组织人员索取他人财物或者非法收受他人财物，犯本罪的，处5年以上10年以下有期徒刑，并处罚金。根据《刑法》第231条的规定，单位犯本罪的，对单位判处罚金，并对其直接负责的主管人员和其他直接责任人员，依照上述规定处罚。

十二、出具证明文件重大失实案

中华人民共和国刑法（节选）

第二百二十九条　承担资产评估、验资、验证、会计、审计、法律服务等职责的中介组织的人员故意提供虚假证明文件，情节严重的，处五年以下有期徒刑或者拘役，并处罚金。

前款规定的人员，索取他人财物或者非法收受他人财物，犯前款罪的，处五年以上十年以下有期徒刑，并处罚金。

第一款规定的人员，严重不负责任，出具的证明文件有重大失实，造成严重后果的，处三年以下有期徒刑或者拘役，并处或者单处罚金。

第二百三十一条　单位犯本节第二百二十一条至第二百三十条规定之罪的，对单位判处罚金，并对其直接负责的主管人员和其他直接责任人员，依照本节各该条的规定处罚。

出具证明文件重大失实罪，是指承担资产评估、验资、验证、会计、审计、法律服务等职责中介组织人员严重不负责任，出具证明文件有重大失实，造成严重后果的行为。

（一）立案标准

根据最高人民检察院、公安部《关于公安机关管辖的刑事案件立案追诉标准的规定（二）》第82条规定，承担资产评估、验资、验证、会计、审计、法律服务等职责的中介组织的人员严重不负责任，出具的证明文件有重大失实，涉嫌下列情形之一的，应予立案追诉：

(1)给国家、公众或者其他投资者造成直接经济损失数额在100万元以上的。这里的“直接经济损失”，是指承担资产评估、验资、验证、会计、审计、法律服务等职责的中介组织的人员严重不负责任，给国家、公众或者其他投资者造成的直接财产损毁、减少的实际数额累计达到100万元以上，不包括间接经济损失。

(2)其他造成严重后果的情形。至于具体标准，有待司法实践中进一步总结、研究。司法机关在办案过程中，应当结合具体案情进行综合评定。

(二)定罪标准

1. 本罪的构成

(1)侵犯的客体是国家关于经济主体的管理秩序。在市场经济体制中，国家主管部门对公司、企业通过资产评估、验资、验证、审计等手段，是国家通过行政经济手段规范市场行为，维护市场秩序的重要途径，也是主管职能部门的法定职责。资产评估、验资、验证、会计、审计、法律服务的中介组织活动必须依法进行。如果出具的证明文件有重大失实，将会导致不具备生产、经营能力的公司、企业成立，会给合法经营的公司、企业造成重大风险，或者造成严重损失，会严重妨害国家对经济活动的监督管理，影响正常的市场经济秩序。

(2)客观方面表现为行为人违反法定职责，严重不负责任，出具重大失实的证明文件，造成严重后果的行为。所谓造成严重后果，是指由于出具的有重大失实的证明文件，使国家、集体、个人利益遭受重大损失，导致有关的公司、企业遭受重大经济损失，导致公司、企业停产、停业或者倒闭等后果。

(3)主体是特殊主体，即只能由承担资产评估、验资、验证、会计、审计或法律服务等的中介机构及其工作人员构成。

(4)主观方面表现为过失，即由于疏忽大意而出具了有重大失实的虚假的证明文件。如果是出于故意，则构成中介组织人员提供虚假证明文件罪，而不能构成本罪。

2. 罪与非罪的界限

司法实践中，认定本罪的罪与非罪，应当首先注意行为人所出具的证明文件是否重大失实，一般个别的内容失实不构成本罪。其次应当注意造成的后果是否严重，如果提供严重失实的证明文件没有造成严重后果，则不构成本罪。

3. 本罪与提供虚假证明文件罪的界限

两者的主要区别在于：(1)客观方面不同。本罪是由于行为人严重不负责，而出具有重大失实的重大文件的行为；而提供虚假证明文件罪是实施了提供虚假中介证明文件的行为。虚假，既包括这些证明的全部内容都是凭空捏造的，也包括对其部分主要内容作虚假的陈述。(2)主观方面不同。前者在主观上出于过失；而提供虚假证明文件罪的行为人在主观上是出于故意，即明知自己所提供的证明文件与实际情况不符而故意提供的。

根据最高人民检察院2009年1月6日通过、同年1月15日起施行的《关于公证员出具公证书有重大失实行为如何适用法律问题的批复》规定，《公证法》施行以后，公证员在履行公证职责过程中，严重不负责任，出具的公证书有重大失实，造成严重后果的，依照《刑法》第229条第3款的规定，以出具证明文件重大失实罪追究刑事责任。

(三)量刑标准

根据《刑法》第229条第3款的规定，犯出具证明文件重大失实罪，处3年以下有期徒刑或者拘役，并处或单处罚金。根据《刑法》第231条的规定，单位犯本罪的，对单位判处罚金，并对其直接负责的主管人员和其他直接责任人员，依照上述规定处罚。

十三、逃避商检案

中华人民共和国刑法(节选)

第二百三十条 违反进出口商品检验法的规定，逃避商品检验，将必须经商检机构检验的进口商品未报经检验而擅自销售、使用，或者将必须经商检机构检验的出口商品未报经检验合格而擅自出口，情节严重的，处三年以下有期徒刑或者拘役，并处或者单处罚金。

第二百三十一条 单位犯本节第二百二十一条至第二百三十条规定之罪的，对单位判处罚金，并对其直接负责的主管人员和其他直接责任人员，依照本节各该条的规定处罚。

逃避商检罪，是指违反进出口商品检验法的规定，逃避商品检验，将必须经商检机构检验的进口商品未报经检验而擅自销售、使用，或者将必须经商检机构检验的出口商品未报经检验合格而擅自出口，情节严重的行为。

(一)立案标准

根据最高人民检察院、公安部《关于公安机关管辖的刑事案件立案追诉标准的

规定(二)》第83条规定,违反进出口商品检验法的规定,逃避商品检验,将必须经商检机构检验的进口商品未报经检验而擅自销售、使用,或者将必须经商检机构检验的出口商品未报经检验合格而擅自出口,涉嫌下列情形之一的,应予立案追诉:

(1)给国家、单位或者个人造成直接经济损失数额在50万元以上的。这里的"直接经济损失",是指行为人违反进出口商品检验法的规定,逃避商品检验,将必须经商检机构检验的进口商品未报经检验而擅自销售、使用,或者将必须经商检机构检验的出口商品未报经检验合格而擅自出口,给国家、单位或者个人造成的直接经济损失数额累计达到50万元以上,不包括间接经济损失。

(2)逃避商检的进出口货物货值金额在300万元以上的。

(3)导致病疫流行、灾害事故的。司法实践中,要注意查明行为人逃避商检的行为与病疫流行、灾害事故的发生是否存在刑法上的因果关系。只要行为人逃避商检的行为导致病疫流行、灾害事故情形之一的,就应当立案侦查。

(4)多次逃避商检的。指行为人逃避商检3次以上。

(5)引起国际经济贸易纠纷,严重影响国家对外贸易关系,或者严重损害国家声誉的。

(6)其他情节严重的情形。

(二)定罪标准

1. 本罪的构成

(1)侵犯的客体是国家对进出口商品的检验制度。进出口商品检验制度是对外贸易管理制度的一部分,也是社会主义市场经济法制的重要组成部分。因此,违反进出口商品检验法律、法规的规定,逃避商品检验,非法进出口必须经法定检验的商品,情节严重的,应依法追究其刑事责任。

(2)客观方面表现为逃避商品检验,将必须经商检机构检验的进口商品未报经检验而擅自销售、使用或者将必须经商检机构检验的出口商品未报经检验合格而擅自出口,情节严重的行为。所谓必须经商检机构检验的进出口商品,是指商检机构和国家商检局、商检机构指定的检验机构对进出口商品实施法定检验的商品,其范围包括:一是对列入《商检机构实施检验的进出口商品种类表》的进出口商品的检验;二是对出口食品的卫生检验;三是对出口危险货物包装容器的性能鉴定和使用鉴定;四是对装运出口易腐烂变质食品、冷冻品的船舱、集装箱等运载工具的检验;五是对有关国际条约规定必须经商检机构检验的进出口商品的检验;六是对其他法律、行政法规规定必须经商检机构检验的出口商品的检验。构成本罪,还必须具备情节严重的情形。所谓情节严重，是指由于行为人违反有关进出口商品法定检验的规定，将法定检验的进出口商品未经检验即进出口，由于商品的品质、数量、重量、包装、安全卫生等情况不符合要求而造成重大损失，或者使用的手段、方法恶劣，造成影响极坏等情形。

(3)主体为一般主体，自然人和单位均可成为本罪的主体。主要是指应当向商检机构报检的进出口商品的发货人和收货人。

(4)主观方面表现为故意，即行为人明知其进出口商品须经检验而逃避检验。过失不构成本罪。

2. 罪与非罪的界限

司法实践中，在认定本罪的罪与非罪时，应当首先注意行为人逃避商品检验的行为是否发生了致使国家、集体遭受重大损失的结果。其次应注意行为人逃避商品检验的行为是否出于故意。未发生重大损失的后果，以及行为人过失状态下出现的违章行为，均不构成犯罪。

(三)量刑标准

根据《刑法》第230条的规定，犯逃避商检罪的，处3年以下有期徒刑或者拘役，并处或者单处罚金。

根据《刑法》第231条的规定，单位犯本罪的，对单位判处罚金，并对其直接负责的主管人员和其他直接责任人员，依照自然人犯本罪的规定处罚。

第十章　侵犯财产罪中的有关经济犯罪案件立案、定罪、量刑标准

一、职务侵占案

中华人民共和国刑法(节选)

第二百七十一条第一款　公司、企业或者其他单位的人员,利用职务上的便利,将本单位财物非法占为己有,数额较大的,处五年以下有期徒刑或者拘役;数额巨大的,处五年以上有期徒刑,可以并处没收财产。

第一百八十三条第一款　保险公司的工作人员利用职务上的便利,故意编造未曾发生的保险事故进行虚假理赔,骗取保险金归自己所有的,依照本法第二百七十一条的规定定罪处罚。

职务侵占罪,是指公司、企业或者其他单位的人员利用职务上的便利,将本单位财物占为己有,数额较大的行为。

(一)立案标准

根据中央纪委、国家监委印发的《国家监察委员会管辖规定(试行)》,公职人员涉嫌职务侵占犯罪案件,应当由监察机关管辖;公职人员以外的其他人员涉嫌职务侵占犯罪案件,由公安机关管辖。

根据最高人民法院、最高人民检察院《关于办理贪污贿赂刑事案件适用法律若干问题的解释》(法释〔2016〕9 号)第 11 条第 1 款规定,《刑法》第 271 条规定的职务侵占罪中的“数额较大”“数额巨大”的数额起点,按照本解释关于受贿罪、贪污罪相对应的数额标准规定的 2 倍、5 倍执行。即涉嫌职务侵占,有下列情形之一,应当立案追诉:

(1)侵占数额在6万元以上的;

(2)侵占数额在2万元以上不满6万元,但有其他较重情节的。

(二)定罪标准

1. 本罪的构成

(1)侵犯的客体是公司财产所有权。因为财产既可能是公司、企业或者其他单位所有的,也可能是私人所有的。本罪侵犯的对象必须是行为人所在单位的合法财物。

(2)客观方面表现为利用职务上的便利,将本单位财物非法占为己有并且数额较大的行为。所谓利用职务上的便利,是指行为人利用自己在本单位担任职务所产生的方便条件,将本单位财物非法占为己有,实践中一般表现为采取侵吞、盗窃、骗取等非法手段。

(3)主体是特殊主体。即只有公司、企业或者其他单位的人员才能构成,而且公司、企业或者其他单位的人员不属于国家工作人员。根据《刑法》第271条第2款的规定,国有公司、企业或者其他国有单位中从事公务的人员和国有公司、企业或者其他国有单位委派到非国有公司、企业以及其他单位从事公务的人员有前款行为的,依照贪污罪定罪处罚。

(4)主观方面必须是故意,过失不构成本罪。

2. 罪与非罪的界限

公司、企业或者其他单位的人员,利用职务上的便利,将本单位财物非法占为己有,数额较大的,应予追诉。对于公司、企业工作人员偷拿、私占公司、企业的财物,数额较小,未达到上述标准的,不以犯罪论处。

3. 本罪与贪污罪的界限

两者的区别主要在于:(1)侵犯的客体、对象不同。前者侵犯的是公司、企业财物出资者的所有权和法人的财产权,后者侵犯的是公共财物所有权。前罪的对象为公司、企业财物;后者一般为公共财物。(2)客观方面不同。前者的行为是侵占;后者除侵占外,还包括利用职务上的便利,盗窃、骗取或以其他非法手段占有公共财物。

4. 本罪和挪用资金罪的界限

两罪的共同点在于它们都侵犯了公司、企业财产权,主体都是特殊主体,即公司的工作人员。主观方面均为直接故意。区别主要在于:(1)客体不同。本罪侵犯的是公司、企业财物所有权,包括企业、单位的资金和其他物质。挪用资金罪侵犯的是公司、企业资金的使用权,其对象一般仅为本单位资金。(2)客观方面不同。本罪是行为人将自己合法持有的公司、企业财物转为自己或第三人不法所有;挪用资金罪是将本单位资金未经合法批准或许可而私自移作自用或借贷给他人。(3)两者犯罪故意的内容不同。本罪是出于侵占本公司、企业财物的故意,而挪用资金罪是出于挪用资金的故意。

5. 关于保险公司工作人员利用职务上的便利,故意编造未曾发生的保险事故进行虚假理赔,骗取保险金归自己所有行为的定性

根据《刑法》第 183 条规定,保险公司的工作人员利用职务上的便利,故意编造未曾发生的保险事故进行虚假理赔,骗取保险金归自己所有的,依照《刑法》第 271 条的规定以职务侵占罪定罪处罚。国有保险公司工作人员和国有保险公司委派到非国有保险公司从事公务的人员有前款行为的,依照《刑法》第 382 条、第 383 条的规定以贪污罪定罪处罚。

6. 关于村民小组组长利用职务便利非法占有公共财物行为的定性

根据最高人民法院 1999 年 6 月 25 日公告的《关于村民小组组长利用职务便利非法占有公共财物行为如何定性问题的批复》指出,对村民小组组长利用职务上的便利,将村民小组集体财产非法占为己有,数额较大的行为,应当依照《刑法》第 271 条第 1 款的规定,以职务侵占罪定罪处罚。

7. 关于审理职务侵占案件如何认定共同犯罪问题

根据最高人民法院 2000 年 6 月 27 日通过、同年 7 月 8 日起施行《关于审理贪污、职务侵占案件如何认定共同犯罪几个问题的解释》,行为人与公司、企业或者其他单位的人员勾结,利用公司、企业或者其他单位人员的职务便利,共同将该单位财物非法占为己有,数额较大的,以职务侵占罪共犯论处。公司、企业或者其他单位中,不具有国家工作人员身份的人与国家工作人员勾结,分别利用各自的职务便利,共同将本单位财物非法占为己有的,按照主犯的犯罪性质定罪。

8. 关于在国有资本控股、参股的股份有限公司中从事管理工作的人员利用职务便利非法占有本公司财物如何定罪问题

根据最高人民法院 2001 年 5 月 22 日通过、同年 5 月 26 日起施行的《关于在国有资本控股、参股的股份有限公司中从事管理工作的人员利用职务便利非法占有本公司财物如何定罪问题的批复》,在国有资本控股、参股的股份有限公司中从事管理工作的人员,除受国家机关、国有公司、企业、事业单位委派从事公务的以外,不属于国家工作人员。对其利用职务上的便利,将本单位财物非法占为己有,数额较大的,

应当依照《刑法》第 271 条第 1 款的规定,以职务侵占罪定罪处罚。

9. 关于侵占用于预防、控制突发传染病疫情等灾害的款物行为的定性

依据最高人民法院、最高人民检察院《关于办理妨害预防、控制突发传染病疫情等灾害的刑事案件具体应用法律若干问题的解释》(法释〔2003〕8 号)第 14 条的规定,侵占用于预防、控制突发传染病疫情等灾害的款物,构成犯罪的,依照《刑法》第 271 条的规定,以职务侵占罪定罪,依法从重处罚。

(三)量刑标准

根据《刑法》第 271 条第 1 款规定,犯职务侵占罪,数额较大的,处 5 年以下有期徒刑或者拘役;数额巨大的,处 5 年以上有期徒刑,可以并处没收财产。

根据最高人民法院《关于常见犯罪的量刑指导意见》(法发〔2017〕7 号)规定,构成职务侵占罪的,可以根据下列不同情形在相应的幅度内确定量刑起点:(1)达到数额较大起点的,可以在 2 年以下有期徒刑、拘役幅度内确定量刑起点。(2)达到数额巨大起点的,可以在 5 年至 6 年有期徒刑幅度内确定量刑起点。在量刑起点的基础上,可以根据职务侵占数额等其他影响犯罪构成的犯罪事实增加刑罚量,确定基准刑。

根据最高人民法院、最高人民检察院《关于办理贪污贿赂刑事案件适用法律若干问题的解释》(法释〔2016〕9 号)第 11 条第 1 款规定,《刑法》第 163 条规定的非国家工作人员受贿罪中的"数额较大""数额巨大"的数额起点,按照本解释关于受贿罪、贪污罪相对应的数额标准规定的 2 倍、5 倍执行。即侵占数额在 6 万元以上不满 40 万元的,应当认定为"数额较大";侵占数额在 100 万元以上不满 1500 万元的,应当认定为"数额巨大"。

二、挪用资金案

中华人民共和国刑法(节选)

第二百七十二条第一款　公司、企业或者其他单位的工作人员,利用职务上的便利,挪用本单位资金归个人使用或者借贷给他人,数额较大、超过三个月未还的,或者虽未超过三个月,但数额较大、进行营利活动的,或者进行非法活动的,处三年以下有期徒刑或者拘役;挪用本单位资金数额巨大的,或者数额较大不退还的,处三年以上十年以下有期徒刑。

挪用资金罪，是指公司、企业或者其他单位的工作人员，利用职务上的便利，挪用本单位资金归个人使用或者借贷给他人，数额较大、超过3个月未还的，或者虽未超过3个月，但数额较大、进行营利活动的，或者进行非法活动的行为。

（一）立案标准

根据中央纪委、国家监委印发的《国家监察委员会管辖规定（试行）》，公职人员涉嫌挪用资金犯罪案件，应当由监察机关管辖；公职人员以外的其他人员涉嫌挪用资金犯罪案件，由公安机关管辖。

根据最高人民法院、最高人民检察院《关于办理贪污贿赂刑事案件适用法律若干问题的解释》（法释〔2016〕9号）第11条第2款规定，《刑法》第272条规定的挪用资金罪中的“数额较大”、“数额巨大”以及“进行非法活动”情形的数额起点，按照本解释关于挪用公款罪“数额较大”、“情节严重”以及“进行非法活动”的数额标准规定的2倍执行。即涉嫌下列情形之一的，应予立案追诉：

（1）挪用本单位资金归个人使用或者借贷给他人，数额在6万元以上，超过3个月未还的。

（2）挪用本单位资金虽未超过3个月，但数额在10万元以上，进行营利活动的。所谓进行营利活动，是指个人利用挪用的资金从事能够获得经济利益的活动，如投资办企业、投资股票或者放贷等。

（3）挪用本单位虽未超过3个月，但资金数额在6万元以上，进行非法活动的。所谓非法活动，既包括犯罪活动，也包括违法活动。

具有下列情形之一的，属于本条规定的“归个人使用”：（1）将本单位资金供本人、亲友或者其他自然人使用的；（2）以个人名义将本单位资金供其他单位使用的；（3）个人决定以单位名义将本单位资金供其他单位使用，谋取个人利益的。

（二）定罪标准

1. 本罪的构成

（1）侵犯的客体是公司、企业或者其他单位资金的占有权、使用权和收益权。本单位资金是指本单位用于发展和经营的物资和货币。应当注意，本罪侵犯的客体只是本单位资金所有权中的一部分，即本单位资金的占有权、使用权和收益权，而且只是在一定期间内受到侵犯。

（2）客观方面表现为行为人利用职务上的便利，挪用本单位资金归个人使用或者借贷给他人数额较大、超过3个月未还的，或者虽未超过3个月，但数额较大并进行营利活动或者进行非法活动的行为。所谓不退还，是指挪用本单位资金案发后，人民检察院起诉前不退还的。所谓利用职务上的便利，是指公司、企业或单位的管理人员利用在职务或工作上主管、经手、管理本公司、企业或者单位资金的方便条件。

(3)主体是特殊主体。即公司、企业或者其他单位主管、经手、管理本单位资金职务的人员。金融机构的非国家工作人员，也可构成本罪的主体。

(4)主观方面表现为直接故意，即行为人明知是本公司、企业或者单位的资金，而在一定期间内挪用本单位资金归个人使用或者借贷给他人，但没有非法占为己有的目的。间接故意和过失不能构成本罪。

2. 本罪与挪用公款罪的界限

两者的主要区别在于：(1)犯罪主体不同。本罪的主体是公司、企业或者单位的非国家工作人员；挪用公款罪的主体是国家工作人员。(2)犯罪对象不同。本罪的犯罪对象是公司、企业或者其他单位的资金，既可以是公共财产，也包括私有财产；挪用公款罪的犯罪对象是公款，属于公共财产。

3. 本罪与贪污罪的界限

两者的主要区别在于：(1)犯罪目的不同。本罪是行为人利用职务上的便利将单位资金挪给自己或他人使用，日后准备归还，没有非法占有的目的，侵犯的是本单位资金的占有权、使用权和收益权，未侵犯处分权。而贪污罪是行为人利用职务上的便利将公共财物非法占有，侵犯的是公共财产的所有权。(2)犯罪主体不同。本罪的主体是公司、企业或者单位的非国家工作人员，贪污罪的主体是国家工作人员。(3)犯罪对象不同。本罪的犯罪对象是公司、企业或者单位的资金，而贪污罪的对象是公共财产，不仅仅包含单位资金。

4. 关于对受委托管理、经营国有财产人员挪用国有资金行为如何定罪问题

根据最高人民法院 2000 年 2 月 24 日《关于对受委托管理、经营国有财产人员挪用国有资金行为如何定罪问题的批复》的规定，对于受国家机关、国有公司、企业、事业单位、人民团体委托，管理、经营国有财产的非国家工作人员，利用职务上的便利，挪用国有资金归个人使用构成犯罪的，应当依照《刑法》第 272 条第 1 款规定的挪用资金罪定罪处罚。

5. 关于如何理解“挪用本单位资金归个人使用或者借贷给他人”的问题

根据最高人民法院 2000 年 7 月 27 日《关于如何理解刑法第二百七十二条规定的“挪用本单位资金归个人使用或者借贷给他人”问题的批复》的规定，公司、企业或者其他单位的非国家工作人员，利用职务上的便利，挪用本单位资金归本

人或者其他自然人使用，或者挪用人以个人名义将所挪用的资金借给其他自然人和单位，构成犯罪的，应当依照《刑法》第 272 条第 1 款的规定以挪用资金罪定罪处罚。

6. 关于挪用尚未成立的公司资金的行为适用法律问题

根据最高人民检察院 2000 年 10 月 9 日《关于挪用尚未注册成立的公司资金的行为适用法律问题的批复》的规定，筹建公司的工作人员在公司登记注册前，利用职务上的便利，挪用准备设立的公司在银行开设的临时账户上的资金，归个人使用或者借贷给他人，数额较大、超过 3 个月未还的，或者虽未超过 3 个月，但数额较大、进行营利活动的，或者进行非法活动的，应当根据《刑法》第 272 条的规定，追究刑事责任。

7. 关于挪用用于预防、控制突发传染病疫情等灾害的款物，归个人使用行为的定性

依据最高人民法院、最高人民检察院《关于办理妨害预防、控制突发传染病疫情等灾害的刑事案件具体应用法律若干问题的解释》（法释〔2003〕8 号）第 14 条的规定，挪用用于预防、控制突发传染病疫情等灾害的款物归个人使用，构成犯罪的，依照《刑法》第 384 条、第 272 条的规定，以挪用公款罪、挪用资金罪定罪，依法从重处罚。

（三）量刑标准

根据《刑法》第 272 条的规定，犯挪用资金罪，数额较大的，处 3 年以下有期徒刑或者拘役；挪用本单位资金数额巨大，或者数额较大不退还的，处 3 年以上 10 年以下有期徒刑。公司、企业或者其他单位中的国家工作人员犯本罪的，依照挪用公款罪定罪处罚。

根据最高人民法院、最高人民检察院《关于办理贪污贿赂刑事案件适用法律若干问题的解释》（法释〔2016〕9 号）第 11 条第 2 款规定，《刑法》第 272 条规定的挪用资金罪中的“数额较大”、“数额巨大”以及“进行非法活动”情形的数额起点，按照本解释关于挪用公款罪“数额较大”、“情节严重”以及“进行非法活动”的数额标准规定的 2 倍执行。

三、挪用特定款物案

中华人民共和国刑法（节选）

第二百七十三条 挪用用于救灾、抢险、防汛、优抚、扶贫、移民、救济款物，情节

严重,致使国家和人民群众利益遭受重大损害的,对直接责任人员,处三年以下有期徒刑或者拘役;情节特别严重的,处三年以上七年以下有期徒刑。

挪用特定款物罪,是指违反国家救灾、抢险、防汛、优抚、扶贫、移民、救济款物专用管理制度,挪用救灾、抢险、防汛、优抚、扶贫、移民、救济款物,情节严重,致使国家和人民群众利益遭受重大损失的行为。

(一)立案标准

根据中央纪委、国家监委印发的《国家监察委员会管辖规定(试行)》,涉嫌挪用特定款物犯罪案件,应当由监察机关管辖。

挪用用于救灾、抢险、防汛、优抚、扶贫、移民、救济款物,涉嫌下列情形之一的,应予立案追诉:

(1)挪用特定款物数额在5000元以上的。这里的特定款物,主要是指救灾、抢险、防汛、优抚、扶贫、移民、救济款物。所谓救灾款物,是指国家拨给遭受自然灾害地区的专项资金和物资;所谓扶贫款物,是指用于扶贫的专项资金和物资。所谓抢险款物,是指国家拨给因自然灾害而出现危险情形需要抢救的专项资金和物资;所谓防汛款物,是指国家拨给防备水灾和汛潮的专项资金和物资;所谓优抚款物,是指国家拨给用于优待和抚恤优抚对象的专项资金和物资;所谓救济款物,是指国家用于社会救济和自然灾害救济的专项资金和物资。所谓移民款物,是指国家拨付的用于移民安置的专项资金和物资。所谓挪用,是指不经合法批准,擅自将经手管理的救灾、抢险、防汛、优抚、扶贫、移民救济款物调拨、使用于其他方面,改变了特定款物的既定用途。

(2)造成国家和人民群众直接经济损失数额在5万元以上的。这里的"直接经济损失",是指行为人挪用特定款物的行为给国家和人民群众直接造成的财产损毁、减少的价值。

(3)虽未达到上述数额标准,但多次挪用特定款物的,或者造成人民群众的生产、生活严重困难的。这里"虽未达到上述数额标准",是指接近本罪立案标准第1种、第2种情形,已达到该数额的80%以上,即挪用特定款物价值在4000元以上或者造成国家和人民群众直接经济损失数额在4万元以上,但同时给人民群众的生产、生活造成严重困难的情形。

(4)严重损害国家声誉,或者造成恶劣社会影响的。

(5)其他致使国家和人民群众利益遭受重大损害的情形。

（二）定罪标准

1. 本罪的构成

（1）侵犯的客体是复杂客体，既侵犯了救灾、抢险、防汛、优抚、扶贫、移民救济款物的使用权，又侵犯了国家救灾、抢险、防汛、优抚、扶贫、移民、救济款物关于专款专用的财经管理制度。犯罪对象是国家用于救灾、抢险、防汛、优抚、扶贫、移民、救济的特定款物，包括国家财政预算中支出的特定款物、国家临时调拨的特定款物以及由国家募捐的特定款物。根据最高人民法院、最高人民检察院《关于办理妨害预防、控制突发传染病疫情等灾害的刑事案件具体应用法律若干问题的解释》（法释〔2003〕8 号）第 14 条第 2 款的规定，挪用用于预防、控制突发传染病疫情等灾害的救灾、优抚、救济等款物的，也属于本罪所称的挪用特定款物。

（2）客观方面表现为挪用救灾、抢险、防汛、优抚、扶贫、移民、救济款物的行为。

（3）主体是特殊主体，即管理、使用、分配救灾、抢险、防汛、优抚、扶贫、移民救济款物的主管人员和其他直接责任人员，包括国家工作人员、集体经济组织工作人员、事业单位工作人员、社会团体工作人员，以及受上述单位委托经手、管理特定款物的人员。

（4）主观方面表现为直接故意，即明知是救灾、抢险、防汛、优抚、扶贫、移民救济款物而故意挪作他用。因工作不负责任、玩忽职守，或过失疏忽及不可预见和防止的原因而导致自己权限管辖内或经手、管理的特定款物被他人挪用的，都不构成本罪。

2. 罪与非罪界限

构成本罪，必须是情节严重，致使国家和人民群众利益遭受重大损害。所谓情节严重，主要指挪用七种款物数额较大，利用挪用款物大肆挥霍、浪费，造成恶劣影响等。所谓重大损害，是指因挪用特定款物而造成人民群众的生活财产的重大损失。这种严重结果和情节是区分罪与非罪的主要标准。

3. 本罪与挪用资金罪的界限

主要区别在于：（1）侵犯的客体与对象不同。前者挪用的是七种特定款物，其中既有国家拨款，也有非国家拨款，如社会个人、团体甚至外国政府、国际组织的捐赠，是一种广义的公共财产；而后者挪用的只能是国家资金。前者侵犯的是特定款专用权及国家财经管理制度，后者侵犯的是国家机关的正常活动及国家资金的使用权。（2）客观方面不同。前者挪用特定款物并非归个人使用，仍用于公共用途，后者挪用国家资金归个人使用，进行非法活动或营利活动或超过 3 个月不还。（3）主体不同。

前者只能由主管、经营、调配该七种特定款物的有关人员构成,后者可由国家工作人员和掌管国家财物的人员构成。一般可以理解为,前者主体只能是少数直接负责该七种特定款物的国家工作人员,后者除上述国家工作人员之外,还可能包括其他一般国家工作人员。

(三)量刑标准

根据《刑法》第273条的规定,犯挪用特定款物罪,对直接责任人员,处3年以下有期徒刑或者拘役;情节特别严重的,处3年以上7年以下有期徒刑。

图书在版编目(CIP)数据

经济犯罪案件立案、定罪、量刑标准解读与适用 / 肖琼著. -- 北京 : 法律出版社, 2020(2024.1 重印)

ISBN 978-7-5197-4641-4

Ⅰ. ①经… Ⅱ. ①肖… Ⅲ. ①经济犯罪-法律解释-中国②经济犯罪-法律适用-中国 Ⅳ. ①D924.335

中国版本图书馆 CIP 数据核字(2020)第 101756 号

经济犯罪案件立案、定罪、量刑标准解读与适用
JINGJI FANZUI ANJIAN LI'AN、DINGZUI、LIANGXING BIAOZHUN JIEDU YU SHIYONG

肖 琼 著

策划编辑 郑 导
责任编辑 郑 导 周 熙
装帧设计 汪奇峰

出版发行 法律出版社
编辑统筹 学术·对外出版分社
责任校对 杨锦华
责任印制 陶 松
经 销 新华书店

开本 787 毫米×1092 毫米 1/16
印张 24.25 **字数** 383 千
版本 2020 年 6 月第 1 版
印次 2024 年 1 月第 4 次印刷
印刷 固安华明印业有限公司

地址:北京市丰台区莲花池西里 7 号(100073)
网址:www.lawpress.com.cn
投稿邮箱:info@lawpress.com.cn
举报盗版邮箱:jbwq@lawpress.com.cn

销售电话:010-83938349
客服电话:010-83938350
咨询电话:010-63939796

书号:ISBN 978-7-5197-4641-4
定价:98.00 元

凡购买本社图书,如有印装错误,我社负责退换。电话:010-83938349